Über dieses Buch

Joseph Hayes, als Autor erfolgreicher Psycho-Thriller bekannt, und seine Frau Marrijane haben dieses Mal nicht nur ein spannendes, sondern auch ein heiteres Buch voller Situationskomik geschrieben, die Geschichte einer Reise nach Paris mit mannigfachen Zu- und Unfällen.

Während die Familie Willard in einer kleinen Stadt im Mittleren Westen der USA sich abends beim Heimkino versammelt, wird aus dem bunten Film eines Europatrips die Erinnerung an das ganze Leben dieser amerikanischen Familie. Die Reise über den Ozean nach Paris war der jahrelange Traum der Eltern. Als er schließlich in Erfüllung ging, wurde er zum großen Erlebnis auch der inzwischen fast erwachsenen Kinder. In der unkonventionellen und unhistorischen Begegnung mit Europa entdeckten sie alle nicht nur die Alte Welt, sondern ebenso sich selbst. Mit ebensoviel List wie Humor führen die Autoren ihre fünfköpfige Touristenfamilie von New York nach London, Paris und an die Riviera, den Abenteuern des alten Kontinents entgegen.

Joseph und Marrijane Hayes

Seit der Veröffentlichung des Romans und gleichnamigen Theaterstücks ›An einem Tag wie jeder andere‹ (1954) zählt Joseph Hayes zu den erfolgreichsten Autoren Amerikas. Als Zwanzigjähriger hatte der 1918 in Indianapolis Geborene Marrijane Johnston geheiratet. Er wurde Mitarbeiter eines New Yorker Theaterverlages und begann 1943 gemeinsam mit seiner Frau Theaterstücke zu verfassen. Seit 1954 lebt er als freier Schriftsteller, Regisseur und Produzent. Er veröffentlichte, zum Teil zusammen mit seiner Frau, Fernsehspiele, Theaterstücke, Kurzgeschichten und Romane und wurde insbesondere durch zahlreiche Psycho-Thriller bekannt.

Im Fischer Taschenbuch Verlag liegen folgende Romane von Joseph Hayes vor: ›bongo bongo bongo‹ (Bd. 8010), ›Der dritte Tag‹ (Bd. 1071), ›Insel auf dem Vulkan‹ (Bd. 5138), ›Der Schatten des Anderen‹ (Bd. 2015), ›Sonntag bis Mittwoch‹ (Bd. 8056), ›Die Stunden nach Mitternacht‹ (Bd. 1715).

Joseph und Marrijane Hayes

Bon Voyage

Zu- und Unfälle einer Reise nach Paris

Roman

Aus dem Amerikanischen von
N. O. Scarpi

Fischer Taschenbuch Verlag

Ungekürzte Ausgabe
Fischer Taschenbuch 8069

1.–40. Tausend	Juli 1960
41.–52. Tausend	Dezember 1961
53.–65. Tausend	April 1967
66.–75. Tausend	Juni 1983

Fischer Taschenbuch Verlag GmbH, Frankfurt am Main
Lizenzausgabe mit freundlicher Genehmigung der
S. Fischer Verlag GmbH, Frankfurt am Main
Die amerikanische Originalausgabe erschien unter dem Titel ›Bon Voyage‹

Gesamtherstellung: Hanseatische Druckanstalt GmbH, Hamburg
Umschlaggestaltung: Rambow, Lienemeyer, van de Sand
Printed in Germany
780-ISBN-3-596-28069-9

1

Um die Vergangenheit wieder lebendig zu machen, ist nichts so geeignet wie ein Bild, zumal wenn es farbig ist, zumal wenn es beweglich ist, zumal wenn es ein Bild von einem selbst ist. Und so ist das alles gekommen. Ich meine – so ist es gekommen, daß ich heute spät am Abend noch hier sitze und versuche – was auch daraus werden mag – auf das Tonband zu diktieren. Unlängst, abends, begab es sich, daß wir im Wohnzimmer saßen, und der neue Projektionsapparat surrte und klickte, und alles war irgendwie unscharf und vernebelt, bis auf den Lichtkegel mit den Stäubchen darin, und zuerst saßen wir ganz still da, waren sogar vielleicht ein wenig nervös und gespannt auf das, was wir zu sehen kriegen würden, bis es Elliott schließlich gelang, das Ding richtig einzustellen, und da, *voilà*, auf der weißen Leinwand war die ganze verwünschte Familie und starrte sich selber an!

Voilà ist eines jener Wörter, eines von den sehr wenigen Wörtern, die ich im vorigen Sommer aufgeschnappt habe, aber gewöhnlich gehe ich sehr behutsam damit um, und ich bin auch gar nicht so fest überzeugt, daß ich es an dieser Stelle verwenden sollte, weil – nun, ich möchte nicht, daß irgendwer glauben soll, ich wolle den Mund voll nehmen, weil ich just ein paar Wochen in Frankreich gewesen bin. Und so warte ich im allgemeinen, bis ich in diesen Herbsttagen gegen sechs von der Arbeit heimkomme, und Katie sagt in ihrer lustigen Art »*Bon soir*«, und ich sage darauf auch zu ihr »*Bon soir*«, und dann warte ich auf das leise Lächeln in den Mundwinkeln, denn die Wahrheit ist nun einmal, daß ich, so sehr ich mich auch bemühe, meine Zunge noch immer nicht so, wie es sich gehört, um dieses verwünschte *soir* drehen kann.

Nun, das waren eben unsere hausgemachten Filmaufnahmen, und sie dürften wohl ebenso gut – ihr werdet vielleicht sagen: ebenso schlecht – wie die meisten hausgemachten Filme sein. Ich erhebe gewiß nicht den Anspruch, ein Photograph zu sein; nein, ich mag wohl nicht weniger geschickt mit der Kamera umgehen als irgendein erster bester, aber ein Photograph bin ich wahrhaftig nicht. Ich bin im Baugeschäft, wenn ihr es gerade wissen wollt, und ich kann mit einem Winkelmaß umgehen, die Photos aber, die ich aufnehme, geraten immer windschief, ganz als ob einer meiner Schreiner zu viel getrunken hätte und sich nicht die Mühe nehmen würde, das Holz ins Geviert zu bringen, bevor er einen Fensterrahmen macht. Die meisten Aufnahmen, die besten jedenfalls, hat mein Sohn Elliott gemacht. Er war immer bei der Hand, hatte das schwarze Teufelszeug schußfertig und war immer bereit, wenn irgendwas los war – und das ist, wenn ich jetzt zurückblicke, ziemlich oft der Fall gewesen.

Mit meinem Sohn Elliott hat's eine Schwierigkeit, und zwar – er ist achtzehn Jahre alt. Ich möchte damit nicht sagen, daß es wirklich etwas Schwieriges ist, denn schließlich müssen wir alle ja eines Tages achtzehn gewesen sein; Elliotts achtzehn aber sind anscheinend anders als meine achtzehn – oder doch anders als meine achtzehn mir in der Erinnerung vorkommen. Um nur ein Beispiel anzuführen – den ganzen Abend lang saßen wir da und warteten auf eine neue Aufnahme der Familie, mit irgendeinem historischen Denkmal im Hintergrund, wie etwa dem Arc de Triomphe in Paris; doch was wir zu sehen bekamen, war nur den Bruchteil einer Sekunde lang der Arc, und dann ein wildes Durcheinander von Gesichtern und Taxis und allem möglichen und dann eine sehr ausführliche Aufnahme von einem wirklich reizenden französischen Mädchen, das gerade in eines der wackligen französischen Taxis stieg. Elliotts Interesse nahm seinen Anfang bei den Knöcheln, um dann langsam, sehr langsam in die Höhe zu klettern. Und das gehört eben zu den Schwierigkeiten von Elliotts achtzehn Jahren, wenn ihr versteht, was ich meine. Ungefähr als die Kamera bei ihrem Gesicht angelangt war, hatte das Mädchen zufällig auch einen Blick auf Elliott geworfen, und da gab es ein bezauberndes Lächeln, und die Zähne schimmerten, und mit der Kamera ging es auf und ab wie mit dem Herzen des armen Burschen, und darüber wäre die Kamera beinahe in Stücke zerbrochen. Und unlängst, am Abend, als dieses Bild auf der Leinwand auftauchte, ließ Amy vom Boden des Wohnzimmers her, wo sie gekauert saß, einen Kriegsruf erschallen – und da, just nur eine Sekunde lang, war sie wieder die alte Amy, und das hat uns allen mächtig wohlgetan, denn seit jenem schrecklichen Abend an der Riviera war Amy nicht mehr sie selber gewesen. Nun, Elliott unterbrach die Vorführung – woraufhin

Skipper ein ohrenbetäubendes Geheul von sich gab –, und Elliott ersuchte seine Schwester in aller Höflichkeit, sich doch gefälligst um ihre eigenen Angelegenheiten zu kümmern. Wenn ich es recht bedenke, war er gar nicht so besonders höflich. Er sagte einfach: »Du kommst auch an die Reihe, und so solltest du lieber den Mund halten!«

Ja, und dann kam Amy an die Reihe. Amys Aufnahmen kann man mühelos erkennen, weil sie alle gewissermaßen ein aufgeregtes Kichern an sich haben. Man könnte wohl auch finden, daß es mehr ein Nebel ist als ein Kichern. Und doch haben ihre Aufnahmen genauso einen besonderen Reiz wie Amy selber. Es verhält sich nun einmal so, daß Amy, selbst bevor sie sich verliebte, nur mühsam stillhalten konnte.

Nun, ich wollte nur sagen, daß damals – während unserer Reise – Amy gar keinen großen Wert darauf legte, Aufnahmen zu machen. Ich vermute, daß sie lieber selber auf den Bildern sein wollte. Aber schließlich, wenn man einundzwanzig ist und dazu so hübsch wie Amy, ist das doch nur natürlich – oder nicht?

Mit Skipper war es gerade umgekehrt. Alles hätte er dafür gegeben, um die Kamera in die Hände zu bekommen. Skipper bildet sich nämlich ein, daß er alles ebenso gut machen kann wie irgendwer, auch wenn es ein Erwachsener ist, und viele Dinge erheblich besser. In Wahrheit ist auch Skipper in manchem ähnlich schwierig wie Elliott. Ich meine, daß auch sein Interesse in die seltsamsten Richtungen zielt – obgleich, Gott sei Dank, nicht aus demselben Grund wie Elliotts Interesse. Skipper findet es wahrscheinlich nur einfach langweilig, durch die Linse immer dieselben Leute, dieselben Gesichter zu sehen, und so dreht er die Kamera dahin und dorthin, wie etwa damals, als er die Großaufnahme der alten Frau neben dem Tower in London machte, wo sie Ballons verkaufte. Das Gesicht wirkte, als wäre es mindestens hundert Jahre alt, so verbraucht und weise und pfiggig wie die Zeit selber, und doch gleichzeitig gütig und duldsam. Skipper brachte es fertig, einige interessante Dinge zu erwischen, die uns ohne ihn vollkommen entgangen wären; und manchmal gibt er den Dingen einen netten kleinen Zug.

Katies Hand war ziemlich ruhig – obgleich Katie noch aufgeregter war als ihre Tochter Amy oder vielleicht aufgeregter als ihre drei Kinder zusammen und ich dazu, als die Wahrheit herauskam –, aber Katie machte nicht viele Aufnahmen. Sie rebellierte. Wie es dazu

kam, war recht interessant. Gerade als wir Paris verließen – um in eine Gegend zu fahren, die man das ›Land der Schlösser‹ nennt – verbrachte Katie ungefähr eine Stunde damit, das eine Schloß von sämtlichen Ecken aus zu photographieren, die es besitzt. Nun, und da beging ich den harmlosen Fehler, sie, natürlich mehr im Scherz oder um überhaupt etwas zu sagen, als aus anderen Gründen, zu fragen, warum sie sich nicht platt auf den Rücken legte und eine Aufnahme von unten hinauf machte. Es war ein heißer Tag, und das begab sich kurz nachdem dieser Huschak, der ein Ungar war, wenn es je einen Ungarn gegeben hat, in unser Leben getreten war, und Katie mochte vielleicht ein wenig reizbar gewesen sein, der Hitze wegen oder was es sonst war; und da richtete sie sich auf und sah mich so von oben herab an, wie sie das tun kann; mich kommt dann immer die Lust an, laut zu lachen, auch wenn ich weiß, daß ich den Mund halten soll. Und dann sagte sie:
»Von jetzt an, Harry, bist du auf dieser Expedition der Photograph. Und ich werde die Leitung übernehmen.«
Und, weiß Gott, so blieb es von da an, und da durfte man sich nicht mucksen.
Wie ich mich jetzt erinnere, war es irgendwann, so neunzehnhundertdreißig und noch etwas dazu, als ich ganz zufällig ein Wort fallen ließ. Wir waren noch nicht lange verheiratet, und Katie und ich waren ins Kino gegangen. Nun, bei der Wochenschau war eine Parade in Paris zu sehen, und im Hintergrund war der Eiffelturm. Auf dem Heimweg – damals sind wir noch zu Fuß gegangen, weil wir keinen Wagen hatten – da sagte ich: »Glaubst du, daß man auf das Ding hinaufsteigen kann?« Und Katie sagte: »Natürlich kann man das.« Und da begab es sich, daß ich die historische Bemerkung machte: es müßte doch nett sein, eines Tages auf den Turm hinaufzusteigen.
Fragt mich nicht, wie; aber damit war es geschehen. Damals, an jenem Abend sagte Katie kein Wort mehr darüber; nur daß sie während des Heimwegs an meinem Arm hing. Und dann, das Nächste, woran ich mich erinnere, vielleicht vierzehn Tage später, wurde im ganzen Ort von nichts anderem geredet als davon, daß Harry Willard mit seiner Frau nach Paris fuhr. Mit einem Mal war das Haus voll von Landkarten und Prospekten und Photographien von Schiffen. Katie hatte sich in die ›Ile de France‹ verliebt, und ich meinerseits begann, unser Bankguthaben einer Prüfung zu unterziehen, na ja, und dabei kam nicht viel Vernünftiges heraus. Das

sagte ich Katie natürlich nicht. Und warum ich es ihr nicht sagte? Weil ich selber schon die Reise im Kopf hatte und sehr aufgeregt war. Alles scheint möglich zu sein, wenn man erst zwanzig und etwas ist und weniger als zwei Jahre verheiratet. Katie wußte genauso gut wie jede Frau in Terre Haute, daß es eine Krise gab, aber Katie versteht es, solche Dinge einfach nicht zur Kenntnis zu nehmen, und vermutlich hat schon damals etwas von Katie auf mich abgefärbt.

Was zunächst geschah, hatte zur Folge, daß Karten und Prospekte fortgeräumt werden mußten, und ich war so aufgepulvert, daß ich sie sogar vergaß. Solange Katie in andern Umständen war, redeten wir nicht von Paris. Wenn ihr euch aber vorstellt, daß Katie es auch nur eine Sekunde vergessen hatte, dann kennt ihr meine Frau nicht. Als sie auf dem Rand ihres Bettes im Spital saß, Amy in den Armen, die kaum größer war als eine Puppe, und ich alles zusammenpackte, um die beiden heimzubringen – wißt ihr, was sie zu mir sagte? Ich mußte mich bücken, und ich erinnere mich noch sehr gut, wie ihre Augen glänzten, und wie sie flüsterte:

»Amy wird von Paris begeistert sein; glaubst du nicht auch?«

Zwei Jahre später erschien Elliott, und ihm saß der Floh sehr bald im Ohr. Ich erinnere mich noch an die Weihnachten, als er sieben war. Was er sich am sehnlichsten wünschte, war ein Baukasten, und wißt ihr, was er just unter dem Weihnachtsbaum aufbaute? Ja, natürlich tat er das – und sehr gut hat er es gemacht! An jenem Abend, als nur die Lichter am Baum brannten, da merkte man gar nicht, wie windig es gebaut war, und wie es sich auf die eine Seite lehnte, ungefähr wie der Turm unten irgendwo in Italien, aber trotzdem, was es vorstellen sollte, das sah man – da gab es überhaupt keinen Zweifel.

In den Jahren, die nun folgten, war jederzeit der Stand der Familienfinanzen auf der schwarzen Tafel in der Küche mit Kreide angeschrieben, so daß, von Austrägern und Stundenfrauen angefangen bis zu schnüffelnden Verwandten, wie meiner Schwester Hilda, jedermann es sehen konnte. Während des Krieges, als ich dann in Washington Dienst tat und zu jedem Wochenende heimkam, konnte ich immer etwas zulegen; es gelang uns, ein Komma in die Zahl einzubauen, und dann fing die Sache an, möglich zu schmecken. Wenn Katie sich in ihren Plänen nicht von einer Weltkrise stören ließ, so wollte sie sich von einem Weltkrieg schon gar nicht stören lassen. Als ich demobilisiert wurde und mich selbständig machte, kam es sogar dahin, daß ich mich gar nicht schämte, die Zahlen jedermann gedruckt sehen zu lassen. Ja, ich war tatsächlich sehr stolz darauf, und es sah aus, als könnten wir es uns wirklich leisten, als – nun ja – Katie wollte es anfangs selber nicht glauben, und so sagte sie mir auch kein Wort davon; doch es stimmte, und da blieb uns nichts übrig, als uns damit abzufinden. Wie ich denn damals sagte: »Jetzt können wir ohnehin nirgends hinfahren.« Nun, als schließlich Skipper das Licht der Welt erblickte – er wurde nach Katies Vater in Connecticut Horace genannt, doch das steht nur auf dem Papier: jedermann nennt ihn Skipper oder sonst irgendwie – konnte man wirklich nicht enttäuscht sein, obwohl es die Reise wieder verzögerte. Denn wie Skipper sich auch jetzt aufführen mag – von Zeit zu Zeit, wollen wir sagen – so steht doch fest, daß er ungefähr das reizendste Baby war, das man je gesehen hatte.

Letzten Winter war es dann Amy, die die ganze Sache ein für allemal ins Rollen brachte. Sie zog ihr überlegenstes Gesicht – an jenem Abend ging sie zu einer Tanzerei und sah besonders überlegen aus - und ließ über die entblößte Schulter hinweg das Wort fallen: »Nun, ich kann nur sagen, daß ich jeden Monat älter werde. Ich wette, daß wir's nie machen werden.«

Das entschied. Katie und ich setzten uns an den Tisch im Eßzimmer und arbeiteten bis Mitternacht, und dann saßen wir und tranken Kaffee und redeten bis gegen halb zwei; und schließlich hatte Katie mich davon überzeugt, daß es in den letzten drei Jahren nicht Mangel an Geld gewesen war, was uns an unsern Ort gefesselt hatte, sondern mein Geschäft – und das war richtig. Ich hatte wirklich hart gearbeitet, um die Firma in die Höhe zu bringen, es herrschte die Konjunktur auf dem Baumarkt, und so steckte ich das Geld immer wieder ins Geschäft, damit immer mehr daraus würde, hatte zehn Stunden am Tag gearbeitet und manchmal auch endlose Wochen; und die ganze Zeit über hatten wir uns eingeredet, wir hätten nicht genug Geld, um nach Europa zu fahren. Wie Katie sagte: »Was hat das für einen Zweck, Harry? Wir wissen nicht, wie lange wir noch beisammen bleiben werden! Jetzt, da Amy über zwanzig ist.« Und so, als Amy heimkam, war es Katie, die verkündete – mit einem Gähnen, als ob die Sache ganz belanglos wäre: »Im Juni fahren wir.«

Und, weiß Gott, das taten wir denn auch. Nach all der Zeit war es kaum mehr zu glauben!

Man mußte es aber glauben, als man sich in New York in das Taxi quetschte, das einen aus dem Hotel nach dem Hudson River brachte. Nun, um ganz aufrichtig zu sein, selbst dann - schon so früh – hatte ich so ein Vorgefühl, gewissermaßen eine Ahnung vielleicht, daß die Dinge sich nicht genauso abspielen würden, wie die Prospekte und die Reisebüros es vorausgesagt hatten. Es war nichts als ein Gefühl. Elliott aber saß just vor mir auf einem jener Klappsitze, wie man sie in den New Yorker Taxis hat, und er hielt den Kopf auf eine bestimmte Art, die verriet, daß er derzeit mit nichts völlig einverstanden war, vor allem aber nicht mit seiner Familie. Es war unmöglich festzustellen – es sei denn, man hätte ihn gefragt –, was ihn eigentlich quälte, und ich hatte keine Zeit, irgendwen irgendwas zu fragen, und meine Stimme wäre ohnehin in dem Tumult nicht gehört worden. Zudem stellte ich im Geist eine Inventur all der Dinge auf, die ein Mensch bei sich haben muß, wenn er aus einem Land in ein anderes will. Amy war so dicht an mich gedrängt, daß ich mich nicht rühren konnte, andernfalls hätte ich meine Taschen abgetastet, um mich zu vergewissern, daß Paß, Brieftasche und alles vorhanden waren; doch wie die Sache nun einmal lag, begann ich einen Krampf in den Beinen zu kriegen – die verdammten Dinger sind viel zu lang – und ich versuchte, an alles zu denken, was noch getan werden mußte, bevor ich die Kabinentür auf unserem Schiff schließen durfte, und da holte ich tief Atem.

Gerade war ich beinahe zu der Erkenntnis gekommen, daß ich wohl den Paß auf dem Schreibtisch im Hotelzimmer liegengelassen hatte, als in nicht allzu großer Entfernung eine Schiffspfeife zu gellen anfing.

Amy stieß einen schrillen Schrei aus. »Hör doch!« mochte sie gerufen haben, doch, um die Wahrheit zu sagen, sie schrie so knapp an meinem Ohr, daß ich auffuhr, den Schädel an die Decke stieß, das andere Ohr an die Fensterscheibe, und daß mein Hut mir über das Gesicht gedrückt wurde. Amy schrie weiter, aber in meinem Ohr dröhnte es schrecklich, und ich versuchte, damit fertig zu werden, indem ich den Mund weit aufriß, und schließlich gelang es mir auch, und ein oder zwei Sekunden lang fühlte ich mich ganz wohl, bis Amys Stimme abermals auf mich einschlug:

»... hast du das gehört? Und hast du je in deinem Leben etwas so Aufregendes gehört?«

Elliott drehte sich gemächlich um, musterte Amy mit jenem Ausdruch des Ekels, den er seiner älteren Schwester vorbehalten hat, und sagte: »Willst du wirklich, daß man dich bis nach Indiana hört?«

»Das wäre herrlich!« schrie Amy.

Dann aber, just vor mir, unter meiner Hutkrempe hervor, sah ich es. Was Skipper in dieser Minute empfand, weiß ich nicht; in meinen Augen aber war die ›Queen Mary‹ ein großartiges Schiff. Ich scheue mich gar nicht, einzugestehen, daß mir einfach der Atem wegblieb, und das ist die pure Wahrheit.

Das Taxi fuhr vor ein niedriges Gebäude, das mehr einem großen Schuppen glich als sonst etwas. Eine Menge Hupen tuteten, und es war, als ob tausend Menschen sich drängen würden. Das Taxi hielt, und dann schien es zu explodieren. Drei Türen sprangen auf, zu beiden Seiten drängten sich die Menschen hinaus, und dann tuteten noch mehr Hupen, und ein Taxichauffeur schrie unserem Taxichauffeur etwas zu, der sich die Ohren zuhielt und sehr verdrossen dreinschaute; dann trat er zurück und brüllte den andern Chauffeur an, und plötzlich herrschte die größte Verwirrung. Elliott gelang es, sich vollständig zu befreien, denn er legte gar keinen Wert darauf, als Mitglied unserer Gruppe angesehen zu werden, und Skipper sprang hinter das Taxi und sah zu, wie ein Träger das Gepäck auf einen zweirädrigen Karren lud. Amy trat auf den Randstein und rückte ihren Hut zurecht, der dessen nicht annähernd so dringend bedurfte wie mein Hut. Ein Mann ging vorüber, sah sich um, verfehlte eine Stufe, stolperte, ging weiter, drehte sich aber immer wieder um. Mindestens drei Träger näherten sich Amy und fragten, ob sie ihr behilflich sein dürften, doch sie schüttelte den Kopf und lächelte, und die Träger erwiderten das Lächeln, und schon jetzt konnte man sich vorstellen, daß diese Szene sich in Europa dauernd wiederholen würde. Katie starrte zu dem schwarzen Schiffsrumpf hinauf, und dann verzog sie sich mit Amy in den Schuppen. Sie trug die mächtige Handtasche, die sie seit Wochen vor meinen Augen gepackt hatte. Und diese Handtasche enthielt so ungefähr alles, was fünf Menschen brauchen mochten, wenn sie für, sagen wir, zwei oder drei Jahre auf einer wüsten Insel gestrandet wären. Und sie trug es mit sich, als wäre es ein Ballon.

Der Träger hatte die Koffer auf dem Karren festgeschnallt, hatte überdies auch beide Arme voll mit Gepäckstücken und wollte unsere Kabinenkarten sehen, der Taxichauffeur wollte sein Geld haben, und ein oder zwei Sekunden lang versuchte ich, beides gleichzeitig zu erledigen, nur daß das eben nicht ging, und ich wurde ganz wirr, und dann begann die Pfeife abermals zu heulen, und in meinem Ohr begann es abermals zu summen, und mir wurde nach und nach genau wie jenen New Yorkern zumute, die, wie ich selber beobach-

tet habe, gleichzeitig nach allen Richtungen gehen wollen. Und so besann ich mich und sagte:
»Hört, Kinder, das Schiff fährt ohne meine Frau nicht ab; also immer schön mit der Ruhe!«
Nun, das war offenbar nicht das richtige Wort, denn etwas immer schön mit der Ruhe machen, ist in New York anscheinend eine Sünde, glaube ich, oder vielleicht ist es gegen das Gesetz, ich weiß das nicht so genau; jedenfalls sah der Träger den Taxichauffeur an und der Taxichauffeur den Träger, und dann sahen beide mich an, als wollten sich mich auffressen und die Reste ausspucken. Doch ich ließ mir Zeit, erledigte einen nach dem andern, tastete gleichzeitig nach dem Paß und war beruhigt, und der Träger rollte den Karren fort, und Skipper verzog sich hinter ihm, und dann erhellte sich die Miene des Chauffeurs ein wenig, er steckte das Trinkgeld ein und fragte:
»Wo geht's denn hin, Kamerad?«
Und da sagte ich ihm, erst nach London und dann nach Paris und dann an die Riviera, und da pfiff er und sagte: »Paris?« und sein Gesicht bekam jenen seltsamen Ausdruck, den Leute kriegen, bevor sie einen unsauberen Witz erzählen, und dann beugte er sich zu mir und zwinkerte und flüsterte: »Tun Sie nur nichts, was ich nicht auch täte, Jack!« Ich erwiderte, das würde ich wahrscheinlich auch nicht tun, und da lachte er, als ob er in seinem ganzen Leben keinen bessern Witz gehört hätte, und dann sprang er in sein Taxi, die gute Laune war wiederhergestellt, und er pfiff: »*Mademoiselle from Armentières.*«
Ich kam gerade zurecht, um zu sehen, daß es eine Auseinandersetzung zwischen Skipper und dem Träger gab. Der Träger, ein kleiner Mann, dunkelhäutig und reizbar, zeigte auf den Aufzug, und Skipper stand, die Hände in den Taschen, und schüttelte, verstockt wie er sein kann, den Kopf. Skipper tat nur, was seine Mutter ihm eingeprägt hatte, und das war: »Was auch geschieht – deine Sache ist es, bei den Koffern zu bleiben. Laß sie nicht aus den Augen!«
Nun, ich wußte, daß der Träger gegen Skipper keine Chance hatte, und richtig, der kleine Mann hob die Hände zum Himmel, wölbte die Schultern und schob den Karren davon, so schnell er nur konnte, doch natürlich nicht schnell genug. Ich fand Amy und Elliott und Katie, die beim Aufzug auf mich warteten; sie schauten ausdruckslos drein, wie Menschen es tun, wenn sie ins Gedränge geraten und nicht wollen, daß irgendwer ihre wahren Gefühle errät.

Im Aufzug sagte ich: »Und wenn Skipper sich verirrt?«
»Die Koffer werden dorthin gebracht, wo wir hingehen«, sagte Katie da, und dessen schien sie so sicher, daß ich nicht mehr daran dachte.
Doch es entging mir nicht, daß Elliott, während der Aufzug sich in Bewegung setzte, abgewendet dastand, als würde er im Grunde keinen von uns kennen und stände nur ganz zufällig neben uns. Er hatte die Kamera um den Hals und sah gleichgültig und mißgestimmt drein. Amy war neben ihm, und ein- oder zweimal hörte ich, über das Summen des Aufzugs hinweg, ihre Stimme, doch dessen war ich nicht ganz sicher.
»Was ist denn mit Elliott los?« flüsterte ich Katie zu.
»Er fährt nicht gern mit«, sagte Katie.
»Was?!«
Das muß ich wohl ziemlich laut gesagt haben, denn alle andern verstummten, und so konnten sie hören, wovon Katie und ich sprachen, aber in diesem Augenblick achtete ich nicht darauf, denn ich kann es euch ruhig eingestehn, daß es doch kein kleiner Schock ist, wenn man in einem Aufzug zu dem Schiff hinaufbefördert wird, das im Begriff ist, nach Europa zu fahren, und bei dieser Gelgenheit erfährt, daß der eigene Sohn gar nicht mitfahren will.
»Warum nicht?« Ich drehte mich um. »Elliott! Warum nicht?«
»Aber, Harry«, sagte Katie. »Du weißt es doch. Des Mädchens wegen!«
»Was für eines Mädchens wegen?«
Elliott begann, leise ein Liedchen vor sich hin zu pfeifen.
»Ach, du weißt doch, Lieber! Wegen der kleinen Ruth Hamilton!«
Und da erinnerte ich mich, aber ich konnte es mir nicht zusammenreimen, und zudem wurde mir ziemlich heiß unter dem Kragen. Diese Ruth Hamilton, wenn es die war, an die ich mich erinnerte, war ein mageres kleines Ding, das einen abgenützten alten Karren fuhr, enge blaue Hosen trug, Ponyfransen hatte und gar keine Stirn. Überdies nannte sie jeden ›Kamerad‹, mich einbegriffen.
»Zum Kuckuck, da soll mich doch gleich ...«, sagte ich, weil mir nichts anderes einfiel.
Ich spürte die Blicke der andern Leute auf mir; selbst der Liftmann war aufmerksam geworden. Doch das war mir einerlei. Wenn Elliott glaubte, er könnte einem den Spaß verderben und das wegen eines dummen Dings mit schwarzen Ponyfransen und ohne Stirne ...

Jetzt hielt der Aufzug. Und dann, wahrhaftig, öffnete sich die Tür hinter mir, und alle fingen an, gegen mich zu drängen, und ich mußte ein paar Schritte rückwärtsstolpern und mein Hut rutschte wieder auf die Seite, bevor ich das Gleichgewicht fand und nach Katies Arm greifen konnte.
Elliott glitt an mir vorüber, ging sehr rasch, und aus dem Mundwinkel stieß er hervor: »Ein prächtiger Start, Pop!«
Wir wurden in dem Menschenstrom an dem Rumpf des Schiffs zu unserer Rechten vorbeigeschoben, wo all die gedeckten Laufstege zum Schiff hinaufführten.
»Da ist's, Harry«, sagte Katie. »Dort! Wo steht: Nur für Passagiere der Kabinenklasse.«
Und sie hielt meinen Arm so fest, daß ihre Aufregung durch unsere beiden Arme rieselte, und so beruhigte ich mich ein wenig und sagte mir: Zum Teufel damit! Tatsache ist, daß ich mich wieder ganz wohl fühlte, und ich wollte Katie wissen lassen, daß ich gar nicht aufgeregt war, daß nichts uns die Reise verderben sollte und so sagte ich:
»Es wäre doch lustig, sich ein wenig auf dem Schiff umzusehen, bevor es abfährt. Gott sei Dank, daß wir in New York keinen Menschen kennen, da gibt's wenigstens keine Bon-Voyage-Feiern und dergleichen.«
»Hmmm«, war alles, was Katie darauf zu erwidern hatte.
Und das weckte meinen Verdacht. »Was heißt das eigentlich – hmmm?«
»Ach, du weißt ja, Lieber. Man kann nie wissen. Irgendein wohlmeinender Verwandter ...« Und das ließ sie so in der Schwebe. Und mir gefiel das ganz und gar nicht. »Wer?« fragte ich. »Wer?«
Doch da wußte ich es schon, und ich muß zugeben, daß mich ein Schauder überlief.
»Es wird wohl was zu trinken geben, Lieber«, sagte Katie. »Höchstwahrscheinlich Champagner. Und Champagner hast du doch so gern. Ich erinnere mich, bei der Hochzeit von Norah Cassidys Tochter, da hast du ...«
»Ich glaubte doch, deine Eltern hätten geschrieben, sie könnten nicht kommen.«
»Ja, das haben sie geschrieben. Wahrscheinlich wollten sie uns überraschen. Und darum, Harry, um meinetwillen, wenn wir in die Kabine kommen, tu, als ob du überrascht wärst.«
»Ich werde gar nicht so tun müssen.«
»Ach, schau doch nicht gar so grimmig drein, Liebster. Du jammerst

immer, wenn's Gesellschaften gibt, und nachher unterhältst du dich besser als die andern.«

Ich wollte gerade sagen, daß das nicht für die Gesellschaften ihrer Eltern galt, doch ich tat es nicht, denn, was auch geschehen mochte, ich wollte nicht, daß irgendwer – auch ich selber nicht – Katie jetzt die Stimmung verdarb. Und dann begriff ich, daß das Vergnügen der Abreise nicht vollständig gewesen wäre, wenn es keine Bon-Voyage-Feier gegeben hätte, und so besänftigte ich mich und meinte: »Ein Glas würde mir ganz wohltun!«

Gerade als wir uns auf dem Laufsteg zur Kabinenklasse anstellten, wo uniformierte Männer sich vergewisserten, ob man auch wirklich seine Fahrkarte vorgezeigt hat, und als Elliott sich zu uns gesellte, da fiel mein Blick auf Amy. Sie war in einiger Entfernung von uns, ließ sich Zeit, als hätte sie noch den ganzen Tag vor sich und redete, den Kopf gehoben, und der Mann, zu dem sie redete, war mir vollkommen unbekannt. Er war groß, fast so groß wie ich, hatte kurzgeschnittenes rötliches Haar, hatte eine Hand in der Tasche und, um die Wahrheit zu sagen, er schaute so vage drein – ihr wißt schon, wie einer, der nicht weiß, wo er ist, oder warum, oder wohin er geht. Aber alles, was Amy zu ihm hinauf sagte, schien ihm Freude zu machen, denn er nickte, ein langsames, behutsames, nachdenkliches Nicken.

»Elliott«, sagte Katie, »kümm're dich um deine Schwester, bevor sie in den Fluß fällt!«

»Wer, zum Teufel, ist denn dieser Bursche?« fragte ich.

»Ich glaube, sie sind einander eben erst im Aufzug begegnet«, sagte Katie. »Aber du solltest doch jetzt die Karten und den Paß bereithalten, Liebster.«

Und diesmal hatte ich alles bereit, die Karten in der Hand, wie es sich gehört, und da sagte der Mann: »Die Pässe, bitte!«

Da reichte ich ihm den Paß, und der junge Mensch entfaltete ihn, und da sah ich, wie seine Lippen sich krümmten, und wie er einige Schwierigkeiten hatte, bevor es ihm gelang, seine Züge wieder zu glätten und zu sagen:

»Aha, ein Familienpaß!«

Und damit sah er mich prüfend an.

Nun, ich wollte nicht, daß der Mann in Verlegenheit kam, weil er beinahe gegrinst hatte, denn ich weiß einen Menschen mit Sinn für Humor zu schätzen, und ich hatte selber gegrinst, als ich die Paßphotographie gesehen hatte, und so sagte ich:

»Es ist ziemlich schwer, fünf Leute gleichzeitig dazu zu bringen, daß sie still halten. Aber das sind wir nun einmal.«
Der Mann griff nach dem Stempel und grinste dann unverhohlen.
»Wo sind die andern, Mr. Willard?«
Elliott und Amy waren gerade hinter mir, und Amy lächelte zutraulich, und die Blicke des Mannes verweilten ein oder zwei Sekunden länger auf ihr als auf Elliott, und dann richtete er sich auf und spähte in die Gegend meiner Füße. Dann setzte er sich wieder und sagte:
»Und wo ist der kleine Junge? Wo ist Horace?«
»Ach, der wird gleich da sein«, erklärte Katie. »Er hat nur eine Besorgung für mich zu machen. Wir nennen ihn Skipper.«
»Na ja – tut mir leid; aber Sie müssen solange zur Seite treten, bis er kommt.« Er reichte mir den Paß. »Der nächste?«
»Ich hab dir doch gesagt, daß wir jeder seinen Paß haben sollten«, flüsterte Elliott. Und, die Kamera um den Hals baumelnd, machte er sich auf die Suche nach seinem Bruder. Auf seinen Zügen war abermals der Ausdruck von Widerwillen wie vorher. Er verschwand im Gedränge rund um uns, wo das Gepäck ins Schiff geladen wurde.
Um diese Zeit ungefähr stellte Amy uns dem rothaarigen jungen Mann vor, der Nick O'Hara hieß; er schüttelte uns die Hände, verzog den Mund zu einem Lächeln und sagte:
»Machen Sie Ihrer Tochter, bitte, keine Vorwürfe deswegen, daß sie mit mir geredet hat. Ich bin schuld, ich hatte sie angesprochen.«
Nach dieser Art, wie er das sagte, trug ich ihn in mein Buch ein – zu glatt. Ach, viel zu glatt! Er hatte die Aussprache des Ostens, bei der man alle ›g‹ am Ende der Wörter hört, und redete, wie Katie geredet hatte, als ich sie kennenlernte, und wie ihre Leute noch immer redeten. Doch diesmal gab es etwas, das mich überraschte. Ich bin kein Snob, ich habe keine Vorurteile, und ich bin menschenfreundlich. Ganz im allgemeinen, wenn ich mit einem Menschen zusammenkomme, so können wir fast immer irgendwas von Interesse finden, das wir einander sagen, und wenn es auch nur ein Wort über das Wetter ist. Dieser Bursche aber konnte kaum mehr als zweiundzwanzig oder dreiundzwanzig sein, vielleicht auch weniger, und er stand da, die eine Hand in der Hosentasche, und wenn ich auch nicht recht wußte, warum, so gefiel mir seine Manier doch eben nicht. Offen gesagt – mir gefiel die Art nicht, wie er Amy aufgepickt hatte, und doch weniger die Art, wie Amy bei jedem Wort an seinen

Lippen hing und sich selber unterbrach, um zu hören, was er sagte. Und wenn Amy mitten im Reden aufhört, weil ein anderer Mensch etwas sagen will, dann weiß ich, daß man achtgeben muß. Und so war ich nicht gerade ablehnend zu dem jungen Menschen, aber gleichzeitig wollte es auch nicht recht gehn. Fragt mich nicht warum. Aber ich fühlte mich aufrichtig erleichtert, als Amy ihn fragte und er erklärte, daß er Erster Klasse fuhr, nicht Kabinenklasse. Amys Gesicht verzog sich kummervoll, doch sie sah dabei reizend aus, und er beeilte sich, uns auseinanderzusetzen, das habe nicht zu bedeuten, daß wir ihn nicht zu sehen bekämen, denn die Passagiere Erster Klasse konnten sich ja auf dem ganzen Schiff frei bewegen. Nun, das sollte wohl nicht ein Stich gegen die Kabinenklassenbilletts in meiner Hand gewesen sein, und doch empfand ich es so, und ich spürte, wie meine Kiefermuskeln sich spannten – das ist so ihre Gewohnheit.
Gerade da sagte Katie: »Mir kommt's doch ein wenig albern vor, daß wir hier stehen müssen. Schließlich müssen die Koffer doch in die Kabine gebracht werden, nicht?«
»Wenn ich irgendwie behilflich sein kann«, sagte dieser O'Hara. »Vielleicht wenn ich mit dem Zahlmeister rede ...«
»Nicht nötig«, sagte ich. »Nicht nötig.«
»Ich weiß nicht, warum der Mann uns nicht einfach glauben kann, daß Skipper mit uns fährt«, fuhr Katie fort. »Was stellt er sich denn vor? Daß wir irgendwas im Sinn haben?«
»Ach, Mutter«, meinte Amy, »er glaubt gewiß nicht, daß wir irgendwas im Sinn haben. Aber es sind eben die Vorschriften.«
»Amtsschimmel«, sagte Katie, preßte die Lippen zusammen und warf dem schuldigen Beamten in seiner Zelle einen eisigen Blick zu. »Harry, warum sagst du dem Mann nicht deine Meinung?«
»Katie«, warnte ich, »noch solange wir in den Vereinigten Staaten sind, möchte ich das ein für allemal klarmachen, daß ich nicht die Absicht habe, durch Europa zu fahren und den Leuten meine Meinung zu sagen.«
Amy sagte halblaut etwas, und ich glaube, es war: »Wie altmodisch!« Doch gerade da begann der Kladderadatsch, und so sollte ich nie genau wissen, was sie gesagt hatte.
Was sich nun begab, war, daß über das Schrillen der Pfeife und das Klirren von Kränen und das Dröhnen der Schiffsmaschinen und über alles Stimmengewirr hinweg, ein Geheul erscholl. Und im Nu schien allles stillzustehen. Zunächst konnte man nicht gewiß sein,

ob es ein menschlicher Laut war, dann aber meinte man, jemand sei ins Wasser gefallen, und dann, während alle ganz still waren, als ob sie erfroren wären, erscholl das Geheul abermals, und diesmal erkannte ich: es war ein menschlicher Laut.
Ich begann zu laufen, und jetzt konnte man tausend Stimmen schreien, tausend Paar Füße auf dem Pier stampfen hören, alles war in Bewegung, alles strebte dem Geheul nach, das man immer noch über alles hinweg hören konnte.
Das erste, was ich sah, als ich an den Rand des Piers kam, wo er aufhört, und wo zwischen ihm und dem Schiff nur noch Wasser ist, war Elliott, und er hatte die Kamera am Auge und duckte sich, um irgendwas hoch über ihm in einem günstigeren Winkel zu erwischen. Ich stolperte über Koffer und Handtaschen, ich kam auch an den Rand, ich schaute hinauf, und der Atem stockte mir. Aber ich konnte just neben mir die Kamera surren hören.
Dann hörte ich eine Frauenstimme, und sie sagte: »Ach, das ist ja ein kleiner Junge!«
Und so war es auch. Hoch oben, in einem der großen Netze, die dazu verwendet werden, das Gepäck aufs Schiff zu bringen, und die durch eine Art Ladebaum betrieben werden, der sie aufs Deck hebt, da hing ein Bein zwischen den Koffern, die ich erkannte, bevor ich das Bein erkannt hatte. Und dann hörte ich Skippers Stimme, konnte aber nicht verstehen, was er sagte, und dann sah ich auch sein Gesicht, und das war beinahe blau vor Wut. Er schrie die Männer auf dem Deck an, die den Kran bedienten. Und diese Männer wiederum gafften zu ihm hinauf, als wäre er ein Seeungeheuer, das sie irgendwie aus der Tiefe gezogen hatten, und als wüßten sie nicht, was sie mit ihm anfangen sollten – ihn hinaufheben oder ins Meer werfen. Nun, nach der Art, wie Skippers Mund sich bewegte, wußte, ich, daß er ihnen verschiedene Beschimpfungen zurief, und ich war nur froh, daß der Lärm so groß war, denn Skipper hat das Temperament seiner Mutter, und wenn er flucht, dann flucht er! Ich schaute zu Elliott hinüber, der jetzt seine Kamera versorgte, und gerade neben ihm stand der Träger, die Fäuste in die Hüften gestemmt, und seine Augen fielen ihm vor Vergnügen fast aus dem Kopf: Dann erschien der Mann mit dem Amtsgesicht und begann auf den Träger einzureden, und der Träger vollführte große Gesten mit Schultern und Händen, und ich rückte näher und hörte ihn sagen:
»Er wollte beim Gepäck bleiben, und da hab ich gesagt: ›Schön,

Junge, bleib du nur beim Gepäck!‹ Jetzt wird's ihm vielleicht nicht mehr so dringend sein, beim Gepäck zu bleiben.«
Dann hörte ich an meinem Ohr, während der Kran anfing, das Netz sinken zu lassen, O'Haras Stimme, und was O'Hara sagte, war:
»Ein mächtig kluger Junge! Wer mag das nur sein?«
Ich drehte mich, sah Amys Gesicht – rot wie ein Sonnenuntergang – und sie flüsterte mir zu:
»Ich könnte sterben!«
Jetzt, als das Netz sich senkte, lachten alle Leute. Mir war recht flau zumute, und ich hatte beständig das bedrückende Gefühl, daß diese Reise irgendwie doch nicht genauso verlaufen werde, wie wir sie all die Jahre geplant hatten.
»Ein prächtiger Start«, hörte ich jemanden sagen, doch diesmal war es nicht Elliotts Stimme. Es war meine eigene...

2

Was Katie davon gesagt hatte, daß ich mich über die verschiedenen Gesellschaften beklagte und mich nachher dabei besser unterhielt als irgendwer, ja, wenn ihr's denn wissen wollt, das ist die reine Wahrheit. Das mag daher kommen, daß ich nicht sehr viel trinke noch je getrunken habe – nicht daß ich im Grunde etwas dagegen hätte. Katie ist imstande, von sieben bis Mitternacht vor einem einzigen Whisky mit Soda zu sitzen, und dann ist es noch sehr fraglich, ob sie je damit fertig werden würde. So bin ich nun nicht. Ein Glas lohnt die Mühe nicht, mit zweien kommt man der Grenze schon näher – oder so war es doch, bevor ich nach Europa fuhr – und drei paßt viel besser bei den seltenen Gelegenheiten, wenn ich einmal in die Lage komme. Nun, bei dieser Bon-Voyage-Feier war ich in der Lage, und als ich zwei Glas getrunken hatte, sah die Sache, auf ihre Art, gar nicht so übel aus.
Das Schlimmste hatte ich jetzt jedenfalls überstanden – den schrecklichen Augenblick, da wir Skipper als unsern Sohn anerkennen mußten – obgleich ich noch, selbst nach zwei guten Gläsern Champagner, recht böse auf Skip war – und dann kam das Durcheinander auf dem A-Deck vor den Aufzügen, als die ganze Familie mich Hals über Kopf im Stich gelassen hatte und ich verloren dastand und versuchte, mich in den Kabinennummern auszukennen, die über den Pfeilen an der Wand zu sehen waren;

und dann wanderte ich einsam dorthin, wo die Feier schon in vollem Gange war.
Die beiden Kabinen waren gerammelt voll von Menschen, die ich nie zuvor gesehen hatte, einige drängten sich draußen auf dem Gang und blockierten ihn, und die andern bemühten sich, einander nicht den Ellbogen in den Leib zu bohren, sondern standen steif da und balancierten Gläser mit langem Stengel, die ein Steward in weißer Jacke unaufhörlich brachte. Als ich eintrat, nickte der oder jener höflich, aber keiner bot mir etwas zu trinken an; dann aber erschien Katie auf der Schwelle, und nun war die Hölle los. So ziemlich alle Anwesenden stürmten auf sie zu und küßten sie oder versuchten doch wenigstens, sie zu küssen, und sie hatte rote Backen und sah glücklich drein; ich aber stand an eine Wand gepreßt und beobachtete nur. Ich merkte, daß sie von einigen nicht einmal den Namen kannte, doch Katie war nun einmal mehr als zwanzig Jahre nicht mehr im Osten gewesen, und so durfte man nicht erwarten, daß sie sich an jedes Gesicht erinnern sollte, das ihre Familie zu dieser Festlichkeit mitgeschleppt hatte. Dann bahnte ihre Mutter sich einen Weg zu ihr und umarmte sie und dann ihr Vater, dessen Anzug die richtige Farbe für ein städtisches Begräbnis hatte – immerhin trug er im Knopfloch eine weiße Nelke. Und jemand reichte Katie ein Glas, und ich sah, daß ihre Blicke durch die zwei Kabinen schweiften, bis sie mich gefunden hatte, und da winkte sie, und ich winkte auch, mußte mich aber bei einer alten Dame entschuldigen, weil mein Ellbogen sich in der Perlenschnur verfangen hatte, die ihr über den Busen hing, und die alte Dame meinte, das sei ganz in der Ordnung, wenn ich ihr ein frisches Glas verschaffen könnte, und da hatte ich eine willkommene Ausrede und verschaffte nicht nur ihr ein Glas, sondern auch mir, und nachher hatte ich mich so sehr an den Rauch und den Lärm gewöhnt, daß ich mich mit der Zeit wirklich gut unterhielt, ganz wie Katie das gesagt hatte.
Das einzig Unangenehme bei einer großen Gesellschaft ist, daß man nie irgendwen richtig kennenlernt. Da war zum Beispiel dieser kleine Mann, der sich meines Ohrs bemächtigte und es nicht wieder freigeben wollte. Soviel ich wußte, war er einer von Katies Vettern oder dergleichen, aber seinen Namen konnte ich nicht in Erfahrung bringen, und die Wahrheit ist, daß ich seinen Namen noch heute nicht weiß.
Dieses Männchen hatte einen dieser engen Anzüge an, die aussehen, als wären sie ein wenig zu kurz in den Ärmeln und zu eng

über den Schultern, und die überhaupt keinen Aufschlag haben, aber man behauptete, bessere Anzüge gäbe es überhaupt nicht, und nun stand das Männchen plötzlich neben mir und sagte:
»Prachtvolles Frauenzimmer, diese Katherine! Kennen Sie sie schon seit längerer Zeit?«
»Seit ein paar Jahren«, erwiderte ich.
»Ich habe Katherine schon gekannt, als sie noch in die Tanzstunde ging. Würden Sie's glauben? Ich habe Katherine zum ersten Mal ausgeführt!«
Ich sah zu ihm hinunter. »Ja, gewiß glaube ich's«, sagte ich. Aber, um ganz ehrlich zu sein, ich glaube es nicht. Irgendwie schien er mir doch nicht der Mann zu sein, dem Katie ein Rendezvous gegeben hätte – nicht, daß er auf seine Art nicht ganz präsentabel gewesen wäre, aber sein kleiner Kopf war kahl und glänzte von Schweiß, und gerade jetzt waren seine Augen unter den schweren, schwarzen Brauen ein wenig wäßrig vom Rauch und vielleicht auch vom Wein, und sein Gesicht war auch rund, so weichlich rund, wenn ihr versteht, was ich damit meine, und seine Stimme war dünn und zittrig, als hätte er Angst, ich würde ihm nicht glauben. Ich wollte natürlich nicht, daß er merkte, was ich dachte, und sagte immer wieder:
»Natürlich glaube ich's! Ich bin selber mit der guten Katherine ein paarmal ausgegangen.«
»Katherine war nie eine hinreißende Schönheit«, sagte er. »Aber sie war bezaubernd. Das ist das richtige Wort für Katherine – bezaubernd.« Er schaute mir streng ins Auge. Wage nur, mir zu widersprechen, sagte dieser Blick. Mit solchen Leuten werde ich im Handumdrehen fertig! »Und sie ist es noch immer«, fuhr er in festem Ton fort. »Man muß Katherine kennen, um sie richtig zu würdigen!«
»Das ist wahr«, gab ich zu.
»Wie heißen Sie eigentlich?« fragte er. »Sind Sie aus Greenwich? Ich kann mich nicht erinnern, Sie in der Gegend von Greenwich gesehen zu haben.« Sein Blick streifte meinen doppelreihigen Anzug und war plötzlich argwöhnisch geworden. »Nein, ich glaube wirklich nicht.«
»Ich heiße Willard. Harry Willard.«
Längere Zeit ging ihm das im Kopf herum; er stand da, die wäßrigen, halb geschlossenen Augen blinzelten zu mir hinauf, und dann meinte er:

»Was Sie sagen! Nein, wirklich? Sie sind es also!«
Darauf hätte ich nicht viel erwidern können, und so tat ich es denn auch nicht. Ich hatte gerade mein zweites Glas geleert und spähte über die Schulter des Männchens nach dem Steward mit den Gläsern aus.
Das Nächste, woran ich mich erinnere, war, daß der kleine Mann mir die Hand schüttelte, daß er plötzlich ungemein freundlich war, mir auf den Rücken klopfte, mir seinen Namen nannte, den ich aber nicht verstand, denn mein neuer Freund war viel zu aufgeregt, und dann stellte er mir einen Haufen Fragen und gab mir einen Haufen guter Ratschläge. Ob es wahr sei, wollte er wissen, daß wir drei Kinder mit uns hinüber nahmen, und ob ich nicht am Ende glaubte, daß wir damit einen Fehler begingen, denn man müßte die Kinder sehr scharf überwachen, insbesondere wegen der Ernährung und wegen des Wassers. Von beidem oder doch von einem der beiden, könnte man sich die schlimmsten Krankheiten holen. Diese düsteren Voraussagen stimmten ihn so fröhlich, daß ich ihn nicht unterbrach, denn unterdessen war der Steward vorübergekommen und ich hatte mein drittes Glas in der Hand, und der Champagner fand seinen Weg durch mein Blut so leicht, wie es dem Whisky nie gelingt. Und dann wollte der kleine Kerl wissen, wie lange wir drüben zu bleiben gedachten, und so sagte ich ihm, sechs Wochen seien geplant, und da meinte er, das sei auch ein Fehler, denn ihm könne man glauben, und für Europa brauche man mindestens ein Jahr.
»Du begehst einen Fehler, Harry«, sagte er, »einen sehr schlimmen Fehler.«
Und das schien ihm so nahe zu gehn, daß ich gerade im Begriff war, ihm auseinanderzusetzen, daß wir uns eben nicht mehr als sechs Wochen leisten könnten, und daß ich auch nicht länger von meinem Geschäft fortbleiben könnte, und daß es, wenn das Essen und Trinken mit so vielen Gefahren verknüpft sei, doch vernünftiger wäre, sich auf sechs Wochen zu beschränken, aber ich konnte kein Wort hervorbringen, denn schon hatte er meinen Arm gepackt und begann, auf mich einzureden, so rasch, wie ich noch nie einen Menschen reden gehört hatte, und was er sprach, war eine fremde Sprache, von der ich nur wußte, daß es französisch war, aber das war auch alles, was ich wußte. Aber er sah so glücklich drein, wärend er plapperte, daß ich ihn ruhig machen ließ. Schwierig wurde es nur, als er mit einer Frage endete und nun mit einem verklärten Lächeln auf meine Antwort wartete.

»Für mich ist sie eine hinreißende Schönheit«, sagte ich, und bei mir dachte ich: Aufgepaßt, Harry, entweder ist's hier drin zu heiß, oder du hast doch schon zu viel getrunken.
Der kleine Kerl aber wischte sich in den kahlen Kopf und lachte, bis ihm die Tränen über das Gesicht rollten, und einige Leute verstummten und schauten uns an, und ich sah, wie Katie sich umwandte – sie stand in einer Ecke und hatte anscheinend eine sehr feierliche Konferenz mit ihren Leuten –, und da wurde es mir ein wenig eng um den Kragen, weil der kleine Kerl doch so einen Wirbel machte.
»Harry!« brüllte er. »Du wirst doch nicht sagen, daß du nicht französisch kannst?!«
Ich senkte meine Stimme, so gut es ging. »Nun, Amy redet es wie ein Wasserfall, und Katie hat's im College gelernt. Und dann haben wir's auch mit den Unterrichtsplatten versucht, nur daß ich den Burschen nicht verstehen konnte, wenn er englisch sprach.«
»Harry, alter Freund, du bist erledigt!« Dann wandte er sich zu den übrigen Anwesenden um und hob sein Glas. »Wir wollen auf Harrys Wohl trinken – der nach Frankreich fährt und nicht französisch kann!«
Nun, einige Leute hoben ihre Gläser, und Katie schnitt mir ein Gesicht – aber es war ein gutes, freundliches Gesicht, und so grinste ich und wußte, daß sie, wie gewöhnlich, noch immer bei ihrem ersten Glas hielt. Draußen auf dem Gang erspähte ich Skipper, er zeigte dort seine Kartenkunststücke, und die Leute waren wirklich begeistert.
Und dann tauchte der Mann auf in Uniform, mit rotem Gesicht auf und bahnte sich unter vielen Entschuldigungen seinen Weg durch das Gedränge, und nun stand er vor mir, griff an die Kappe und sprudelte sein geziertes Englisch heraus und erklärte, wie sehr es die Cunard Line bedaure, daß wir am Quai solche Unannehmlichkeiten gehabt hätten, und er sei durchaus bereit, durchzusetzen, daß der Träger davongejagt werde, auch wenn das einen Dockerstreik zur Folge haben sollte, durch den der ganze Verkehr auf dem Atlantischen Ozean zu leiden hätte. Ja, es war eine richtige kleine Rede, und er selber schien daran so viel Spaß zu haben, daß ich ihn ausreden ließ, und dann sagte ich:
»Wollen Sie jetzt nicht auch ein Glas trinken?«
Er war so verblüfft, daß er einen Schritt zurücktrat, und da sagte ich, er solle doch den Träger zu mir schicken, und ich würde ihm ein

gutes Trinkgeld geben, denn, ganz unter uns, ich hoffte, der kleine Zwischenfall sei für Skipper eine gute Lehre gewesen.
Dann trank ich noch ein Glas und hörte, wie ein Mann zu meiner Rechten einer Frau zu meiner Linken sagte, daß nicht viele Frauen Gelb tragen könnten, sie aber solle immer, ja immer Gelb tragen, und da wandte ich mich um und musterte die Frau und wußte gleich, daß der Kerl in seinen Hals hinein log, denn derHut der Frau war über und über mit gelben Blumen bedeckt, und das nützte ihr gar nichts. Aber sie strahlte, und als sie lächelte, sah ich, daß ihre Zähne auch gelb waren.
Ungefähr um diese Zeit war es, daß ich wünschte, sie würden doch alle miteinander verschwinden. Ich dachte nur an eines – an die fünf Tage auf dem Meer, die wir vor uns hatten, wenn man nichts zu tun hat, als langausgestreckt auf dem Deck zu liegen, die frische Luft einzuatmen und die Wellen vorüberrollen zu sehen.
Gerade jetzt fühlte ich das Bedürfnis nach frischer Luft, doch als ich mich anschickte, durch die Kabine zu gehn, da trat mir die Frau in den Weg, die Frau mit der Zigarette und dem Schleier.
Ich wüßte kaum, wie ich sie beschreiben sollte. Sie war nicht jung, und sie war nicht alt, und sie hatte jenen verschlagenen Ausdruck im Auge, als wüßte sie ein Geheimnis und ich wüßte ein Geheimnis, und es war dasselbe Geheimnis, und ich teilte es mit ihr. Nur daß ich sie bisher noch nie in meinem Leben gesehen hatte. Da stand sie mitten in meinem Weg und hatte die Zigarette zwischen den Fingern, die unangezündete Zigarette.
»Sie sind Harry«, das waren ihre ersten Worte, und selbst das klang aus ihrem Mund, als wäre es gewissermaßen ein schuldhaftes Geheimnis zwischen uns. Nun, ich nickte, und da sagte sie: »Geben Sie mir Feuer, Harry! Bitte!« Und sie hob die Zigarette zwischen unsere beiden Gesichter, wo im Augenblick gerade nicht viel Platz übrig war. Und so tastete ich nach einem Zündholz und zündete es an, aber die Zigarette konnte ich nicht anzünden, weil die Frau den Schleier nicht wegschob, und ich hatte keine Lust, es selber zu tun, und so stand ich mit dem brennenden Zündholz, bis es mir die Finger versengte. Da merkte sie, was los war, schob den Schleier ein wenig zur Seite, und ich konnte ihr die verdammte Zigarette anzünden.
Sie zog den Rauch ein, sehr tief für eine Frau, und dann blies sie ihn durch die Nase und den Schleier wieder aus, und die ganze Zeit über sah sie mich an, und ich konnte mich nicht rühren, und der Schleier kitzelte mich beinahe am Kinn.

»Ich habe Sie beobachtet, Harry.«
»Ja?«
»Seit Sie da sind. Sie haben mich gesehen.«
Ich mußte angestrengt nachdenken, doch, wenn's ums Leben gegangen wäre, konnte ich mich nicht erinnern, daß ich gesehen hätte, wie sie mich beobachtete. »Ja, kann sein, daß ich es gemerkt habe«, sagte ich, und das war wohl auch das Richtigste, was man da sagen konnte, denn sie lächelte – langsam, spaßig, zufrieden
»Ich habe gern Männer, die nicht die ganze Zeit reden«, sagte sie. »Ich habe wirklich die Männer gern, die beiseite stehn und die Dinge auf sich zukommen lassen und selbst kein Wort reden.«
»Sie müssen Frieda Welch sein«, sagte ich.
Jetzt war sie richtig entzückt, und auch das kleine verstohlene Lächeln war wieder da, und, offen gestanden, mit der Zeit machte es mich ein wenig verlegen, weil ich nicht recht auf den Sinn des Lächelns kommen konnte; und vor allem sehnte ich mich nach frischer Luft.
»Was haben Sie gehört? Sagen Sie mir's, Harry! Bitte! Was haben Sie gehört?«
Nun, im Grunde hatte ich nicht viel gehört. Und was ich gehört hatte, konnte ich ihr gerade jetzt nicht so ohne weiteres wiederholen. Und so sagte ich nur: »Katie hat von Ihnen gesprochen.«
»Was, Harry?« Es war, als wäre ihr die Luft ausgegangen. »Was hat sie gesagt, Liebling?«
Nun, das ging mir gewissermaßen tief unter die Haut. Damals wußte ich nicht, wie ich es jetzt weiß, daß im Osten und auch drüben in Europa die Leute jeden beliebigen Menschen ›Liebling‹ nennen. Das ist ein Wort, das ich manchmal Katie gegenüber gebrauche, und sie gebraucht es häufiger als ich, aber es bleibt immer zwischen uns. Daß diese fremde, schlanke hochgewachsene Frau mich an einem öffentlichen Ort wie diesem da ›Liebling‹ nannte, und daß sie es auf eine Weise tat, die es gleichzeitig alltäglich und verstohlen und schuldhaft tönen ließ, nun, das bewirkte, daß der Kragen mir wieder eng wurde, und ich spürte, wie es mich im Nacken prickelte.
Und da hätte ich ihr beinahe erzählt, was Katie drüben in Terre Haute gesagt hatte; es war im Zusammenhang mit etwas ganz anderem und lautete: »Dr. Walters neue Frau erinnert mich an ein Frauenzimmer, das ich früher gekannt habe; sie hieß Frieda Welch. Mit andern Worten, ich wittere eine Hure.« Nun will ich doch gleich feststellen, daß Katie solche Worte nicht oft gebraucht, aber sie hat

nun einmal ihr Temperament, und wenn sie in Wut gerät, dann findet sie wahrscheinlich zu den spitzfindigen Phrasen zurück, die ihr Kreis in Connecticut und in New York und auf dem Smith College als selbstverständlich ansah, vor deren Verwendung wir in Terre Haute aber uns ängstlich hüten. Doch erwies sich nun, daß Dr. Walters Frau sich wirklich zu dem entwickelte, was Katie gesagt hatte, als sie ihr zum ersten Mal begegnet war, und so geschah es, daß ich mich an den Namen Frieda Welch erinnerte.

»Ich heiße jetzt nicht Welch«, sagte Frieda. »Ich heiße jetzt Frieda Harrington, aber das wird nicht mehr lange dauern. Doch wenn Sie mir nicht erzählen wollen, was Katherine über mich gesagt hat, obgleich ich überzeugt davon bin, daß es nicht sehr schmeichelhaft war, so müssen Sie mir doch erzählen, was Sie sich gedacht haben, als Sie so abseits standen und uns alle beobachtet haben.«

»Ja«, begann ich, »was war's nur? Zunächst fragte ich mich, wohin mein anderer Sohn und meine Tochter gelaufen waren. Und ich war...«

»Schon gut, Harry. Und jetzt erzählen Sie mir, was Sie dachten, als Sie mich zum ersten Mal sahen. Was kam Ihnen da in den Sinn?«

Nun kränke ich nie gern eine Frau – einen Mann übrigens auch nicht – und so mußten meine Gedanken sich beeilen wie verrückt, und dann sagte ich sehr vorsichtig:

»Was mir zuerst in den Sinn kam, war... was für ein Parfüm mag sie benützen?«

»Oh!« Ihre dünnen kleinen Brauen hoben sich wie zwei gekrümmte Drähte, und ihre Stimme wurde ganz leise und heiser. »Mein Parfüm gefällt Ihnen, Harry?«

Es war natürlich nicht meine Absicht gewesen, sie gerade auf diesen Weg zu lenken, und ich kann auch gleich gestehn, daß mir der Kragen noch enger wurde. »Was ich meinte, war... es gibt nur eines auf der Welt, wogegen ich allergisch bin, und das ist Parfüm.«

Da hättet ihr ihre Augen sehen sollen! Sie wurden so klein und hart, daß sie beinahe verschwanden, und dann verschwanden ihre Lippen, und sie stand da und holte tief Atem, als hätte ich ihr einen Schlag versetzt.

Und so sagte ich, um doch irgendwie die Situation zu retten, und weil ich nicht wollte, daß sie es als persönliche Beleidigung ansah:

»Ich muß nämlich sofort niesen.«

Doch das rettete nichts, gar nichts. Sie reckte sich auf, als wäre sie einer Explosion nahe, und mit all den Getränken und der Hitze hatte ich den Eindruck, jetzt könnte sie ausholen und mir eine herunterhauen – und wie wäre ich da vor all den Leuten in der Patsche gewesen!

Was sie darauf sagte, und zwar mit einer Stimme, die den Raum entzweischnitt wie ein Schrei, war:

»Ich konnte es nicht glauben, als ich es hörte, aber Katherine hat tatsächlich einen waschechten, vierzehnkarätigen Provinzler geheiratet.«

Dann warf sie den Kopf so hoch in die Luft, daß ich schon glaubte, er werde nie wieder herunterkommen, drehte sich auf ihrem hohen Absatz um und ging schnurstracks auf Katherine zu.

Wenn ihr im Glauben seid, daß es mir Spaß gemacht hat, diese Frau in Wut zu bringen, so habt ihr recht. Meine Absicht war es nicht gewesen, jetzt aber, da es geschehen war, und sie gesagt hatte, was sie gesagt hatte, tat es mir gar nicht leid. Dafür kann ich mich verbürgen. Und das erste, was ich jetzt tat – ich nieste. Ja, ich nieste! Und ich nieste derart, daß der Kapitän auf der Brücke bestimmt einen Matrosen hinunterschickte, um nachzusehen, welche Maschine da in Unordnung geraten war. Und dann griff ich nach einem falschen Glas Champagner und bahnte mir den Weg in den Durchgang hinaus.

Als ich durch den Korridor der Kabinenklasse auf der ›Queen Mary‹ ging und nicht genau wußte, wohin ich ging, da war mir wieder genauso zumute wie in jenen Sommernächten in Terre Haute, bevor Katie und ich verheiratet waren und ich alle und alles in meiner Welt verwünschte, weil meine Welt nicht Katies Welt war. Was mochte diese Frieda jetzt zu Katie sagen, und was mochten ihre Leute sagen, die das Wort vom vierzehnkarätigen Provinzler gehört hatten? Ich redete mir ein, daß es mir gleichgültig sei, aber es wurde mir heiß unter dem Kragen. Warum sollte ein Mensch, weil er oder sie an der Ostküste auf die Welt gekommen war, glauben, nun besitze er oder sie eine eingeborene Überlegenheit über die armen Grenzbewohner im Wilden Westen? Das Schlimmste daran war, daß diese Leute einem tatsächlich diese verdammte Vorstellung einbrennen konnten, bis man sich bald, ob es einen Sinn hatte oder nicht, wirklich als Provinztölpel zu fühlen begann! In mir kochte es.

Verschiedene Leute sahen mich an, sahen das Glas in meiner Hand, doch ich stand bloß vor den Aufzügen und nieste und wußte nicht genau, ob ich hinauf wollte oder hinunter. Dann hörte ich eine Stimme.

»Du siehst so dumm drein, Pop. Das weißt du vermutlich.«
Ich war wahrhaftig nicht in der Stimmung für solche Bemerkungen, aber als ich mich umdrehte und Elliott auf dem großen Ledersofa hingelümmelt sah, wie er düster und trist blickte und sein Gesicht in die Länge zog, da dachte ich nicht daran, mich zu ärgern. Ich ging zu ihm hinüber, und, weiß Gott, er war ein kläglicher Anblick. Und zu mir selber sagte ich, ich müßte dem armen Jungen doch helfen, müßte etwas tun, um ihn dieser Laune zu entreißen. Das war doch schließlich nicht die Stimmung, in der man eine Ferienreise antrat! Da saß dieser Junge, hatte eben die Mittelschule hinter sich, wußte noch nicht, was er wirklich anfangen wollte, versuchte, sich darüber klarzuwerden, was er studieren sollte, versuchte zu einem Entschluß darüber zu gelangen, ob er jetzt seinen Militärdienst machen sollte oder abwarten, bis er eine Zeitlang auf der Universität gewesen war und einberufen wurde – alle Jungen seines Alters müssen das heutzutage durchmachen. Ich war ja verblendet gewesen, daß ich mich nicht erheblich mehr mit Elliott beschäftigt hatte!
Und so sagte ich: »Uhh!« Denn ›Uhh‹ ist es, was ich unweigerlich sage, wenn ich versuche, ein ernsthaftes Gespräch mit Elliott zu beginnen. Ich gab mir Mühe, meine Stimme recht herzlich klingen zu lassen, mehr wie ein Kamerad zu sprechen als wie ein Vater. »Uhh ... was sitzt du denn da so allein hier draußen? Irgendwas auf der Seele?«
»Ach, du weißt – dieser Stoß von Kleidern, die daheim auf meinem Bett lagen, alles zum Einpacken bereit, all die Hemden, die Shorts und das übrige ...« Er wartete. Ich erinnerte mich an gar nichts, aber ich nickte. »Nun ... ich habe vergessen, sie einzupacken.«
Das war nicht gar so schlimm. Es war überhaupt nicht schlimm. »Ach was«, sagte ich, »das macht doch nichts, Junge. Wir müssen alle irgendwas vergessen.« Meine Stimme dröhnte mir in den Ohren. »Wir werden eben in Paris neue Sachen kaufen, was, Ell? Französische Shorts!«
»O. K.«, sagte Elliott, aber es war kein Leben darin; als ob es wirklich unwichtig wäre. »Du glaubst nicht, daß Mutter mir die Hölle heiß machen wird, wenn ich dort drin auch ein Glas Champagner trinken würde, was?«
»Nun, ich glaube nicht ...« Und dann reichte ich ihm mein Glas, und er sah zu mir auf, um sich zu vergewissern, daß ich es ernst meinte, dann nahm er es, nippte daran und sagte: »Danke, Pop«, sonst nichts. Als ob auch das ganz unwichtig wäre.

Da kam gerade ein hübsches junges Ding vorbeigeschlendert, in so einem dünnen, tief ausgeschnittenen Sommerkleid, aber Elliott sah sie nicht einmal, und da sagte ich mir, ja, es steht schlimm; das ist ernster, als ich geglaubt hatte. Und so setzte ich mich, schlug die Beine übereinander und dachte, was, zum Teufel, könnte ich dem Jungen denn sagen? Doch da kamen auch zwei junge Leute, ungefähr in Elliotts Alter, die Augen auf das Mädchen vor ihnen geheftet. Der eine war groß und mager, der andere groß und dick, sie trugen weiße Schuhe, rosa Hemden, Schmetterlingsschleifen um den Hals und Sportjacken, so knallig, daß man sie auf eine Meile weit kommen hörte. Als sie vorrübergingen, sagten sie, einer nach dem andern, im gleichen Ton, langsam und süßlich: »Hey, Ell!«

Ich brachte es fertig, Elliott zuzulächeln. »Freunde?«

»Kabinengefährten«, sagte er , und es klang, als käme es vom Ende der Welt. »Beide aus dem Süden, und ich versteh kaum ein Wort, das sie sagen, und sie haben es schon fertiggebracht, daß die Kabine aussieht wie ein Lagerhaus; und der Dicke riecht aus dem Mund.«

Bevor ich antworten konnte, kam noch ein dritter junger Mensch vorbei. Er war nicht wie die andern, ja, er hatte überhaupt mit nichts Ähnlichkeit, was ich bisher gesehen hatte. Er war klein, sehr dunkel, sein Haar schien tief über die Stirne zu hängen, und beim Gehen schlurfte er, als wäre es ihm gleichgültig, ob er richtig ging oder nicht. Er grunzte Elliott etwas zu und schlenderte weiter.

»Wer, zum Teufel, ist denn das?« fragte ich.

»Auch ein Kabinengefährte«, sagte Elliott, und dann erschauerte er. »Der Kerl glaubt, er sei Marlon Brando oder so etwas. Pop, ist's schon zu spät? Kann ich nicht mehr vom Schiff fort?«

Nun, man mußte mit dem Jungen Mitleid haben, aber es war zu spät, um irgend etwas zu ändern, selbst seine Kabine, und zudem mochte es ihm ganz gut tun, daß er mit so verschiedenen Typen zusammenkam.

»Ell, wohin würdest du denn gehn, wenn ich sagen könnte: ›Ja, geh nur an Land!‹«

»Auf den nächsten Zug nach Haus würde ich springen«, sagte er. »Du glaubst, daß es geht?«

Das ist so die Art, wie Elliott einen festlegen kann, bevor man sich dessen versieht. »Ich glaube nichts dergleichen«, sagte ich, und dann, als Elliott zusammensank, fuhr ich leiser fort: »Hör, Ell, das Schiff ist bummvoll mit hübschen Mädchen. Warum suchst du dir nicht eines? Amüsier dich doch!«

»Du verstehst nicht, Pop. Du verstehst es einfach nicht.«
Das ist bei Elliott sozusagen der ewige Refrain, und gerade jetzt brachte es mich dahin, meinen Takt zu vergessen und alle guten Absichten dazu. Doch nur ein oder zwei Sekunden lang, während ich das halbleere Champagnerglas betrachtete und wider Willen wünschte, ich hätte das verdammte Zeug doch lieber für mich behalten. Man muß geduldig sein, sagte ich mir eindringlich.
»Wenn ich in deinem Alter so eine Möglichkeit gehabt hätte«, begann ich und wußte verdammt gut, daß just das nicht die richtigen Worte waren. Elliott knurrte, und ich konnte spüren, wie meine guten Absichten – mein Takt – geradewegs aus der Luke hinausflogen.
»Pop, machen wir's uns doch klar. Du hast mich mitgeschleppt. Und du hättest mir das in keinem schlimmeren Jahr meines Lebens antun können. Hättest du nur noch zwei Jahre gewartet, da wären Ruth und ich verheiratet, und wir hätten beide mitfahren können.«
Jetzt war es soweit! Zum Teufel mit allen guten Absichten! Zum Teufel mit dem Takt! »Hör, Elliott«, sagte ich. »Hör, was ich dir sage. Wir können auf dieser Reise keine verheulten Leintücher brauchen. Und wir brauchen auch keine Ruth Dingsda, die mit ihren Ponyfransen herumtrottet und zu mir ›Kamerad‹ sagt.«
»Es ist doch gerade dort ein junges Ehepaar. Auf der Hochzeitsreise. Und die Eltern sind auch dabei. Andere Leute finden das nicht gar so aufreizend!«
Ich stand auf, und der Muskel in meinem Kiefer regte sich wieder. »Elliott, wenn du an Land gehn willst, so geh! Nur – nichts und niemand darf deiner Mutter diese Ferien verderben. Benimm dich also vernünftig oder geh. Aber geh, bevor wir abfahren; denn wenn du nachher noch diese Gesichter ziehst, so werfe ich dich mit eigenen Händen über Bord.«
Ich wartete seine Antwort nicht ab. Ich drehte mich um und ging die Treppe hinunter, die sich hinter den Aufzügen schlängelte. Ich war wütend, ja, gewiß. Zunächst einmal war ich in Wut, weil man mich einen Provinzler genannt hatte, und dann spielte mir Elliott einen seiner Streiche, und da ging ich in die Luft.
»Verdammt noch mal!« sagte ich, und ich war mir selber zuwider; und da bemerkte ich, daß ich es laut gesagt hatte, denn eine Dame auf der Treppe, just vor mir, drehte sich um und musterte mich.
Und dann kam ich zu den Leuten, die vor einigen Tischen warteten, die hier aufgestellt waren, und ich begann, an all die Dinge zu

denken, die ich noch tun sollte und wegen der Abschiedsfeier nicht getan hatte – wie zum Beispiel einen Tisch im Speisesaal reservieren zu lassen. So stellte ich mich hinter den andern Leuten an, trat von einem Fuß auf den andern, und fühlte mich vom Champagner benommen.

Von meinem Platz aus konnte ich das Deck sehen, und was ich dort sah, war Amy, die vorüberging, das Gesicht gehoben und diesem rothaarigen Nick O'Hara in die Augen redend, redend, redend. Sie war so erregt und lebensvoll, und ich kann nicht recht erklären, welche Gefühle dabei in mir hochkamen. Nein, ich kann es ganz und gar nicht erklären. Daheim war das Haus immer voll von Burschen, die Verabredungen mit Amy hatten, sie zum Tanzen, zum Schwimmen, zum Schlittschuhlaufen führten, und ich durfte mich nicht einmischen. Aber ich kannte die Burschen. Und in den meisten Fällen kannte ich auch ihre Familien. Dieser junge Mensch aber, der dahertrottete, den Kopf schief, als gehörte ihm das ganze Schiff, schien mir gar nicht zu Amy zu passen. Zu affektiert war er, zu glatt. Nur daß das unvernünftig war und ungerecht dazu, denn ich hatte etwas gegen jemanden einzuwenden, nur weil er sich nicht so benahm, wie die Leute sich benahmen, die ich kannte. Und wenn ich solche Vorurteile hatte, war ich um nichts besser als die Leute, die mich einen Provinzler nannten. In einem Winkel meines Gehirns muß ich wohl sogar gespürt haben, daß dieser junge Mensch irgendwie eine Bedrohung für die Familie sein könnte – und das war auch töricht, denn Amy hatte ihn ja eben erst kennengelernt. Doch ich hatte diese Ahnung oder was man, wenn eine Frau sie hat, eine Eingebung nennt. Und hier, an dieser Stelle beschloß ich, wenn dieser rothaarige Lümmel Amy etwas zuleide tun oder sie gar unglücklich machen würde, dann würde ich ihn in einem Rettungsboot aussetzen.

Noch war ich von dem Tisch des Oberstewards durch zwei Personen getrennt, als ein Gong dröhnte. Wir alle drehten uns um, und der Gong kam immmer näher und näher. Dann erschien vom Deck her ein Steward, schlug den Gong und sagte etwas in jenem Oxfordenglischen Gewisper, das ich nicht verstehn konnte; aber ich wußte doch, daß jetzt jedermann das Schiff verlassen sollte, der nicht die Absicht hatte mitzufahren. Und just hinter dem Steward – wer glaubt ihr, kam da anmarschiert? Kein anderer als Skipper! Er hielt mit dem Steward Schritt, und jedesmal wenn der Steward den Gong schlug, schlug sich Skipper auf die Backen, die er aufgeblasen hatte

wie ein Ballon, und machte: »Boooong-boooong!« Die Leute zeigten auf ihn und lächelten, und der Steward hatte keine Ahnung von dem, was sich hinter seinem Rücken abspielte. Und dann gurrte eine Frauenstimme hinter mir: »Ist er nicht süß? Liebling, ist er nicht herzig?!«
Und eine Männerstimme knurrte: »Ein richtiger kleiner Teufel! Das ist doch der Balg, der sich im Netz verfangen hatte, nicht? Wie kann ein Mensch, der ganz bei Verstand ist, so einen Buben nach Europa mitnehmen?!«
Da drehte ich mich um. »Vielleicht sind seine Leute nicht ganz bei Verstand«, sagte ich, und der Mann, der aussah wie ein Oberst im Ruhestand oder so etwas Ähnliches, verzog das Gesicht zu einem Grinsen, als wollte er sagen, ich hätte vollkommen recht, doch da mußte er den Ausdruck auf meinem Gesicht bemerkt haben, denn sein Grinsen wurde dünn und verschwand vollständig. Und ich muß zugeben, daß mir nachher wohler zumute war, insbesondere nachdem ich noch dröhnend geniest hatte.
Nichtsdestoweniger, als ich an die Reihe kam, redete ich ganz leise und fragte, ob es sich so einrichten ließe, daß die Kinder früher essen könnten und meine Frau und ich später, und der Steward sagte ja, das sei an Bord ganz allgemein üblich, und so wurden wir denn einig. Dann fühlte ich mich noch besser, obgleich es bedeutete, daß wir später zu Abend essen würden, als ich es gewohnt bin.
Der Rückweg in die Kabine ging gegen die Strömung der Menschen, die alle besorgt waren, sie würden nicht rechtzeitig vom Schiff kommen, war keine kleine Mühe, aber ich hatte es schließlich doch geschafft. Elliott kauerte nicht mehr auf dem Sofa im Korridor. In der Kabine fand ich Katie mit ihrer Familie, sie hatten die Köpfe zusammengesteckt, und alle andern Leute waren fort. Es sah aus wie auf einem Wrack, und der Rauch schwebte in einer blauen Wolke über dem Schauplatz. Als ich eintrat, konnte ich an der Art, wie Katie aufschaute, ein gewisses Schuldbewußtsein erkennen, weil sie und ihre Leute offenbar von Katies Schwester Elsie gesprochen hatten, die in Paris lebte. Katies Leute versuchten immer, sie in die Heimat zurückzulocken, und ich konnte leicht erraten, was sie von Katie verlangt hatten. Das merkte ich daran, wie Katies Vater sich umdrehte und die Stimme hob und rief: »Ach, da ist ja Harry! Wieder unter den Lebenden?!« Mich konnte er aber nicht foppen, denn ich wußte verdammt gut, daß er sich gar nicht darüber freute, mich zu sehen, und er schaute drein, als hätte ich ihn erwischt, wie

er in der Vorhalle der Kirche, zu deren Vorstand er gehörte, Würfel spielte.
Die Flaschen waren alle leer, und die Gläser auch bis auf eines, daran die Spuren eines Lippenstiftes zu sehen waren, und da nahm ich eine frische Papierserviette, wischte die Spuren des Lippenstiftes weg und trank den Champagner.
»Ich habe versucht, eines für dich zu retten«, sagte Katies Vater, »aber irgend etwas ist damit geschehen.«
Ich warf einen Seitenblick auf sein gerötetes Gesicht und wußte ziemlich genau, was damit geschehen war.
Und dann, um abzulenken, wurde über Skipper gesprochen. Katies Familie wollte Skipper bei sich behalten, während wir auf der Reise waren. Nur in unserem Interesse, sagten sie. Horace nickte einigemal heftig, aber ich bemerkte, daß sein Gesicht jetzt nicht mehr so rot war. Nein, es war überhaupt nicht rot; es hatte die Farbe einer Kerze, wenn ihr euch das vorstellen könnt, es war ganz wächsern. Er sah genauso aus, wie er vor zwanzig Jahren in der Kirche ausgesehen hatte, als Katie und ich getraut wurden. Und es war auch, als hielte er den Atem an und erwarte meine Entscheidung.
Nun, ich ließ mich auf keine Debatte ein. Es war so, daß mein Gehirn ziemlich langsam arbeitete, und das wegen dieses letzten Glases Champagner, das warm und ohne jeden Schaum gewesen war. »Ich habe Skipper gern«, hörte ich mich sagen, und dann sah ich, wie Katies Eltern einander so seltsam zuzwinkerten, und das reizte mich, weil ich für diesen einen Tag jetzt oft genug dazu gebracht worden war, mich als Dorftrottel zu fühlen. »Skipper geht mit, und damit ist's erledigt.« Und dann nieste ich wieder.
»Gut, gut«, sagte Katies Mutter »Es ist völlig überflüssig, sich deswegen so aufzuregen.«
Aber der alte Horace fand seinen Atem wieder und strahlte. »Wenn das dein letztes Wort ist, Harry«, sagte er, »dann ist's eben dein letztes Wort.« Das Blut strömte ihm wieder ins Gesicht. »Und ich hoffe, daß es ein vernünftiges letztes Wort ist.«
»Das ist es«, sagte ich.
Horace war in bester Stimmung, er nahm meinen Arm, klopfte mir auf den Rücken. Ich fand, daß er gar nicht mehr so muffig wirkte, wenn er seine drei oder vier Glas hinter der Binde hatte.
Katies Vater ging zur Türe. Er schüttelte den Kopf, küßte Katie, reichte mir die Hand und ging. »Wir treffen uns beim Wagen«, sagte er zu Katies Mutter. »*Bon voyage*, Harry!«

Dann fing Katies Mutter an, Katie zu umarmen und zu küssen, und plötzlich war es beinahe so weit, daß beide in Tränen ausbrachen, und ich wünschte, ich wäre doch lieber selber zu den verschiedenen Stewards gegangen. Dann war es ungefähr vorüber, Katie hatte Tränen in den Augen, ihre Mutter wandte sich zu mir, und was sie sagte, überraschte mich:

»Gib acht auf sie, Harry! Gib acht auf dein kleines Mädchen!«

Und, weiß Gott, als sie das sagte, hatte ich ein komisches Gefühl, als ob Katie wirklich ein kleines Mädchen wäre, und daß ich wirklich gut auf sie achtgeben sollte. Es war auch, wenn ihr es gerade wissen wollt, das erste Mal, daß Katies Mutter etwas richtig Menschliches an sich hatte, und so – hol's der Teufel! – weil ich in dieser Stimmung war, gab ich der alten Dame einen Kuß auf die Wange. Sie trat zurück und blinzelte zu mir in die Höhe, und dann wandte sie sich wieder zu Katie und umarmte sie und flüsterte ihr etwas zu. Nur daß ich hörte, wie sie flüsterte, oder doch zum Teil, und just das räumte mit allen freundlichen Gefühlen auf, die sich zu regen begonnen hatten.

Nun, nachdem ihre Mutter fort war, ging Katie durch die Kabine, begann Ordnung zu machen, wie sie das auch daheim tat, dann holte sie tief Atem, und noch bevor sie es gesagt hatte, wußte ich, was sie sagen würde:

»Ich glaube, daß sich doch alle gut unterhalten haben, nicht?«

Der einzige Grund, weshalb ich das alles hier erwähne, ist, daß es doch, wenn man eine gewisse Zeit mit einer Frau zusammengelebt hat, erstaunlich ist, wie man nach und nach weiß, was sie sagen wird; wie zum Beispiel nach einer Gesellschaft.

»Ich habe mich sehr gut unterhalten«, sagte ich.

Und dann – das ist das Wichtige dabei! – sah sie mich an, und ihre Augen schauten beinahe enttäuscht drein, und sie sagte:

»Weißt du, Harry, das sagst du jedesmal! Immer dasselbe!«

»Gehen wir aufs Deck«, meinte ich. »Sonst sehen wir das Schiff nicht abfahren.«

So setzte denn Katie ihren Hut auf und machte sich zurecht, und wir gingen hinauf, wo der Wind wehte und die Schiffssirene brüllte wie ein Stier, der sich in einem Stacheldrahtzaun verfangen hat, und alle Leute lachten oder weinten, aber schließlich unterhielten alle sich ausgezeichnet. Ich beschloß, kein Wort von dem zu erwähnen, was ich Katies Mutter beim Abschied flüstern gehört hatte – das wegen Elsie. Katie wußte, wie ich über den Fall ihrer jüngeren Schwester

dachte. Und zwar: Wenn eine dreißigjährige Frau beschließt, nach Paris zu ziehen, beschließt, nicht zu heiraten und nicht heimzukommen, sondern in Paris zu leben, nun, so ist das alles recht und gut, und die Leute sollten sie in Ruhe lassen. Leben und leben lassen, das ist meine Ansicht über die Dinge. Wenn sie eine Zigeunerin sein will, so mag sie eben eine Zigeunerin sein. Was Katies Mutter gesagt hatte, war: »Und du vergißt Elsie nicht? Du wirst versuchen, sie zu überreden!«
Nun, ich hatte gar nicht die Absicht, zu versuchen, jemanden zu irgdendwas zu überreden, und wenn es nach mit ging, sollte auch Katie es nicht tun. Ich wollte nur nicht, daß diese Reise sich zu etwas wie einer Mission entwickelte.
Katie lehnte sich über die Reling und zeigte auf die verschiedenen Gebäude, auf alle, die sie bei Namen kannte, und ich betrachtete die ›skyline‹, die Umrisse der Häuserfront, sah nach dem Wasser hinunter und nach der Landestelle, wo die Leute sich drängten und Arme und Taschentücher und kleine Kinder über ihren Köpfen schwenkten.
»Hör nur«, sagte Katie, »wie die Maschinen stampfen!«
So standen wir da und lauschten, während die Pfeife ebenso ungeduldig wurde wie die Passagiere. Die Sonne strahlte herab und glitzerte auf dem Wasser. Doch irgendwas mußte das natürlich verderben. Ich nieste. Und dann nieste ich abermals.
Aus irgendeinem Grund brachte das Katie zum Lachen. Es fing wie ein Glucksen tief in der Kehle an, und dann rückte es vor und bald war es ein Kichern, und schließlich lachte sie aus vollem Halse.
»Harry, was hast du Frieda Welch gesagt?«
»Ich habe ihr überhaupt kaum etwas gesagt. Warum?«
»Sie kam zu mir herüber und sagte, ich solle doch in Paris gut auf dich achtgeben. Sie sagte, du seist ein richtiger Schürzenjäger, und irgendeine französische Puppe würde bestimmt ihre Angel nach dir auswerfen.«
Und dann begann Katie abermals hellauf zu lachen.
Nun, wenn es das war, worüber sie lachte, so muß ich ehrlich sagen, daß es mir nicht besonders gefiel. Ich hatte gewiß nicht die Absicht, mich von einer französischen Puppe angeln zu lassen oder umgekehrt, wenn man schon davon redet, doch daß diese Möglichkeit so vollkommen außerhalb des menschlichen Vorstellungsbereichs liegen sollte, ja, ich kann nicht sagen, daß mir das Spaß gemacht hätte.

Gerade in diesem Augenblick tauchte Amy hinter uns auf, und jetzt hatte sie den Arm in den Arm des jungen O'Hara gelegt; es war eine Besitzergeste, die mir nicht besonders gefiel, daß muß ich schon sagen.

»Das ganze Schiff habe ich nach euch durchsucht«, verkündete sie. »Meint ihr nicht, daß wir alle beisammen sein sollten, wenn das Schiff ausfährt? Ich habe Nick gesagt ...« Doch da verlor sich ihre Stimme in Lärm und Gepfeife, und was man sehen konnte, war nur, daß ihre Lippen sich bewegten und ihre Augen funkelten, »... so oft, daß es für ihn nichts mehr bedeutet.«

»Doch, doch, es gibt mir immer noch einen Stoß«, versicherte der junge Herr, als würde er irgendwem eine große Gunst erweisen.

»Sie haben die Fahrt schon früher gemacht?« fragte Katie – hoffentlich nur aus Höflichkeit.

»Das habe ich euch doch gerade gesagt«, rief Amy. »Sechsmal! Hin und zurück! Das ist seine dreizehnte Überfahrt, und Nick sagt, sie habe ihm schon Glück gebracht. Seine Mutter lebt in London – sie ist drüben eine berühmte Schauspielerin – und er ist auch eine Zeitlang drüben in die Schule gegangen – und sie ist mit einem Engländer verheiratet, und ihr letzter Mann war ein weißer Russe. Nick ist sozusagen immer unterwegs. Und sein Vater – sein richtiger Vater nämlich – lebt in New York und hat eine Malerin zur Frau – eine berühmte Malerin, meine ich. Das rote Haar hat er vom Vater.«

Jetzt war die Schraube abgelaufen, und Amy mußte Atem schöpfen, und mein Kopf schwindelte ein wenig, was bei der frischen Luft und dem Champagner und jetzt dieser Sturmflut von Worten kein Wunder war. Mein erster Gedanke war, Amy zu fragen, wie, in Himmels Namen, sie das alles in Erfahrung gebracht hatte, da sie doch redete wie ein Wasserfall und O'Hara kaum Gelegenheit hatte, auch nur ein Wort einzuwerfen. Doch ich sagte es nicht, denn ich warf O'Hara heimlich einen Blick zu, sein Gesicht war jetzt hellrosa, und ich sagte mir immer wieder, daß ich recht gehabt hatte; von Anfang an.

»Mächtig interessant«, sagte ich. »Sie haben ja ein mächtig interessantes Leben geführt, Mr. O'Hara.«

»O'Mara«, korrigierte Amy in dem geduldigen Kindergartenton, den sie ihrem alten Herrn vorbehielt. »Nicholas O'Mara. Er ist Architekt.«

»Nun, das gerade nicht, Amy«, widersprach der junge Mann. »Ich habe eben erst in Yale meine Diplomarbeit beendet.«

»Mit Ehren und mit Angeboten von allen Seiten«, sagte Amy. »Und mit seinen Skizzen hat er in New York irgendeinen sehr wichtigen Preis errungen, und jetzt fährt er hinüber, seine Mutter besuchen, und vielleicht setzt er seine Studien in Europa fort.«
»So, so«, hörte ich Katie sagen, »da wissen wir jetzt ja so ziemlich alles über Sie, nicht wahr, Mr. O'Mara?«
»Oh«, sagte O'Mara, »und ich weiß auch über Sie alle ziemlich viel, Mrs. Willard.«
Katie warf mir einen beunruhigten Blick zu, und ihr Lächeln erstarb gewissermaßen, doch so, daß ich es bemerken konnte. »Ja, darauf könnte ich wetten«, das war alles, was sie sagte, aber ihre Augen verengten sich sekundenlang zu einem Blick auf Amy.
Dann aber, mit einem Male, wurde uns allen gleichzeitig bewußt, daß das Schiff sich bewegte. Man konnte es kaum wahrnehmen, so langsam fuhr es, wenn man aber zurückblickte den Rumpf entlang, so merkte man, daß die Anlegestelle sich zurückzog; Zoll um Zoll. Ich griff nach Katies Arm, und Amy schrie auf und hielt sich an mir fest und lehnte sich so weit über die Reling, daß ich glaubte, sie werde hinüberfallen.
Katie sagte: »Ach, schade; jetzt habe ich nicht gesehen, wie sie den Anker gelichtet haben!«
»Nick!« Und schon war Amy fort, und der junge Mann hinter ihr her.
»Wir sehen uns wohl noch«, sagte er.
»Es hat ganz den Anschein«, sagte ich zu keinem bestimmten Zuhörer, sondern nur als bloße Feststellung. »Es hat wirklich ganz den Anschein, O'Hara!«
»O'Mara«, sagte Katie. »Harry, was hast du gegen den Jungen? So hast du dich noch nie benommen!«
»Ich hatte eine Ahnung. Gleich von Anfang an hatte ich eine Ahnung.«
»Was meinst du damit? Eine Ahnung! Du sagst das, als ob es etwas sehr Schlimmes wäre.«
»Kaum hatte ich ihn gesehen!«
»Harry, sei doch nicht so töricht!«
»Ein zerstörtes Heim. Maler, Schauspielerinnen, weiße Russen! Ich habe mir von Anfang an gedacht, daß das ein Bursche aus einer verrückten Umgebung ist.«
»Was liegt denn daran, Liebster? Amy wird den Jungen ja nicht gleich heiraten.«

Das schlug dem Faß den Boden aus! »Ich glaub's, daß sie ihn nicht heiraten wird! Wenn ich das Wort auf diesem Schiff nur ein einziges Mal zu hören bekomme, werde ich die Haifische mit dem Kerl füttern!«
Gerade da kam Skipper gelaufen, als ob jemand hinter ihm her wäre. Ein paar Yard von uns entfernt blieb er stehen und sah zu uns auf.
»Ihr seid nicht in der Kabine gewesen«, sagte er, und es klang wie eine Anklage wegen Mordes. »Wo seid ihr denn gewesen?«
»Ich habe dem Steward geholfen, das Schiff zu räumen«, sagte ich, und dann blies ich die Backen auf und drückte die Finger dagegen und machte: »Boooong-booong!« Doch mitten im zweiten »booong« brach ich ab, denn um Skippers Unterlippe zitterte es.
So kniete ich vor ihm hin und zog ihm seine Krawatte zurecht und sagte nichts davon, daß sein Gesicht schmutzig war. »Du hättest ja wissen können, daß wir irgendwo auf dem Schiff sein würden, Junge«, sagte ich. »Wir wären doch nicht ohne dich weggefahren, nicht?«
»Ja, ja«, sagte Skipper und war sich nicht klar darüber, ob er uns verzeihen sollte oder nicht, »aber es ist ein schrecklich großes Ding. Da hättet ihr mir doch sagen müssen, wohin ihr geht, das ist alles.«
»Wir fahren, Skipper«, sagte Katie, und Skipper kletterte auf die Reling und lehnte sich hinüber und winkte den Leuten am Ufer zu.
Als ich neben ihn trat, sagte er, ohne sich umzusehen: »Ich hab mir keine Sorgen gemacht, wenn's das ist, was ihr meint; ich wußte ja, daß ihr irgendwo sein mußtest.« Dann spuckte er und sah zu, wie der Wind das Zeug mit sich nahm. »Ich wollte nur etwas von den Notizblättern, die du immer in der Brieftasche hast, Pop.«
Nachdem er die Blätter hatte, machte er kleine Flugzeuge daraus, die aufstiegen und dann in das Wasser unten schwebten. »Eine ganze Stadt ist das! Postamt, Friseurladen, Schwimmbecken. Sogar einen Turnsaal gibt's. Ich bin dort unten auf so einem Zweirad gesessen. Du kannst sogar umsonst eine Abmagerungskur machen, Mutter.«
»Deine Mutter braucht keine Abmagerungskur«, sagte ich.
»Ein Riesenkahn ist das! Hoffentlich müssen wir nie wieder aussteigen! Heh! Wir wenden!«

Das hatten anscheinend alle Leute gleichzeitig bemerkt, und jedermann auf unserer Seite lief nach der andern Seite des Decks. Schon war Skipper wieder von der Reling gesprungen und mit den andern gelaufen.
Katie nahm meinen Arm. »Harry, schau jetzt nicht hin; ist das dort auf dem Promenadendeck aber nicht jemand, den wir kennen?«
Nun, wenn jemand sagt: »Schau nicht hin!«, so benehme ich mich, wie jeder Mensch es tut. Ich schaue. Und dort auf dem Deck, das über das unsere hinwegblickte, war Elliott. Er rauchte und trug jene weltmännische Haltung zur Schau, die ich nicht mehr an ihm gesehen hatte, seit wir von daheim fortgefahren waren. Mit der Zigarette zwischen den Fingern wies er auf die rußgeschwärzten Lagerhäuser auf der New-Jersey-Seite des Flusses. Neben ihm aber, jedes seiner Worte schlürfend, stand eine Frau – oder ein Mädchen, das konnte man nicht feststellen – mit tiefschwarzem, am Kopf anliegendem Haar; sie trug ein langes, flutendes Gewand, das der Wind um den sehr schlanken Körper preßte. Ihre Haut war blasses Olive, ihre Augen schauten zu Elliott auf. Wenn man sie ansah, dachte man an Moscheen mit Minaretts, man dachte an Edelsteine und Harems und Weihrauch und ähnliche Dinge. Ich wenigstens tat das. Woran Elliott dachte, das vermag ich nicht zu sagen.
»Du läßt das Kinn hängen«, sagte Katie. »Das ist einmal ein Mädchen, das nicht ›Kamerad‹ zu dir sagen wird!«
Ja, dieses Mädchen war zuviel für mich! Ich dachte an unsere Veranda daheim, wo es abends so kühl war, wo man Limonade trank und keinen Champagner; und Amy ging mit einem von den Burschen vom Polytechnikum aus, und Skipper spielte an der Straßenecke ›Lauf, Schäfchen, lauf!‹, und Elliott nahm den Familienwagen, weil er eine Verabredung mit Ruth Dingsda hatte. Just in diesem Augenblick – warum, das könnte ich nicht sagen – hätte ich nichts dagegen gehabt, ›Kamerad‹ genannt zu werden. Es hätte so natürlich geklungen und gewissermaßen, als ob man es erwarten würde. Und ich gehöre wohl zu den Männern – oder gehörte damals dazu –, die gern wissen, was sie zu erwarten haben. »Katie«, hörte ich mich sagen, »du glaubst doch nicht, daß wir am Ende eine Dummheit gemacht haben?!«
»Nun«, meinte Katie da, »wir haben eine lange Fahrt vor uns, und wenn ich mir ein Urteil anmaßen kann, eine schwierige. Übrigens, Liebster, hat Elliott mir gesagt, daß es ja deine Idee war, daß er

seinen Kummer in einem Glas Champagner ertränken und sich ein Mädchen suchen solle.«

Und dann begann sie leise und glücklich zu summen, und nach einer Weile schaute ich nicht mehr nach den beiden...

3

Dies ist ein Brief von meiner Schwester Hilda, die nur sieben Häuserblocks von uns entfernt wohnt:

Liebe Kate, Harry und Kinder,

wenn Ihr meinen Brief lest, werdet Ihr auf hoher See sein, fern allen Sorgen, aller Drangsal von uns gemeinen Sterblichen, die sich Seereisen nicht leisten können. Haha. Ihr werdet denken, das sei nun ein Brief von einer grillenhaften, altjüngferlichen Tante und sonst nichts, doch als Eure Verwandte, die Eure Interessen immer mehr am Herzen lagen, als Ihr wißt, halte ich es für meine Pflicht, Euch darauf hinzuweisen, daß Ihr, sobald Versuchungen an Euch herantreten, stets im Sinn haben müßt, was Ihr just hier in Terre Haute gelehrt worden seid – vor allem zuerst zu bedenken. Ja, ja, ich kann Dein Gesicht vor mir sehen, Harry, wenn Du das liest, gewiß, das kann ich, und dennoch wird es Versuchungen geben, wartet nur! Und ich hoffe und bete, daheim angebunden und aller jener Vorteile entbehrend, die andern Leute zuteil werden, ich hoffe und bete, daß Ihr alle diesen Versuchungen widerstehen werdet wie christliche Krieger. Harry, wenn Du jetzt aufhören würdest zu grinsen, so hättest Du bessere Kinder mit mehr Respekt vor Anstand und Sitte.

Katie las mir diesen Brief in der Kabine vor, und jetzt schaute sie auf und musterte mein Gesicht. Nun, Hilda hatte unrecht, als sie schrieb, ich würde grinsen. Tatsache ist, daß Katie fragte: »Harry, was ist das für ein seltsames Geräusch?« Und ich lauschte sekundenlang, und dann erkannte ich es. Es waren meine Zähne, die knirschten. »Ach, Hilda meint es doch gut, Harry«, sagte Katie und schaute verloren drein, als hätte sie nicht den Mut, den Brief zu Ende zu lesen, der folgendermaßen weiterging:

Natürlich wird es Sturm und Wogen geben, doch die Wechselfälle der Natur sind nichts, verglichen mit der Arglist von Männern – und Frauen. Da ich weiß, welche Freude Du am Kartenspiel findest, Harry, hoffe ich, daß Du nicht in die Schlingen der Bauernfänger

geraten wirst, die ihr Handwerk listig zu üben wissen und mit ihren Schlichen harmlose, offenherzige Menschen, wie Du einer bist, zugrunde richten, Menschen, die sich nicht zu hüten wissen. Was die Kinder anlangt – nun, das Schiff dürfte voll mit sogenannten modernen Menschen sein, die nur an die Fleischtöpfe von Sodom und Gomorrha denken, und da wünschte ich, Ihr würdet die Augen offenhalten und besser aufpassen, als Ihr es hier, daheim, tut. Schließlich, für den Fall von Seekrankheit, lege ich noch ein Fläschchen mit einem Kräutersaft bei, der jahrhundertlang verwendet wurde, lange bevor die Wissenschaft alle Gottesfurcht aus der Natur verdrängt hat, und ich hoffe, daß Ihr im Notfall nicht zaudern werdet, jede Stunde einen Eßlöffel zu nehmen. Nur widerstrebend schreibe ich den Wunsch hin, Ihr mögt bei einer Katastrophe – und Katastrophen auf hoher See sind immer möglich, das wißt Ihr ja – nicht vergessen, daß auch von dem demütigsten Baum kein Blättchen zu Boden fällt, wenn es nicht Gottes Wille ist, und so seid denn tapfer, haltet dem Ungemach stand, das vor Euch liegen mag, denn wenn Ihr den Kopf hoch zu tragen vermögt, wo andere ihn verlieren, so wißt Ihr ja, daß Ihr einander im Paradies wiedersehen werdet.
Eure innig liebende Schwester und Tante Hilda
P. S. Der alte Mr. Harcourt ist gestorben. Begräbnis morgen. Unterhaltet Euch gut! H.

Nun, ich war müde, aber ich unterhielt mich dennoch gut, und so, nach dem ersten Schock, störte Hildas Brief mich nicht weiter, nur daß die Zähne mich vom Knirschen schmerzten. Katie beschnupperte Hildas Medizin, zog ein Gesicht und lachte, und gerade da summte der Türsummer, und diesmal war es die Stewardeß. Sie und Katie hatten bei der Tür eine kleine Konferenz, aber ich lag längelang in meiner Koje und las die Broschüre ›Hier zu sein ist schon das halbe Vergnügen‹, und mit einem Wirrwarr freundlicher Bilder prägte es sich meinem Geist ein: »... die heitere Entspannung einer Meerfahrt ... ein fröhliches, wundervolles Zwischenspiel ... fort mit erschlafftem Geist und erschöpften Nerven ... schüttelt die Alltagssorgen von euch ... einige köstliche Tage eines geruhsamen, gesunden Lebens ...« Die Stewardeß hatte eine wohltönende Stimme – eine Irin vielleicht –, die klang wie das lässige Plätschern an der Schiffswand, und was sie sagte, war für mich ungefähr ebenso verständlich, und so gähnte ich und wartete, bis sie sich verzogen hatte, bevor ich Katie fragte, was denn eigentlich los sei.

»Man erwartet uns anscheinend auf Deck. Übung an den Rettungsbooten. Man will sich vergewissern, daß wir eine Ahnung haben, wie wir uns im Notfall benehmen sollen.«

»Der Teufel soll mich holen, wenn ich da mitmache!«

Katie stieß mir die Schuhe vor das Bett.

»Ich weiß, wie ich mich benehmen soll«, sagte ich und zog die Schuhe an. »Ich muß auf dem Verdeck stehen und mir eine Zigarette anzünden, während das Rettungsboot mit dir und den Kindern sich entfernt.«

»Du weißt doch, daß ich ohne dich nicht fahren würde, Liebster. Und die Kinder auch nicht.«

»Elliott schon«, meinte ich.

So wanderten wir denn mit den andern hinauf, und da fand die Rettungsübung statt, sozusagen ein Anfang des ›fröhlichen, wundervollen Zwischenspiels‹ und der ›heiteren Entspannung‹, aber ich könnte nicht sagen, daß es mir viel Spaß gemacht hat. Zunächst einmal hatte Amy mit ihrer Schwimmweste mehr Schwierigkeiten als die andern Leute, und ungefähr fünfzehn Offiziere sprangen ihr zu Hilfe, doch dieser O'Hara – O'Mara, zum Teufel! – war der erste, und es fehlte nicht viel, daß er zwei von den englischen Offizieren ins Wasser gestoßen hätte. Skipper kletterte auf die Reling und tat, als wollte er hinunterstürzen, doch kein Mensch rührte sich, um ihn davon abzuhalten, und so meine ich, daß man nicht gar so lang dazu braucht, um die wirklichen Absichten eines Kindes zu durchschauen; entweder das, oder aber es war den Leuten ganz gleichgültig. Elliott bekam ich nicht zu sehen, aber ich nahm an, daß er dem olivenfarbigen Mädchen in die Schwimmweste half.

Doch das war nur der Anfang. Nachher kamen wieder die Gongs an die Reihe. Ich glaube, man hatte für jede Sache einen Gong. Sie begannen anscheinend um fünf Uhr früh, und das war der erste Ruf zum Frühstück. Natürlich meinten Katie und ich, die wir den größten Teil unseres Lebens sehr früh aufgestanden waren, nun, da wir erst spät zum Frühstück gingen, könnten wir bis dahin schlafen; doch das spielte sich anders ab. Nach dem Ruf zum ersten Frühstück lag man da und warf sich hin und her, hörte die Glücklichen, die sich draußen auf dem Korridor in den Speisesaal drängten, oder man zog sich an und wartete und wurde von Minute zu Minute hungriger, weil man nachher ja doch nicht mehr schlafen konnte.

So saß man denn da und wartete, war in der Zwischenzeit dem Verhungern nahe, und dann, nach dem Frühstück, ging man baden,

und unterdessen war es Zeit für eine Suppe an Deck geworden, und da man vom Baden hungrig geworden war, eilte man Hals über Kopf hinauf zu der Suppe. Wenn man das versäumte, so kaufte man sich ein Stück Kuchen, denn was die Seeluft auch sonst zur Entspannung beitragen kann, eines ist sicher; sie fördert unbarmherzig den Appetit.
Nach dem Mittagessen wäre es das Natürlichste gewesen, sich einen Platz für die Siesta zu suchen – nur, daß auch das nicht funktionierte. Unsere Kabinen lagen nebeneinander, und in Wirklichkeit bedeutete das, daß wir alle in demselben Raum waren, bis auf Elliott, der seine eigenen Sorgen hatte. Und Katie begann gleich von Anfang an, sich Notizen zu machen, so daß sie entweder damit beschäftigt war oder Briefe schrieb. Ich sagte ihr, daß bei ihrem Konsum von Briefpapier von RMS Queen Mary die Cunard Line an uns keinen Penny verdienen würde, aber sie verstand die Anspielung nicht. Und dann kam Amy ununterbrochen hereingestürmt, um sich zu diesem oder jenem Sport umzuziehen. Oder Skipper erschien und wollte unbedingt wissen, was eine Vierschraubenturbine eigentlich sei, denn das war die Maschine, die uns über das Meer beförderte. Oder er schob sich herein, musterte mich und knurrte: »Du hast mir doch gesagt, daß die ›Queen Mary‹ das größte Schiff ist«, woraufhin ich etwa flüsterte: »Nun? Und ist sie's nicht?« Und da erklärte er: »Nein, die ›Queen Elizabeth‹ ist noch größer. Unseres hat nur einundachtzigtausendzweihundertsiebenunddreißig Bruttoregistertonnen. Man soll einem doch keine Dinge sagen, die nicht stimmen!« Ich möchte nur klarmachen, daß die Kabine nicht der geeigneteste Ort auf der Welt für ein Nachmittagsschläfchen ist. Und wenn ich etwas nicht leiden kann, so ist es, einen Menschen in der Öffentlichkeit schlafen zu sehen. Und zudem, wenn ich Lust gehabt hätte, in der Öffentlichkeit zu schlafen, so gab es doch da meinen Nachbarn, den Mann auf dem Liegestuhl neben mir, Mr. Perkins.
Mr. Perkins war ein netter Kerl, ja, das war er; er war nicht bösartig, meine ich. Aber er hatte nur ein einziges Interesse auf der Welt, und das waren Kriminalromane. Der Mensch kannte sämtliche Detektive sämtlicher Kriminalromane beim Namen, und er las etwa zwei Kapitel in seinem Buch, und dann trat jenes listige kleine Lächeln auf seine Züge. Er hatte leichte Rötungen im Gesicht, die darauf schließen ließen, daß sein Interesse, bevor es sich den Kriminalromanen zuwandte, dem Alkohol gehört haben mochte. Nun, das

bewußte Lächeln trat auf seine Züge, und bald darauf klatschte er sich auf den Schenkel, und so wußte ich, was kommen mußte. Er drehte sich zu seiner Frau und sagte etwa: »Der Mechaniker in der Garage hat's getan! Und er hat eine Drahtschlinge verwendet!«
Seine Frau aber war gewöhnlich nicht vorhanden; sie ging ihre eigenen Wege, in den kosmetischen Salon zum Beispiel, um sich das Haar färben oder das Gesicht bearbeiten zu lassen, und da dieser Perkins unbedingt jemanden brauchte, wandte er sich zu mir um und begann, mir den ganzen Roman zu erzählen. Wenn ich ihm später begegnete, fragte ich ihn: »Nun? Hatten Sie recht geraten, Mr. Perkins?« Und er erwiderte unabänderlich: »Natürlich hatte ich recht! Mich können diese Schreiber nicht foppen. Ich bin ihnen eine Länge voraus.« Immer dieselben Worte! Wenn ich seine Frau sah, nickte sie, und ihr Anblick bewirkte, daß man Mr. Perkins ein wenig besser begriff und ihn ganz sympathisch fand, denn man konnte unschwer erkennen, warum Kriminalromane das einzige Vergnügen waren, das ihm das Leben bot.
Nachmittags um zwei Uhr war Kino. Nun habe ich gar nichts gegen englische Filme, aber in Wahrheit habe ich nur sehr wenige von ihnen gesehen. In dem netten, dämmrigen Kino mit seiner Klimaanlage sah ich zwei, und ich kann nur berichten, daß ich endlich den richtigen Ort für meine Siesta gefunden hatte.
Die Speisestunden, die ich vereinbart hatte, klappten auch nicht ganz nach Wunsch. Ich hatte nicht daran gedacht, einen Tisch für zwei Personen zu verlangen, und so bekamen wir einen Tisch für sechs, und das hieß, daß wir täglich drei Mahlzeiten mit Fremden am selben Tisch einnehmen mußten. Sie hießen, alle vier, Hendrickson, und sie blieben keine Fremden. Das gehörte auch zu den Schwierigkeiten. Sehr bald mußte man sich nicht bloß mit seinen eigenen Problemen befassen, sondern auch mit den Problemen des Hauses Hendrickson; und das kam daher, daß Mrs. Hendrickson eine jener Frauen war, die ununterbrochen reden. Nun habe ich wohl einmal gehört, daß Frauen, die ununterbrochen reden, nie etwas sagen, doch diese Mrs. Hendrickson sagte eine ganze Menge. Sie redete so viel, daß ihr Gatte, ein großer Mann, der an einen faulen, fetten Karpfen erinnerte, ihr entweder einen mißbilligenden Blick zuwarf oder nach der Decke starrte und lächelte, als sähe er dort oben etwas, das uns allen unsichtbar blieb.
Mrs. Hendrickson erzählte uns am ersten Abend bei Tisch ihr ganzes Leben, und es war ein recht interessantes Leben, und man

konnte auch finden, daß Hendricksons nette Leute waren, und daß es wirklich schrecklich nett von Vater Hendrickson war, seinem Sohn und seiner Schwiegertochter diese Fahrt als Hochzeitsreise spendiert zu haben. Doch bei der vierten Mahlzeit ungefähr begann man zu erkennen, wie lange Mrs. Hendrickson schon auf dieser Welt lebte. Und sie schenkte einem nicht die kleinste Einzelheit! Katie hatte dafür das richtige Wort gefunden – Mrs. Hendrickson sei eine Frau, die an unaufhaltsamer Erinnerung litt, sagte sie. Mrs. Hendrickson achtete auf ihre Figur, und während wir andern es fertigbrachten, während des Essens, das selbst unter diesen Bedingungen hervorragend war, eine oder die andere Bemerkung über das Menü einzuschalten, konnte sie unbehindert reden, um ihre Figur zu schonen. Nun, manchmal, wenn er nicht gerade nach der Decke starrte, achtete Mr. Hendrickson, wie ich bemerkte, auch auf andere Figuren als die seiner Frau, aber daraus konnte ich dem armen Mann keinen Vorwurf machen...

Was einem wirklich leid tun konnte, war nicht die Wirkung von Mrs. Hendricksons Redefluß auf uns oder auf Mr. Hendrickson, sondern die Wirkung auf das junge Paar. Die beiden waren erst seit zwei Tagen verheiratet, und wenn man es ihnen auch gönnte, daß sie schon als junge Menschen nach Europa gehen durften, mußte man ihnen zumeist doch wünschen, sie sollten zu einem Friedensrichter laufen und sich nachher eine kleine Holzbaracke an irgendeinem See suchen und die ältere Generation der Hendricksons allein durch die Welt streunen lassen. Die junge Frau war schmächtig und hatte kleine dunkle Augen, die während der Fahrt immer heller und heller wurden, doch nicht vor Vergnügen; und der junge Mann sah auch recht nett aus, trug das Haar militärisch geschnitten, hatte aber eines von jenen Kinnen, die überhaupt nicht vorhanden sind. Nun, nach jeder Mahlzeit, wenn wir noch kaum mit dem Kaffee fertig waren, ruckte Mrs. Hendrickson auf ihrem Stuhl, und dann verkündete sie das Programm für den Rest des Tages oder des Abends. Am Abend gab es immer Bridge oder Keno, was ein englisches Lottospiel ist, bei dem ich ein- oder zweimal mitspielte, nachdem es mir gelungen war, mich in der Redeweise der Engländer zurechtzufinden, so daß ich schließlich sogar verstand, welche Zahlen ausgerufen wurden. Nun, die beiden jungen Leute sahen einander nur an, und dann standen sie auf, und der junge Hendrickson hielt den Stuhl seiner Mutter, und sie erhob sich wie eine Königin, und dann verzogen sie sich, alle vier, um ihre Flitterwochen zu genießen.

Und folgendermaßen trug es sich zu: Katies Vater hatte uns eine Flasche Wein gekauft, und der Steward hatte uns gesagt, der Wein stehe uns jederzeit zur Verfügung, wann wir nur wünschten. Doch wir ›wünschten‹ ihn erst am dritten Abend, nachdem das Geplapper Mrs. Hendricksons jeden Reiz verloren hatte; und so ließ ich den Wein kommen und dazu Gläser für uns alle sechs. Da begannen die Augen des jungen Hendricksons zu funkeln, und sie, die junge Mrs. Hendrickson, die arme Kleine, sah drein, als hätte ich ihr einen Rettungsring zugeworfen, als sie gerade zum dritten Male untersinken wollte. Ich weiß nicht, was an jenem Abend über mich kam, als ich den verlorenen Blick in der Tiefe von Mrs. Hendricksons Augen sah – der jungen Mrs. Hendrickson; ihre Augen glänzten zu stark, und ich sah etwas darin, das einfach Zorn war. Nun ist ein kleiner Krach in den Flitterwochen normalerweise gar nicht übel und klärt für eine Weile die Luft, doch in diesem Fall machte es mich traurig, und mit einem Male wurde ich selber zornig, und da ließ ich den Wein kommen und schenkte allen davon ein. Und dann, obgleich Katie mich anstarrte, weil ich bisher bei Tisch keine zwanzig Worte gesprochen hatte, begann ich zu reden. Während des ganzen Essens redete ich, und so schnell und so ununterbrochen, daß die ältere Mrs. Hendrickson nicht einmal mit einem Schuhlöffel ein Wort einzuschieben vermocht hätte. Ich erzählte den Leuten einfach alles, was mir im Leben zugestoßen war, dann eine Menge von dem, was andern Leuten zugestoßen war, und schließlich auch einiges, was keinem Menschen zugestoßen war. Bald bemerkte ich das leise Lächeln um Katies Mundwinkel, und dann, mitten in meiner Geschichte von dem Wirrwarr bei der Hochzeit meiner Großeltern, sah ich, wie die junge Mrs. Hendrickson zu ihrem Gatten hinüberäugte, ich sah, wie er das Gesicht zu einem Grinsen verzog, das sogar sein Kinn kräftiger aussehen ließ. Und dann spürte ich einen Stoß unter dem Tisch, und das war der Fuß des jungen Mr. Hendrickson, der den Fuß seiner Frau suchte; und da war mir erheblich wohler zumute, und ich redete weiter. Der Wein half mir, das muß ich wohl zugeben, und am Ende dieser Mahlzeit, als ich endlich mit der Serviette über den Mund fuhr und verstummte, legte sich ein Schweigen über die Tafelrunde, das man im ganzen Speisesaal hören konnte.

Die ältere Mrs. Hendrickson sah ein wenig hergenommen aus, ihre Augen blickten verwirrt, ihre Lippen waren in stillem Dulden verzogen.

Doch bevor sie Atem schöpfen konnte, wozu sie sichtlich entschlossen war, sagte ich: »Mrs. Hendrickson, spielen Sie beide eigentlich Bridge?«
Die Knöchel der jungen Mrs. Hendrickson wurden weiß, so fest umklammerte sie ihre Kaffeetasse, während sie mit angehaltenem Atem darauf wartete, was nun folgen würde; Vater Hendrickson aber warf seiner Frau einen Blick zu und sagte: »Natürlich, Mr. Willard! Selbstverständlich. Mrs. Willard und ich gegen Sie und meine Frau. Denen werden wir's zeigen, was, Mrs. Willard?«
Nun, das kam eigentlich recht unverhofft, das könnt ihr mir glauben, doch schon war die junge Mrs. Hendrickson aufgesprungen, hatte die Hand ihres Mannes gefaßt, man hörte etwas davon murmeln, wie sie sich schon immer gewünscht hätten, bei Mondschein auf dem Deck spazierenzugehn, und fort waren sie, und da wurde mir ein wenig wohler zumute. Auf dem Weg in den Spielsalon marschierte Mrs. Hendrickson voran, das spitze Kinn hoch in die Luft gereckt, stumm und düster; Mr. Hendrickson aber klopfte mir auf die Schulter und sagte: »Ich warne Sie, Mr. Willard. Mit Geld begnüge ich mich nicht! Ihnen werde ich das Blut abzapfen!« Und dazu wieherte er laut.
Als wir uns an den Tisch setzten, gelang es Katie, mir zuzuflüstern: »Du bist süß, Harry; da kann Elliott sagen, was er will!«
»Ich bin verrückt«, war meine leise Antwort, doch Mrs. Hendrickson hörte mich und nickte, als sie jetzt nach den Karten griff und sie auf den Tisch klappern ließ wie Kastagnetten, doch ohne die dazugehörige fröhliche Stimmung.
Nun, es erwies sich, daß ich vollkommen recht gehabt hatte. Ich war verrückt, richtig verrückt. Das äußerte sich zunächst darin, daß ich meinte, Mrs. Hendrickson habe es auf mich abgesehen und dürste nach Rache, doch sehr bald merkte ich, daß nichts dergleichen der Fall war. Sie hatte einfach keine Ahnung von Bridge. Es verlief so, daß sie meine Steigerung stets überbot, so daß ich immer der Strohmann war. Neun Zehntel der Zeit hatte ich nichts zu tun, als meine Karten auf den Tisch zu legen, und das gab mir die Möglichkeit, ein wenig ins Freie zu gehn, was ich bis zu einem gewissen Ausmaß zu schätzen wußte, doch andrerseits bin ich nun einmal der Ansicht, wenn man ein Spiel spielt, so soll man es richtig spielen oder eben etwas anderes tun. Doch mit Mrs. Hendrickson als Partnerin war von richtig spielen gar keine Rede, und alles, was ich tun konnte, war, mit dem Strom zu schwimmen. Ich rauchte so

ziemlich ein ganzes Päckchen Zigaretten, ich ging auf und ab, ich musterte sie, ich hatte sogar nicht übel Lust, abermals einen Redeschwall über sie zu ergießen, doch zu reden liegt mir im Grunde nicht sehr, und, verflucht noch einmal, meine Redegabe war vollständig versiegt.

Viel später, als ich wieder einmal meine Karten auf den Tisch gelegt hatte, ging ich aufs Deck hinaus, um zum hundertsten Mal nach dem Mond Ausschau zu halten. Nun, ich schaute, und da, auf dem Deck über mir, sah ich zwei Leute, die sich küßten, und wenn ich sage, daß sie sich küßten, so meine ich das sehr ernst. Anfangs sah es aus, als ob es nur ein einziger Mensch wäre, so sehr küßten sie sich. Und da wurde mir warm ums Herz, denn ich vermutete, das müßten wohl unsere Hochzeitsreisenden sein. Jedenfalls kamen sie mir sehr bekannt vor.

Doch es waren nicht unsere Hochzeitsreisenden. Ganz im Gegenteil! Es war meine Tochter Amy und der lange Rotschädel, der O'Mara hieß. Zufällig blickte sie gerade herunter, und ich wußte, daß sie mich gesehen hatte, und sie wußten, daß ich sie gesehen hatte, und O'Mara hob sogar den Arm, als wollte er mir zuwinken, doch dann besann er sich eines Besseren und zog Amy von der Reling fort.

Nun, da kehrte ich in den Spielsalon zurück, und diesmal war ich wirklich toll. Ich trat an den Tisch und sagte: »Das Spiel ist aus. Was sind wir Ihnen schuldig, Hendrickson?«

Mrs. Hendrickson schrie: »Gerade haben wir die Partie gewonnen!«

Doch Mr. Hendrickson rechnete bereits und hob ein strahlendes Gesicht: »Siebzehn Dollar und sechzig Cent, Mr. Willard.«

Ich legte meinen Anteil auf den Tisch, und dann wartete ich, ob auch Mrs. Hendrickson ihre Hälfte zahlen würde, doch sie rührte keinen Finger, nur Mr. Hendrickson meinte: »Da fehlt doch noch etwas, nicht?« Woraufhin ich erklärte, das sei meine Hälfte an dem Verlust, und dann gab es einen kleinen Wortwechsel, denn so wie Mr. Hendrickson es sich vorgestellt hatte, sollten die Männer den vollen Verlust tragen und den vollen Gewinn einziehen.

Da meldete sich Katie und meinte, sie hätte doch auch gewonnen, und so wolle sie den halben Gewinn haben. Nur des Prinzips wegen. Aber Mr. Hendrickson lachte, als hätte sie einen köstlichen Witz erzählt, und da machte ich kurzen Prozeß, schob mein Geld Katie zu und sagte: »Da hast du deine Hälfte!« Und dann steckte Katie das

Geld ein, sagte gute Nacht, und wir verzogen uns. Wir waren noch nicht weit gegangen, da hörte ich, wie Mrs. Hendrickson die Stimme erhob, und nun, mit einem Male, tat der arme Hendrickson mir leid, und ich wünschte, ich hätte ihm das Geld gelassen, wenn das doch alle Freude war, die er dem Leben abknabbern konnte.
»Deine Schwester hat uns vor Bauernfängern gewarnt«, sagte Katie, als wir in die Kabine gingen. »Harry, das war sehr nett von dir! Manchmal glaubte ich, du würdest Mrs. Hendrickson verprügeln. Warum hast du's nicht getan?«
»Ich bin nicht in der Stimmung dazu.«
»Doch, doch, du bist's, Liebster. Das ist ja das Schlimme an dir. Du kannst dich so großartig beherrschen. Manchmal wär's besser, wenn du dich gehnlassen könntest.«
»Ich weiß nicht, in was für einer Stimmung ich bin«, sagte ich.
»Nun, Harry, eines mußt du doch zugeben – der Abend hat uns nichts gekostet.«
Ich wartete nicht einmal, bis wir in der Kabine waren, denn ich fürchtete, Skipper, der in der Kabine daneben schlief, könnte uns belauschen. »Katie«, sagte ich, »was hast du Amy beigebracht?«
»Beigebracht? Worüber?«
»Du weißt schon, was ich meine. Über gewisse Dinge.«
»Ach so! Na ja, wart einmal! Ich habe immer jede Frage ehrlich beantwortet. Oder doch« – sie wand sich –, »so ehrlich es eben ging. Träume ich, oder hat das Schiff angefangen zu schaukeln?«
»Was hat sie dich gefragt?«
»Was hat wer mich gefragt? Ach, Amy! Wart einmal... in der letzten Zeit, meinst du?«
»Worauf ich hinaus will«, begann ich, doch Katie machte »Pst!«, weil wir Skipper wecken könnten, und sie öffnete die Tür, und dann flüsterte sie: »Ich weiß, worauf du hinaus willst, Harry. Was hast du mit Elliott geredet?«
»Es geht nicht um Elliott.«
»Versuch doch leise zu reden, Harry. Wenn du meine Ansicht wissen willst, hat's Elliott viel nötiger, daß man mit ihm redet, als Amy. Hast du ihn heute abend gesehen – wieder mit einem andern Mädchen? Die Wikingerin, mit der er den ganzen Nachmittag Pingpong gespielt hat. Hast du ihre Beine gesehen?«
»Du antwortest mir nicht auf meine Frage.«
»Ja, das Schiff hat wirklich angefangen zu schaukeln. Spürst du's nicht auch, Harry?«

»Der Kerl, der aussieht, als ob er nach Yale gehn wollte.«
»Aber, Harry, eine Menge junger Leute gehen nach Yale. Jedes Jahr. Einige der nettesten Burschen, die ich gekannt habe, sind nach Yale gegangen.« Dann kam sie auf mich zu, während ich auf meinem Bett saß, und sie hatte nicht mehr viel an, und in dem Dämmerlicht glänzten ihre bloßen Schultern. »Amy kann schon auf sich selber achtgeben, Harry!«
»Kann sein, wenn wir sie nur mehr auf die Reise und auf Europa vorbereitet hätten! Und auf die Leute, denen sie da begegnen wird. Statt all dieser Bücher über die Währungen und über die Schönheit von alten Stadtmauern und solches Zeug!«
»Harry, wenn du versprichst, es nicht wieder zu erwähnen, will ich dir verraten, was Amy mir vor drei Monaten gesagt hat. Sie sagte, sie sei bisher noch keinem jungen Mann begegnet, der sie auch nur im geringsten aus der Fassung gebracht hätte. Ich hatte mir sogar ein wenig Sorgen um Amy gemacht. Glaubst du nicht, daß wir sie allzu streng erzogen haben?«
»Nein, das glaube ich nicht.«
»Harry, bitte, sei doch nicht so brummig. Ich verstehe sehr gut, daß du dir den ganzen Abend lang einen Zwang auferlegt hast, aber ich weiß wirklich nicht, warum du jetzt auf die arme Amy loshacken mußt.« Sie stand auf und entfernte sich von mir, so weit das nur ging. Sehr weit war es ja natürlich nicht. »Wenn du um Elliott besorgt wärst, der anderthalb Jahre jünger ist, das darfst du nicht vergessen, so könnte ich's verstehn.« Sie wandte sich zu mir. »Ich schlage dir einen Handel vor, Liebster. Du wirst eine kleine Unterredung mit Elliott haben, und ich rede mit Amy. Einverstanden?«
»Ich habe die Reise nach Europa nicht unternommen, um eine kleine Unterredung mit Elliott zu haben«, sagte ich und zündete mir noch eine Zigarette an. »Ich bin dem bisher glücklich aus dem Weg gegangen, und ich will verdammt sein, wenn ich ...«
Katie drehte den Ventilator an, um den Rauch loszuwerden.
»Liebster, du bist einfach müde.«
»Ja.«
So gingen wir denn zu Bett; aber ich schlief nicht. Hundert Jahre schienen vergangen zu sein, als Katie flüsterte: »Harry, schläfst du?«
»Nein.«
»Du machst dir wirklich Sorgen um Amy?«
»Hast du je ein Buch gelesen, das ›Jahrmarkt‹ heißt?«

»Ich glaube schon. Vor einer Ewigkeit. Warum?«
»Nun, alles was die Eltern darin taten, war, daß sie ihre zwei Kinder zu einem ganz gewöhnlichen Jahrmarkt mitnahmen. In Kansas oder in Iowa. Und beide Kinder hatten dort Liebesgeschichten. Nur die Eltern haben es nie erfahren. Und das war nichts weiter als ein Jahrmarkt. Was, zum Teufel, kann da erst in Europa passieren!«
»Ich habe den Film gesehen, glaube ich. Aber im Film war es doch anders, nicht?«
»Vor Jahren hätten wir nach Europa fahren sollen. Als die zwei noch zu jung waren, um uns solche Sorgen zu machen.«
»Ich hab dich lieb, Harry, wirklich, ich hab dich lieb. Manchmal glaube ich, daß es geradezu ein Wunder ist – du und ich. Ja, das glaube ich aufrichtig!«
»Und ich auch«, sagte ich, und dann vergaß ich Amy und Elliott und alles andere – nur daran, daß Skipper in der Kabine daneben schlief, daran habe ich vielleicht in irgendeinem Winkel meines Hirns gedacht.
Ist man einmal verheiratet, so muß man sich anscheinend sehr bald dessen bewußt werden, daß jemand im Nebenzimmer schläft. Das gehört zum Verheiratetsein, und man möchte es auch nicht anders haben, und doch gibt es Stunden, da man wünscht, man hätte ein Zimmer oder ein Haus oder eine Kabine für ein paar Tage und Nächte ganz für sich allein. Das ist nur menschlich, mag man sich auch immer ein klein wenig schuldbewußt fühlen, wenn einem solche Gedanken kommen ...
Nun, das Frühstück am nächsten Tag war eine harte Prüfung, denn Hendricksons zogen finstere Gesichter. Das heißt – die Eltern Hendrickson. Das junge Paar strömte über von Fröhlichkeit und Liebenswürdigkeit. Noch schlimmer wurde die Prüfung dadurch, daß das Schiff tatsächlich zu schaukeln begonnen hatte. Nicht viel, aber genug. Es hatte vermutlich schon die ganze Nacht geschaukelt. Und jetzt begnügte ich mich mit Orangensaft und einer halben Tasse Kaffee.
Skipper stürzte sich auf seinen Deckstuhl wie ein tropischer Monsun, als ich mühsam meinen eigenen erreichte. Katie hatte ich es überlassen, noch mehr von dem Briefpapier der Cunard Line zu verschwenden.
»Wie gefällt dir das?« schrie Skipper im höchsten Diskant, und der arme Mr. Perkins ließ seinen Kriminalroman fallen. »Ist das nicht eine köstliche Schaukel?« Er schwenkte die ausgestreckten Arme.

»Spürst du, wie es stampft? Das tut einem gut da drinnen!« Er klopfte sich auf den Bauch.
Ich riß den Mund auf, denn man hatte mir immer eingeprägt, die frische Luft tief einzuatmen, täte einem bei solchen Gelegenheiten gut, doch das tat es nicht. Und daß Skipper hin und her schwankte, tat mir da drinnen noch weniger gut. Aber ich wollte ihm den Spaß nicht verderben, und so stand ich auf – im Nu wünschte ich, ich wäre lieber nicht aufgestanden! Ich kramte in meiner Tasche und zog einen halben Dollar heraus. »Da!«
»Was ist das?« fragte Skipper.
»Fünfzig Cent sind das«, sagte ich. »Geh, kauf dir was zum Naschen dafür!«
»Pop, das ist ja nicht das richtige Geld hier auf dem Schiff. Weißt du das nicht? Wieviel Schilling sind das?«
»Woher soll ich das wissen?« Ich wollte das Geldstück wieder in die Tasche stecken, doch schon hatte Skipper es mir entrissen.
»Ich gehe selber damit zur Bank, Pop; aber du sollst zusehen, daß du dich auskennst, bevor wir nach London kommen. Sonst läßt man uns ja nicht einmal in ein Hotel!«
Nachdem er fort war, machte ich einen Spaziergang rund um das Deck. Der junge Hendrickson hatte das beim Frühstück angeraten.
»Ein Spaziergang rund um das Deck«, hatte er gesagt, »kuriert alles!« Nun, entweder war Hendrickson zu jung, um das zu verstehn, oder er hatte nicht, was ich hatte. Jedenfalls hatte ich nach dem Spaziergang die größte Lust, in die Kabine hinunterzulaufen und einen Schluck von der Medizin meiner Schwester Hilda zu nehmen. Doch ich war nicht sicher, ob ich so weit kommen würde, und zog es vor, für alle Fälle in Sicht der Reling zu bleiben. Irgendwie fand ich mich vor einer Tür, darauf ›Bibliothek‹ stand, und da es nichts gab, was ich lieber versäumen wollte als die Vormittagssuppe, schleppte ich mich in die Bibliothek. Vielleicht gab es dort einen Kriminalroman, den Mr. Perkins mir noch nicht, Mord um Mord, erzählt hatte.
Das erste Buch, das ich, unter dem nachsichtigen Lächeln, das die englische Bibliothekarin für amerikanische Touristen oder Seekranke übrig hatte, auf dem Regal fand, war ›Jahrmarkt‹. Ich versuchte, etwas anderes zu erwischen, ohne mich allzu tief bücken zu müssen; doch da erblickte ich Amy.
Sie saß über den Tisch gebeugt, und man hatte den Eindruck, als

hätte sie die ganze Encyclopedia Britannica um sich her aufgestapelt. Das Haar fiel ihr in die Stirn, sie schielte zur Seite, ihre Lippen bewegten sich lautlos, so angestrengt las sie. Dann kritzelte sie eine Notiz auf ein Blatt von dem Papier der Queen Mary, das neben ihr lag, doch sie wandte die Augen nicht von dem Buch ab, und ihre Lippen bewegten sich ständig. Ich schlich zu ihr hin, bis ich hinter ihr stand und ihr über die Schulter schauen konnte. Was ich in dem Buch sah, war eine Seite mit nichts als Photographien darauf, Photographien von Häusern, manche in Trümmern, manche nicht, und oben auf der Seite stand ›Alte Bauwerke‹.

Nur mit der Ruhe, dachte ich. Immer mit der Ruhe! Das ist ja schlimmer, als ich geglaubt hatte!

Denn Amy war schon mit Ingenieuren und Anwälten ausgegangen und sogar mit einem Jungen, der Geistlicher werden wollte, aber ich hatte noch nie erlebt, daß sie sich für das interessierte, was die Burschen taten.

Sie drehte sich um und sagte: »Hallo, Pop!« Und dann schielte sie noch stärker und sagte: »Ja, was ist denn mit dir los?« Sie wollte aufstehn, man merkte, daß sie sich Sorgen um mich machte – so ist Amy nun einmal –, doch da war ich in den Stuhl neben ihr gesunken. »Dich hat's also erwischt? Nick auch. Ist das nicht unglaublich spaßig? So oft ist er jetzt hin- und hergefahren, aber heute früh kann er sich kaum rühren. Ist das nicht spaßig?«

»Kolossal!«

»Ach, ihr habt überhaupt viel gemeinsam, ihr zwei. Ist das nicht merkwürdig? Nick wird Architekt, und du bist im Baugeschäft!«

»Das war mir bisher noch gar nicht aufgefallen!«

Ich fühlte mich recht miserabel, aber mit Amy zu schwatzen, tut mir immer gut. Nun, nicht immer, aber doch meistens. Es ist schon wahr, daß sie wie ein Wasserfall redet, besonders wenn sie mit Fremden zusammen ist oder ein wenig aufgeregt; meiner Meinung nach kommt das aber daher, daß sie verlegen wird. Denn in Wirklichkeit ist Amy schüchtern. Ich bin nicht einmal sicher, daß Katie das versteht, wie ich es verstehe, denn in vielen Beziehungen gleichen Amy und ich einander mehr, als wir den andern gleichen. Einmal sagte Amy zu mir: »Ich wollte, ich könnte den Mund halten. Ich bin ja eine Landplage.« Doch den Eindruck hatten die Leute nie von ihr – daß sie eine Landplage war. Im Gegenteil, die Leute fanden, sie sei ein temperamentvolles Mädchen, das mit seinen Gefühlen nicht hinter dem Berg hielt. Sie hat eine schöne Stimme, eine, die sich durch viele Lagen bewegt und manchmal tiefe Töne anschlagen kann, und das ist bei einer Frauenstimme immer interessant. In dem Augenblick, als ich daran dachte, daß sie im Grunde schüchtern ist, fiel mir aber die Szene auf dem obern Deck von gestern abend ein, und da zog sich mir der Magen noch heftiger zusammen.

Doch ich meinte, das Schlimmste, was ich jetzt tun könnte, wäre, wenn ich etwas gegen diesen Burschen, diesen O'Mara sagen würde, auch wenn ich wüßte, was ich eigentlich gegen ihn einzuwenden hätte, und so sagte ich: »Es wäre mir nie aufgefallen, daß O'Mara und ich irgendwas Gemeinsames haben. Aber er scheint ein ganz netter Junge zu sein. Mir gefällt er.«

Ich kann nicht umhin, zu gestehn, daß das eine ganz unverschämte Lüge war, aber im Leben gibt es Stunden, da es besser ist zu lügen, und eine dieser Stunden ist es, wenn man mit Amy zu tun hat, und eine andere, wenn man seekrank ist.

»Wirklich?« sagte Amy, und ihre Brauen hoben sich, und sie fuhr sich mit der Hand über das Gesicht, während sie sich auf den Ellbogen stützte und sich in ihrem Stuhl drehte. »Wirklich? Ich wollte, ich könnte das auch von Nick sagen. Aber er mag dich ganz und gar nicht.«

»Was weißt du davon?« Mehr konnte ich unter diesen Umständen nicht herausbringen.

»Ach, das richtet sich nicht gegen dich persönlich. Sondern nur gegen Leute wie dich. Langweilige, ehrbare Leute mit Familien und dergleichen. Er sagte – ach, lassen wir das!«

»Ich finde das doch sehr interessant«, sagte ich, und meine Kehle war ausgetrocknet.

»Nun, Nick sagt, die Leute seien entweder verheuchelt und täten, als seien sie glücklich verheiratet und so weiter; oder – sagt Nick – sie würden sich selber betrügen, und das sei noch schlimmer.«

»Und was sagst du dazu, Amy?«

»Hör, du siehst schlecht aus. Solltest du dich nicht lieber ins Bett legen? Oder zum Doktor gehn? Es ist ein sehr hübscher junger englischer Doktor an Bord. Mit einem großen Schnurrbart.«

»Ich habe mich nie wohler gefühlt.«

»Du siehst aus, als müßtest du dich gleich übergeben!«

»Du hast wohl bisher noch keinen Menschen wie Nick kennengelernt, nicht wahr?«

»Nein; und darüber bin ich froh.« Gerade da konnte ich zum ersten

Mal an diesem Morgen tief aufatmen; aber schon fuhr sie fort: »Ich bin froh, weil ich ihn darum um so besser zu würdigen vermag.«
»Na ja, man kann es auch von diesem Gesichtspunkt aus betrachten.«
»Du mußt Nick besser kennen, um ihn zu verstehen.«
»Nein, besten Dank!« Das war alles, was ich sagen konnte, bevor ich mich halbwegs gefaßt hatte.
Da setzte Amy sich straff auf und klappte das Buch vor ihr mit einem Schlag zu, der in meinem Magen widerhallte. »Ich wußte, daß du ihn nicht leiden kannst. Du verstehst ihn nicht, das ist alles. Seit er ein Kind war, ist er hin und her geschoben worden. Schulen in Paris und London und in der Schweiz. Sein Vater gibt ihm einfach Geld und schiebt ihn ab.« Das erinnerte mich daran, was ich vorhin erst mit Skipper getan hatte. »Und seine Mutter ist noch schlimmer; zweimal geschieden und dreimal verheiratet. Obgleich Nick kein Wort gegen einen von den beiden sagen würde.« Amy stand auf. »Nick ist ein einsamer Mensch, Pop. Auch wenn du ihn nicht verstehn kannst, weil wir alle ja so glücklich waren. Manchmal bricht Nick mir das Herz. Ich wollte, ich wäre ihm nie begegnet; das ist die pure Wahrheit!«
Sie lief aus der Bibliothek und ließ ihre Notizen liegen. Ganz plötzlich fühlte ich mich verloren und hilflos. Mir war es überlassen gewesen, die Sache zu verpfuschen! Jetzt ist sie wahrscheinlich schon auf dem Weg in seine Kabine!
So blieb ich ziemlich lange sitzen, versuchte, mir darüber klarzuwerden, was ich tun sollte, und da kam es über mich, daß ich meine Kinder vernachlässigt hatte. Ich möchte nicht sagen, daß dieser Gedanke ungeheuerlich oder welterschütternd war; es war nur das seltsame Gefühl, daß ich drei Kinder hatte, die ich in vielen Beziehungen gar nicht kannte. Beide, Elliott und Amy, hatten mir, seit wir auf diesem Schiff waren, erklärt, daß ich sie nicht verstand, und statt ihnen das in meinem elenden Zustand übelzunehmen, begann ich mich zu fragen, ob es nicht am Ende richtig war. Gewiß, ich hatte immer viel zu tun gehabt, das Geschäft nahm mich sehr in Anspruch, aber ich war nicht in der Stimmung, Ausreden zu suchen. Es kam mir in den Sinn, jetzt, während wir Ferien hatten und ich über all die freie Zeit verfügte, die mir bisher immer versagt gewesen war. Was hatte ich jetzt für eine Ausrede, wenn ich mich nicht viel um sie kümmerte, wenn ich nicht versuchte, sie zu verstehn?

Das Nächste, was ich tat, war, daß ich auf die Suche nach Elliott ging. In den drei Tagen, seit wir auf dem Schiff waren, hatte ich ihn nicht mehr als drei- oder viermal gesehen. Irgendwie aber hatte er sich mit Katie verständigt, und einmal hatte er ihr erklärt, er denke daran, sich im Trompetenblasen weiter auszubilden, so daß er in der Lage wäre, mit einem Orchester ständig über den Ozean hin und her zu fahren. Nun änderte Elliott seine Zukunftspläne beständig, und erst jetzt, als ich auf dem Weg zu seiner Kabine war, kam es mir in den Sinn, daß er immer nur mit Katie darüber sprach und nie mit mir. Nicht daß ich ihm das verübelt hätte, aber bestimmt merkte ich es jetzt zum ersten Male. Irgendwie hatten Elliott und ich keinen Kontakt mehr, und das gerade in dem Augenblick, da ein Bursche seinen Vater angeblich am meisten braucht. Nun, jetzt wollte ich ihn aufsuchen, wollte den Rest des Tages mit ihm verbringen und von den Tagen, die wir noch an Bord waren, so viel, wie Elliott mit mir beisammen sein wollte.

Wer mir die Türe von Elliotts Kabine öffnete, war der Kerl mit den dicken Lippen und dem Haar in der Stirne und dem verdrossenen Gesicht.

»Was wollen Sie?«

»Ich suche meinen Sohn. Elliott Willard.«

»Ist nicht da.«

»Wissen Sie zufällig, wo er ist?«

»Woher, zum Teufel, soll ich das wissen?«

Der ganze Marlon Brando! Wie er leibte und lebte! Wie er dastand, wie er einen anstarrte oder nicht, wie sein Mund die Wörter kaute und kaute, bevor er sie ausspuckte, und wie sein Hemd an ihm hing. Und die Kabine – wie ein Schlachtfeld! Überall schmutzige Wäsche und Kleider und Stöße von Büchern und Zigarettenstummeln. Elliott tat mir leid. Nicht daß Elliott gerade die Ordnung selber gewesen wäre, diese Kabine aber sah aus wie eine Verbindung von Tobacco Road und einer Brandstätte.

Der wackere Marlon Brando legte sich hin, griff nach seiner Zigarette und schenkte mir weiter keine Beachtung, und so drehte ich mich um und ging. Amer Elliott! Und das mußte ihm zustoßen, während er gerade in diesen Entwicklungsjahren war! Hatte er doch in den letzten Monaten nicht den Abfalleimer leeren wollen, wenn er auch nur den kleinsten Fleck auf der Hose hatte – und da mochte es draußen noch so dunkel sein!

Nun, nach einem zweiten ›Spaziergang um das Deck‹ der, was

meinen Magen anbelangt, die Sache beinah zum Klappen brachte, fand ich Elliott. Er spielte Deck-Tennis, wie man das nennt, obgleich es nichts mit Tennis zu tun hat, weil man weder Raketts noch Bälle hat. Was man dabei zu tun hat, ist, auf einer Seite von einem Netz zu stehen, das ziemlich hoch ist, und dann wirft man dem Gegner auf der andern Seite des Netzes einen Ring zu, und er fängt ihn und wirft ihn so schnell zurück, daß du ihn nie wieder erwischen kannst, und das ist der Witz des Spieles. Elliotts Gegnerin aber war jene Wikingerin, von der Katie erzählt hatte, und sie verstand sich auf das Spiel. Ich meine, sie spielte es geradezu rachedurstig. Überall auf dem Platz war sie gleichzeitig. Elliott war auch überall auf seinem Feld, aber doch auf andere Art, und er schaute gar nicht glücklich drein. Da erblickte er mich – ich war auf dem Deck darüber – blieb reglos stehn, und der Ring traf ihn aufs Auge. Aber nicht einmal das schien ihn zu stören.
Noch nie hat man einen Burschen gesehen, der so froh war, als er seinen Vater erspähte. Er ging einfach auf und davon und ließ die Wikingerin auf ihren nackten Beinen stehn und warten. Er kam heraufgestiegen und schüttelte mir die Hand, bis der Arm mir weh tat, und dann rief er seiner Partnerin etwas hinunter – es klang nach ›Auf Wiedersehen‹ und ›eine dringende Familienangelegenheit‹ und ›ein Notfall‹, und dann zog er mich, schweratmend, mit sich.
»Das Frauenzimmer ist mein Tod«, sagte er. »Ich komme nie bis England, wenn sie's so weitertreibt. Sie ist ein Dämon. Ein Gewirr von Drähten und darin Explosionsmotoren. Bist du aber zurecht gekommen!« Er rieb sich das Auge; ich wollte ihm sagen, das Auge werde sehr bald blau oder schwarz werden, aber das war jetzt auch nicht wichtig.
»Ich kann ihr nicht entrinnen!«
»Kannst du denn nicht ›nein‹ sagen?« fragte ich.
»Die Bedeutung dieses Wortes kennt sie nicht. Komm, Pop, ich will mich umziehen, aber wir müssen uns beeilen, sonst ist sie wie der Blitz in der Kabine und schleppt mich fort.«
»Warum hat sie nicht Marlon Brando aufgepickt?«
»Heut oder morgen wird sie hineinstürzen und den Kerl an meiner Stelle finden, und dann gibt's einen Skandal auf dem Schiff. Er wird sie vergewaltigen.«
Ich schluckte. Aber ich sagte nichts. Vielleicht hätte ich etwas sagen sollen. Woher aber soll man das wissen? Solche Worte hört man nicht gar so häufig. Ich wenigstens, meine ich. Doch die jungen

Leute sagen in der letzten Zeit anscheinend diese Dinge, selbst in aller Öffentlichkeit, geradeheraus, und wenn man ihnen darüber eine Bemerkung macht, so sehen sie einen an, als wäre man im siebzehnten Jahrhundert steckengeblieben.
Und so, um auf ein anderes Thema zu kommen, sagte ich eben: »Elliott, du und ich werden einmal ein paar Worte miteinander reden müssen.«
»Fein, Pop! Da wären wir. Komm nur herein, aber gib acht, sonst brichst du dir das Bein!«
Der gute Marlon Brando war diesmal nicht vorhanden, aber die beiden Burschen aus dem Süden waren da und just im Begriff, sich zu verziehen. Sie trugen gestreifte Jacken und die kleinen englischen Shawls, die man Ascot nennt, um den Hals gewickelt, und wenn nicht der eine dick und der andere mager gewesen wäre, hätte man sie nicht voneinander unterscheiden können.
Sie sagten nichts, oder doch nur einer zum anderen etwas in jener Redeweise des Südens, in der ich mich nicht recht auskenne, und ich bemerkte eine gewisse Kühlheit in der Art, wie sie Elliott ansahen, und in der Art, wie er ihren Blick erwiderte. Was aber Elliott tat, war folgendes: Er warf einen Blick auf den Toilettentisch, dann kramte er in dem Durcheinander, das dort herrschte, dann drehte er sich um, ging auf den Dicken zu, griff, ohne ein Wort zu sagen, in die Tasche von dessen Jacke, holte ein Päckchen Zigaretten hervor und steckte es in die eigene Tasche.
»Ach, Ell«, ließ der Magere sich in seiner schleppenden Sprechweise vernehmen, »wir hätten nicht geglaubt, daß dir das was ausmacht, mein Junge.«
Elliott sagte kein Wort, und so verschwanden die beiden. Jetzt zog Elliott sich in größter Hast um, und dann sagte er: »Pop, was geschieht mit einem Menschen, der auf hoher See einen Mord begeht? Sind wir auf englischem Territorium? Gegen den elektrischen Stuhl hätte ich nichts einzuwenden, aber hängen ließe ich mich nur sehr ungern.«
Ich setzte mich auf eine der Kojen, just auf ein feuchtes Stück Schokolade. Dergleichen stößt mir immer zu, wenn ich mit einem meiner Kinder ein ernstes Wort reden will. Besonders mit Elliott. So mußte ich mir denn die Hände waschen, und das bedeutete eine kleine Erleichterung, denn ich war in den winzigen Waschraum eingezwängt und mußte Elliott nicht ansehen, als ich sagte: »Ell, hättest du keine Lust, ein Kabel nach Hause zu schicken?«

»Ein Kabel? Wem?«
»Ach, du weißt schon; dieser kleinen Ruth. Der, die immer ›Kamerad‹ zu mir sagt. Sie ist doch ein nettes kleines Ding.«
»Was hast du gesagt, Pop?«
»Ich habe gesagt, daß sie ein nettes kleines Ding ist.«
»Na ja – das glaube ich auch.«
»Nun?«
»Was, Pop?«
»Willst du ihr nicht ein Kabel schicken?«
»Was soll ich ihr denn kabeln?«
»Woher soll ich das wissen...?« Doch ich brach ab und trocknete mir noch immer die Hände, die längst trocken waren. »Nun... du könntest ihr kabeln, daß sie dir fehlt, daß es dir gut geht und so weiter, aber daß sie dir jeden Tag fehlt.«
»Was schaut dabei heraus?«
»Was soll dabei herausschauen?«
»Wo ist das Geschäft, meine ich? Was hat man davon? Sie ist ohnehin schon verschnupft genug, weil wir sie nicht mitgenommen haben.«
»Nun, es war nur ein Einfall...«
»Oh – ich weiß das zu würdigen, Pop! Aber wie ich mir's zurechtlege, ist Ruth so wütend auf mich, daß sie sich mit Harold Shoemaker eingelassen hat. Nur um allen Leuten zu zeigen, daß es ihr wurst ist. Ein, zwei Nächte hab ich deswegen schlecht geschlafen, aber jetzt ist's O.K. Und wenns sie's so haben will, kann ich mich ja auch mit irgendwem einlassen.«
Ich kam aus dem Waschraum. Um ganz aufrichtig zu sein – die Luft dort ließ einiges zu wünschen übrig. »Das ist's gerade, worüber ich mit dir reden soll, Ell. Meint deine Mutter. Du wirst auf der Reise wahrscheinlich eine Menge junger Mädchen kennenlernen. Soweit ich schon jetzt gemerkt habe, geht's gar nicht anders. Und – uhh – na ja...«
»Da hast du's getroffen, Pop.« Jetzt war er ganz angezogen und trug ein Sporthemd, fast so schreiend wie die Jacken der beiden Burschen aus dem Süden. »Wie gefällt's dir? Gehört dem guten States Rights.«
»Wem?«
»States Rights Van Buren – der Magere. So wahr ich lebe, Pop, so heißt der Kerl. Wenn du mir nicht glaubst, kannst du in der Passagierliste nachsehen. Ich hab's getan.«

Jetzt war ich so verwirrt, daß ich mich setzen mußte. »Das war es doch eigentlich nicht, worüber wir gesprochen haben; nicht wahr?«
»Vermutlich nicht. Ich meinte nur, es könnte dich interessieren.«
»Was ich sagen wollte, war... nun... wegen all der jungen Frauenzimmer, die du kennenlernen wirst... sollten wir vielleicht... du und ich...«
»Ja, Pop, das möcht' ich auch! Wahr und wahrhaftig. Aber ich habe mich schon verspätet. Weißt du, die Kleine aus Ost-Indien – du mußt sie doch gesehen haben – die mit den langen Kleidern... Na ja, Shamra heißt sie, und um diese Zeit macht sie immer einen Spaziergang ums Deck. Sie hat mir noch nicht den kleinen Finger gegeben, das kommt daher, daß ihr Vater immer hinter ihr her ist. Aber sie lächelt! Und bevor wir diesen Kahn verlassen haben, Pop, der Teufel soll's holen, wenn ich aus der Puppe nicht mehr herausgekriegt habe als ein Lächeln!«
Nicht einmal die Türe schloß er hinter sich.
Da saß ich denn wie vor den Kopf geschlagen, während ich doch sonst gewöhnlich in der besten Form war, wenn ich Elliott neckte; jetzt war ich auf halbem Weg zwischen Enttäuschung und Erleichterung. Und dann dachte ich an Skipper, und wie ich ihn mit dem halben Dollar fortgeschickt hatte, und daran, was Amy erzählt hatte, wie der Vater dieses O'Mara dem Burschen Geld zusteckte und ihn auch fortschickte, und so sehr mich auch die Lust ankam, mich hinzulegen und seekrank zu sein, beschloß ich doch, mich nach Skipper umzusehen. Wahrscheinlich haben alle Eltern diese Zeiten, wenn sie fühlen, daß sie ihren Kindern nicht nahe genug sind. Ich, zum Beispiel, ich meinte immer, wenn meine Kinder jung wären, würde ich mit ihnen jung sein; nur, wenn man diese guten Absichten hat, ist man wirklich noch jung, und wenn die Kinder so weit kommen, daß sie jung werden und man seinen Spaß mit ihnen haben sollte, ja, da ist man gar nicht mehr so jung. Entweder verhält es sich so oder man spürt, daß man nicht jung ist, und möglicherweise kommt es daher, daß die Kinder einen älter gemacht haben. Jedenfalls blieb mir nichts übrig, als aufzustehn und das Schiff zu durchsuchen.
Ungefähr nach einer halben Stunde, die so lange dauerte wie sonst zwei oder drei Stunden, blieb ein einziger Ort übrig, wo ich ihn finden konnte, und das war das Schwimmbassin auf dem E-Deck, wenn ich ihn dort nicht fand, dann würde ich die Sache auf den

Nachmittag verschieben. Aber ich fand ihn. Er war drin und schwamm.

Zunächst hatte ich den Eindruck, als sei er der einzige Mensch im Schwimmbassin, und das steigerte mein Schuldbewußtsein. Armer Junge, so ganz allein in diesem großen, hohen Raum! Doch dann sah ich, daß noch zwei ältere Leute am anderen Ende des Bassins sich miteinander unterhielten, und da wurde mir ein wenig leichter ums Herz, bis ich merkte, daß die beiden die Frage erörterten, ob es gefahrlos war, ins Bassin zu steigen, wo Skipper seine Künste ins Treffen führte. Skipper war am Rand des Beckens und hatte die Handflächen gegen die Mauer gestemmt, um einen besseren Start zu haben. Er sah mich, brüllte etwas davon, daß ich ihm zusehen solle, und dann schoß er von der Wand fort, als hätte ihn jemand mit einer Nadel in den Hintern gestochen, und er tauchte! Ja, das konnte man wohl tauchen nennen! Wie eine Kugel drang er in das Wasser ein, verschwand unter dem Wasser und blieb verschwunden. So lange blieb er unsichtbar, daß sich mir der Magen umdrehte, als ich daran dachte, daß ich, in Kleidern, ihm nachspringen müßte; doch just in diesem Augenblick kam er zu meinen Füßen zum Vorschein. Er blies Wasser in die Höhe wie Moby Dick, und dann keuchte er und stieg aus dem Bassin; bevor ich noch ein Wort hervorgebracht hatte, war er schon dabei, das Spiel von neuem zu beginnen. Jetzt begriff ich, warum die beiden Leute am andern Ende zauderten, ins Wasser zu steigen. Ich wußte, daß es mir auch keinen Spaß machen würde, mit diesem tanzenden Derwisch, der ununterbrochen hinein- und heraussprang, zusammen im Wasser zu sein. Natürlich machte ich mir zunächst Sorgen, er könnte auf den Kacheln ausrutschen und sich den Hals brechen, doch ich beschloß, das vorderhand nicht zu erwähnen, denn wenn etwas einem Jungen das Vergnügen verderben kann, so ist es die Warnung, er könnte sich den Hals brechen. Er sieht das jedesmal als persönliche Beleidigung an und als eine Mahnung daran, daß du eben doch nicht sein Freund bist, sondern nur sein Vater. So setzte ich mich denn auf eine Bank und wartete, bis er am Ende müde werden müßte.

Das ist aber das Schlimme – Skipper wird nicht müde. Er ist aus irgendeinem neumodischen Stoff gemacht, der sich einfach nicht abnützt. Nach einer Weile kamen noch andere Leute aus den Kabinen, und da niemand sie gewarnt, und da sie Skipper nicht am Werk gesehen hatten, stiegen sie ins Wasser. Das gab auch den andern Mut, die am Ende des Bassins gezögert hatten und sich nicht einig gewesen waren, ob ein erfrischendes kleines Bad wirklich das Risiko lohnte, ihr Leben aufs Spiel zu setzen; und so stiegen auch sie ins Wasser, waren aber sehr behutsam und wandten keinen Blick von Skipper. Und dann sah ich Amy.

Wen ich wirklich sah, war O'Hara. Sobald ich ihn mit Amy sah, erinnerte ich mich daran, daß er O'Mara war und nicht O'Hara. Er verschwand in der Herrengarderobe, Amy in der Damengarderobe, bevor sie mich erspäht hatten, und bei mir dachte ich, für einen Menschen, der sich heute früh nicht rühren konnte, hatte der junge O'Mara zweifellos die Gabe, sich sehr schnell zu erholen. Wenn ihr die Wahrheit wissen wollt – er sah glänzend aus. Vielleicht war es das, was mich ärgerte. Ich legte gar keinen Wert auf eine Unterhaltung mit dem jungen Herrn, und so winkte ich Skipper, der triefend und atemlos aus dem Wasser stieg, und sagte: »Na, Skip, was könnten wir sonst anfangen?«

Er verzog mißtrauisch die Brauen und fragte: »Sonst?«

»Ich weiß nicht. Was machst du denn den ganzen Tag. Worauf hättest du Lust?«

»Du meinst wir zwei? Du und ich?«

»Natürlich, wir zwei!«

»Hast du keine Lust zu schwimmen?«

»Morgen schwimme ich mit dir. Wenn's nicht so überfüllt ist.«

»Das nennst du überfüllt?! Na ja, es ist wirklich kein Spaß, wenn man immer an irgendwen anrennt. Hast du mich tauchen gesehen?« schrie er und schüttelte das Wasser aus den Ohren. »Ich wette, daß ich länger unter Wasser bleiben kann als sonstwer auf diesem Schiff.«

»Deine Lungen sind hervorragend entwickelt«, sagte ich und hätte selber gern etwas Wasser in den Ohren gehabt. »Jetzt zieh dich an. Ich warte draußen.«

Schon war Skipper, laufend, schlitternd, auf und davon, die Arme weit ausgestreckt, um das Gleichgewicht zu bewahren. Ein sehr würdiger, sehr energisch aussehender Herr kam aus der Kabine, trat zur Seite, doch nicht rasch genug. Es gab einen Zusammenprall, und Ellbogen und Knie gerieten durcheinander. Skipper verschwand. Der ältere Herr hatte seine Haltung wiedergefunden, kam auf mich zu und nickte heiter.

»Er hat sich sogar entschuldigt«, sagte er. »Die meisten amerikanischen Kinder sind so verdammt manierlos. Ein netter Junge das! Ich habe ihn jeden Tag beobachtet. Schwimmt wie ein Fisch.

Aber immer allein. Gibt eben wenig Kinder an Bord. Na, da kommt er.«
Er sprang, fiel ziemlich flach auf das Wasser, dann drehte er sich um, sah aus wie ein rotangelaufener Walfisch, und diese Verzögerung war schuld daran, denn jetzt kam Amy aus der Garderobe und ging sofort auf mich zu.
»Du siehst jetzt ein wenig besser aus«, stellte sie fest. »Hast du dich übergeben?«
»Nein«, sagte ich, und dann erschien auch O'Mara hinter ihr. »Noch nicht.«
»Guten Morgen, Sir«, sagte O'Mara. »Sie haben auch unter dem Wetter gelitten, höre ich. Es ist immer besser zu fliegen.«
»Warum sind Sie denn nicht geflogen?« fragte ich, und Amy schoß einen Blick nach mir.
»Schicksal, Sir! Und ich bin froh darüber.« Doch als er Amy ansah, tat sie, als müßte sie ihr Trikot richten, oben hinaufziehen, unten hinunterziehen, und dazu hatte sie den Anflug eines Lächelns. »Das Schlimme beim Fliegen ist, daß man so schnell ankommt. Man hat keine Zeit, den Wechsel richtig zu verdauen. Und wenn einem nichts daran liegt, ob man früher oder später ankommt, ist's doch eine Verschwendung. Das Fliegen meine ich.«
Amy zog an ihrer weißen Haube und schob das Haar darunter. Sie wirkte sehr still und in sich versunken – wenn man Amy kennt, nämlich. Und sie war nicht mehr böse auf mich, und das war eine Erleichterung.
Ganz plötzlich bückte sich O'Mara, nahm Amy in die Arme und warf sie ins Wasser. Es klatschte, es spritzte hoch auf, und weg war sie. Der wird etwas erleben, dachte ich. Jetzt wird sie herausklettern und wird die Kacheln mit dem Burschen aufwischen, oder sie wird ihm wenigstens einen vernichtenden Blick zuwerfen, wenn ich meine Amy kenne. Jetzt ist er erledigt, das ist klar. Ihr Kopf tauchte auf, sie schüttelte ihn zweimal, dann öffnete sie die Augen, teilte das Wasser mit den Armen, sah zu O'Mara auf, und was tat sie dann? Sie lächelte! Ja, sie lächelte!
Nun, da erkannte ich meine Amy nicht wieder. Oder sie hatte sich verändert. Das war der Gedanke, der mich tatsächlich plagte. Ich konnte mir das nicht länger ansehen. Ich ging hinaus und zündete mir eine Zigarette an, eine englische Zigarette, die schmeckte, wie Maiskörner schmeckten, die ich mir als Junge aus der Scheune holte. Nein, ich kannte meine Amy nicht mehr. Und das seltsame,

durchdringende Gefühl stellte sich wieder ein, das Gefühl, daß alles sich plötzlich veränderte. Das Gefühl – hol's der Teufel! – daß wir besser getan hätten, daheim zu bleiben!
Doch dann hatte ich keine Zeit, meinen Gedanken nachzuhängen; denn schon übernahm Skipper die Führung. Wenn es mir mit dem, was ich gesagt hatte, ernst gewesen war, so machte er sich das entschieden zunutze. Ich amüsierte mich ausgezeichnet. Anfangs wenigstens. Nur war das, was Skipper tun wollte und nicht getan hatte, so ziemlich alles, was sich auf diesem Schiff überhaupt tun ließ. Zunächst Pingpong. Nur daß die beiden Tische auf dem einen Deck besetzt waren und die auf der andern Seite des Schiffs auch. Doch das störte Skipper nicht. Wir könnten ja warten, sagte er, und so warteten wir. Und sehr bald begann das Paar an dem einen Tisch allerlei Fehler zu machen, keiner von beiden erwischte den Ball, und jedesmal lief Skipper der weißen Kugel nach und brachte sie mit ernster Miene zurück. Da brachen die beiden ihr Spiel ab und überließen uns die Schläger.
»Ich gebe«, sagte Skipper. »Du brauchst nichts zu tun, als dazustehn und die Bälle zurückzuschlagen. Die weichen Bälle wirst du erwischen, aber genau weiß man das nie; manchmal sind sie geschnitten. Fertig?«
Und er gab! Er schlug den Ball so fest, daß er erst auf seiner Seite des Netzes aufsprang, dann auf meiner, und dann über meine Schulter hinweg. Diesmal mußte ich ihn holen. Und so fast jedesmal, und das schien sechs oder sieben Stunden zu dauern. Aber kein Zweifel, Skipper unterhielt sich ausgezeichnet. Er gewinnt immer gern, und diesmal gewann er. Nach einer Weile konnte ich ihm ein wenig zu schaffen machen, aber bei weitem nicht genug.
»Shuffleboard liegt dir bestimmt besser, Pop«, sagte er. »Nach dem Essen also! Bei den Deckstühlen!«
Und nach dem Essen fing es von neuem an. Und so dauerte es zwei volle Tage. Natürlich gab es auch Deck-Tennis, und das war furchtbar anstrengend; ich war froh, daß es an Bord nicht auch noch einen Handballplatz gab. Ich wäre nie lebend in Europa angekommen. Schon jetzt war ich dessen nicht immer ganz sicher. Ein- oder zweimal meinte ich, im Kino sei ein guter Film zu sehen, Skipper aber erwiderte, ach was, ins Kino könnten wir ja immer noch gehn, und Pingpong sei viel lustiger. So spielten wir denn Pingpong, bis ich selbst nachts, im Schlaf, nach einem kleinen weißen Ball schlug, der nicht schwer genug ist, um bei einer schwachen Brise ruhig zu

bleiben, und dann, am Morgen, erkundigte sich Katie, warum ich denn die ganze Nacht so herumgefuchtelt hätte, ob mir auch ganz wohl sei, aber ich sähe doch ausgezeichnet aus, und sogar Hendricksons hätten festgestellt, wie gut ich nach den zwei ersten bösen Tagen aussah und nach der Seekrankheit, und was übrigens aus dieser Seekrankheit geworden sei. Da entgegnete ich, ich hätte keine Zeit dafür, und ich könnte mich auch nicht länger unterhalten, denn Skipper warte im Turnsaal auf mich.

Der Grund, weswegen Skipper wartete, war, daß er ›Gewicht ansetzen‹ wollte. Er ist der hagere, drahtige Typus wie ich selber, und er meint, das sollten wir nicht bleiben. Wenn ich so bleiben wolle, sagte er, schön und gut; er aber nicht. Und so wurden wir an drei Morgen in die Vormittagsgruppe ›In Form bleiben‹ (für Herren) eingeteilt. Nun, was immer diese Gruppe für euer körperliches Wohl zu tun beabsichtigt, das seelische Wohl hat darunter zu leiden. Da war denn auch der englische Bursche mit dem Schnurrbart, und man kann sich gar nicht wünschen, einem Mann zu begegnen, der noch frischer und munterer wäre. Ich meine, er ist kerngesund, und er will, daß man das auch merkt, und er ist glücklich darüber. Der Zustand meiner Arme gefiel ihm offenbar nicht sehr, und als er gar meine Beine sah, da war er geradezu gekränkt und sagte so etwas wie: »Müssen was dafür tun, was, alter Junge?« Und dann nahm er mich in die Arbeit. Es wäre nicht halb so schlimm gewesen, wenn er nicht die ganze Zeit geredet hätte. Oder nicht eigentlich geredet; was er tat, war eher ein Wiehern. Ungefähr jedes dritte Wort konnte ich verstehn, und so kam es auch zu dem Durcheinander mit den Hanteln. Ein großes Durcheinander war es auch nicht, jedenfalls nicht so groß, wie Skipper es gern darstellt, aber es war peinlich. Wenn ihr denn wissen wollt, was geschah – zufällig habe ich dem Turnlehrer eine Hantel auf den Fuß fallen lassen. Es war wirklich nur ein Zufall, obgleich Skipper das nie glauben wird, denn nach dem Kurs sagte der schüchterne kleine Mann aus New York, der bis zum Aufzug neben uns herging: »Meinen Glückwunsch, Mister. Seit dem ersten Morgen hatte ich das schon tun wollen!« Und so zog Skipper natürlich aus der Geschichte vollkommen falsche Schlüsse.

Am Nachmittag des letzten vollen Tages auf hoher See – denn am nächsten Morgen sollten wir in Cherbourg ankommen – entschied ich, daß ich jetzt genug hatte. Genug und mehr als genug. Wenn ich daheim Basketball spielte oder als Junge auf der Farm arbeitete, so

hatten wir immer die Theorie, die einzige Möglichkeit, nicht steif zu werden, sei, mit dem fortzufahren, was einen anfangs steif gemacht hatte. Wenn ich mich an meine Kinderzeit erinnere, so habe ich den Eindruck daß diese Theorie richtig war. Vielleicht spielte die Salzluft eine Rolle oder sonst etwas, jedenfalls aber schien die Theorie nicht auf die Lebensverhältnisse auf dem Schiff zuzutreffen. Je mehr ich mich bemühte, nicht steif zu werden, desto steifer wurde ich. Überall. Mein Rücken, meine Arme, meine Beine waren so, daß ich mich kaum setzen konnte, ohne daß sich meiner Kehle ein leises Gurgeln entrungen oder ich wenigstens das Gesicht schmerzlich verzogen hätte. Und an diesem letzten Nachmittag war mir zumute wie einem Mann, der dreißig Meilen mit einem Maultier auf dem Rücken gelaufen ist. Und so entwischte ich Skipper unten im Schwimmbad, stieg aufs Deck hinauf und ließ mich mit einem Seufzer der Erleichterung in den Deckstuhl fallen.
Katie legte das Reisehandbuch beiseite, darin sie so eingehend studierte, daß alle Seiten Eselsohren hatten, und sagte: »Harry, heute abend wird getanzt; vergiß das nicht!«
Nun kenne ich Katie und weiß, daß sie keineswegs die Absicht hatte, herzlos zu sein, aber ich brachte doch nur ein Stöhnen zuwege.
»Harry, erhol dich heute nachmittag gründlich, verstehst du? Und wenn Skipper wieder mit einem neuen Einfall kommt, so sagst du ›nein‹. Und sag das energisch. Sobald wir in London sind, müssen wir imstande sein zu gehn. Nach diesem Buch kann man gar nichts besichtigen, ohne Meilen und Meilen zu gehn. Harry, hör auf zu stöhnen. Ich möchte dir etwas sagen. Hörst du? Skipper und ich haben heuter früh ein kleines Gespräch miteinander geführt. Und weißt du was, Harry? Du hast Skipper vollkommen kaputtgemacht.«
Ich drehte mich um, hielt den Rücken mit beiden Händen und wünschte dennoch, ich hätte mich nicht umgedreht. »Was redest du da?«
»Skipper wollte es mir nicht sagen, aber heute kam es heraus, daß du ihn mit diesem läppischen Turnen ganz kaputtgemacht hast. Er sagt, in seinem ganzen Leben sei er noch nicht so erschöpft gewesen, aber du hättest dich dabei so gut unterhalten, daß er dir das Vergnügen nicht stören wollte. Aber du sagst ihm kein Wort davon, nicht wahr?«
Ich brummte etwas vor mich hin, aber ich wußte selber nicht, was ich eigentlich sagen wollte.
»Skip hat das alles nur dir zuliebe mitgemacht. Er sagt, du wüßtest

nicht, wann man Schluß machen müsse. Er sagt, du hättest Kräfte genug, um fünf Jungen kaputtzumachen. Und er sei doch noch im Wachsen. Sagt er.«

»Katie, das hast du erfunden! Sag mir, daß du das erfunden hast!«

»Fang nicht gleich an zu jammern! Skipper muß doch sehr an dir hängen, wenn er sich das von dir gefallen ließ. Sag also kein Wort darüber. Wo ist Skipper übrigens?«

»Im Schwimmbad. Er hat gerade einen gleichaltrigen Freund gefunden. Und da bin ich geflohen. Ein Junge namens Halper oder Halter oder sonst irgendwie. Verdammter Balg, der sich vier volle Tage versteckt hält und in der letzten Minute auftaucht!«

Und dann drehte ich mich um, aber nicht sehr energisch, und da war Skipper und legte sich in den Deckstuhl neben meinem. Sein Haar war noch naß, und in seinem Auge blitzte es so seltsam, aber ich machte mir keine Gedanken darüber, denn schon begann ich zu dösen.

Damit war ich ungefähr fertig, als ein Steward heraufkam und vor meinem Stuhl stehnblieb, sich räusperte und fragte, ob ich Mr. Willard sei, und als ich »ja« sagte, ersuchte er mich, ihn doch, bitte, zu begleiten, er müsse mit mir reden.

»Es ist sehr dringend, Sir.«

Nun, irgendwie rappelte ich mich aus dem Stuhl auf, nur als ich stand, packte Skipper mich beim Arm und zog mich wieder hinunter. Was ich da sagte, sagte ich sehr leise, denn ich will nicht, daß Kinder solche Worte zu hören kriegen, und dann mußte ich versuchen, mir darüber klarzuwerden, ob es lohnte, die Anstrengung noch einmal zu unternehmen oder nicht – und die ganze Zeit über hörte ich Skippers Stimme:

»Du mußt nicht mit ihm gehn, Pop. Du hast mir doch versprochen, daß du mit mir ins Kino gehn willst. Erinnerst du dich nicht? Du hast gesagt, wir ...«

Da musterte ich Skipper scharf, und, verdammt noch mal, er hatte wirklich einen komischen Blick im Auge. Und nun beschloß ich, doch mit dem Steward zu gehn, aber Skipper blieb an unserer Seite, den ganzen Weg, die Treppe hinunter und sagte kein Wort, weil unterdessen der Steward angefangen hatte zu reden.

»Tut mir leid, Sir, aber es hat einen kleinen Zwischenfall gegeben. Im Schwimmbad, Sir. Sie wissen doch ...«

»Nein, ich weiß nichts. Was für einen Zwischenfall? Meine Tochter Amy?«

»Nein, Sir, ich kann's wirklich nicht genau sagen; ich war selber nicht dabei. Ihr Sohn, glaube ich.«
»Elliott!« Ich lief hinunter, sprang über die Stufen und war schon in der Schwimmhalle.
Hier war es still. Sehr still. Der Turnlehrer kam in Schwimmhosen aus dem Wasser, und rund um das Bassin standen kleine Gruppen, die kein Wort sagten. Der kleine Halper oder Halter, Skips neuer Freund, rang die Hände, und sein Gesicht war von Tränen überströmt.
Als die Leute mich erblickten, warf einer dem andern einen Blick zu und schaute dann zur Seite, und dann tauchte der Turnlehrer wieder auf, sein Schnurrbart tropfte, und er schüttelte den Kopf. Er setzte sich auf den Rand des Bassins und stieß Wörter hervor, aus denen ich kaum klug wurde, weil mein Herz heftig pochte.
»... wenn ... Körper ... hier ... im Bassin ... müßte ... wer anderer ... ihn finden ... als ich ...«
»Was, zum Teufel, soll denn das alles?« schrie ich.
Irgendwer schob den kleinen Halper oder Halter vor mich, und er sagte: »Er ist getaucht. Und er ist nicht wieder heraufgekommen. Überhaupt nicht.«
»Wer? Um Himmels willen, wer ist getaucht?«
»Skipper. Ist das nicht Ihr Junge? Ich weiß nicht, wie er wirklich heißt, Skipper.«
»Ja, aber Skipper ist doch ...« ich wandte mich um.
Doc Skipper war nicht mehr neben mir. Er war überhaupt nicht in Sicht. Irgendwo auf der Treppe hatte ich ihn verloren. Oder war er es, der mich verloren hatte ...
Ein hochgewachsener, kräftiger Mann mit einer Matratze aus schwarzem Haar auf der Brust kam auf mich zu. »Mein Name ist Halper. Wir haben die Garberoben durchsucht – die Herrengarderobe und die Damengarderobe – aber er ist nirgends zu finden. Der Mann hier ist in den letzten zehn Minuten beinahe ständig unter Wasser gewesen, und man kann jeden Grund des Bassins beinahe selber sehen.«
»Da unten ist kein Körper«, sagte der Turnlehrer und sah mich düster an. »Dafür verbürge ich mich.«
Ich packte den Steward beim Ärmel und zog ihn aus der Halle; er blieb stehn und sah mich mit runden Augen an, als glaubte er, der Schlag sei vielleicht zu niederschmetternd für mich gewesen. Wie sollte er den Fall jetzt taktvoll behandeln?

»Haben Sie den Jungen neben mir gesehen?« fragte ich.
»Ja-a... den kleinen Jungen, der mit uns herunterkam. Wo ist er denn hingeraten?«
»Wenn man den Narren da drin glaubt, liegt er auf dem Grund des Schwimmbassins«, sagte ich. »Und jetzt gehen Sie zurück und sagen Sie den Leuten, daß sie ruhig weiterschwimmen können!«
Skipper saß, als ich um die Ecke bog, auf einer Stufe. Mich schmerzte jeder Muskel am ganzen Körper, und beinahe wäre ich über Skipper gestolpert.
»Ich hab dir doch gesagt, daß du nicht herkommen sollst«, empfing er mich.
»Hör einmal, schieb jetzt die Schuld nicht auf andere Leute! Was, zum Teufel, hast du angestellt?«
»Ich hab ihm gezeigt, wie ich tauchen kann; wie ich unter Wasser schwimme. Und da waren doch all die Leute, und da hab ich ziemlich lange gebraucht, bis ich am andern Ende des Bassins war und auftauchte. Und als ich aufgetaucht war, da hab ich gesehen, wie Eddie ins Wasser gestarrt hat, und da hab ich gemeint, es wäre doch ein guter Spaß, mich rasch anzuziehen und herauszukommen und ihn auszulachen. Aber, Pop, das kann dich doch nicht interessieren. Es war wirklich Eddies Schuld, weil er so einen Lärm geschlagen hat!«
»Erzähl nur weiter«, sagte ich. »Ich werde es dich schon wissen lassen, wenn ich genug gehört habe.«
»Na, wenn du's denn willst! Da war ich in der Garderobe und hab plötzlich das Geschrei gehört, und als ich herauskam, hat kein Mensch mich beachtet. Alle wollten sie meine Leiche aus dem Bassin angeln. Na, das war mir doch ein wenig peinlich. So wie's dir auch manchmal geht, Pop. Ich wollte mich nicht lächerlich machen und aufmarschieren und sagen: Verdammt noch einmal, da bin ich ja!«
Ja, und dann, wenn ihr wissen wollt, was weiter geschehen ist – ich konnte mir nicht helfen, ich mußte lachen. Ich weiß nicht, ob es eine Erleichterung war oder was sonst, aber ich lachte so, daß ich mich auf eine Stufe setzen und den Kopf an die Wand lehnen mußte, während Skipper aufstand und von mir fortrückte, weil er nicht wußte, ob er erschrocken sein oder mitlachen sollte.
Er hatte einen seltsamen Ausdruck auf seinem Gesicht, und er war blaß wie ein Leinentuch. Ein Paar ging an uns vorüber zum Schwimmbassin, sie schauten nach uns zurück, verschwanden um

die Ecke, aber die Stimme des Mannes drang noch zu uns: »Ich sag's ja immer; nichts hält einen so jung wie Kinder!«
»Pop«, sagte Skipper, »willst du, daß sie dich dort drinnen hören? Die werden ja denken, daß die ganze Familie verrückt ist. Pop, du wirst mich doch nicht so in Verlegenheit bringen?«
Nun, als ich Katie die Geschichte erzählte, während wir uns für den großen Rummel anzogen, der immer am letzten Abend auf See abgehalten wird, da drehte sie sich um und sagte: »Es ist doch nett zu sehen, daß du dich gut unterhältst, Harry. Du hast so schwer gearbeitet, und da ist's nur recht, daß diese Reise wirklich eine Erholung für dich ist. Ja, Harry ob du's weißt oder nicht – fünf Jahre bist du unterwegs losgeworden. Und jetzt erzähl mir nicht, wo's dir überall wehtut. Ich weiß schon.«
Und wißt ihr, was? Katie hatte recht. Gerade das hatte ich gebraucht, um es selber zu merken, aber Katie hatte recht. Und mit einem Male war ich in der besten, ausgelassensten, heitersten Laune, in der mich je ein Mensch gesehen hat. Es war der letzte Abend, und morgen würden wir alle das Schiff verlassen, und dieser O'Mara würde seines Weges gehen, und wir würden unseres Weges gehen, und damit wäre die Sache erledigt. Fünf Wochen hatten wir noch vor uns, bevor wir nach Hause flogen. Fünf Wochen!
»Bis wir daheim sind, werde ich auf diese Art ungefähr wieder zweiundzwanzig sein, Katie«, sagte ich.
Daran erinnerte sie mich, als wir später miteinander tanzten und Elliott mit dem ostindischen Mädchen vorbeitanzte. Shumra hieß sie oder so irgendwie. Ich schaute über die Schulter zurück, und Elliott, der das Mädchen ungefähr so eng an sich gepreßt hielt, wie das in der Öffentlichkeit gerade noch möglich ist, zwinkerte mir zu und vollführte am Rand des Saales einige ganz langsame, phantastische Figuren. Ich dachte daran, was er mir in der Kabine gesagt hatte; von seiner Absicht, aus der Puppe mehr als ein Lächeln herauszuholen, bevor wir an Land stiegen; doch nicht einmal das konnte meine Laune beeinträchtigen. Später, wahrscheinlich, wenn wir wieder daheim waren, würde ich ein kleines Gespräch mit Elliott haben. Und damit war es erledigt. Und Amy tanzte auch eine Weile, und dann verschwand sie mit O'Mara hinaus aufs Deck. Jetzt würde sie ihn noch zum Abschied küssen, und auch das wäre damit erledigt. Romantik der Seereise! Unvermeidlich. Das überwindet man.
»Du tanzt sogar besser als gewöhnlich«, sagte Katie.

Und dann beugte ich mich zu ihr hinunter und flüsterte ihr ein paar Worte ins Ohr, und sie beugte sich zurück und schaute zu mir auf, hatte die Brauen gehoben, um die Lippen spielte ein scheues Lächeln, und dann sagte sie: »Was ist das für eine Aufforderung, Mr. Willard?«

»Ein ›nein‹ wird nicht angenommen«, sagte ich und tanzte mit ihr zur Tür.

Wir gingen für eine Weile hinaus aufs Deck, aber nicht sehr lange, und ich küßte sie auch, obgleich der Ort eigentlich fürs Küssen nicht sehr geeignet ist, was auch die Romane darüber zu berichten wissen, wie romantisch die Liebe auf einem Schiff ist. Der Grund ist der, daß ununterbrochen irgendwer vorüberschlendert und tut, als würde er nicht hinsehen, und auch, wie Katie sagte: »Die Leute werden schwören, daß du die Frau eines andern Mannes geküßt hast, Harry.«

»Wenn man auf dem Schiff solche Vorstellungen hat, kann ich nichts dagegen machen«, erwiderte ich.

Nach einer Weile gingen wir wieder hinein, aber nicht zurück, wo getanzt wurde; wohin wir gingen, das war unsere Kabine, und sie war leer, vollkommen leer, bis auf Katie und mich. Und ich scheue mich nicht, zu gestehen, daß ich mich in jener Nacht um fünf Jahre jünger gefühlt habe. Vielleicht sogar um zehn ...

4

»Land!«

Die Wahrheit ist vermutlich doch, daß der Mensch ein Landtier ist. Jedenfalls ist dieser erste Anblick der guten alten Mutter Erde auch nach nur fünf oder sechs Tagen auf dem Meer etwas, das man nicht so bald vergißt.

»Nur mit der Ruhe, Pop«, sagte Elliott neben mir. »Es wird nicht gleich wieder verschwinden.«

»Frankreich!« schrie Katie, und diesmal wußte Elliott nichts Besseres zu tun, als die Achseln zu zucken und sich längst der Reling in einige Distanz von uns zu drücken. Und er nahm die Kamera in die Hand.

Die Aufnahmen, die er von Cherbourg gemacht hat, als wir näher kamen, geben mir noch immer einen Ruck, denn es ist doch etwas Merkwürdiges an dem ersten Anblick einer wirklich fremden Stadt, etwas, das sich in einem festsetzt und drinbleibt. Als Stadt ist ja Cherbourg nichts Besonderes, aber ob man will oder nicht, es hebt die Stimmung, wenn man es bloß anschaut und den Hafen, wo die kleinen französischen Matrosen mit den kleinen roten Pompons an den Mützen hin- und herspringen. Das erste, was du bemerkst, wenn du ungefähr so bist wie ich, das ist die Art, wie die Leute miteinander reden. Ja, wahrhaftig, sogar hoch oben auf dem Deck; wenn man auf sie hinuntersah, konnte man beinahe verstehen, was diese Franzmänner zueinander sprachen, nicht weil sie so laut gesprochen hätten – obgleich sie das auch taten –, aber wegen all den Gesten, dem Achselzucken, dem Kopfschütteln, mit denen sie ihr Geschwätz begleiteten.

»Mir werden die Franzosen gefallen«, sagte Katie.

»Sie sind auch schon ganz aufgeregt.«

»In Wallung, Liebster! *Joie de vivre!* Alles ist ihnen wichtig. Jede Kleinigkeit!«

»Das merke ich«, meinte ich. »Sie werden immer aufgeregter.«

Nun, nach etlichem Tuten und Pfeifen und Geschrei und Gebrüll, während alle auf dem Schiff den Leuten auf dem Kai winkten wie toll und die Franzosen lächelten und zurückwinkten – jene natürlich, die nicht wie Teufel arbeiteten und etwas schrien, was wie Flüche klang, nur auf französisch – setzte das Schiff seine Fahrt fort und war bald wieder auf hoher See.

»Noch fünf oder sechs Stunden«, seufzte Katie. »Ich glaube nicht, daß ich das aushalten kann.«

»Nun, ich werd's wohl überleben«, meinte ich. »Wenn du bestimmt weißt, daß du meine Rasiersachen eingepackt hast, dann darf ich ein wenig ausruhen.«

»Nein, nein! Wir können doch nicht alles bis zur letzten Minute in Southampton aufschieben. Willst du nicht die Trinkgeldfrage mit mir besprechen?«

»Was für eine Trinkgeldfrage?«

»Harry, hast du denn dieses Kapitel nicht gelesen?«

»Ich muß es überschlagen haben.«

So, dann kommst du jetzt mit mir; ich werde es rasch durchgehn, und du rechnest unterdessen die Prozente aus; und, Harry, hast du dir englisches Geld verschafft?«

»Ja, etwas habe ich. Aber wenn ich dir zuhöre, glaube ich fast, daß ich doch nicht genug habe. Was wird das denn kosten, um von diesem Canoe fortzukommen?«

»Das will ich gerade nachsehen.«
Wir gingen also kreuz und quer, suchten sämtliche Stewards, die wir kannten – im Speisesaal, auf dem Deck und überall – und gaben ihnen ihr Trinkgeld. Da waren sie alle ungemein freundlich, obgleich sie selber große Eile hatten, denn jetzt war für sie die Fahrt zu Ende, die meisten konnten zu Frau und Kindern, und vorher hatten sie doch noch eine Menge zu tun.
Als Katie und ich zu unseren Deckstühlen zurückkehrten, da starrte sie mich so sonderbar an, wie sie das manchmal tut, als ob sie mich am Ende doch nicht sehr genau kennen würde, und dann setzte sie sich, wickelte sich in die Decke und sagte:
»Harry, du hast mit diesen Leuten geredet, als würdest du sie seit jeher kennen. Wie kommt's denn, daß du so viel von ihnen weißt? Von ihren Familien und von der Freundin des blonden Burschen in Liverpool, und davon, daß die Kleine vom Steward im Speisesaal krank ist? Wo hast du nur dazu die Zeit gefunden? Man hätte wirklich glauben können, daß ihr alte Freunde seid.«
»Mir ist's ein wenig komisch zumute, daß ich ihnen Trinkgeld gegeben habe, das muß ich dir doch sagen.«
»Und was war mit dem fremden Menschen los? Dem mit dem Schnurrbart? Der hat nicht gerade freundlich dreingeschaut.«
»Das ist der Gymnastiklehrer. Ein netter Kerl, wenn man sich mit ihm angefreundet hat.«
»Besonders herzlich war er eigentlich nicht – wenn du mich fragst. Und warum hinkt er?«
»Muß ihm was auf den Fuß gefallen sein.«
Nun, zwischen Cherbourg und Southampton war es, daß mir Katie von Amy berichtete. Katie sagte, es sei hoffentlich kein Vertrauensbruch, den sie begehe, aber sie und ich, wir verstünden einander doch so gut, daß wir einander alles von den Kindern sagen könnten, und da sei nun etwas, das kein Mädchen ihrem Vater geradeheraus ins Gesicht sagen könnte, es sei doch eher etwas, worüber ein Mädchen lieber mit einer Frau sprechen würde. Wie das so weiterging und gar nicht vom Fleck kommen wollte, regte ich mich nach und nach auf und stellte mir allerlei vor, was ich mir lieber nicht vorstellen wollte, und so sagte ich, um Himmels willen, sie möge doch endlich herausrücken mit der Sprache. Da erfuhr ich denn, daß Amy ihr gestanden hatte, sie sei ganz froh, daß die Seereise vorüber sei, weil es gewiß die schönste Zeit in ihrem Leben gewesen war, aber es sei ihr doch recht, daß sie Nick O'Mara nicht wiedersehen

würde. Ich meinte, da stecke doch kein Sinn drin, aber Katie meinte, ja, unter diesen Umständen sei es nun einmal so, und ich sagte, zum Teufel, von was für Umständen sie eigentlich fasle, und sie sagte, Amy habe auf dieser Reise etwas in sich selber entdeckt, und ich fragte, was sie denn entdeckt habe, und da sagte Katie, Amy habe entdeckt, was sie, Katie, vor Jahren in sich selber entdeckt hatte, als sie damals im Sommer nach Terre Haute gekommen war. Jetzt war ich schon ziemlich gereizt, und ich sagte, das sei doch ein verdammtes Geschwätz, und das könne man nicht vergleichen, und wenn Katie es nicht sagen wolle, so würde ich Amy selber fragen, was, zum Teufel, es sei. Und da sagte Katie es mir. Amy habe entdeckt, daß sie eine leidenschaftliche Natur sei.

»Was soll das bedeuten?« fragte ich. »Und worauf willst du hinaus?«

»Harry, ich hatte das nicht gewußt, aber all die Zeit, als Amy sich mit den Burschen daheim herumgetrieben hat, war doch keiner imstande, richtig an sie heranzukommen.«

»Richtig an sie heranzukommen! Um Himmels willen, Katie ...«

»Harry, sprich leiser; oder wir wollen irgendwo hingehn, wo man ungestört reden kann.«

»An sie herankommen?« flüsterte ich. »Willst du damit sagen, daß dieser Lump von O'Mara ...?«

»Harry, bitte! Ich will damit sagen, daß Amy herausgefunden hat, sie müsse schon ein echtes Gefühl für einen Burschen haben, um auf ihn zu reagieren. Ich meine, daß es doch eine richtige Leistung ist – etwas so Entscheidendes bei sich zu entdecken!«

»Ja, für diesen verfluchten O'Mara ist es eine richtige Leistung. Und was ist geschehen?«

»Ach, nichts ist geschehen, Harry! Das weiß ich. Amy hat nur eben entdeckt, daß sie ... nun, daß sie eine Frau ist. Mit warmem Blut. Sie würde es nicht dazu kommen lassen, daß irgendwas geschieht, und sie glaubt auch nicht, daß Nick es wirklich so weit kommen lassen wollte, obgleich sie sich in ihm nicht recht auskennt, glaube ich. Sie weiß nicht, was er will.«

»Aber ich weiß es. Wo stecken die zwei jetzt?«

»Sie gehen rund ums Deck und reden. Harry, ich glaube, gestern abend hat er sich tüchtig ins Zeug gelegt ...«

»Ich werde wohl mit diesem kleinen O'Mara ein Wort zu reden haben.« Ich wollte aufstehn. »Glaubst du, daß es in diesen Gewässern Haifische gibt?«

»Harry, setz dich!« Sie zog mich zurück. »Deswegen sind sie auch heute so still. Hast du's nicht bemerkt? Sie gehen ums Deck herum und hören gar nicht auf und sagen kein Wort. In gewissem Sinn ist es traurig und rührend. Amy sagt, der Junge sei so durcheinander, daß er gar nicht weiß, was er mit dem Leben anfangen soll. Zunächst einmal ist er gegen das Heiraten. Er sagt, er habe schon zu viel davon gesehen. Seine Mutter ist doch dreimal verheiratet gewesen, mußt du wissen. Und sein Vater ist nicht besser. Im Grunde tut er mir leid, der Junge. Und Amy tut er auch leid. Das ist's, worauf alles herauskommt – auf Mitleid.«

»Los«, sagte ich. »Gehen wir auch rund ums Deck, reden wir nicht und seien wir traurig. Ich möchte doch die zwei nicht aus den Augen verlieren. Ich wußte, daß Amy sich anders benommen hat als sonst. Warum sie aber die ganze lange Fahrt über den Atlantischen Ozean machen mußte, um festzustellen, daß sie warmes Blut hat, das werde ich nie begreifen.«

»Ach Harry, kein Wort hätte ich dir gesagt, wenn ich geglaubt hätte, du würdest dich so darüber aufregen.«

So gingen wir etliche Meilen auf dem Deck spazieren, nickten jedesmal, wenn wir an Amy und O'Mara vorüberkamen, ich fing an, ruhiger zu werden, und als es soweit war, daß wir uns anstellten, um unsere Pässe kontrollieren zu lassen und das Gepäck aus den Kabinen geholt worden war – diesmal gelang es Skipper, irgendwo verschwunden zu sein – nun, da war ich wieder ich selber. Es war mir sogar wohler zumute, weil ich wußte, daß es nun mit der Fahrt zu Ende war und zu Ende auch mit O'Mara.

Jetzt hatte ich schon heraus, daß das Reisen in Europa bedeutete, einmal übers andremal Schlange zu stehn, und so erledigte ich das auf folgende Art: Ich ließ mich in eine Unterhaltung mit irgendwem ein, der neben uns stand, und ich fragte ihn, wohin er fahre, und bald wurde er gesprächig und erzählte mir alles von seinem Leben, und warum er reiste, und nach einer Weile war das ganz interessant. Auf diese Art lernt man doch eine Menge Menschen kennen, und gewöhnlich haben sie einem wirklich was zu erzählen, wie der Italiener, der in London mit seinem Bruder zusammentreffen wollte und dann mit ihm nach dem kleinen Dorf in Italien fahren, wo sie vor einigen sechzig Jahren auf die Welt gekommen waren. Den Mann von seiner alten Heimat erzählen zu hören, war ein richtiges Vergnügen, und als die Beamten sich mit uns beschäftigten, tat es mir ein wenig leid, mich von dem kleinen Italiener zu trennen, denn er benahm sich, als hätte er während der ganzen Reise gern jemand von dem Dorf erzählen wollen, und kein Mensch hatte ihm zugehört. Oft habe ich mich gefragt, was aus ihm geworden sein mag, und ob er das Dorf unverändert wiedergefunden hat oder nicht, und es tat mir leid, daß ich seine Adresse nicht hatte, sonst hätte ich ihm schreiben und etwas von ihm erfahren können. So geht's aber. Beim Reisen triffst du auf allerlei Leute, die einfach wieder aus deinem Leben hinausgehn, und damit ist's erledigt.

Der Zug nach London hatte eine Menge kleiner Abteile, und wir hatten eines allein für uns; nur noch eine Person war drin. Und diese Person war ein Mädchen, für das Elliott sich in Southampton mächtig zu interessieren begonnen hatte, doch das erfuhr ich erst, als wir wieder daheim waren und unsere Filme ablaufen ließen. In unseren Aufnahmen aus Southampton stand sie dauernd an erster Stelle. Ja, sie war erheblich wichtiger als ganz Southampton, und das wahrscheinlich des Sweaters wegen, den sie trug. Unterwegs im Zug redete Elliott sehr viel, zeigte auf die Hecken draußen, auf das gewellte Land in der Dämmerung und sagte etwas über die Filme von Hitchcock und über die Wiege unserer Kultur und über eine Menge Dinge, von denen ich gar nicht gewußt hatte, daß sie Elliott interessierten; und bald redete das Mädchen über dieselben Dinge, und das dauerte die ganze Fahrt nach London. Sie sei Amerikanerin, erzählte sie uns, und sie gehöre zu dieser völlig unerträglichen Gruppe von vulgären Touristen, wie sie sagte, um derentwillen das Wort ›Tourist‹ so einen schrecklichen Klang habe, und sie müsse ihnen entrinnen, sagte sie, denn in der ganzen Gruppe gäbe es keinen einzigen geistig interessierten Menschen, keinen einzigen, der über England und über die Filme von Hitchcock so dächte wie sie. Nun, diese Lücke wußte Elliott auszufüllen, und damit vertrieb er sich die Zeit sehr angenehm, und sehr bald notierte er sich den Namen des Hotels, wo das Mädchen und die unerträglichen Touristen in London absteigen würden.

Amy war schrecklich still, war in den Sitz mir gegenüber geradezu eingesunken und starrte aus dem Fenster, doch so, als ob sie in Wirklichkeit überhaupt nichts sehen würde. Skipper hatte es sich auf dem Platz neben mir bequem gemacht und sagte: »Ich bin müde. Weck mich, wenn wir auf London stoßen!« Und damit war er, den Kopf auf Katies Schulter, eingeschlafen. Katie redete auch nicht viel, aber ihrem hellen, fröhlichen Blick konnte ich anmerken, daß sie desto mehr fühlte. Wann immer ich zu ihr hinüberschaute, lächelte sie oder zwinkerte sie, und ich zwinkerte auch, und unterdessen wurde ich auch schläfrig und lehnte mich in meinem Sitz zurück, während draußen die kleinen Ortschaften vorüberflitzten und da und dort ein Licht aufflammte. Und da dachte ich, hier wäre jetzt auch der Tag zu Ende, die Männer kamen von der Arbeit heim, die Frauen kochten in der Küche das Abendessen, und wenn auch die Häuser mit ihren hohen, schiefen Dächern anders aussahen, so irgendwie altertümlich wie alles hier, ja, so ging doch das Leben hier ungefähr ebenso weiter wie anderswo. Das weckte in mir ein warmes, seltsames Gefühl, das ich nicht richtig beschreiben kann. In solchen Zeiten, meint man, allen Menschen nahe zu sein, allen Menschen auf der Welt, als ob's überhaupt keine Fremden gäbe, sondern nur Millionen und Millionen von Menschen, wie du selber einer bist. Derselbe Abendstern kam hier am Himmel heraus und sah genauso aus wie daheim. Der Unterschied war nur, daß man es bemerkte, wenn man auf diese Art durchs Land fuhr. Ich meine, die Leute, an denen wir vorüberkamen, die auf ihren Velos fuhren oder gingen oder in ihren Wohnzimmern saßen, die bemerkten den Abendstern gar nicht. Und sie hatten auch wirklich keine Zeit, an all die Dinge zu denken, an die ich dachte, ebensowenig, wie ich ihn bemerkt oder an diese Dinge gedacht hätte, wenn ich jetzt selber daheim gewesen wäre.

So verlief die Reise nach London für alle nett und ruhig, bis auf Elliott und das Mädchen, und ich schaute nicht allzuoft zu Amy hinüber, denn wenn ich es tat, stimmte es mich wider Willen traurig. Als wir vom Schiff gingen, hatte Katie mir zugeflüstert, O'Maras Mutter sei ihm nicht entgegengekommen, wie sie es versprochen hatte, aber ein Wagen habe ihn erwartet, mit dem er nach London fuhr. Er hatte Amy aufgefordert, mit ihm zu fahren, doch Amy wollte nicht, sie hatte schon Abschied von ihm genommen. Nun, etwas von Amys Ärger über O'Maras Mutter, die nicht aufgetaucht war, hatte sich auf Katie übertragen, und sie sagte: »Solche Eltern sollte man totschießen!« Damit war ich einverstanden, aber, um ganz aufrichtig zu sein, ich war so erleichtert, daß ich mich nicht so besonders darüber aufregen konnte. Zufällig hatte ich O'Mara gesichtet, als er hinter uns herschaute und winkte, während wir zum Zug gingen, und sein Gesicht hatte sehr jung und sehr verloren gewirkt, doch sobald ich einmal im Zug saß, konnte ich das vergessen, und ich erinnerte mich nur daran, wenn ich zu Amy hinüberspähte und sie meinem Blick auswich.

Wie ich es mir selber zusammengestellt hatte, mochte O'Mara am letzten Abend auf dem Schiff versucht haben, zu weit zu gehn, und da hatte Amy ihn abgewiesen, obgleich ihre Gefühle für ihn ziemlich stark waren, und ich war doch wohl imstande, das ein wenig zu verstehn. Nichtsdestoweniger war es hier im Zug eine Erleichterung, daran zu denken, daß man sich auf der übrigen Reise keine Sorgen um den Burschen und um Amy machen mußte. Insbesondere wenn es mit ihren Gefühlen so stand, wie sie das Katie erklärt hatte; daß sie warmes Blut hatte, eine leidenschaftliche Natur und so weiter.

Was sich aber begab, war ungefähr genau das, was ich voraussehen mußte, doch nicht vorausgesehen hatte. Es war noch nicht ganz dunkel, als wir durch die kleine Ortschaft fuhren, wo sich hinter der kleinen Schranke Autos und Velos sammelten, und da sah ich, wie Amy, mir gegenüber, zum Leben erwachte. Sie setzte sich straff auf, sie preßte die Stirne ans Fenster, daß die Nase ganz plattgequetscht wurde, und da sah ich auch hinaus, und richtig, auf der Straße stand ein kleiner roter Wagen, und auf der Haube saß O'Mara. Und was er tat, war, mit einem langen Seidenfetzen zu winken. Der Fetzen war auch rot, und er schwenkte ihn hin und her, und zwei Männer mit Kappen standen daneben, sahen ihm zu und lächelten, und dann war der Zug vorüber und auf dem Weg aus der Ortschaft.

Amy griff nach ihrem Hals. »Meine Schärpe«, sagte sie. »Er hat vergessen, mir meine Schärpe zurückzugeben!«

Nun, wenn ihr glaubt, daß die Sache damit zu Ende war, so irrt ihr euch. Der kleine Wagen muß gefahren sein wie der Wind, denn in jedem Dorf waren er und O'Mara darin, und er hatte die Scheinwerfer eingeschaltet und winkte mit dem Tuch. Bald lächelte Amy, und ich verwünschte mich und O'Mara und Sportwagen im allgemeinen und rote Sportwagen im besonderen und die langsamen englischen Züge und alles andere, was mir gerade durch den Kopf ging. Und warum mir so nach Verwünschen zumute war? Weil ich immer, wenn ich Amy so lächeln sah, selber – hol's der Teufel! – ganz froh wurde. Ja, ich weiß, das ist Unsinn, aber so war es nun einmal. Ich wollte einfach Amy wieder lächeln sehen, sogar wenn das bedeutete, daß wir diesen O'Mara wiedersehen mußten.

Ich warf Katie einen Blick zu, und sie erwiderte meinen Blick, streckte die Hand über Skipper hinweg und griff nach meiner Hand.

»*C'est la vie*«, sagte sie leise.

»Was?«
»*C'est la vie*«, wiederholte sie. »So ist das Leben, Harry.«
Als wir in London angekommen waren und uns auf dem Rücksitz eines hohen, altmodischen, massiven Taxis zusammengepfercht und unser ganzes Gepäck um unsere Füße und auf dem Sitz neben dem Chauffeur verstaut hatten, waren wir alle wieder halbwegs zum Leben erwacht. Ich mußte den Namen des Hotels zweimal wiederholen, bevor der Chauffeur den Finger an die Kappe hob, »*Right-toooooo*« sagte und wir abfahren konnten. Die Londoner Wagen fahren im Vergleich mit den New Yorkern eher langsam, aber es dauert doch eine Weile, bevor man sich daran gewöhnt hat, daß man auf der linken Straßenseite fährt. Da kommt einem ein Bus auf der rechten Seite entgegen, und man ist sekundenlang bereit zu schwören, daß es jetzt todsicher einen gewaltigen Zusammenstoß geben wird, doch schon ist der Bus rechts von einem vorübergerollt, und man darf lächeln, darf sich zurücklehnen und sich dessen freuen, was man zu sehen bekommt. Die Freude an den Sehenswürdigkeiten wurde dadurch beeinträchtigt, daß jeder sich eine andere aussuchte, den Finger hob, laut aufschrie, und inmitten von all dem saß ich und beobachtete den Taxameter, aus dem ich nicht recht klug wurde. Als wir vor dem Hotel hielten, reichte ich dem Chauffeur eine Zehnschillingnote; das sollte wohl genug sein, meinte ich, nahm, was er mir herausgab, und dann bekam er noch zwei Geldstücke, die hoffentlich Schillinge waren, und er hob die Hand zur Kappe, als wäre es ihm schon recht, was für Münzen es auch sein mochten.
Nun waren wir im Lift und dann in unseren Zimmern mit dem Badezimmer dazwischen, und der bejahrte Hausdiener öffnete die Fenster. Skipper tobte bereits durch die Räume, prüfte die Betten, öffnete die Schubladen, und ich zermarterte mir das Hirn über die Frage, was für ein Trinkgeld ich dem Mann geben sollte. Mit immer neuen Koffern kam er angerückt, während wir selber nur Nylonsachen trugen, deren aber eine ganze Menge. Ich zog mich in eine Ecke zurück, studierte rasch und eindringlich die kleine Umrechnungstabelle für Währungen, und als er zum letzten Mal erschien, hatte ich auf dem Toilettentisch das Geld sortiert und die hoffentlich richtige Anzahl von Schillingnoten für ihn bereit.
»Wann essen wir?« fragte Skipper, sobald der Hausdiener verschwunden war.
Da geschah es, daß Amy die Blumen entdeckte. Es war ein

Riesenstrauß, daran ein Briefchen hing, und auf dem Umschlag stand Amys Name. Nun, das gab ein wenig Wirbel, möchte ich sagen, bis Amy schließlich Skipper und Elliott bedeutete, sie sollten den Mund halten, was sie aber nicht taten. Amy behielt das Briefchen für sich, man mußte aber kein Gedankenleser sein, um zu wissen, wer ihr die Blumen geschickt hatte.
»Wie hat er das nur fertiggebracht! Auf dem Weg von Southampton!« rief Amy, und jetzt war sie, meiner Ansicht nach, wieder so ziemlich normal. Und ich meinte: »Bei seinem Tempo ist er wahrscheinlich schon seit einer Stunde in London.«
Nun, in gewissem Sinn machte es unser Abendessen vergnüglicher, daß Amy wieder sie selber war, obgleich sie sich gründlich veränderte, als wir in den Speisesaal des Hotels gingen. Sie trug den Kopf hoch, gönnte ihrer Umgebung kaum einen distanzierten Blick; dann, bei Tisch, schüttelte sie den kleinen Mantel von den Schultern und fand sich mit dem Menü ab, als wollte sie sagen, sie würde doch nur sehr wenig essen und nur etwas sehr Rares, was sie hier kaum zu finden erwarten könnte. Das war in ihren Zügen zu lesen. Nun, das Menü war französisch gedruckt, und nachdem ich versucht hatte, ein paar Speisen darauf zu entdecken, die leidlich bekannte Namen hatten, wollte ich es Katie überlassen zu bestellen, doch damit wollte sie wiederum nichts zu tun haben. Sie übersetzte uns nur die Namen der Speisen und schlug vor, wir sollten doch alle dasselbe bestellen; das wäre für mich einfacher. Das Abendessen wurde in etwa fünfzehn verschiedenen Gängen aufgetragen, und was ich den Engländern bescheinigen muß, ist, daß sie eine französische Mahlzeit ebenso gut zuzubereiten verstehen wie nur irgendein Franzose.
Nachher unternahmen wir einen Spaziergang. Katie fand, das sei die beste Methode, um ›ein Gefühl‹ für London zu bekommen. Und so wie Katie geht, das sollt ihr nur wissen, da kriegt man ›das Gefühl‹ von einem Ort bis in die Waden hinein. Ich meine damit, daß Katie richtig zu gehn weiß. Kommt man mit ihr aufs Land hinaus, so kann sie fünfzehn Meilen laufen, und am Ende ist sie so heiter und erfrischt, als stiege sie gerade aus dem Bade. Und in einer Stadt ist es noch ärger mit ihr. Ich glaube, daß wir an jenem ersten Abend den größten Teil von London gesehen haben. Zumeist Auslagenbesichtigung, aber wir kamen auch über Plätze, an großen Gebäuden und Kirchen vorbei, die Katie bestimmt zu erkennen glaubte, doch ohne Stadtplan konnte sie dessen nicht ganz sicher sein. Nach längerer

Zeit begannen die Kinder zu murren: »Gibt's denn keine bequemere Methode, um die Atmosphäre in sich aufzunehmen?« Doch Katie marschierte weiter. »Bis auf Harry seid ihr alle jünger als ich«, sagte sie. »Und gerade er beklagt sich nicht.« Nun, das Ergebnis unseres Marsches war, daß wir uns verirrten. Nicht nur daß wir uns verirrten, aber Katie sah mich an, und ihr Blick hieß, daß ich mich bei irgendwem nach der Richtung erkundigen solle, und ich sah sie an, und mein Blick hieß, daß ich sie vorher gewarnt hatte, und daß ich keinen fremden Menschen nach der Richtung fragen würde. Da meinte denn Elliott, warum wir nicht einfach ein Taxi nehmen wollten, und schon war er in einer kleinen Seitenstraße verschwunden, und Amy zuckte die Achseln und sagte: »So, jetzt ist's mit Elliott aus!« Doch nach einer Weile kam er in einem von den großen Taxis zurück, und wir kletterten hinein und gaben dem Chauffeur die Adresse unseres Hotels. Die Fahrt dauerte eine Weile, und unterwegs sagte Katie: »Ich hatte gar nicht den Eindruck, daß wir so weit gegangen waren.« Und dann flüsterte sie: »Harry, bist du auch gewiß, daß dieser Mensch uns nicht im Kreis herumführt, um mehr an uns zu verdienen?« Und Skipper hatte das gehört und witterte Unrat, und so sagte er: »Um diese Ecke sind wir bestimmt schon einmal gefahren.« Ich aber sagte gar nichts. Zu froh war ich, daß ich bequem sitzen konnte.

Im Hotel wurde beschlossen, daß ich in dem Einzelbett im Zimmer der Jungen schlafen sollte, und Katie würde das Zimmer mit Amy teilen, eine Einrichtung, die mir nicht besonders zusagte, aber unterdessen war ich zu müde geworden, um zu widersprechen. Dann zog sich Katie in das Badezimmer zurück, während ich mich auszog, und nach einer Weile hörte man das Wasser nicht mehr in die Wanne laufen, und dann hörte ich ein Spritzen und gurgelnde Laute, und Skipper schrie etwas davon, daß Mutter bestimmt im Badezimmer ertrank, und so versuchte ich, ins Badezimmer zu gelangen, die drei Kinder hinter mir her, doch die Türe war versperrt, und wir schrien alle so, ob Katie auch nicht in Gefahr sei, bis sie endlich rief: »Schluß mit dem Lärm! Wollt ihr das ganze Hotel wecken? Die Wanne ist zu groß, das ist alles. Ich bin untergetaucht, und jetzt ist mein Haar ganz naß.« Und dann lachte sie, und wir sahen einander schuldbewußt an und verschwanden in die Zimmer. Als wir dann endlich im Bett waren, und jeder etwa ein Dutzendmal ›Gute Nacht‹ zu jedem andern Mitglied der Familie gesagt hatte, und von Zimmer zu Zimmer ein eifriges Geflüster anhub, und mir die Beine vom Spazierengehn wehtaten und Skipper alles aufzählte, was er morgen zu besichtigen gedachte – vor allem den Tower von London, wo man all den Königen und Königinnen die Köpfe abgeschlagen hatte – nun, da hörte ich, wie Katie und Amy ein oder zwei Minuten miteinander redeten, und gerade als ich im Einschlafen war, rief Katie: »Harry, du wirst leider doch noch einmal herüberkommen müssen. Da gibt's ein Licht, das sich nicht ausschalten lassen will.«

»Schraub doch die Birne ab«, empfahl ich und drehte mich auf die andere Seite.

»Wir können sie nicht erreichen. Komm doch lieber selber, Harry.«

So kletterte ich aus dem Bett und ging hinüber, und, richtig, da war sie, die Birne über der Tür des Wandschranks. Da schaltete ich alle Lichter im Zimmer ein, und dann schaltete ich sie alle wieder aus, aber die eine kleine Birne tat nicht mit, und so suchte ich nach dem Schalter für sie, brummte, daß es doch irgendwo einen Schalter geben müsse, vielleicht im Schrank drin, bis Katie meinte, das sei reine Zeitvergeudung, und das hätte sie mit Amy schon alles getan, und wir sollten doch keinen solchen Lärm machen. Warum ich selber denn die Birne nicht ausschraubte? Doch, aufrichtig gesagt, unterdessen hatte ich gar keine Lust, die Birne auszuschrauben, denn wenn mir irgendwas zuwider ist, so ist es, mich von so was Dummen aus der Fassung bringen zu lassen. Doch schließlich, nach einiger Zeit, während Elliott und Skipper sich mir auf der Suche nach dem Schalter angeschlossen hatten, fand ich, daß Katie recht hatte; es gab einfach keinen Schalter für diese Birne. »Es ist ein Nachtlicht«, sagte ich, »für den Fall, daß jemand ins Badezimmer will.«

»Ich schlafe im Badezimmer, wenn du sie nicht ausschraubst, Harry.«

Da schickte ich denn die Jungen in ihr Zimmer und streckte den Arm aus, um die Birne auszuschrauben; doch sie ließ sich einfach nicht ausschrauben. Sie wollte sich nicht drehen. Überdies war sie zu heiß. Ich wickelte mir ein Taschentuch um die Hand, aber so ging es auch nicht; das verdammte Ding rührte sich nicht. Da wurde ich wild und sagte, wir müßten etwas darüber hängen, und weil ich wütend war, und weil ich es einfach nicht leiden kann, wenn irgendwas Mechanisches mir über ist, sagte ich »Hol's der Teufel!« schlug mit der Faust auf die Birne und wandte mich ab. Was sich da ereignete war, daß die Birne sofort aus der Fassung sprang und mit lautem Knall auf dem

Boden zersprang, und Katie und Amy setzten sich in ihren Betten auf, und schon waren auch die beiden Jungen wieder da, und wir starrten die Splitter an und hörten, wie die Leute im Nebenzimmer sich regten.

»Gut gemacht, Liebster«, flüsterte Katie. »Morgen früh werde ich es wegräumen.«

»Vorsicht, wenn ihr ins Badezimmer müßt«, rief Elliott von der Schwelle her. »Sonst zerschneidet ihr euch die Füße.«

Und das war unsere erste Nacht in Europa.

5

Daheim haben wir ein System, um Elliott aus dem Bett zu jagen. Katie oder ich reißen ihm die Decken weg, dann schlagen wir die Fenster zu, heben ihm die Beine und setzen seine Füße auf den Boden. Hat er seine Dusche hinter sich, hat er sich rasiert, so ist er beinahe wach, und in ungefähr neunzig Prozent der Fälle kommt er rechtzeitig in die Schule. An jenem ersten Morgen bedurfte es der ganzen Familie, um ihn auch nur dazu zu bringen, daß er sich umdrehte und brummte. Wir schlugen Fenster und Türen zu und vollführten einen solchen Höllenlärm, daß Katie schließlich meinte, wir sollten doch lieber aufhören, sonst würde die Direktion uns bitten auszuziehen. Dann wurde uns die Post hereingeschoben, und alle sprangen und tobten und benahmen sich, als wären wir seit zehn Jahren in Sibirien. Es stellte sich aber heraus, daß es ein Brief von meiner Schwester Hilda war, und da wurde es stiller, und jeder sah zu, daß er sich so weit wie möglich von dem Brief hielt. Sogar Elliott stand auf, kam und ging und drehte die Wasserhähne zu voller Kraft auf. Katie aber kannte ihre Pflicht, und so las sie ihn laut. Und während sie las, konnte man beinahe den Schaukelstuhl auf Hildas Veranda knarren und krachen hören.

Liebe Leute,

eine Überraschung, was? Ich bin überzeugt, daß Ihr nicht erwartet hattet, so schnell wieder von mir zu hören, was? Wahrscheinlich sprecht Ihr alle jetzt schon mit englischem Akzent, doch seitdem Ihr fort seid, habe ich Tag und Nacht an Euch gedacht. Es gibt so viele, kulturell und literarisch wichtige Dinge in Europa, daß Du, Harry, hoffentlich nicht Deine ganze Zeit auf den Caféterrassen verbringen wirst, und daß...

Doch ich war emsig damit beschäftigt, das Ende der zerbrochenen Lampe daraufhin zu untersuchen, wie es in die Fassung paßte, und so überhörte ich das Weitere; nur das Knarren und Krachen hörte ich. Und dann verzog ich mich und ging hinunter und unterhielt mich mit dem Mann, der hinter einer Art Schalter in der Halle saß, ein sehr netter alter Mensch mit breitem Lächeln, der mir etliches von dem auszureden versuchte, was ich besichtigen wollte; doch ich blieb fest. Dann, in dem Lift, der mich wieder hinauf brachte, war Mr. Perkins. Man hätte glauben mögen, daß ich den Mann seit Monaten nicht mehr gesehen hatte; so war mir zumute. Ich meine, ich hatte wirklich das Gefühl, da sei ein richtiger Freund, ein Mensch, den ich seit Ewigkeiten kannte, obgleich wir, um ganz ehrlich zu sein, an Bord des Schiffes nie besonders freundschaftlich miteinander verkehrt hatten, mochten auch unsere Deckstühle hart benachbart gewesen sein, und natürlich hatte ich ihn doch erst gestern früh zum letztenmal gesehen. Mr. Perkins hatte ein Buch unter dem Arm, und so fragte ich ihn, wie es denn ausgehn werde, doch er sagte, es sei diesmal nicht eigentlich ein Kriminalroman, und der Teufel solle ihn holen, wenn er mir sagen könnte, wie es ausging. Er schien ganz aus der Fassung zu sein. Es war etwas, das ›Die verzweifelten Stunden‹ hieß. Das verdammteste Ding, das er je in der Hand gehabt habe, sagte er. Als wir dann auf meinem Stockwerk angekommen waren, stieg ich aus, sagte, wie nett es gewesen sei, ihn wiederzusehen und dergleichen; und er sagte dasselbe und öffnete sein Buch.

Nun, ich kann's euch nicht verschweigen – in ganz London stießen wir überall auf den Kerl. Ich will damit nicht behaupten, London sei keine große Stadt, aber zum Teufel, man hatte den Eindruck, als sei Mr. Perkins hinter jeder Straßenecke. In der Burlington Arcade, wo zu beiden Seiten die netten Läden sind, da stand Mr. Perkins mit seinem Buch, während seine Frau Einkäufe machte. Vor dem Tower, während Skipper von nichts anderem redete als von den Köpfen, die hier gerollt waren, saß Mr. Perkins, das Buch aufgeschlagen. In den drei Tagen, die wir in London verbrachten, muß er fünf ganze Bücher ausgelesen haben, und bestimmt spricht er noch immer von all den Sehenswürdigkeiten, die er hier besucht hat.

Ich möchte nicht sagen, daß wir alles gesehen haben, aber wir haben uns doch die Hälse ausgerenkt und fünf gute Beinpaare verbraucht. Unter anderem machten wir auch die Rundfahrt, obgleich das meiner Überzeugung widerspricht, weil ich etwas gegen Menschengedränge habe, aber wir kamen auf diese Art doch ziemlich schnell vom Fleck. Wir sahen Piccadilly Circus, das keine Spur von einem Zirkus ist, und die Westminster Abtei, wo die große Halle ist, in welcher der brave König Heinrich VIII. Ball gespielt hat. Beinahe konnte man Charles Laughton vor sich sehen, wie er mißlaunig schnaubend die Lippen vorschob, dem Ball nachlief, und dann jedem den Kopf abhacken ließ, der gewann, besonders wenn es seine Frau war; und natürlich das Parlament und Buckingham Palace, wo wir stehnblieben und die Hälse ausstreckten und die Ablösung der Wache beobachteten; und nachher wollte Skipper versuchen, ob er nicht einen von diesen steifen Soldaten mit ihren hohen Pelzmützen vor den kleinen Wachhäuschen nachahmen könnte – nun, Skipper hätte ihn gern zum Lachen gebracht oder wenigstens zum Lächeln oder doch dazu, daß er zur Seite schaute, aber Katie verbot ihm das, wenn ich auch meine, daß es ein lustiges Experiment gewesen wäre, und Skipper ist just der Richtige, um so etwas zu versuchen; und dann sahen wir das Haus, wo Charles Dickens gewohnt hat. Und all die anderen Sehenswürdigkeiten auch – Trafalgar Square natürlich und die Bank von England und alles. Nur für Katie war das nicht das Richtige. Das waren so Dinge, die sie nicht recht in sich hineintrinken konnte, ihre Augen konnten nicht genug in sich aufnehmen, möchte man sagen, und, zum Teufel, wenn sie in Stimmung ist, da ist sie doch eine reizende Frau.

Was mich am meisten interessierte, das war, die Leute anzusehen und die Geschäfte und alles. Man muß sich an den Gedanken gewöhnen, wie alt das alles ist; man muß gewissermaßen all die Jahrhunderte in sich einsinken lassen, und dann bedeutete es einem etwas, wenn man daran vorüberging. Die Leute waren nicht, was man freundlich nennen könnte, wenigstens nicht freundlich, wie man das in Terre Haute auffaßt, doch hin und wieder nickte einer einem ganz freundlich zu, und da fühlte man sich sofort wie zu Hause. Natürlich trugen einige von den Männern die steifen runden Hüte, und einige sogar Tweedanzüge, obgleich es schon Juli war und ziemlich heiß, doch wahrscheinlich ist es hier jedes Mannes Recht, sich anzuziehen, wie er will, und das ist es, was wir mit den Engländern gemeinsam haben – diese Freiheit. So taten wir denn alles, was man als Fremder zu tun pflegt, und ich werde gar nicht versuchen, es euch aufzuzählen; nur wo wir an jenem ersten Morgen waren, das möchte ich euch doch berichten.

Als wir uns ins Taxi drängten, verriet ich keinem etwas, gab nur dem Chauffeur die Straße an, und als wir vor dem Haus hielten, sagte Amy: »Madame Tussaud!« Und Skipper fragte, was das sei, und Elliott sagte naserümpfend: »Um Himmelswillen! Die Wachsfiguren!«

Doch es war großartig. Zunächst einmal, für den Fall, daß ihr es nicht wißt, will ich euch doch sagen, daß in diesem Haus die wächsernen Puppen und Figuren von allen berühmten Leuten der Weltgeschichte sind; und von Leuten unserer Zeit wie Danny Kaye und Bob Hope und anderen auch. Und wenn man die Karten gekauft hat und die Treppe hinaufgeht, steht da ein Mann und schaut einen an. Er trägt eine Gardeuniform mit weißem Rock und Mütze und allem, und Elliott, den die ganze Geschichte zu langweilen schien, ging auf den Mann zu und fragte, wo der Eingang zur Schreckenskammer sei. Doch der Gardist gab keine Antwort, denn das konnte er nicht, er war nämlich auch aus Wachs, hatte aber nette, freundliche blaue Augen, aus denen er einen anstarrte. Ich sah, wie Elliotts Wangen anliefen, und dann sagte Amy, die gesehen hatte, was geschehen war: »Frag ihn doch, wo die Herrentoilette ist, Ell«, und damit ging sie an ihm vorüber. Für eine Weile wenigstens mußte Elliott sich geschlagen geben.

Es waren nicht viele Leute da – lebendige Leute, meine ich – aber man hatte das Gefühl, als wären all diese Wachsfiguren wirklich lebendig. Da war Abe Lincoln und Teddy Roosevelt und Harry Truman und Ike, und alle sahen einen an, daß man glauben konnte, im nächsten Augenblick würden sie anfangen zu reden. Auch Charles Dickens und Kipling und sogar Robin Hood und ungefähr jeder, von dem man je gehört hatte. Da war auch die Figur einer Frau ›Schlafende Schönheit‹ genannt, und, verdammt, sie atmete! Zunächst ist man nicht weiter erstaunt, weil nach einer Weile alle aussehen, als ob sie atmen würden, doch dann rief Skipper gellend: »Seht doch, sie lebt!« Und wir sahen sie an, und bestimmt wirkte sie lebendig, lebendiger als etliche von den Herrschaften, die da, wie wir, umherirrten und schauten.

Nun, und dann kamen wir zu einer Art Bühne, wo die Figuren hinter Seilen sind, damit man sie nicht berühren kann, und zuerst war ich gar nicht erstaunt, hier, unter den andern Gestalten, einen zu sehen, den ich kannte, wie er dastand und die Augen offen hatte, ganz wie die andern Figuren. Und doch konnte ich diesmal meinen Augen nicht recht glauben, und so wandte ich mich zu Amy um und musterte sie; und sie hatte die Augen weit aufgerissen, und dann

stieß sie einen Schrei aus, den man von einem Ende des Hauses bis zum andern gehört haben mußte. Die Gestalt erwachte nämlich zum Leben, und es war Nick O'Mara. Er sprang über das Seil und sah sich um, als ob er diesmal selber Angst hätte, und er flüsterte Amy etwas zu und meinte gewiß, das sei ein guter Witz gewesen, wenn der Wächter ihn aber gesehen hätte, so hätte er ihn hinausgeworfen. Nun, Amy brauchte einige Zeit, bevor sie wieder zu Atem gekommen war und sich an Nick klammerte, und Skipper und Elliott klopften ihm auf den Rücken und lachten, bis ich mich schließlich selber umsah, ob kein Wächter in der Nähe war, denn wenn etwas Katie in tödliche Verlegenheit gebracht hätte, so wäre es, aus einem Museum hinausgewiesen zu werden. Als alles sich beruhigt hatte, sagte Nick: »Ich war heute früh in der Halle Ihres Hotels, Mr. Willard. Ich hörte, wie Sie sich nach dem Wachsfigurenmuseum erkundigten, und da wollte ich die Gelegenheit nicht versäumen.« Und dann sah er Amy an, und sie ging weiter, und man wußte nicht, ob sie wütend auf ihn war oder nicht; nachher aber hielten die beiden sich ziemlich abseits von uns.
»Sagte Amy nicht, sie wolle ihn nicht wiedersehen?« flüsterte ich Katie zu.
»Er mußte ihr ja die Schärpe zurückbringen«, erwiderte Katie.
Nun, um diese Zeit ungefähr hatten wir die Stelle erreicht, nach der ich die ganze Zeit über Ausschau gehalten hatte. Es war eine kleine Bühne, darauf die ›Berühmten Sieger‹ versammelt waren, und ich hielt Katie an und zeigte auf eine Figur in einem altertümlichen Kostüm. Das war Francis Drake, und manche Leute behaupteten, er sei ein Pirat gewesen, aber meine Großmutter Drake sagte einmal, er sei ein Ahne von uns. Ich glaubte das damals nicht, bis ich jetzt den Mann vor mir stehn sah und er genauso lebendig zu sein schien wie du und ich, nur daß er einen Bart hatte. Katie starrte ihn an, und dann wandte sie sich, den Mund weit aufgerissen, zu mir, und was sie da sagte, war: »Mein Gott, der sieht ja genau aus wie deine Mutter!« Und dann sagte Elliott: »Zum Teufel, wenn man ihm den Bart abnimmt, ist es Onkel Ned, wie er leibt und lebt!« Und dann ließ Skipper ein Kriegsgeschrei erschallen und brüllte: »Er heißt auch Drake. Ganz wie Großmama sieht er aus! Ist das ein Verwandter von uns?«
Das war ein seltsames Gefühl, das kann ich euch versichern. Denn wie man ihn auch ansah, er war bestimmt ein Verwandter von uns, lebendig oder tot, Abenteurer oder Pirat.

Das war es, was ich in London vor allem zu besichtigen gewünscht hatte, und nachher mochten die andern entscheiden, wohin man an den übrigen Tagen ging.
Nick erklärte nachdrücklich, weil er uns doch so einen Schrecken eingejagt habe, müsse er uns zum Mittagessen in das wunderbare kleine französische Restaurant einladen, das er kannte, und wo man einem keinen Hammelbraten auftischte. Und so schleppte er uns alle in das Viertel, das Soho heißt, und wir gingen in das Lokal, das irgendeinen französischen Namen hatte, und was wir dort aßen, waren Schnecken. Oder vielmehr, um bei der Wahrheit zu bleiben, Katie und Skipper aßen Schnecken, und Nick O'Mara natürlich auch, den der Oberkellner mit seinem Namen anredete. Amy hingegen bedankte sich und wollte nichts davon wissen, und Elliott kostete und zog ein Gesicht, als würde er sogleich seekrank werden, und ich sagte, ich würde mich an Amy halten und mit ihr Fisch essen. Aber ihr hättet sehen sollen, wie Katie und Skipper sich über die Schnecken hermachten. Es war genug, um einen für den Rest des Tages zugrunde zu richten. Nachher erklärte Katie, das sei stets einer ihrer Wünsche gewesen, und ich meinte, wenn ich das gewußt hätte, so hätte ich ihr jederzeit ein Dutzend heimbringen können, doch da schnitt sie mir ein Gesicht und bedankte sich bei Nick O'Mara, und Skipper sagte, Schnecken seien das Beste, was er seit der Abreise aus Terre Haute gegessen habe. Man kann also wirklich nichts genau wissen.
Immerhin fügte es sich so, daß Nick O'Mara für den übrigen Tag gewissermaßen inoffiziell zu uns gehörte, und eines muß ich dem Burschen lassen – in seiner Architektur kannte er sich aus. Zumal in englischen Kirchen. Er konnte einem sagen, wer jede Kirche entworfen, wer den Entwurf verändert hatte, welcher Teil alt und welcher neu war, und wider Willen begann mich das zu interessieren, denn wenn man ihm zuhörte, bekam man doch eine bessere Vorstellung davon, wieviel Arbeit und Schweiß und Liebe in einem solchen Gebäude stecken – anders als in den Gebäuden, die ich in aller Hast, zu einer festgelegten Zeit fertig haben mußte, und das Wichtigste war dabei nicht die Schönheit des Hauses, sondern es waren die Kosten und alles mögliche. Wenn man daran denkt, was diese Leute schon geleistet haben, bevor sie all die Hilfsmittel besaßen, die uns selbstverständlich sind – nun, es war ein gut ausgefüllter Tag, als Nick O'Mara uns herumführte. Obgleich ich nicht behaupten könnte, daß mir am Ende des Tages Nick

sympathischer geworden war – jedenfalls nicht, wenn ich an Amy dachte.
Es kam schließlich so, daß ich Gelegenheit hatte, an jenem Abend ein Wort mit Amy zu reden, als sie sich gerade fertig machte, um mit Nick in ein Theater oder sonstwohin zu gehn. Katie und Skipper und Elliott waren fort, wollten Skip ein neues Hemd kaufen, weil er seines mit den verdammten Schnecken ganz verdorben hatte; und da war es Amy selber, die anfing.
»Du magst ihn nicht, Pop, nicht wahr?«
»Wen?«
»Du weißt schon, wen.«
»Ich bin ganz verrückt nach ihm. Er ist ein großer Architekt.«
»Das ist er nicht; du weißt es ganz gut. Vielleicht wird er's auch nie sein.«
»Nein, wirklich?«
»So wie er die Sache anpackt. Er weiß das alles und hat auch seine Ideen, aber was nützt das, wenn er nichts damit anzufangen versteht. Er ist verrückt, Pop. Das meine ich im Ernst. Mit all dem Talent – er ist verrückt.«
»Ja, ich wußte, daß du so denkst, Amy. An der Art, wie du dich benommen hast, konnte ich's merken.«
»Er macht mich wütend.«
»Amy ...«
»Wenn er nicht gleich an der Spitze anfangen kann ...« Sie ging hin und her und war richtig wütend; ich kenne ja meine Amy. »Das ist's nämlich, was er erwartet – an der Spitze anzufangen. Ich habe ihm gesagt, warum er nicht, wie das andere junge Leute tun, die das College absolviert haben, im Bureau eines Architekten Arbeit sucht und auch die praktische Seite des Berufs erlernen will. Man ist doch noch kein Architekt, wenn man zeichnen und entwerfen kann. Dazu gehört ja noch erheblich mehr. Und er sagte, zwei solche Stellen seien ihm angeboten, aber dazu habe er keine Lust. Er ist eben verzogen, das ist es, und schwach, und einfach schrecklich; ja, schrecklich ist er. Ich wünschte, ich würde ihm nie wieder begegnen.«
Nun, darauf konnte ich nicht viel erwidern. Wenn ich ihr recht gab, sprang sie mir an die Kehle, und wenn ich ihr nicht recht gab und O'Maras Partei nahm, sprang sie mir auch an die Kehle. So ließ ich sie eine Weile hin- und hergehn und reden.
»Weißt du, was er die Stirn gehabt hat, mir zu sagen? Er hat mich gefragt, ob ich wolle, daß er eine Stelle annimmt und sich niederläßt

und ein anonymer Niemand wird wie sonstwer? Nun, da hab ich's ihm aber gesagt! Hah! Ich hab's ihm gegeben! Ich sagte ihm, mir sei's verdammt gleichgültig, ob er eine Stelle annimmt oder nicht, aber eines wüßte ich – solange er herumsitzt und träumt und darauf wartet, daß einer kommt, um sich von ihm ein Haus oder ein Bureau oder ein ... ein Krematorium bauen zu lassen, werde er sein ganzes Leben lang warten. Soweit es mich angehe, sagte ich, könne er ebensogut aufhören, seine herzigen Zeichnungen zu machen, könne sein ganzes Leben lang von seinem Vater leben und brauche gar nicht daran zu denken, etwas aus sich zu machen, denn er sei zu schwach, zu schwach, zu schwach! Und auf dem Schiff hatte ich ihm auch schon gesagt, daß ich ihn weder in London noch sonstwo wiederzusehen wünschte, und jetzt kommt er eine Viertelstunde zu spät!«

»Nur ruhig, Amy«, sagte ich da. »Kopf hoch, Mädel! Du weißt, daß du ihn nicht wiedersehen mußt. Auch heute abend nicht, wenn du nicht willst.«

»Ach Pop!« Sie sank auf dem Bett zusammen, auf dem sie saß, und schaute zu mir auf. »Das ist ja das Schlimmste von allem! Ich will doch – ich kann nichts dagegen machen. Jedesmal, wenn ich ihn sehe ...« Sie wandte sich ab. »Er ist ja nicht nur so, Pop. Er ist lieb und aufmerksam. Nein, ich meine wirklich aufmerksam, nicht bloß aus Höflichkeit. Und er ist so allein auf der Welt!«

»Na ja«, meinte ich, »das alles ist gut und schön, aber bloß weil er allein auf der Welt ist ...«

»Das ist es auch nicht, Pop. Es ist nicht Mitleid. Ich habe mir das überlegt. Dazu bin ich zu egoistisch. Es ist auch, wie ... wie er auf mich wirkt ...«

»Ja ... deine Mutter hat das erwähnt.«

»Wirklich? Ich habe sie gebeten, nichts zu sagen, aber ich wußte, sie würde es doch tun. Ihr zwei sprecht doch über alles miteinander, nicht wahr? Aber das könnte Nick nie verstehn. Das liegt nun einmal an seiner Erziehung. Und dann, als ich ihn merken ließ, wie mir zumute war ... weil ich nicht anders konnte ... weißt du, was er da getan hat?«

»Ich kann's erraten.«

»Ja! Als ob ich irgendeine Beliebige wäre! Als ob ich ... Pop, was für Mädchen muß er bisher gekannt haben? Das ist's, was mich so wütend macht! Er kann an nichts und niemanden glauben!«

»Amy«, platzte ich heraus, »und wie steht's mit Bob Whelan? Oder

Timmy Bradley? Du hast sie doch eine Weile lang gerngehabt. Das sind so die Burschen, die du ...«
»Ach, Pop«, sagte sie da. »Zerstör es mir nicht! Du darfst mir nicht beweisen, daß du es nicht verstehst.«
»Tut mir leid, Kind.«
»Mir tut's auch leid. Es wird wohl etwas sein, womit ich selber fertig werden muß. Und es überwinden. Denn das ist's, was ich vorhabe. Pop – überwinden will ich's.«
»Wenn du heute abend damit anfangen willst...«
»Das kann ich doch nicht! Er hat die Karten...«
»Aha!«
»Und zudem... jetzt bin ich schon angezogen. Mach dir keine Sorgen; er wird nicht einmal meine Hand halten. Ich werde es ihm nicht erlauben. Jetzt kennt er die Spielregeln schon. Er muß den Abstand wahren, sonst erwischt er's von mir. Ich kann nichts dagegen tun, daß mir so zumute ist, wenn ich mit ihm beisammen bin, aber in so einen Mann könnte ich mich nicht verlieben. Ich würde mich mein ganzes Leben lang vor mir selbst schämen!«
Das Telephon läutete. Es war Nick. Ich sagte, Amy werde sofort hinunterkommen.
»Warum hast du das getan, Pop?«
»Weil ich ihn nicht sehen will. Ich weiß nicht ganz bestimmt, was ich täte. Guten Abend, Amy.«
Über die Schulter warf sie mir noch einen Kuß zu, und draußen war sie. Und ich saß da.

Vom Augenblick an, als Katie meinte, wir könnten doch nicht in England sein, ohne einen Ausflug nach Shakespeares Geburtsort zu machen, wußte ich, daß wir Schwierigkeiten mit Elliott haben würden.
»Wer ist Shakespeare?« fragte er.
Nun hatte Elliott zweifellos seine Probleme, und einige davon waren wirklich ernster Natur. Wie die meisten jungen Leute von heute, mußte er sich entscheiden, ob er im Herbst weiter aufs College gehn und auf die Einberufung zum Militärdienst warten oder ob er sich nicht gleich melden sollte, um das hinter sich zu haben. Nachher allerdings, meinte Katie, würde er nicht mehr aufs College gehn wollen. Ich hatte nicht viel mit der Frage zu tun, weil Elliott mit seinen Sorgen nie zu mir kam. Entweder war es das, oder ich hatte ganz einfach keine Zeit dazu gehabt. Wenn ich zurückblicke, weiß

ich wirklich nicht, was der Grund war. Nicht, daß er sehr häufig zu Katie gekommen wäre. Er würde eines Tages erklären, nun habe er sich endgültig entschieden, sich zur Marine zu melden und nicht mehr ans College zu denken, und am nächsten Tag würde er beschlossen haben, sich zur Marine zu melden und dauernd dabeizubleiben.

Was aber Elliot in Wirklichkeit zu schaffen machte, war meiner Ansicht nach, daß er achtzehn Jahre alt war und nicht wußte, was er mit seinem Leben anfangen sollte. Es war, als könnte er keinen Zukunftsplan machen, an dem er festhalten würde. Wie dem auch sein mochte – es gab Zeiten, da es einfach schwer war, mit ihm auszukommen. Der ganze Tag, den wir in Stratford-on-Avon verbrachten, war so eine Zeit.

Nick O'Mara fuhr uns im Wagen seiner Mutter hin – die Ausrede war, wie Amy das zurechtlegte, daß ›Pop keine Touristenfahrten leiden kann‹. Dann, während wir durch die reizende kleine Stadt gingen, Ann Hathaways Haus mit seinem Strohdach besichtigten und nachher das Haus, wo Shakespeare selber als Kind gelebt hatte, fiel Elliott nichts anderes ein, als beständig zu wiederholen: »Wie konnte nur so ein Bauernlümmel, der in dieser Umgebung aufgewachsen ist, wie konnte er nur diese Stücke schreiben?« Oder: »Die Leute hängen gern an Mythen, nicht wahr?« Oder: »Woher soll ein ungebildeter Tölpel wie der die Geschichte so gründlich gekannt haben? Woher wußte er, wie Könige und Königinnen redeten und dachten?« Und noch eine Menge von solchem Zeug sagte er, bis ich ihn schließlich fragte, wer eigentlich Shakespeares Stücke geschrieben habe, und er zur Antwort gab: »Ja, aber der Earl von Oxford! De Vere, Pop. Das weiß doch heutzutage jeder Mensch! Es ist endgültig bewiesen, Pop.«

»Und ich glaubte, es sei Bacon gewesen«, erwiderte Nick O'Mara, und Elliott schaute an seiner Nase entlang zu Boden.

Nur Katie beachtete ihn nicht, denn sie war in der Küche von dem Anblick einer seltsamen Einrichtung gefesselt. Es war ein Pfahl, der mitten im Boden steckte und bis zur Decke reichte, und an diesem Pfahl befestigt war ein langer Eisenarm wie eine Rute, der sich um den Pfahl drehte; und am Ende des Arms war etwas wie ein Gurt, den man – so erzählte der Führer – dazu benützte, um das Kind daran festzubinden. Auf diese Art konnte der Kleine – William oder Willie, oder wie man ihn sonst wohl gerufen hatte – im Kreis umherstrampeln, war aber gleichzeitig gesichert und konnte sich nicht wehtun, noch in die Nähe des brennenden Ofens gelangen. »Wir glauben, daß wir heutzutage gar so praktisch sind«, flüsterte Katie mir zu. »Ich wollte, ich hätte so etwas in der Küche gehabt, als Skipper noch ein Kind war!«

»Ich wollte, wir hätten auch jetzt so etwas – für Elliott«, erwiderte ich.

Um Mittag, nachdem wir alles erledigt hatten – es war ein heißer Tag, und überall drängten sich die Touristen, und jeder von uns blieb an jeder Ecke stehn und belud sich mit Andenken, die wir nachher in dem Flugzeug nach Paris würden mitschleppen müssen, und für den einen Tag hatte ich ohnehin genug – da sagte ich: »Elliott, dort drüben ist ein hübsches Mädchen. Ich nehme die Kamera. Und du lädst sie zu einer Bootfahrt auf dem Fluß ein.«

»Das ist eine Engländerin«, erwiderte Elliott, der sie eines Blickes gewürdigt hatte. »Mit diesen englischen Puppen kann man nur was anfangen, wenn man eine gedruckte Einführung bei sich hat.«

»Dann halt doch endlich den Mund«, sagte ich. »Was liegt am Ende daran, wer die Stücke geschrieben hat?«

»Was daran liegt?!« Es klang richtig entrüstet. »Pop, das sieht dir ähnlich! Interessiert dich denn die Wahrheit gar nicht?!«

»Mich interessiert mehr, daß alle sich wohlfühlen und gut unterhalten«, meinte ich. »Hör also auf und laß den andern ihr Vergnügen. Jetzt kein Wort mehr von all dem Kram vor deiner Mutter. Und damit Schluß!«

Elliott schmollte natürlich, und als ich mich umdrehte, sah ich, wie Nick O'Mara mich anguckte. Er hatte ein seltsames Lächeln um die Lippen, aber er redete weiter mit Amy; und mit einem Mal kam es mir in den Sinn, daß vielleicht nie jemand so zu Nick geredet hatte, und vielleicht hätte man das tun sollen, und vielleicht wußte er im Grunde sogar, daß es so war. Nun, man kann nie wissen, was einem Kind fehlt. Mag sein, daß jemandem wie Nick, um den man sich nie viel gekümmert hatte, die Zucht fehlen mochte, ohne daß er es wußte. Vielleicht hätte er doch lieber irgend etwas gehabt, als einfach nicht vorhanden zu sein. Merkwürdig, was für Gedanken einem manchmal kommen; ich weiß nicht, wo ich die hergeholt hatte, aber jetzt waren sie einmal da.

Nun, Elliott schmollte so ziemlich die ganze Fahrt nach London, bis wir schließlich im Wagen zu singen anfingen, und dann, während einer Pause, stimmte er an: »Am Ufer des Wabash«, weil das mein Lieblingslied ist, und auf diese Art wollte er mir sagen, daß die Sache ihm leid tat, und daraufhin fing ich an zu singen: »Paris im Frühling«, weil das damals Elliotts Lieblingslied war, und damit war alles wieder gut. Katie meinte, es sei doch schade, daß ich meine Harmonika nicht mithabe, und dann stimmte Nick O'Mara an: »Rudere, rudere, rudere dein Boot«, und er hatte eine recht schöne Stimme, und ich fragte mich, ob er je solche Lieder gesungen hatte, wenn er allein in seinem Wagen fuhr – des bloßen Vergnügens wegen ...

Das Ergebnis von all dem war, daß Nick uns einlud, seine Mutter in dem Stück anzusehen, das sie gerade in einem der großen Londoner Theater spielte, und dann zu ihr in die Garderobe zu gehn, um sie kennenzulernen, und daß ich daraufhin sofort erklärte: »Das wäre ein großes Vergnügen für uns!« Ja, das sagte ich, und Amy sah mich so verdutzt an, daß ich gleich hinzufügte, damit nur ja niemand glauben sollte, daß dieser Nick O'Mara mir jetzt sympathischer sei als vorher: »Ich meine, wir sollten doch, da wir schon hier sind, alles sehen, was es zu sehen gibt.«

Nun, da muß ich euch doch gestehen, es gab wirklich etwas zu sehen – dieses Stück, meine ich. Ich bin ja nicht gerade, was man einen eifrigen Theaterbesucher nennt. Von den Vorstellungen abgesehen, welche die Kinder dann und wann in der Schule veranstalten, habe ich in meinem Leben kein Dutzend Theaterstücke gesehen. Filme, das ja; und so müßte das doch recht spannend sein, meinte ich. Und – der Teufel hol's! – spannend war es; auf seine Art.

Es handelte von Leuten, die irgendwo im Ozean als Schiffbrüchige auf einer Insel gestrandet waren. Als man sie zuerst erblickte – es waren nur fünf, die ans Ufer gelangt waren – trugen sie alle Abendkleider und nannten einander Herzog und Sir und Eure Ladyschaft und dergleichen; dann aber, sehr bald kletterte das Mädchen auf die Leinwand, die einen Sandstrand darstellen sollte, nur daß wir wahrscheinlich zu nahe saßen, um uns foppen zu lassen. Nun, dieses Mädchen sah nicht aus wie die anderen und redete auch nicht so. Sie war ganz schmutzig und durchnäßt, und das Haar klebte ihr am Kopf, und man kann nicht sagen, daß sie besonders vornehm wirkte, doch kaum hatte das Publikum sie erkannt, da war der Teufel los. Was wurde da geklatscht, und manche riefen ihr auch etwas zu, und so klatschte ich auch, obgleich ich mich fragte, was der Lärm eigentlich zu bedeuten hatte. Da beugte Amy sich zu mir und flüsterte: »Das ist Nicks Mutter. Sie ist heute der Liebling von ganz London; obgleich sie Amerikanerin ist.« So betrachtete ich sie gründlicher, aber sie sah in meinen Augen noch immer wie ein Mädchen von etwa zweiundzwanzig oder dreiundzwanzig aus, so hüpfte sie auf der Bühne umher; niemals konnte sie ruhig sitzen. Und da meinte ich, das würde sich doch zu einer mächtig interessanten Geschichte entwickeln, die drei Männer und jetzt dazu die drei Frauen ganz allein beisammen. Was aber geschah, war, daß sie alle anfingen zu reden. Sie redeten so schnell und so ununterbrochen, daß ich die ganze Geschichte nicht mehr verfolgen konnte und mir Gedanken darüber machte, was man hier verwendete, um einen Felsen auf der Bühne zu zimmern oder woraus die Palme gefertigt war, aus Papiermaché oder aus Gips. Und dann fragte ich mich, wie lange sie noch so als Schiffbrüchige auf der Insel bleiben würden. Das kann ich euch versichern – es dauerte sehr lang. Mir war's, als säßen wir seit einem Jahr in diesem heißen Theater. Und worüber alles gesprochen wurde – über Politik und über ihre Familien und über die englische Geschichte und, vor allem, über sexuelle Affären! Sie platzten damit heraus, meine ich, wie es ihnen gerade in den Sinn kam, und sehr bald spielte das Mädchen genau wie die andern, nur besser, könnte man sagen, eindrücklicher, obgleich es sich herausstellte, daß sie ungebildet war und grammatikalische Fehler machte, und die andern sich darüber den Mund zerrissen. Und dann, als der Vorhang für eine Weile fiel – wir bekamen auf unseren Plätzen Tee serviert – sollte man glauben, daß das Mädchen die Nacht im Dschungel verbrachte, wo es von Schlangen wimmelte, nur daß vermutlich der Herzog dazu da war, um sie zu beschützen. Jedenfalls, wie ich es mir auslegte, schliefen die beiden zusammen, wenn ihr die Wahrheit wissen wollt, und am nächsten Morgen machte die Frau des Herzogs keinen Krach. Sie war so höflich, daß man ihr am liebsten einen Tritt versetzt hätte, aber jetzt waren alle darüber einig – so habe ich es mir ausgelegt –, daß das arme unwissende Mädchen von nun an wirklich eine richtige Dame war. Offen gestanden, ausgekannt habe ich mich in all dem nicht sehr gut, als es aber vorbei war, da verbeugten sich alle auf der Bühne, und ich klatschte mit dem ganzen Publikum. Und dann kam Nicks Mutter, die gegen Ende des Abends doch ihr Alter ein wenig deutlicher merken ließ, an den Rand der Bühne geschwebt, als wollte sie dem Publikum in den Schoß springen, blieb aber gerade noch rechtzeitig stehn und verbeugte sich tief, tief, bis ihr Kleid am Busen weit offenstand; und die Leute unten hätten beinahe das Haus gesprengt, so tobten sie. Sie warf ihnen Küsse zu und

verbeugte sich und kam immer wieder, und mir fingen die Hände vom Klatschen an wehzutun.
Nacher also führte Nick uns hinter die Bühne – Katie, Amy und mich. Elliott war mit Skipper ins Hotel gegangen; Baby hüten nannte das Elliott, und Skipper sagte: »Dich werde ich lehren, Baby hüten!« So hatten wir keine Ahnung, was im Hotel los sein mochte, aber wir hatten auch nicht die Zeit, darüber nachzudenken. Hinten auf der Bühne war ein schreckliches Durcheinander, es war dämmrig und roch ganz seltsam, und die Leute zogen und schleppten und trugen allerlei und schwatzten dazu auf ihre englische Art, und dann, sehr bald, mußten wir ein paar Zementstufen hinaufgehn, und Nick klopfte an die Tür, während hinter uns sich die Leute drängten. Die Tür sprang auf, und da stand eine kleine Dienerin, das Gesicht hochrot und bereit zu schelten, doch als sie Nick sah, sagte sie nur: »Ach, Sie!« Und dann ließ sie die Tür offen, schrie etwas in ihrem Cockney und verschwand. Und dann kam Nicks Mutter auf uns zugeschwebt.
Ich meine, sie schwebte wirklich. Sie trug ein Negligé, hochelegant und mit Gold daran, nur an den Säumen war es schon ein wenig verschlissen, und überall waren Flecke von Lippenstift und Schminke, und sie riß Nick in die Arme und streckte die Hand über seine Schulter und ergriff unsere Hände und hielt sie fest, und die ganze Zeit über redete sie: »Nick, mein Baby, mein Liebling, du bist drin gewesen? War ich nicht schrecklich? Eine meiner schlechtesten Rollen in diesem greulichen Reißer! Und du hast sie mitgebracht, sie sind ja köstlich, Mrs. Willuhd, köstlich, und Mr. Willuhd, so ein schöner, großer Mann, ist er nicht schrecklich groß? Und, bei Gott, das muß Amy sein! Amy, Sie sind ja eine bezaubernde Schönheit, Amy, du Hexe, ich hab von dir gehört, ja, ja, kommt nur herein, alle miteinander, diese greulichen Leute starren uns ja an, schließ die Türe, Liebling, ach, ist es nicht ein überwältigender Abend? Nun, setzt euch doch, wo ist denn etwas zu trinken? Ich habe diesem faulen Aas gesagt, daß wir gleich nach dem Vorhang etwas zu trinken haben müssen. Cordelia! Setzt euch doch, bitte, nein, was für eine reizende Familie, so reizend und so amerikanisch, so bezaubernd, so erdgebunden, mein Gott, Nick, wie hast du das nur zustande gebracht, mein Schatz; wartet nur, bis ich mich aus diesem scheußlichen Kostüm befreit habe, gleich bin ich wieder bei euch. Cordelia! War er nicht miserabel, dieser Sir Richard Prance? Mit seiner Kanonenröhre donnerte er alles herunter, als ob das irgend-

wen foppen könnte, es ist ein richtiges Gemetzel; jetzt ist mir ein Träger gerissen, verdammt, Cordelia, wo, zum Teufel, steckst du denn?!«
Schon jetzt konnte ich wissen, daß es ein interesannter Abend sein würde; nur daß ich keine Idee hatte, wie interessant! Es wurde eine richtige Gesellschaft daraus. Bald war der kleine Raum gerammelt voll von Leuten und Rauch, und da gab's auch Getränke, schrecklich viel Getränke, und was wurde nur geredet! Miß Charlotte Hatfield, wie Nicks Mutter hier genannt wurde, war ihre Bühnenschminke losgeworden, um sich eine andere aufzulegen, nicht weniger dick aufgetragen, aber nicht von Schweiß durchzogen, und in einer Ecke zog sie ein Kleid an, während all die Leute sich hereindrängten, und da hatte ich Gelegenheit, mich in der Garderobe umzusehen, aber sie war gar nicht so, wie man sie im Kino zu sehen bekommt, sondern klein und schäbig und ordinär und kahl. Und die Schauspieler waren anscheinend auch ganz anders als auf der Bühne. Einige von ihnen, meine ich, versuchten, sich genau so würdig zu benehmen, und sie redeten ungefähr dasselbe – ebenso laut, meine ich – sprach man aber mit einem oder dem andern von ihnen, wie ich es tat, dann merkte man bald, daß sie ganz einfache Leute waren; selbst der, den man Sir Richard Sowieso nannte. Er war wie ein Kind und wollte nur hören, wie er einem gefallen hatte. So waren sie alle, wie Kinder, nur darauf bedacht zu hören, daß sie großartig waren, und so sagte ich ihnen denn immer wieder, wie gut sie mir gefallen hatten, obgleich ich selbst in ihrer Nähe nicht genau wußte, wer welche Rolle gespielt hatte, aber sie fragten immer: »Wirklich?« Und das in einem Ton, daß man gleich merkte, wie sie sich freuten, obgleich sie versuchten, das nicht gar zu sehr durchblicken zu lassen. Nur, um ganz aufrichtig zu sein, nach einer Weile und nach ein paar Gläsern begann ich meine eigene Stimme zu hören, und zuerst konnte ich es gar nicht glauben, und so versuchte ich wieder, etwas zu sagen, und – der Teufel soll mich holen! – es war wirklich so! Ich sprach mit englischem Akzent! Da mußte ich denn noch ein Glas trinken, und dann sah ich mich um, und da stand Katie an der Wand, und der lange Bursche, der wie ein Schauspieler aussah, stand ganz nahe vor ihr, hielt sie gewissermaßen fest, sprach auf sie ein, sah zu ihr hinunter, war für meinen Geschmack ein ganz klein wenig zu charmant, und mir kam ein verdammt komischer Gedanke, obgleich ich alles mögliche sein kann, nur nicht eifersüchtig. Unterdessen hatte Nicks Mutter sich einen Weg gebahnt, sie hielt

ein Cocktailglas in der Hand, und sie richtete ihren Blick auf mich und sagte:
»Liebling, ich bin ganz verliebt in Ihre Tochter, wie haben Sie das nur fertiggebracht? Haben Sie meinen Mann schon kennengelernt? Er muß hier irgendwo sein. Yuhu, Rodney, komm doch her, das ist Mr. Willard hier, der große Herr! Mein Mann ist ein Schatz, nicht wahr? Und jetzt sagen Sie mir doch, Liebling, Sie sind aus Terre Haute, das ist Illinois, nicht wahr? Oder ist es in Kansas? Im Westen jedenfalls, das sieht man Ihnen an, ja, wahrhaftig das sieht man, und, was ich sagen wollte, ich bin ganz verliebt in Amy, sie ist so echt, so aufrichtig, so ehrlich, ein richtiges amerikanisches Mädchen, ich bin ja auch Amerikanerin, haben Sie das nicht gewußt? Ja, wahr und wahrhaftig, ich bin in Mississippi auf die Welt gekommen wie Tennessee Williams und auch in einem Nest, Sie dürfen also hier keinen falschen Eindruck bekommen, ach, dort ist er ja, dieser Sir Richard, der Teufel soll ihn holen, wie er seinen Text heruntergeratscht hat, ach, Liebling, es tut mir ja so furchtbar leid, das muß Sie doch tödlich gelangweilt haben, aber ich will Ihnen sagen, was wir tun, wir wollen später zu Abend essen, ich habe Amy und meinen Liebling ins ›Ivy‹ geschickt, einen Tisch bestellen, es wird Ihnen kolossal gefallen, es ist bezaubernd; hier, trinken Sie noch einen Schluck, Sie haben einen guten Zug, das seh ich Ihren schönen Augen an, kein Tropfen darf drinbleiben, ach, wenn nur Amy und ich in Paris sein könnten, ach, wenn man in den Pariser Theatern doch englisch reden würde, hier, noch einen Schluck, einen auf den Weg, wie man sagt, lassen Sie hören, was Sie vorhaben, und wenn ich mich von den dreckigen Ausbeutern loseisen kann, dann machen wir's, sagen Sie nur, was Sie vorhaben, und zum Teufel mit den Torpedos, Volldampf voraus, wie der Admiral Farragut sagte ...«
»Nu-un«, begann ich, »wir wollen an die Riviera fahren. Die AAA hat einen Plan aufgestellt, aber ich glaube nicht, daß wir uns danach richten werden.«
»Ja, hat sie das? Ich wußte gar nicht, daß sie das auch tut! Wollen Sie damit sagen, daß sie in ganz Frankreich Mitglieder hat?«
»Von Mitgliedern weiß ich nichts, aber ...«
»Ich hätte schwören können, daß Sie damit nichts zu tun haben, Sie sehen ja so gesund aus, Liebling, aber da sehen Sie mal Cordelia! Cordelia! Wo steckt sie denn? Immer wenn ich sie brauche, ist sie verschwunden, sie ist auch eine, in sieben Monaten hat sie kein Glas berührt, Sie beide müssen sich mal miteinander unterhalten, aber

warten Sie noch eine Weile, trinken Sie vorher noch ein Glas, hier, ach, mein Gott, Mr. Willard, und wie steht's mit Wein, Sie werden's nie durchhalten, nie kommen Sie durch ganz Frankreich, da sollten wir doch Cordelia fragen, sie läuft davon, wenn sie das Zeug nur riecht, die Schlampe; heh, Leute, heh, hört mir zu, ich habe einen Entschluß gefaßt, wollt ihr wohl zuhören, um Himmels willen? Paßt auf und hört mir zu! Mr. Willard hat mich überzeugt. Ich fahre nach Paris!«

Katie hörte das und warf mir einen Blick zu, und ich hob nur die Brauen, denn ich hatte ja kaum zehn Worte gesagt, aber Nicks Mutter schlug mit einem Glasstäbchen von der Bar an eines von den Gläsern; doch als niemand sie beachtete, da streckte sie die Hand nach der Bar aus, packte ein hohes Glas, warf es nach der Decke, und dann stand sie da und wartete, bis es auf den Boden fiel – was es denn auch tat. Und nun hörte das Geplapper im Nu auf, und alle traten von den Splittern zurück, und Miß Hatfield sprang auf einen Stuhl, und alle sahen zu ihr auf, und sie begann:

»Meine Liebsten, seid still, bitte! Ich bin eure Gastgeberin, vergeßt das nicht, zum Teufel, und hört mir zu. Ich fahre nach Paris, mein Sohn und ich fahren nach Paris, mein Liebling Nicholas, und darum macht jetzt Schluß mit dem Trinken und geht heim, geht heim! Ich liebe euch alle, aber geht heim, meine Lieblinge, die Bar ist für diese Nacht geschlossen, Cordelia, kehr das Zeug hier hinaus, bevor sich einer das Genick bricht, wenn er zu den Stufen geht, und ich werde ja gewiß keinen Namen nennen, aber ein paar sind da, denen ich's wünschen würde, samt ihrer Kanonenstimme, ja, und Cordelia, gib ihm keinen Tropfen mehr, er hat heute zwei Zeilen übersprungen und den zweiten Aktschluß versaut, fort mit dem Whisky, und hinaus, hinaus, hinaus!«

Da tranken alle ihre Gläser leer und quetschten sich zur Türe, bis auf den einen, den langen, der wie ein Schauspieler aussah und in der Ecke mit Katie geredet hatte. Er kam auf Nicks Mutter zu und sagte:

»Charlotte, das kannst du nicht tun! Wir haben ja einen Kontrakt!«

»Es ist ein greuliches Stück, das habe ich heute festgestellt, gerade am Ende des zweiten Aktes, wenn ich abgehn soll und mit Sir Richard Schlangen töten, was für eine ekelhafte Vorstellung übrigens, dieser Schwule und ich, ganz London muß doch in die Teetasse kichern, nein, vielen Dank, ich hab's satt, Liebling, such dir eine andere, nimm doch die gerissene kleine Einspringerin, hinter der du

seit Wochen her bist, ich fahre nach Paris, erst kommt die Mutterpflicht, auf Wiedersehen, auf Wiedersehen, auf Wiedersehen ...«
»Du hast einen Kontrakt, Charlotte«, sagte der lange Mann und versuchte, ihr vernünftig zuzureden. »Ein Kontrakt ist ein Kontrakt.«
Und dann trat der Mann hinzu, der Sir Richard genannt wurde, und was er sagte, war: »Wenn du glaubst, daß es ein Vergnügen ist, mit dir Schlangen zu töten, du Schmieren-Medea im Kostüm von Hartnell, so irrst du dich gründlich, das kann ich dir versichern!«
Und er reckte den Kopf hoch in die Luft, setzte das Cocktailglas mit einem leisen Klirren hin und stelzte hinaus.
»Zum Teufel mit den Kontrakten, sprich mit meinem Anwalt, ruf Sir Charles an, erklär ihm diese lächerliche Situation. Ich gehe nach Paris, mit meinem Sohn, meinem einzigen Sohn, es gibt keine heiligere Verpflichtung auf Erden, lauf, Rodney, ruf ihn an, weck ihn, sag ihm, er solle sich auf ein Feuerwerk gefaßt machen, wenn eine Direktion sich einbildet, daß ich ein Stück Vieh bin, jawohl, Kontrakte! Kommen Sie, Willuhds, lassen wir dieses Pack, der Magen dreht sich mir um, komm, Harry, kommen Sie, Mrs. Willuhd, Rodney, ruf Sir Charles an, sag ihm, daß ich morgen früh bei ihm bin!«
So waren wir denn schnell draußen und standen auf der Straße neben Charlottes Wagen – demselben, mit dem wir in Stratford gewesen waren. In der frischen Luft, obgleich sie nicht gerade besonders frisch war, wußte ich, daß ich die letzten zwei Gläser besser nicht getrunken hätte, die Nicks Mutter mehr oder minder in mich hineingegossen hatte. Katie lächelte, als sie in den Wagen stieg, sie lächelte, wie sie das manchmal tut, und was bedeuten soll: Harry, du hast zu viel geladen, aber ich habe dich trotzdem lieb, und du bist ein netter Kerl. Ja, an Katies Gesichtsausdruck konnte ich ablesen, daß ich gesündigt hatte. Aber so wie Katie sich verhielt, wurde einem gar nicht übel zumute oder sonstwas, obgleich ich wußte, daß sie, wie immer, mit einem einzigen Glas gewirtschaftet hatte, denn damit konnte sie von jetzt bis zum Jüngsten Tag auslangen. Nun, Nicks Mutter kletterte nicht an den Volant, wie ich das erwartet hatte, sondern sie setzte sich neben Katie und ließ mich auf dem Randstein stehn. Und als Katie begriff, was das bedeutete, da veränderte sich ihr Ausdruck ein wenig, und sie sagte etwas davon, daß Harry nicht imstande sei, zu chauffieren, und ich sagte, gar so viel hätte ich doch am Ende nicht getrunken, aber Katie

erwiderte, das sei es auch nicht, was sie meine, nur, ich sei nicht an die Rechtssteuerung gewöhnt, zumal in einer großen Stadt, nach Mitternacht und in der Fremde und auf der linken Straßenseite! Manches Mal aber kommt meine Verstocktheit zum Ausbruch, und das war eines dieser Male. Nicks Mutter sagte immer wieder, wir könnten doch nicht hier stehnbleiben und die ganze Nacht diskutieren, und sie sei hungrig, und überdies, wenn wir noch lange hier ständen, kämen die Leute von ihrem verdammten Publikum und würden Autogramme verlangen.

So setzte ich mich an den Volant, und was ich sagte, war etwas, das ich schon oft gesagt hatte, nur wußte ich nicht, wie ernst ich es meinte. Ich sagte: »Manchmal wünschte ich, du würdest mehr als ein Glas trinken, Katie«, was unter diesen Umständen nicht gerade viel Sinn hatte, doch mein Verstand war nun einmal ein wenig benebelt. Nun, Nicks Mutter – sie verlangte, wir sollten sie Charl nennen, weil alle ihre guten Freunde sie Charl nannten und wir doch vom ersten Augenblick an so gute Freunde geworden waren – Nicks Mutter drückte auf den Starter oder so was, und der Motor war in Gang, und ich mußte mich eine ganze Weile mit dem kleinen Hebel abquälen, der aus dem Schaltbrett herauskam, aber schließlich gelang es mir doch zu schalten, und ich gab Gas, und schon setzte sich das Ding in Bewegung. Katie kreischte – oder war es jemand anders? – und in meinem Kopf summte es, und als ich den Wagen mitten in der kleinen Gasse zum Stehn brachte, da platzte Charl heraus: »Das wird ein Spaß werden, ein Mordsspaß! Gib's ihm nur tüchtig, Harry!« Wieder gelang es mir, zu schalten, obgleich es drinnen heftig knirschte und tönte, als ob irgendwas unter meinen Füßen herausspringen wollte, und wir schossen vorwärts wie eine Fledermaus aus der Hölle, und das erste, was ich automatisch tat, war, auf die rechte Straßenseite zu wenden, wo der Wagen hingehörte, nur daß er dort nicht hingehörte, und da kam ein Taxi um die Ecke, die Scheinwerfer auf uns gerichtet. Katie schrie: »Harry!« Und Charl lachte und klopfte mir auf die Schulter und stieß heiser hervor: »Nur zu, Harry! Du kannst alles fertig bringen! Fahr nur in ihn hinein!« Das Taxi aber wußte genau, was sein Recht war, und so fuhr es auf uns zu, als hätte der Chauffeur uns gar nicht gesehen, und dann just in der letzten Sekunde fiel es mir ein, und ich schwenkte auf die linke Straßenseite hinüber, und von da an hatte ich den Blick scharf auf den Randstein geheftet und bemühte mich, neben ihm zu bleiben.

Doch wir waren mitten im Zentrum der City, und London ist eine ziemlich belebte Stadt, besonders am Samstag um Mitternacht herum, und, um es euch nur zu gestehen, ich wurde recht schnell wieder nüchtern, wenn auch nicht schnell genug, und alle Lichterpaare, die uns entgegenkamen, sahen aus, als hätten sie einen Durchmesser von sechs Fuß, und schienen auf und ab zu hüpfen. Irgendwer sagte etwas von langsamer fahren, und ich sagte, ich führe so langsam, wie der Wagen nur überhaupt fahren könne, und dann sagte jemand, ja, zum Teufel, das sei richtig, und dieser Wagen führe nicht unter fünfundvierzig Meilen, und dann hörte ich, wie Katie schrie, ich solle sofort halten und sie aussteigen lassen, sie wolle lieber zu Fuß gehn. »Bremsen, Harry!« Nun, diese Tonart kannte ich, und so fummelte ich herum und fand die Bremse und trat mit aller Kraft darauf, so daß wir alle gegen die Windscheibe flogen, und dann waren wir mitten in den Schwierigkeiten, denn alle Hupen begannen zu brüllen, und damit meine ich wirklich nicht eine Hupe allein, sondern ich meine ungefähr sechzig, und eine lauter und häßlicher als die andere, und dann mitten durch das Hupen schrillte die Pfeife, die einem in den Ohren wehtat. Katie sagte: »Vorwärts, Harry, warum bleibst du denn stehn?« Und da das ungefähr ebensoviel Sinn hatte wie alles übrige, widersprach ich nicht, setzte den Wagen wieder in Gang, und bald verstummten die Hupen, und nur das hohe, dünne Pfeifenschrillen verstummte nicht. »Links einbiegen, so ist's recht, Harry, links ... glaube ich ... wie kommt man nur von hier aus zum ›Ivy‹?« Nun, ich versuchte zu tun, wie mir geheißen wurde, ich blieb auf der linken Seite, und Charl lachte, daß es in ihrer Kehle gurgelte, und sie sagte, so einen Spaß habe sie in ihrem ganzen Leben noch nicht erlebt, wie froh sie sei, daß wir in London wären, sie fühlte sich wieder jung, richtig verjüngt, nur wo, zum Teufel, sei das ›Ivy‹? Sie meinte, es müsse in dieser Straße sein, aber vielleicht irre sie sich, denn das sei doch eine Einbahnstraße, in diesem Fall aber brauchte ich mir keine Sorgen darüber zu machen, ob ich auf der linken Seite blieb oder nicht, nur – hätten wir uns wahrscheinlich verirrt. Nun, sie hatte recht, denn an der nächsten Ecke bogen zwei Wagen in unsere Einbahnstraße ein und fuhren gerade auf uns zu, und Charl schrie: »Hup doch, Harry, du hast ja ebensogut eine Hupe wie sie!« Und sie streckte an Katie vorbei die Hand aus und schlug auf die Hupe, und da kam ein komischer Ton heraus und wollte gar nicht aufhören. Irgendwie kam ich zwischen den beiden Wagen durch, bog um eine Ecke, aber unterdessen war Katie ganz still geworden, und so fragte ich sie, ob sie sich auch wohl fühle, und sie sagte etwas davon, daß sie lieber nicht reden wolle. Dann meinte Charl, die das Gesicht an die Windscheibe gepreßt hatte, diese Ecke käme ihr so bekannt vor, aber vielleicht müßten wir doch noch einmal links einbiegen, und das tat ich denn, doch da schrie sie: »Halt!« Und ich hielt.

Das Schlimme war, daß ich hielt, der Kerl hinter mir aber nicht, und als er in uns hineinfuhr, blieb unser Wagen nicht stehn, sondern wir rollten weiter, vorwärts seitwärts, aufs Trottoir hinauf und blieben – bums! – just vor dem kleinen Restaurant stehn.

Da sprang Charl aus dem Wagen und war in heller Begeisterung. »Harry, du hast's geschafft, du Liebling, ich kenne diese Stadt ja wie meine flache Hand!« Und Katie saß noch drin und atmete tief.

Nur ich mußte auch aussteigen, weil doch der Kerl, der in uns hineingefahren war, jetzt an unser Fenster kam, sehr höflich, aber vor Wut schäumend und das Gesicht beinahe violett, und er sagte: »Ja, mein Lieber, so darf man nicht stoppen, wissen Sie, das macht man nicht«, oder etwas Ähnliches, und er zerrte beständig an den Handschuhen, die er trug, obgleich es ein heißer Abend war, und er glotzte mich an, als wollte er mir zu verstehn geben, daß er die größte Lust hätte, mich mit den bloßen Händen in Stücke zu reißen. Und schon hatte sich eine Menge Menschen um uns versammelt, wahrscheinlich weil wir ziemlich viel Lärm schlugen. Nun, ich stieg aus, denn es war wohl nur korrekt, daß ich mich bei dem Burschen entschuldigte, und ich sagte: »Ja, Freund, so ist's eben gegangen.« Da trat er zurück, und er musterte mich von oben bis unten, und er muß wohl eine falsche Schlußfolgerung gezogen haben, denn er ging zu seinem Wagen zurück, knurrte etwas davon, daß ich mein Temperament nicht über mein klares Urteil siegen lassen sollte, nannte mich »Yank« und dergleichen mehr. Und dann streckte er den Arm rückwärts aus, öffnete die Türe, rutschte auf seinen Sitz, drehte das Fenster hinauf und ließ mich einfach stehen. Unterdessen aber war das Pfeifen, das ich die ganze Zeit über gehört hatte, näher und näher gekommen, und da kam einer von den englischen Polizisten gelaufen, die man ›Bobby‹ nennt, mit seinem weißen Hut und den weißen Handschuhen und was sonst dazu gehört, und er hatte die größte Mühe, neben dem Wagen stehenzubleiben, der lustig auf dem Trottoir stand.

Nun, ihr könnt mir glauben, mit dem Bobby war nicht viel los. Er pfiff noch immer, selbst als er endlich stehngeblieben war, und sein

Gesicht war ungefähr ebenso rot wie das Neonlicht auf der Straße, und er schaute sich mit wilden Blicken um und fragte, wem – puh – dieser – puh – Wagen gehörte – puh – und er – puh – sei ihm – Meilen nachgejagt – und wem – puh – der Wagen gehörte...

Was sich dann begab, war, daß Nick und Amy aus dem Restaurant stürzten, sich durch die Menge drängten; und da sahen sie uns alle, und Amy trat zu ihrer Mutter, die noch im Wagen war, und stellte ihr eine Million Fragen, und das alles aus Leibeskräften schreiend. Mittlerweile war ich auch wieder ein wenig klarer im Kopf, sogar ziemlich viel klarer, und ich konnte mir vorstellen, daß ich die nächste Woche in einer Londoner Zelle verbringen würde, und das wäre wohl ein Erlebnis, das ich meiner Schwester Hilda erzählen könnte. Was sie wohl anstellen würde, während sie sich auf ihrem verdammten Schaukelstuhl auf der Veranda hin- und herwiegte!

Nur kam es ganz anders, denn jetzt war Nicks Mutter herangerauscht, flüsterte, wir sollten kein Wort sagen, und dann wendete sie sich zu dem Bobby, der geschäftig die weißen Handschuhe auszog und die Nummer des Wagens und des Führerscheins notierte, und was sie zu ihm sagte, weiß ich noch heute nicht, bis auf das, was ich weiß, weil es am nächsten Morgen in den Zeitungen stand. Dann redete Charl in den Bobby hinein, und er nickte und endlich war er zu Atem gekommen und starrte Charl an, als würde er sie kennen oder hätte sie doch irgendwo gesehen, und da drängte sich ein Mann durch, hob seine Kamera, bat, Miß Hatfield möge doch etwas näher herantreten, was sie mit bezauberndem Lächeln tat, und der Bobby auch, und dann blitzte es auf, und ich war ein, zwei Sekunden geblendet, aber der Mann bedankte sich, und irgendwer im Gedränge klatschte, und bald klatschten alle, und Nicks Mutter lachte, winkte nach allen Seiten und rief: »Schon gut, schon gut, die Komödie ist aus, jetzt wollen wir hineingehn. Weiß Gott, ich brauche ein gutes Glas, ach, wie dringend brauche ich ein Glas, kommt, meine Lieben, Nick wird den Wagen parken, nicht wahr, Nick? Es ist alles in Ordnung, dank der englischen Justiz und der Menschenrechte und so weiter, mein Gott, ich bin ganz verhungert, lauf hinein, Amy, bestell einen doppelten Whisky für die ganze Runde, ach, Harry, du siehst ja so verprügelt aus, und die arme Mrs. Willudh, ach, Sie, armes Lämmchen, ich liebe Sie in alle Ewigkeit, und hier ist unser Tisch, sie hätten einen besseren finden können, aber das macht weiter nichts, Sie sitzen hier, Mrs. Willuhd, Sie sind ja noch ganz grün, daran muß diese schreckliche Beleuch-

tung schuld sein, ganz versteinert sind Sie, armer Liebling, und ich habe in meinem Leben noch keinen solchen Spaß erlebt, ach, Mr. Willuhd, ich liebe Sie innig, aber jetzt verstehe ich, warum Sie sich von der Anonymen Alkoholikerhilfe durch Frankreich führen lassen, und wo, zum Teufel, ist der Whisky?!«
»Anonyme Alkoholikerhilfe?« Katie blinzelte.
»Miß Hatfield«, sagte ich, »hören Sie, AAA bedeutet Automobile Association of America!«
»Kellner!« rief Charlotte, »Kellner, bringen Sie diesem Mann ein Glas Milch, er hat genug gehabt, und jetzt versucht er, das zu verheimlichen, aber Sie müssen sich nicht entschuldigen, Mr. Willuhd, einige meiner besten Freunde gehören zu Ihrer Organisation, so da wären wir, nur Mut, meine Lieben, ach, ihr Willuhds, ich liebe euch alle, und in Paris werden wir Hochzeit feiern!«

Und am nächsten Morgen war es in der Zeitung, das Bild vom Auto und von uns allen, und es war nicht, was man eine schmeichelhafte Photographie nennen kann, doch was darunter stand, das war's, was den größten Wirbel verursachte. Da stand nämlich, dies sei eine Aufnahme der weltbekannten Schauspielerin Miß Charlotte Hatfield, die in der vergangenen Nacht einen kleinen Autounfall erlitten hatte, natürlich infolge der schlechten Straßenbeleuchtung. In ihrer Gesellschaft sei auch ihr Sohn, Nicholas O'Mara, und seine Braut, Miß Amelia Willard aus Amerika, und ihre Eltern, Mr. und Mrs. Henry Willard, die in London angenehme Ferientage verbringen.
Jetzt wußte ich, was Nicks Mutter dem Bobby zugeflüstert hatte ...

6

Ich setzte Katie auseinander, daß, wenn dieses Bild in die Zeitung in Terre Haute käme oder auch nur in die Zeitungen von Indianapolis, wir uns natürlich damit abfinden müßten, daß Amy wirklich verlobt sei, doch in dem Bus, der uns von London zum Flughafen brachte, schüttelte Katie nur immer wieder den Kopf und sah gerade vor sich ins Leere. Nun ist das wirklich sonst nicht Katies Art, und schon gar nicht an dem Tag, da sie unterwegs nach Paris war, und so redete ich denn weiter und sagte, in Terre Haute lese ja kaum ein Mensch regelmäßig Londoner Zeitungen, das dürfte man wohl annehmen,

und selbst wenn es so wäre, würde man uns doch nicht erkennen, so eigentümlich sahen wir auf dem Bild aus. Nun, da lächelte Katie doch ganz leise, und schließlich sagte sie: »Harry, es scheint, daß nicht alles sich so abspielt, wie Mr. Klostermeier und ich es uns zurechtgelegt hatten!« Und da sagte ich, wir hätten doch alles besichtigt, was es in London zu besichtigen gab, oder nicht? Und jetzt, an unserem letzten Morgen, damit wir doch gar nichts versäumten, gab es sogar diesen netten, richtigen Nebel. »Mr. Klostermeier kannst du keinen Vorwurf machen», sagte ich. »Er ist der beste Reiseagent in Terre Haute, und wie hätte er etwas wie Charlotte Hatfield voraussagen sollen?!«
Als wir am Flughafen angekommen waren, hatte sich Katies Aufregung wieder gesteigert, und so achtete ich nicht auf Elliott, der brummte, weil er den ganzen Abend Babyhüter gespielt und dadurch den großen Spaß versäumt hatte; und auch auf Skipper achtete ich nicht, der zu Elliott sagte, er solle doch endlich aufhören, ihn ein Baby zu nennen, sonst würde er ausplaudern, wo er und Elliott den Abend wirklich verbracht hatten. Nun, im Interesse des lieben Friedens beschloß ich, das alles auf sich beruhen zu lassen. Und dann, als wir durch den Zoll gingen und der Mann fragte, ob wir, von den Gegenständen für unseren persönlichen Gebrauch abgesehen, etwas aus dem Lande mitnähmen, da krähte Skipper, wie es denn mit den Geschenken für Tante Hilda und die anderen wäre, und der Mann, der sehr viel zu tun hatte, sah verdrossen drein und ich wahrscheinlich auch, denn er sagte: »Ach, Andenken, na ja ...«, und dann öffnete Skipper den Mund abermals, aber diesmal trat ich ihm auf den Fuß, nicht so fest, daß er geschrien hätte, aber doch fest genug, daß er Atem holen mußte, und unterdessen hatte der Mann unsere Papiere gestempelt und uns entlassen.
Und da waren wir im Flugzeug, und die Motoren brüllten, und nach einiger Zeit rollte das Flugzeug auf das Feld hinaus und hopste, und dann wendete es und blieb stehn, und die Motoren brüllten immer lauter und lauter, und bald ging es los, und wir rollten rascher über den Boden, als ich je in einem Wagen gerollt war, und das Feld glitt hinter uns fort, und wir schauten durch die Fenster, und im Kopf hatten wir die Photos von zerschmetterten Flugzeugen, wenn alle Bestandteile in wüstem Durcheinander herumlagen, und das Brüllen wurde noch immer lauter, als ob das Flugzeug sich Mühe geben würde, aufzusteigen, aber zu schwer geladen hätte oder sonstwas, denn es konnte sich einfach nicht heben, ja, verdammt, es war zu

schwer, das war's, es hatte gar keine Hoffnung und wir auch nicht – nur just in dieser Sekunde schrie Skipper, der mit Elliott vor uns saß: »Wir steigen!« Und richtig, wir stiegen, wir waren über dem Boden und schauten hinunter. Katie drehte sich zu mir, sah mich an und lächelte gewissermaßen erleichtert, und Elliott vor uns sagte abschätzig – doch das bewies nur, daß er auch erleichtert war: »Da hätt' ich's besser gemacht!«

Nun, ein paar Minuten lang war es ganz lustig, auf die englische Landschaft hinunterzugucken, wie sie so sauber und wohlgemustert da lag, mit Feldern und Hecken und schmalen Straßen, aber ich erinnerte mich, daß ich mir vorgenommen hatte, zwischen London und Paris die ›Umrechnungstabelle für Währungen‹ zu studieren und mich von Schillingen und Pfunden auf Franc umzustellen. Das wäre auch eine gute Gelegenheit, meinte ich, ein paar alltägliche französische Sätze zu lernen, und so fing ich an. »In diesem Heft«, las ich, »werden Sie Wörter und Sätze finden, mit denen Sie fast jeder Lage gewachsen sind, in die Sie während Ihres Besuchs in Frankreich geraten können.« Nun, da hatte ich genug, denn schon damals wußte ich, daß dieses Buch log. Hätte ich damals gewußt, was ich heute weiß, so hätte ich das Buch wahrscheinlich in den Kanal geworfen und nicht meine Zeit damit vergeudet. Sehr weit kam ich nicht, gerade nur bis *S'il vous plaît*. Gerade wollte ich Katie fragen, wie man das aussprach, als ich weiter unten auf der Seite fand, wie man die verschiedenen Wörter aussprechen sollte. Die Aussichten, daß ich auf diesem Flug Französisch lernte, waren nicht gerade glänzend, und, um ganz ehrlich zu sein, ich war recht froh, als die Stewardeß mit dem Mittagessen und Wein kam und ich das Büchlein wieder in die Tasche stecken mußte. Und als sie wiederkam und das Tablett holte, da wurde auch schon das Zeichen gegeben, daß man die Gürtel umschnallen solle, und so wußte ich vom Französischen nichts als *Je ne comprends pas*, und das konnte ich nicht aussprechen, und so blieb mir nichts übrig, als zu hoffen, daß ich damit jeder Lage gewachsen sein würde, in die ich während meines Besuchs in Frankreich geraten könnte.

»Harry, sieh doch! Kinder! Elliott! Amy! Skip – seht doch!«

Katie hatte das Gesicht an die Scheibe gepreßt, und sie zog an ihrem Gürtel. Offen gestanden, von meinem Sitz neben dem Mittelgang konnte ich nicht viel sehen, aber es tat mir gut, wenn ich Katies Gesicht sah.

»Da ist er!« sagte Amy, und dann schnallten Skipper und Elliott ihre

Gürtel los, gingen zu Amy hinüber und schauten aus dem Fenster, während Katie neben mir ziemlich hilflos hinuntersah. Doch da machte das Flugzeug eine Wendung, und Skipper und Elliott hasteten auf ihre Plätze zurück, und diesmal sagte Katie: »Kannst du ihn sehen, Harry?«

»Es ist eine große Stadt«, sagte ich.

»Nicht die Stadt, Harry, nicht die...«

Doch da sah sie mich an und merkte, daß ich sie neckte, und sie lächelte, doch selbst während sie lächelte, war es ein wenig feucht in ihren Augen, als sie sich jetzt wieder zum Fenster drehte und das Flugzeug immer niedriger und niedriger über die Pariser Dächer flog. Und da, ganz in der Ferne, konnte ich ganz schnell den Eiffelturm erblicken.

Um euch die pure Wahrheit zu sagen – die Landung, der Zoll und alles Drum und Dran, das ist in meinem Geist so ziemlich verwischt, und darüber bin ich froh. Ich konnte kein Wort von dem verstehn, was irgendwer zu mir sagte, und diese Franzosen regen sich gleich über jede Kleinigkeit auf. Sie waren nicht viel anders als Skipper, wandten sich dahin und dorthin, einer sagte etwas zum andern, und der grinst und sieht einen an, als hätte man vergessen, die Hosen anzuziehen.

Nun, anfangs drehte ich mich zu Amy und Katie, und eine von ihnen sagte etwas wie, er möge doch dieses oder jenes Wort wiederholen oder langsamer reden, und dann holte der Mann tief Atem, seufzte, als hätte er ein Höllenleben, und dann spuckte und schnurrte und ratterte er die Wörter noch einmal, und ich sah, wie erst auf Katies Gesicht ein Ausdruck vollkommener Verständnislosigkeit erschien und dann auf Amys Gesicht, und jetzt wußte ich, daß wir erledigt waren, bevor wir noch angefangen hatten. Der einzige Trost war, daß Amy und Katie, die alle beide Französisch konnten, nicht einen Cent besser dran waren als ich. Doch dann und wann stießen wir auf einen, der Amy gründlicher musterte, weitergehn wollte, sich aber umdrehte und sie noch einmal ansah, und dieser Bursche ließ sich Zeit, um mit uns zu reden, besonders mit Amy, er nickte, wenn sie etwas sagte, und dann antwortete er, sprach jedes kleinste Wort langsam und sorgfältig aus, und die ganze Zeit über glänzten seine Augen, und er musterte sie ununterbrochen von oben bis unten. Das Ergebnis der ganzen Geschichte war, daß ich mich noch nie in meinem ganzen Leben so hilflos gefühlt hatte. Sogar Skipper war ganz demütig und verdutzt, und

Elliott stand abseits, den Kopf hoch, und schaute in die Ferne, als ob er die Sprache sehr genau kennen würde, alle Sprachen sogar, wenn er sich nur in ein Gespräch einlassen wollte, aber er würde doch zuerst diese ordinären Touristen vorüberlassen. Das war gewöhnlich so seine Art. Ich konnte darüber lächeln, doch deswegen fühlte ich mich an jenem Tag um nichts wohler. Besonders als der eine Träger, unser Gepäck unter dem Arm, mir beständig auf französisch eine Frage stellte und ich ihm auf englisch zu erklären versuchte, daß wir gern in den Wartesaal gehen würden, weil die Schwester meiner Frau uns dort erwartete. Der Träger schaute mich an, während ich sprach, und nickte und nickte, als ob er mich verstanden hätte, und sobald ich fertig war, kam er wieder mit seiner Frage, von der ich, zum Teufel, nichts begriff. Ich stand da, schüttelte den Kopf, zuckte die Achseln, schlenkerte mit den Armen, bediente mich der Zeichensprache, bis Katie endlich sagte: »Harry, du siehst jetzt genau aus wie ein Franzose – wenn du nur auch Französisch reden könntest!«

Und dann entdeckte sie ihre Schwester Elsie, und nun war die Hölle los. Elsie stand hinter einer kleinen Menschenansammlung auf den Fußspitzen, und sie winkte und schrie *allo* und *Katherine*, und dann drängte sie sich durch die Leute, und sie umarmte Katie, und Katie umarmte sie, und was gab es da für ein Hallo, für ein Küssen und Lachen und Weinen, und der nette kleine Träger stand daneben, und die andern Franzosen sahen zu. Mit der Zeit beruhigten sich alle. Der Träger zuckte die Achseln, wie sie das drüben gern tun, hob die Brauen und sagte etwas auf französisch, was ich, mit Recht oder Unrecht, als »Gefühlvolle Leute, diese Amerikaner« auslegte. Jedenfalls hatte es die Wirkung, daß die andern alle lachten und nickten und uns anstarrten, während Elsie jedem von uns, plötzlich ganz zeremoniell und höflich und kühl, die Hand schüttelte. Ich konnte gleich merken, daß sie bei den Kindern Erfolg hatte, weil sie sie einfach hinnahm und nicht viel Wesens mit ihnen machte, aber ich war selber viel zu überrascht, als daß ich mir darüber große Gedanken gemacht hätte. Und überrascht war ich, weil ich Elsie ganz anders in Erinnerung gehabt hatte, ein leichtsinniges, fahriges Ding mit flatterndem Haar und wild und immer außer Atem und immer in Eile; diese Elsie aber, diese fremde Frau, war kühl wie eine Gurke – wenn man davon absieht; wie sie Katie empfangen hatte. Sie war gekleidet, wie die Frauen in Modezeitschriften gekleidet sind, tadellos, allzu tadellos, gepflegt und schlank, wie die Puppen,

die man in den Auslagen sieht. Und wie sie sich zum Träger wandte und mit ihm redete, in flinkem Französisch, selbstsicher und entschieden, ja, da blieb Katie sozusagen der Atem weg, wenn sie auch versuchte, sich das nicht anmerken zu lassen, aber ich sah doch, wie sie auf dem ganzen Weg bis zum Wagen ihre Schwester beobachtete. Während ich mich noch mit den französischen Banknoten plagte, die ich am Morgen im Hotel in London erstanden hatte, sagte Elsie: »Das alles ist schon erledigt, Harry«, und der Träger griff an die Mütze und sagte: «*Merci, M'selle*«, und verzog sich, aber ich hatte nie gesehen, wann sie ihn bezahlt hatte. Noch bis zum heutigen Tage weiß ich nicht, wie sie das gemacht hat.
Irgendwie drängten wir uns alle in ihren kleinen Wagen, ich die Beine eingezogen, und so fuhr Elsie uns zu unserm Hotel. Nun, und da muß ich euch doch sagen, daß selbst meine Fahrt durch London in der Nacht zuvor mich nicht auf Paris vorbereitet hatte. Ich glaube nicht, daß der Pilot eines Düsenflugzeugs mit sämtlichen Auszeichnungen der Luftwaffe seine erste Fahrt durch Paris wagen könnte, ohne zu wünschen, er wäre doch lieber noch mit vier- oder fünfhundert Meilen in der Stunde oben am Himmel, wo es keine Velos und keine Taxis gibt. Und als Elsie steuerte, da wußte ich, daß dem Flieger so zumute sein mußte. Sie trat auf den Gashebel und fuhr durch die Straße, als ob es das Selbstverständlichste auf der Welt wäre, binnen dreißig Sekunden auf fünfzig Meilen zu kommen und den Wagen in Lücken hineinzumanövrieren, die es gar nicht gegeben hatte, bevor man durch war. Und glaubt nur ja nicht, daß alles Elsies Schuld war. Nein, es verhält sich so, daß, nach London, wo jeder doch anscheinend noch einen Hauch von Rücksicht auf das Menschenleben nimmt, Paris das reinste Dschungel ist. Wenn ihr euch je, wie mir das zugestoßen ist, darüber gewundert habt, daß die Franzosen ununterbrochen ihre Regierungen wechseln, so werdet ihr das sehr rasch begreifen, sobald ihr erst einmal eine kurze Fahrt durch Paris gemacht habt. Es ist nicht eigentlich ein Chaos, aber man versteht doch, was das Wort Anarchie bedeutet. »Alles für mich und zum Teufel mit dir!« Und wenn du selber nicht so fährst, so rennst du gegen einen Laternenpfahl, und die Leute zucken nur die Achseln. Elsie kannte jedenfalls alle Schliche. Offen gestanden, viel habe ich von Paris nicht gesehen, gerade nur die Motorhauben der Taxis, die auf uns zustürmten, und Velos, die in alle Richtungen davonstoben und dann und wann zehn Sekunden lang ein Stückchen freien Raum, wo ich Atem schöpfen konnte, aber

Elsie lenkte fast die ganze Zeit nur mit einer Hand, wies mit der andern auf allerlei Sehenswürdigkeiten, und das alles so leichthin, so kühl, als würde sie über die graden, flachen Straßen bei uns daheim rollen.

Amy fragte, wo denn die Hupen seien, und Paris sei doch nicht Paris ohne Hupen, aber Elsie erklärte, das sei jetzt verboten. Nun, Amy war enttäuscht, aber ich möchte nicht sagen, daß ich darin ihrer Ansicht war. Wenn die Fahrer hier auch noch tuten würden, so wären wir nie bis zu unserem Hotel gekommen, dafür kann ich mich verbürgen. »Die Musik hat Paris verlassen, *ma chérie*«, legte Elsie das aus, und es klang richtig traurig.

Vor dem Hotel, in einer schmalen Seitengasse schlüpfte sie auf einen Parkplatz, der eigentlich gar nicht vorhanden war, und Elliott pfiff und fragte sie, was sie eigentlich für einen Beruf habe, und sie sagte, sie arbeite für einen Parfumexporteur, und da sagte er, wenn sie je eine Arbeit in den Vereinigten Staaten haben wolle, würde er sich darum kümmern und ihr Manager werden, denn sie würde die beste Autorennfahrerin der Welt abgeben. Und dann sprang Skipper heraus und sagte zu mir, ich könnte noch einiges bei Tante Elsie lernen, und das sollte ich doch auch tun. Elsie selber aber sagte: »Tut mir leid, daß es so lange gedauert hat, aber jetzt ist die schlimmste Verkehrsstunde des Tages.«

Als wir ins Haus gingen, flüsterte Katie mir zu: »Harry, du hast Elsie ja schon früher gekannt; bist du auch sicher, daß sie es ist?«

Ja, es sah wirklich so aus, als ob das nicht Elsie wäre. Sie hieß übrigens nicht mehr Elsie, sondern Elise, so nannte sie hier jedermann, denn ihr Name war ihr immer zuwider gewesen, es klang doch so wie der Name einer Kuh. Fand Katherine das nicht auch? Unterdessen waren wir in unseren Zimmern angelangt, nachdem wir durch die Halle gegangen waren, wo der Angestellte an seinem Pult alles tat, um Elsie gefällig zu sein – natürlich auf französisch – wo es einen Concierge gab, der sich um die Schlüssel und um die Post kümmert; und dann fuhren wir in einem kleinen, altmodischen Lift mit einem verzierten Gitter in unser Stockwerk hinauf, von wo aus wir über die Dächer von Paris schauten, und ich fand, daß wir sehr nett untergebracht waren, mit zwei großen Schlafzimmern, einem Wohnzimmer, zwei Badezimmern, wo ein Regiment Platz gehabt hätte, und auch Wandschränke gab es mehr, als wir brauchen konnten. Doch nachdem Elsie erklärt hatte, daß sie wirklich Elsie war, machte sie einen kleinen Rundgang, hob die

Augen zur Decke, zuckte die Schultern und sagte: »Das ist ja unmöglich! Ihr müßt bei mir wohnen. Ich habe unendlich viel Platz. Hier werdet Ihr euch elend fühlen! Elend!«
Doch Katie erwiderte, nein, sie fände es recht behaglich, schließlich meinte sie, sei es ja nur für ein paar Tage, und dann wollten wir nach dem Süden fahren.
Und gerade da läutete das Telephon. Oder vielmehr, es läutete eigentlich nicht. Es schrillte. Alle sprangen auf, nur Elsie nicht, und nun schrillte es weiter, und es war, wie wenn einem ein Messer einen Nerv durchschneidet, und so ging ich an den Apparat und meldete mich, und irgendwer, ein Frauenzimmer, begann französisch zu plappern, ganz schnell und mit einem Fragezeichen am Ende, und Katie sagte mir ins Ohr *»Parlez-vous anglais?«* und das wiederholte sie, bis ich gar nicht wußte, was ich sagen oder tun sollte, und da nahm Elsie das Telephon, und ich wandte mich zu Katie um, während Elsie einen Wasserfall ins Telephon rauschen ließ, und Katherine sagte: »Harry, du mußt lernen zu fragen, ob die Leute englisch sprechen.« Und so lernte ich auf der Stelle diesen einen Satz und behielt ihn auch.
Dann drehte Elsie sich zu uns um und sagte, es sei jemand unten, ein Freund von ihr, und er komme gleich herauf. Er sei Schriftsteller, Romancier, und sein erstes Buch sei eben in Amerika erschienen, er habe Rezensionen aus Amerika erhalten, und man nenne ihn dort einen neuen F. Scott Fitzgerald. Ob das nicht wunderbar sei?! Ja, ja, er wohne in Paris, und uns würde er riesig gefallen; er könne es nicht ertragen, nach Amerika zurückzugehn, sagte sie, er finde, die Atmosphäre sei drüben für sein Talent geradezu verheerend. So ging das noch eine ganze Weile, und Katie sah mich an und nickte, als wollte sie sagen, ihre Schwester schwatze nur deswegen so ununterbrochen, weil sie – nun ja – verliebt war. Wunderbar, nicht? Und ich merkte, wie Katie sich im Geist Notizen machte, um ihren Leuten daheim Bericht erstatten zu können. Nun, wenn ich ganz ehrlich sein soll, als dieser Arthur Pope auftauchte, machte er mir keinen allzu großen Eindruck. Gewiß, er war ein ganz netter Kerl, aber er war just der Typus, der mir nicht sympathisch ist. Warum er einer Frau gefallen konnte, das war leicht zu erkennen. Er war groß und weltgewandt und höflich, daß es für drei Männer ausgereicht hätte; er küßte Elsie, dann schüttelte er jedem von uns die Hand, ließ sich von Elsie unsere Namen vorsagen und wiederholte sie. Aber es war doch etwas an ihm, das mir im Grunde nicht gefiel. Und

zwar gleich von Anfang an. Er hatte ein schmales Gesicht mit einem Ausdruck, den man empfindsam zu nennen pflegt, und er sah aus, als wäre er früher einmal vielleicht Sportler gewesen, doch was mir zuerst auffiel, war, daß er ein wenig gar zu erfreut war, uns kennenzulernen, wenn ihr versteht, was ich damit sagen will. Sein Händedruck war ein wenig zu fest, und sein Lächeln war ein wenig zu strahlend, und zunächst meinte ich, er sei vielleicht nervös, und das konnte ich gut verstehn, denn so geht es mir sehr oft, doch nach einigen Minuten entdeckte ich, daß es mehr eine Komödie war als sonst was. Dieses leichte Zaudern war anfangs wirklich sympathisch, aber sehr bald nützte es sich ab. Auch hatte er einen Schnurrbart, nicht diesen Strich auf der Oberlippe, wie manche ihn tragen, und er hatte die Gewohnheit, ihn mit dem Finger glattzustreichen, erst die eine Seite, dann die andere. Nein, von seinen Rezensionen wolle er nicht sprechen; sie seien gerade mit der Luftpost angekommen, so wenigstens sagte er. Aber Elsie bestand darauf, und wir alle mußten sie lesen. Und in einigen Zeitungen war auch sein Bild, nur daß er auf dem Bild so was sie ein verschlissenes Unterhemd trug, und hinter ihm war ein hohes, spitziges Fenster, und das alles sah sehr gestellt und unecht aus. Soviel ich den Rezensionen entnahm, handelte sein Buch von Menschen, die in Europa lebten, weil das Leben hier frei war, wirklich frei, oder wie ein Rezensent das darstellte: »Mr. Pope beharrt nachdrücklich darauf, daß seine Gestalten sich keinem festen Kodex fügen, doch unglücklicherweise zeigt uns Mr. Pope, daß sie sich einem Kodex fügen, den vor dreißig Jahren Mr. Popes Vorgänger in der selbstgewählten Verbannung aufgestellt haben. Diesem neuen Autor zufolge geht die Sonne noch immer auf, und sein erstes Buch dürfte in der Heimat, die er verschmäht, großen Erfolg haben.«
»Sieht doch aus, als ob Sie einen Haufen Geld verdienen würden«, sagte Elliott, und Pope lächelte erheitert und meinte: »Das ist wirklich nicht so wichtig«, und dann wandte er sich zu Elise und sagte: »Du weißt, was das bedeutet, nicht wahr?« Und Elise verzog die Brauen und schüttelte den Kopf; sie wolle jetzt und hier nicht darüber reden, und dann sah auch Pope verdrossen drein, aber nach ein, zwei Sekunden hatte er sich wieder in Gewalt, schüttelte jedem die Hand, auch Skipper, der ungefähr ebenso beeindruckt war wie ich selber, und dann ging er. Vorher sagte er noch etwas davon, daß er Elise später bei sich sehen wolle.
Nun, ich merkte wohl, wie Katie sich fragte, was ihre Schwester

wohl bei ihm zu suchen habe, doch sie sagte nichts, und dann, während wir andern uns in die Badezimmer verzogen, schwatzten die beiden lange über Katies Mutter und Vater, und wie enttäuscht sie darüber seien, daß Elsie nicht häufiger schrieb. Da hatte Elsie einen harten Zug um den Mund, und sie sagte, sie schreibe, so oft sie Zeit habe und etwas mitzuteilen wüßte. Da zwinkerte Elsie mir zu, ich solle sie doch allein lassen, und das tat ich auch, aber vorher signalisierte ich ihr auch mit den Augen, daß Elsies Leben Katie nichts angehe, und daß wir nicht mit einer Mission nach Paris gekommen seien. Und dann nahm ich ein Bad, und nachher fühlte ich mich tausendmal wohler, denn nun besann ich mich darauf, daß wir in Paris waren, wirklich in Paris, daß wir das nach besten Kräften ausnützen, nicht aber uns in Elsies Probleme verwickeln lassen sollten!

Nun, als Elsie fort war, sagte Katie: »Ich glaube nicht, daß sie glücklich ist; das arme Kind!« Und ich meinte, soweit ich das beurteilen könne, sehe sie ganz glücklich aus, doch Katie schüttelte den Kopf und fragte, ob ich den Blick in Elsies Augen bemerkt hatte, wenn sie Skipper ansah und die andern Kinder, aber besonders Skipper, und ich sagte, der Teufel solle mich holen, wenn ich das bemerkt hätte; obgleich Elise hungrig ausgesehen habe, aber nur hungrig, weil sie nicht genug aß, um sich ihre Figur nicht zu verderben, die übrigens, so sagte ich, im Vergleich mit Katies Figur nicht viel vorstellte, denn Katie sei wohlgepolstert, und man sehe ihr an, daß sie richtig lebe, nicht aber für Modezeitschriften Modell stehn müsse. Nun, das versetzte Katie in bessere Stimmung, sie lächelte ein wenig und sagte: »Sind alle bereit? Wo seid ihr denn?«

So gingen wir denn hinunter und durch die Halle, und Skipper fragte, was denn dieses Extra-Klosett im Klosett zu bedeuten habe, und Katie sagte, er solle still sein, und gab ihm einen kleinen Puff, aber Skipper schaute noch über die Schulter zurück, als wir aus der Tür gingen, und sagte, wenn es für einen Mann bestimmt sei, so sei es falsch konstruiert, und Katie sagte abermals, er solle doch schweigen, und Amy sagte, es sei nicht für einen Mann bestimmt, er möge also den Mund halten. Damit war, soviel ich weiß, die Sache erledigt, wenn Skipper nicht etwa nachher Elliott unter vier Augen befragt und Elliott ihm erklärt hat, wozu ein Bidet da sei; und, wie ich Elliott kenne, hat er das auch getan.

Nun, kein Mensch durfte fragen, wohin wir gehn wollten, nicht bevor Katie es dem Chauffeur gesagt hatte, denn es gab nur eines, was wir an unserem ersten Nachmittag in Paris besichtigen mußten. Es sah aus, als ob wir nie hinkämen, doch nur deswegen, weil unser Chauffeur genau war wie Elise, nur nervöser, und er beständig aus dem Fenster den andern Chauffeuren allerlei zuschrie, die genau das taten, was er selber tat – und das war: Fahren, als ob sie alle zuviel getrunken hätten. Ich aber lehnte mich zurück, schaute aus dem Fenster und sagte: »Wenn ihr den Verkehr beobachtet, so werdet ihr in Paris um zehn Jahre älter werden. Tut, als wärt ihr auf einer Berg- und Talbahn und hofft zu Gott, daß der Wagen nicht aus seiner Bahn springt.« Und so hielt ich es von da an in den Pariser Taxis, und nach einer Weile gewöhnt man sich daran, und vielleicht macht es einem sogar Spaß.

Als wir in dem kleinen Aufzug fuhren, der einem schon den Eindruck von Höhe und Unsicherheit vermittelt, bevor er noch angefangen hat, sich zu bewegen, wandte Katie sich zu uns und sagte, sie müsse uns ein Geständnis machen; sie wolle niemanden die Freude verderben, aber sie meine, sie werde doch auf der ersten Plattform aussteigen, wenn wir nichts dagegen hätten. Da begannen alle zu schreien, und ich sagte, ich hätte gar nicht gewußt, daß ihr die Höhe etwas ausmache, und sie sagte, das sei auch wirklich das erste Mal, daß ich ihr Gelegenheit gab, ein Wort darüber zu sagen. Dann bettelten die Kinder, sie solle doch wenigstens bis zur zweiten Plattform fahren, die ja noch lange nicht die oberste sei, doch Katie begann, den Kopf zu schütteln, und ich wußte, was das zu bedeuten hatte, und stieg bei der ersten Plattform mit ihr aus. Und wenn ihr die Wahrheit wissen wollt – ich glaube, daß schon das ein wenig zu hoch für sie war, denn sie trat ans Geländer und schaute hinunter, und dann wurde sie ein wenig blaß und hatte so ein seltsames, schwaches Lächeln, und ich sagte, weiß Gott, man lerne doch jeden Tag etwas zu. Doch der schwarze Stahl sah wirklich ein wenig zerbrechlich aus, und man konnte schon hier ein leises Schwanken spüren, wie es also weiter oben war, das konnte ich nicht sagen. Aber jedenfalls war es angenehm, eine Weile mit Katie allein zu sein. Noch wußte ich nicht, daß die andern drei auch den Mut verloren hatten und auf der zweiten Plattform ausgestiegen waren, und dort standen sie jetzt, gerade über uns.

Zufällig schaute ich hinauf, und da wollte mir das Herz aus der Brust springen. Oben war Elliott mit der Kamera am Auge, hing gewissermaßen aus dem schwarzen Stahl heraus und hielt sich nur mit den

Beinen fest! Auf der Aufnahme, die Elliott damals machte, sehe ich aus, als wollte ich just verrückt werden, und weit davon war ich wohl auch nicht. Ich begann, die Arme zu schwenken und zu schreien, er solle doch aufhören, doch Elliott drehte an der Kamera und hielt sie wieder ans Auge und beugte sich noch weiter vor, um deutlicher zu sehen. Und dann zeigte er hinunter, aber anfangs achtete ich nicht darauf, weil ich immer wieder hinaufzeigte, um ihm verständlich zu machen, er solle sich zurückziehen, dann aber warf ich einen Blick hinunter, weil ich doch wissen wollte, was es da zu sehen gab, und was ich unten auf der Straße sah, war der kleine rote Sportwagen, der am Randstein stand.

»Harry, was gibt's?« fragte Katie.

Und ich zeigte es ihr, und zwei Sekunden lang dachte ich nicht einmal an Elliott. Ich wies auf die Gestalt, die vom Wagen zum Eingang des Turmes ging. In der Sonne und mitten unter den andern dunklen Köpfen dort unten glänzte Nicks rotes Haar wie ein Leuchtfeuer.

»Ich trau mich nicht, hinunterzuschauen«, sagte Katie. »Aber ich glaube, ich weiß schon ...«

Nun, Elliott mußte es wohl Amy gesagt haben, denn jetzt gab es einen schrecklichen Wirbel, Nick fuhr herauf, und Amy fuhr hinunter, ihm entgegen, und die beiden trafen sich auf der Plattform, wo Katie und ich standen. Deutlich zu merken war nur, daß Amy wütend war. Nick begrüßte uns, aber sein Herz war nicht dabei, er sah sehr müde aus, hatte Schatten unter den Augen, und rasiert hatte er sich auch nicht. Und Amy beschloß, daß sie überhaupt nur mit Katie reden wollte, und so fragte sie Katie, ob das dort unten die Seine sei, und ob Katie auch den Arc de Triomphe gesehen habe; und Nick stand daneben und starrte sie an, bis der Junge mir leid tat, und so fragte ich ihn, ob die Fahrt angenehm gewesen sei, und er sagte, nein, er sei die ganze Nacht durchgefahren, habe das Fährschiff genommen, aber auch dort nicht schlafen können, und als er in Paris ankam, sei er in unser Hotel gegangen, doch er wußte, wenn wir nicht dort waren, würden wir hier sein, und so sei er sofort hierhergekommen, ohne sich auch nur zu rasieren, und jetzt, jetzt, jetzt! Nicht einmal reden wolle sie mit ihm! Da fragte ich ihn, ob er zufällig das Morgenblatt noch nicht gesehen hatte, und er sagte, nein, er habe London verlassen, bevor es auf der Straße zu haben war, nur um so schnell wie möglich herzukommen, und jetzt, jetzt, jetzt! Als ob er nicht auf der Welt

wäre! Und die ganze Zeit über öffnete und schloß er die Hände. Da zeigte ich ihm den zerknitterten Zeitungsausschnitt, den ich in der Tasche hatte, und es war, als wollten ihm die Augen aus dem Kopf rollen, er packte den Fetzen, zerknäulte ihn, warf ihn zähneknirschend über die Brüstung, und dann ging er zu Amy, die noch immer auf ihre Mutter einredete, und er nahm sie bei den Schultern und drehte sie um und fing ganz schnell zu reden an. Er wisse von all dem nichts, und es tue ihm leid, und sie seien natürlich nicht verlobt, und an allem sei seine Mutter schuld, aber Amy könne ihm doch keinen Vorwurf daraus machen, was seine Mutter angerichtet hatte. Das sei nicht gerecht!
Amy sagte: »Ich weiß gar nicht, wovon Sie reden!«
»Darüber rede ich«, rief Nick, und dann wurde ihm bewußt, daß er den Zeitungsausschnitt weggeworfen hatte; das ließ ihn eine, zwei Sekunden verstummen, dann aber redete er weiter: »Jeder Mensch weiß, daß wir nicht verlobt sind. Ich werde die Zeitung zwingen, einen Widerruf zu bringen. Warum bist du denn so böse mit mir? Gestern abend in London warst du nicht so. Du und ich, wir wissen ja, daß wir einander nicht heiraten!«
Da sah Amy ihn an, sehr langsam, sehr genau, ihre Augen wurden schmal, und schließlich sagte sie, ruhig, aber scharf wie eine Messerschneide: »Das ist richtig. Du willst ja nichts vom Heiraten wissen, nicht wahr?«
Damit drehte sie sich um und lief und zwängte sich in den Lift, gerade als die Tür sich schloß, und Nick lief hinter ihr her und riß die Lifttür auf, während der französische Wärter schrie und die Arme in die Luft warf, und dann verschwanden die beiden in die Tiefe.
»Ist das nicht töricht, Harry?« sagte Katie. »Seit Jahren habe ich davon geträumt, und jetzt trau ich mich nicht, hinunterzuschauen.«
Aber ich hatte die Augen offen, und es dauerte nicht lang, da kam Amy heraus, ganz allein und ging nicht dorthin, wo der Wagen stand, sondern in die entgegengesetzte Richtung, und dahinter kam Nick und ging zu dem Wagen und drehte sich nicht einmal nach Amy um.
»Warum ist Amy eigentlich so aufgeregt?« fragte ich. »Warum benimmt sie sich so gegen Nick?«
Katie lächelte nicht, sie sah nachdenklich drein. »Das könntest du dir ausrechnen, Liebster.«
Ich beobachtete, wie Nick seinen Wagen um die Ecke lenkte und

zwischen Autobussen und Taxis durchschlüpfte, bis er Amy eingeholt hatte, die über die Brücke ging. Ganz langsam fuhr er neben ihr her, und Amy wandte ihm nicht einmal den Kopf zu.

»Du glaubst doch nicht, daß Amy sich einredet, sie sei in diesen unnützen Rotschädel verliebt?« fragte ich Katie.

»Nun«, meinte Katie, »ich wünschte nur, Nick hätte ihr nie gesagt, daß er nichts vom Heiraten hält. Du weißt, wie Amy immer hinter allem her ist, was sie nicht haben kann.«

Unten blieb Amy jetzt endlich stehen, stand sekundenlang ganz steif und starr, dann riß sie die Tür von dem Sportwagen auf, warf sich auf den Sitz neben Nick, und fort war der kleine rote Wagen, schob und drängte sich durch den Verkehr.

»Seit ich seine Mutter kenne«, sagte Katie, »wußte ich, daß du recht hattest, Harry. Das würde nie klappen. Er würde Amy unglücklich machen. Sie ist schon jetzt unglücklich, glaube ich.«

Und just damals und dort, auf dem Eiffelturm war ich, daß ich die Idee hatte, die Katie brillant nannte, und die ich selber recht gut fand. Wir hätten früher daran denken sollen, das war's, was Katie sagte, so aufgeregt und erfreut und erleichtert war sie. Wir stellten fest, daß Amy alt genug war, um selber zu einem Entschluß zu kommen, wie sie es ja schon zu tun angefangen hatte, und unsere Sache war es, die beiden möglichst viel zusammenkommen zu lassen, und auch von Nicks Mutter sollte Amy möglichst viel zu sehen bekommen. Auf unsere Art, wenn auch selbstverständlich nicht auffällig, würden wir die beiden gewissermaßen einander zuschieben. So würde Amy bald darauf kommen, daß ein Bursche, der nichts vom Heiraten hielt, ein Bursche mit Nicks verrückten Familienverhältnissen und allem Drum und Dran – kurz, Amy würde nicht lange dazu brauchen, um zu erkennen, daß sie so einen Burschen nicht heiraten konnte. Sie würde selber begreifen, daß es unmöglich war, und dann würde sie, wie Katie sagte, mit einer bitter-süßen Erinnerung heimkommen, aber ohne wirkliches Bedauern.

»Genauso wird es sich abspielen, Harry. Paß nur auf! Genauso wird es geschehen. Amy soll nur selber zu einem Entschluß kommen. Mir ist's gleich, wie ihr zumute ist, wenn sie beisammen sind. Mir ist's gleich, wenn sie einen Kurzschluß spürt, wie sie sagt; unsere Amy ist viel zu gescheit, um sich von so etwas ihr Leben ruinieren zu lassen.«

Und so, als mittlerweile Skipper und Elliott heruntergekommen waren, fühlten wir beide uns recht wohl und erleichtert. Elliott sagte, er habe die ganze Szene auf seinem Film, und von dort oben her sei es recht dramatisch gewesen. Elliott meinte, er habe festgestellt, was er zu tun habe, sei, nach Hollywood zu gehn; dort würde er es sehr weit bringen.

»Nun, Ell«, sagte ich, »wenn du noch mehr von deinen verteufelten Tricks anstellst, wirst du es dazu bringen, ein Klecks auf dem Pariser Pflaster zu sein.« Und dann sagte Skipper, davon hätte er gern eine Aufnahme. Und ich sagte: »Gehen wir doch auf eine von diesen Caféterrassen und sehen wir uns die Leute an, die vorüber bummeln.«

»In Frankreich«, sagte Skipper, »trinken alle Kinder Wein; vom Tag an, da sie gehn können. Wenn wir in Rom ...«

»Wir fahren diesmal nicht nach Rom«, unterbrach ich ihn.

»Die Milch ist hier nicht pasteurisiert«, warnte er. »Du willst doch nicht, daß ich krank werde?«

»Trink Coca-Cola!«

»Coca ist mit französischem Wasser gemacht, und Mutter sagt, wir dürften nichts trinken als Wasser in Flaschen.«

»Das ist auch das Richtige für dich, Skip. Wasser in Flaschen.«

Darauf erwiderte Skipper »Hugh!«, und dann fuhren wir hinunter, und diesmal beobachtete ich Katie im Aufzug sehr genau, denn die Fahrt wollte überhaupt kein Ende nehmen. Sobald wir draußen waren, sagte Katie: »Gehen wir zu Fuß!« Und ich war so froh, als ich sie wieder reden hörte, daß ich keinen Einwand erhob, was allerdings auch nicht viel genützt hätte, aber Elliott murrte, bis ich ihm fest auf den Rücken klopfte und sagte, diesmal lasse er sich aber sehr viel Zeit, wir seien doch schon mehr als drei Stunden in Paris, und noch immer habe er kein Püppchen gefunden. Ob er denn kein Glück mehr habe. Doch Skipper sagte, oben auf der zweiten Plattform sei ein blondes Mädchen mit Sommersprossen und in einem rosa Sweater gewesen, vor der Elliott sich aufgespielt habe. »Was glaubt ihr denn? Elliott würde sich wegen der Aufnahmen vom Turm stürzen? Meint ihr wirklich, daß Elliott so viel am Filmen liegt? Er hat sogar ihre Adresse. Sie ist aus Paducah in Kentucky.«

Ein paar Häuser weiter fragte Elliott: »Was ist das denn für ein Geruch!« Und dann kamen wir näher und näher, bis wir schließlich davor waren, und was sahen wir da, an dieser belebten Straßenecke? Eine von jenen runden, kleinen Bequemlichkeiten, die in Paris am Randstein aufgestellt werden oder auch einfach aufs Trottoir, und man kann die Beine der Männer sehen, die drin, hinter diesem Metallverschlag stehen, und draußen sind Reklamen zu lesen, meist für Getränke. Skipper fand das eine großartige Idee und erklärte, er müsse dort verschwinden, nur Elliott meinte, ihm fiele es nicht ein, Skipper zu begleiten, und so mußte ich denn herhalten, und das tat ich auch. Nachher sagte Katie, hoffentlich hätte ich ihn doch nichts berühren lassen, und Skipper sagte, es sei eine famose Idee, diese Standorte auf der Straße, und das sollte man in Terre Haute auch haben, aber Katie sagte, die Sache sei nun erledigt. »Das nächste Mal denkst du daran, bevor wir aus dem Hotel gehen, junger Mann!«

An jenem Abend lernten wir unsern ersten Franzosen kennen. Damit will ich sagen, wir lernten den ersten Franzosen kennen, mit dem wir reden konnten, weil dieser Franzose englisch sprach. Und er sprach es auf eine so interessante Art, daß es ein Vergnügen war, ihm zuzuhören. Wir gingen mit Elise zum Abendessen, und natürlich erwarteten wir, sie werde ihren Freund, den Schriftsteller mitbringen, diesen Pope, doch statt dessen stellte sie uns in der Hotelhalle einen gewissen Jacques Soundso vor, der einen Schopf von dunklen Haaren hatte und braune Augen, Augen, wie sie einen gewissermaßen auf den ersten Blick festhalten, und mir war er gleich von Anfang an sympathisch, denn, wenn er nur sagte, er sei »entzückt«, uns kennenzulernen, tat er das auf eine Weise, daß sich einem nicht gleich der Kamm sträubte, wenn ihr versteht, was ich meine, und, verdammt, es klang, als meinte er es wirklich ehrlich. Nun, wir waren alle ziemlich überrascht, wenn wir das Elise auch nicht merken ließen. Und dieser Jacques lud uns alle zum Abendessen, alle bis auf Amy, die mit Nick in einem Restaurant zu Abend aß, das *Tour d'Argent* hieß, und von dem aus man eine Aussicht über den Fluß hatte, und das, nach Amys Aussage, eines der besten Restaurants auf der ganzen Welt sein soll. Uns fuhr Jacques durch den großen Park, der in Paris liegt und *Bois de Boulogne* heißt, und wir aßen draußen in einem sehr netten Lokal mitten im Park. Es war ungefähr das beste Essen, das wir bisher bekommen hatten, wenn man auch nicht immer wußte, was man aß, und die Mahlzeiten wurden von jetzt an immer besser und besser. Dieser Jacques hatte selber nicht viel zu sagen, oder vielleicht gelang es ihm nicht, ein Wort einzuwerfen, er saß da und lauschte, und dann und wann lächelte er, während Elliott und Elise sich in eine Unterhaltung über amerikanische Filme einließen. Was Elise wissen wollte, war, ob denn all die jungen Burschen in Amerika jetzt Dolchmesser bei sich

trügen und in Banden organisiert seien; und ob sie denn wirklich ihre Eltern haßten, wie die Filme einen glauben machen wollten. Und Elliott sagte, das wisse er nicht; keiner von den Burschen, die er kenne, sei so, und er wisse wohl, was ihm zustoßen würde, wenn er mit einem Dolchmesser heimkäme – er warf mir einen Blick zu – doch da die Filme es zeigten und man es auch in Büchern, in sämtlichen Drugstores fände, so müsse es vielleicht in anderen Teilen des Landes stimmen. Merkwürdig daran war, daß Elliott gar nicht versuchte, überlegen zu wirken, oder als ob er alles genau wüßte, und als wir beim Hauptgang angelangt waren, der nach den *Hors d'oeuvres* und der Suppe und dem Fisch kommt, hatten Elliott und Elise sich schon ziemlich miteinander angefreundet.
Dann mischte sich Skipper ein, und er wollte wissen, ob man in die Kanalisationsanlagen hinunter dürfe, denn in einem Film hatte er bei der Television gesehen, wie der Polizist den Helden durch alle Kanäle von Paris verfolgte. Nun, ich entsann mich dieses Films, der noch aus der Zeit vor dem Fernsehen stammte, und das interessierte mich selber, besonders als Elise sagte, ja, sie glaube, das könne man, und Jacques sagte, bestimmt könne man das, und es wäre ihm ein Vergnügen, Skipper zu führen, wenn dessen *maman* es erlauben wollte. Ich bemerkte, daß Katie diesen Jacques sehr gründlich musterte, als ob sie sich über ihn klarwerden wollte, und als sie sagte: »Wenn Skipper verspricht, Sie nicht zu belästigen ...« Und da wußte ich, daß sie ungefähr zu dem gleichen Urteil gekommen war wie ich. Der Unterschied war nur, daß Katie einen Ausdruck in ihren Zügen hatte wie eine Mutter, die entscheidet, in welchen Mann ihre Tochter sich verlieben sollte. Und dann lachte Elise – es war das erste Mal, daß ich sie lachen hörte, aber sie konnte es recht gut – und sie sagte, sie und Skipper und Jacques wollten einen Tag bestimmen. Nun, so schien alles in schönster Ordnung zu sein, und wir waren in bester Stimmung, und da wollte ich einen Trinkspruch ausbringen, den ersten ungefähr, den ich je in meinem Leben ausgebracht hatte, aber in dieser Stunde schien er mir ausgezeichnet zu passen. Ich hob also mein Glas und sagte: »Auf Tante Elises Wohl, die wir auch als Elsie kennen, und auf ihre Kinder, wenn's einmal so weit ist!«
Ich konnte nichts Schlimmes an diesem Trinkspruch finden, aber irgendwie war von diesem Augenblick an alles gewissermaßen aus dem Geleise. Katie sah mich mit einem seltsamen Blick an, und Elise schaute verdutzt drein, und sie errötete sogar – und das war so

ungefähr das Letzte auf der Welt, was man von ihr erwartet hätte. Dann hob Jacques sein Glas und nickte und trank es leer, als wollte er sagen: ›Darauf trinke ich auch!‹

Um ganz ehrlich zu sein, ich weiß nicht genau, was sich dann weiter begab, denn es begab sich in französischer Sprache. Doch wenn je ein Abend schiefging, so war es dieser Abend von diesem Augenblick an. Elise machte eine Bemerkung und wollte nicht trinken, und dann lachte Jacques kurz und machte auch eine Bemerkung, und Elise gab ihm eine Antwort, während wir andern nur dasaßen und nicht wußten, was eigentlich los war. Und so setzte sich das fort. Gewiß, wir redeten über allerlei Dinge und auf englisch, doch von Zeit zu Zeit führten Jacques und Elise ihre Privatfehde auf französisch weiter, ließen immer wieder eine Bemerkung fallen, und Jacques lächelte die ganze Zeit, und Elise redete zu Katie, zu Elliott, zu Skipper, zu mir und lachte irgendwie schrill und leer, daß es wie eine kleine Glocke klang, nur daß sie immer wieder eine Bemerkung zu Jacques fallen ließ. Ja, Elise wurde immer erregter, das konnte man sehen, und für mich war das eine Überraschung, wenn ich auch nicht sagen kann, daß es eine unangenehme Überraschung war, denn ich hatte mich schon den ganzen Tag gefragt, ob Katies Schwester sich über irgendwas aufregen könnte. Jedenfalls war alles gewissermaßen aus dem Geleise geraten, und das tat mir leid, denn ich war es ja, der die Sache ins Rollen gebracht hatte. Und so blieb es auch auf dem Heimweg ins Hotel.

Als wir ankamen, sagte Elise etwas zu Jacques, sprach ziemlich lang und mit einer gewissen Schärfe, und er lächelte gutmütig und nickte und zuckte die Schultern, und dann reichte er uns die Hand und sagte »Gute Nacht«, und mit einem letzten Blick auf Elise, die finster dreinschaute, verzog er sich. »Ihr müßt Jacques entschuldigen«, sagte Elise. »Er hat leider ein typisch lateinisches Temperament.« Dann meinte Katie, ich solle die Jungen hinaufbringen, sie und Elsie wollten noch eine Weile in der Halle bleiben.

Das tat ich denn auch. Die Kinder schliefen schon fest, als Katie kam und sich im Dunkeln auszog und neben mir ins Bett stieg. Unterdessen war es sehr spät geworden, denn wie das in Paris Sitte ist, fängt man erst gegen acht oder halb neun an, ans Abendessen zu denken, und dann braucht es zwei oder sogar drei Stunden, um diesen Mahlzeiten Gerechtigkeit widerfahren zu lassen, und ist man einmal so weit, dann hat's schon Mitternacht geschlagen. Nun, ich wollte gar nichts mehr sagen, doch da hörte ich etwas, und ich setzte mich auf, weil ich meinen Ohren nicht trauen wollte. Katie weinte!

»He!« sagte ich. »Unsere erste Nacht in Paris! Was ist denn los?«

»Sie ist nicht glücklich, Harry.«

»Elise? Sie hat sich's ja selber so eingerichtet.«

»Mutter und Vater hatten recht. Das hatten sie geahnt.«

»Wenn sie will, kann sie ja das nächste Schiff nehmen.«

»Nein, nein, es ist etwas Tieferes. Es fehlt ihr etwas. Nur will sie es sich selber nicht zugestehn, das ist das Traurige daran. Harry, kannst du dir vorstellen, worauf dieser Arthur Pope anspielte, als er Elsie – Elise meine ich – fragte, ob sie wisse, was die guten Kritiken über sein Buch bedeuteten? Hast du das gehört?«

»Gehört hab ich's schon; aber ich hab's nicht verstanden.«

»Er meinte, jetzt könnte er sich's leisten. Elsie – Elise meine ich natürlich! – könnte mit ihm leben.«

»Ihn heiraten?«

»Nein; mit ihm leben. Darum weine ich doch.«

»Und sie wird's tun?«

»Ich glaube.«

»Dann hör auf zu weinen. Sie ist ein erwachsenes Frauenzimmer.«

»Ach, Harry, sie ist so ein Kind!«

»Sie hat, was sie wollte, nicht? Elegante Pariser Kleider, das freie Pariser Leben. Vielleicht will sie mit dem Burschen leben.«

»Das ist nicht das Entscheidende. Du verstehst die Sache nicht, Harry.«

»Ach was, zum Teufel!«

»Weck die Kinder nicht, Harry; es wäre mir schrecklich, wenn ich ihnen das erklären müßte.«

»Die haben wahrscheinlich mehr erraten, als ich je wissen werde. Das Entscheidende ist, daß sie nicht das Recht hat, dich mit ihren Problemen zu belasten.«

»Das hat sie nicht getan, Liebster. Ich habe zwischen den Zeilen gelesen.«

»Wenn sie mit irgendeinem verdammten Lumpen in der Sünde leben will, dann laß sie eben in der Sünde leben!« Ich tastete nach einer Zigarette.

»Harry, du fluchst ja bei jedem Wort!«

»Ach, zum Teufel! Hör, Katie, ich habe eine Idee. Mieten wir den Wagen ein paar Tage früher, und machen wir, daß wir weiterkom-

men. Du willst ja diesen Ort sehen, der Andorra heißt; fahren wir also nach Andorra!«
»Du verstehst nicht...«
»Katie, das höre ich die ganze Zeit, seit wir von daheim weggefahren sind. Wenn du wieder mit diesem verfluchten ›Du verstehst nicht‹ anfängst, so...«
»Siehst du denn nicht, in welcher Patsche sie ist? Sie will einfach nicht heiraten. Das ist sozusagen ein Grundsatz bei ihr.«
»Ein Grundsatz?«
»Sie will frei sein. Freiheit ist Elsie wichtiger als alles andere auf der Welt. Ihre eigene Unabhängigkeit. Und Mr. Sarignac...«
»Wer?«
»Mr. Sarignac... der uns zum Abendessen eingeladen hat...«
»Ach, Jack! Was ist denn mit ihm los?«
»Nicht Jack, Liebster, Jacques! Ja, das ist's gerade, was die Sache so verzwickt macht. Er ist Franzose, nicht wahr, und du weißt doch, wie die Franzosen angeblich über die freie Liebe und diese Geschichten denken; aber ihm ist Elsies Art zu leben gar nicht recht. Er ist wie du.«
»Mir ist's ja gleich, aber worum hat sich's denn bei ihrem Zank gedreht? Sie haben einem ein gutes Essen verdorben, die beiden!«
»Das hast du getan, Harry; mit deinem Trinkspruch. Verstehst du – Mr. Sarignac möchte Elsie heiraten und Kinder haben...«
»Und das ist vermutlich ein Verbrechen?«
»Nein; nur Elise kann nicht, oder will nicht. Wie ich dir gesagt habe – es ist gewissermaßen ein Grundsatz. Nach all den Jahren.«
»Verrückt!«
»Harry, warum gehst du denn fortwährend auf und ab? Wenn du dich nur nicht so aufregen würdest!«
»Ich rege mich immer auf, wenn ich dich weinen sehe. Ich bin nicht nach Paris gekommen, um dich weinen zu sehen!«
»Ich habe schon aufgehört, Harry.«
»Nun, ich bin noch immer aufgeregt.«
»Leg dich hin, Harry. Und zünd dir, bitte, keine Zigarette mehr an!«
So legte ich mich wieder ins Bett, aber mir war noch immer heiß unter dem Kragen. Und dann erzählte Katie mir alles, was Elsie ihr erzählt hatte – daß Jacques einfach zu banal, zu *bourgeois* sei, weil er aus einer Kleinstadt nördlich von Paris war, und im Herzen noch immer ein Provinzler, wenn er auch in Paris im Automobilgeschäft

großen Erfolg hatte, und wie Jacques ihr auf die Nerven ging, weil er lächelte und gleichzeitig kritisierte; und dann sagte er, daß er sie liebe, aber er wollte sie doch nicht verstehn, wie könne er sie da lieben? Nun, und ich sagte zu Katie, daß Jacques mir sehr sympathisch sei, wenn ich auch nicht viel an Elise zum Verlieben finden könnte, und Katie sagte, nun werde ohnehin alles bald vorüber sein, denn Elise habe jetzt beschlossen, sie werde mit Arthur Pope leben, und das wolle sie Jacques sagen; wahrscheinlich an dem Tag, da die beiden mit Skipper in die Abzugskanäle hinuntergingen. Und dann, nur um Katie ein wenig zum Lachen zu bringen, meinte ich: »Das dürfte wahrscheinlich der rechte Ort sein, um einen Burschen fallen zu lassen.«

Aber Katie lächelte nicht einmal; statt dessen streckte sie sich aus, starrte zur Decke und seufzte. »Es ist doch traurig, wenn man an die Träume denkt, die man als Kind geträumt hat, und nachher sieht, was daraus wird!«

Das war ja an sich eine ganz unschuldige Bemerkung, und der gesunde Menschenverstand sagte mir, daß Katie das auf ihre Schwester und nur auf ihre Schwester bezog, und ich kenne ja Katie gut genug, um zu wissen, daß sie keine Umwege macht, wenn sie etwas sagen will; nichtsdestoweniger stieg mir diese Bemerkung doch in die Nase. Ich wurde nicht gerade wütend, aber ich begann, unsicher zu werden, und dachte an Katie und ihre Schwester, in ihrem Heim in Connecticut, wie sie als Mädchen geträumt hatten und über die Männer gesprochen, die sie heiraten, und über das Leben, das sie führen würden. Daheim bei uns, wenn ich je andeutete, daß Katie vielleicht doch etwas bereute, so lachte sie und glitt darüber hinweg und neckte mich mit dem, was sie meinen ›Minderwertigkeitskomplex‹ nannte, und sie sagte, daß sie unsere Lebensform und mich und die Kinder lieb habe und unser Haus gegen kein Chalet in der Schweiz und kein Schloß in Spanien vertauschen würde. Nur daß ich wahrscheinlich nie ganz überzeugt war, und dagegen war ich hilflos, und ich wollte Katie gewiß keinen Vorwurf daraus machen, wenn sie es so empfand, wie sie es, meiner Ansicht nach, dann und wann empfinden mußte, weil sie dagegen eben auch hilflos war. Doch in jener ersten Nacht in Paris, als Katie bereits eingeschlafen war, lag ich da und hoffte, daß alles nur in meinen Vorstellungen vorhanden war.

Am nächsten Morgen summte und sang Katie wie gewöhnlich, als ob sie Elise und Elises Sorgen ganz vergessen hätte – und das war mir gewiß nur lieb. Doch während wir alle uns noch in unseren Betten rekelten, und uns den Luxus eines kontinentalen Frühstücks gönnten, sagte sie: »Ich weiß gar nicht, was mir gestern nacht eingefallen ist, Harry. Du hattest recht, Liebster. Wie kann jemand mehr verlangen, als Elise erreicht hat?« Und das Komische daran – obgleich nicht eigentlich zum Lachen komisch, das muß ich gestehn – war: Zur gleichen Zeit, da ich wußte, daß Katie das sagte, damit ich glauben solle, sie sei ganz glücklich und mache sich gar keine Sorgen um ihre Schwester, machte ich mir selber Sorgen, denn ich konnte mich nicht mit der Idee abfinden, daß Katie gesagt hatte, Elise könne nicht mehr verlangen, auch wenn Katie log, als sie das sagte. Ich weiß, daß das töricht ist. Aber, wider Willen, mußte ich mich doch eine Sekunde lang fragen, ob Katie, wenn sie die Wahl hätte, mit ihrer Schwester tauschen würde. Ich bin verrückt, das muß ich selber sagen.

An diesem Tag begann die Besichtigung überhaupt erst. Elise kam vorbei, um Skipper zu holen, Jacques wartete in der Halle, obgleich ich geschworen hätte, nach dem bittern Zank von gestern würden sie nie wieder ein Wort miteinander reden. Nachdem Elise und Skipper fort waren, meinte Katie fast traurig, daß Jacques ihr wirklich sympathisch sei, und sie sei sehr bekümmert darüber, daß Elise ihm heute, in den Kanälen, sagen wollte, jetzt sei es zu Ende. Aber sie meinte, wahrscheinlich würde auch Arthur Pope uns gefallen, wenn wir ihn näher kennenlernten, aber ich sagte nein, danke, und damit machten wir uns auf den Weg.

Für einen Achtzehnjährigen wird Elliott recht schnell müde, oder aber er langweilt sich bald. Jedenfalls wollte er ein wenig freie Zeit für sich haben, wie er sagte, und so, als Nick und ich vor Notre Dame standen und auf Katie und Amy warteten, die damit beschäftigt waren, die häßlichen kleinen Wasserspeier zu kaufen, von denen Nick erklärte, sie seien genaue Nachbildungen der Wasserspeier an der Kathedrale, und im Mittelalter hätten die Leute geglaubt, diese Wasserspeier hielten böse Geister von ihren Kirchen ab, und als Elliott tat, als würde diese Erklärung, die ich wirklich interessant fand, ihn noch mehr langweilen als alles andere, da sagte ich ihm, er könne seiner eigenen Wege gehn, dürfe aber nicht später als um vier Uhr im Hotel sein. Da bedankte sich Elliott, als ob es ihm richtig ernst damit wäre, und dann bummelte er über die Brücke und den Fluß entlang, die Hände in den Taschen, als hätte er sein ganzes

Leben in Paris verbracht. Als Katie und Amy mit all dem dummen Zeug und mit Riesenphotos und Briefbeschwerern in Form des Eiffelturms und dergleichen mehr ankamen, da sagte Katie: »Harry, bist du auch sicher, daß das richtig war?« Und ich sagte: »Wenn ich achtzehn und in Paris wäre, würde ich auch gern einmal meiner eigenen Wege gehn. Meinst du nicht?« Und als wir in die Kirche gingen, flüsterte Katie: »Hoffentlich kennst du deinen Sohn besser als ich, Liebster. Aber all die Bücher sagen, daß in diesem Land die Krankheit umherschleicht.«

»Was für eine Krankheit?« fragte ich, und sie verzog die Brauen.

»Elliott ist nach romantischen Abenteuern aus«, sagte ich.

»Er kann auch noch was anderes erwischen, wenn er nicht achtgibt«, war Katies Antwort darauf.

Daß Nick bei uns war, hatte große Vorteile, das muß ich zugeben. Er wußte von Notre Dame mehr als irgendein Führer, den man nehmen konnte. Alles erklärte er; wie die Kirche im zwölften Jahrhundert gebaut worden war, daß es hundertsiebenundsechzig Jahre gedauert hatte, um sie fertigzustellen, fünf ganze Generationen, mit Menschen, die ihr ganzes Leben daran wandten, und wie die gotischen Bögen ohne Stahlstützen oder sonst was hielten, denn so machen wir es heute, und hier lag nur ein Stein über dem andern, und dennoch werden vollendete Bögen daraus, die in die Unendlichkeit aufzusteigen scheinen, daß es einem den Atem raubt. Er wußte genau, wie viele Kapellen drin sind, zweiundzwanzig, wie viel Altäre, siebenundzwanzig, und er konnte einem auch von dem großen Medaillon an der Decke des Mittelschiffs erzählen. Wenn man Nick zuhörte, so schaute man in die Zeiten zurück und sah all die Jahre, all die Arbeit, und da staunte man über die Menschen, die das gebaut hatten, denn damals gab es doch keine Architekten, keine Ingenieure, keine Maschinen, von denen zu reden lohnt. Und doch steht die Kirche nun seit mehr als acht Jahrhunderten da. Und die Wirkung war, daß man sich klein und demütig fühlte, und doch gleichzeitig auch irgendwie stolz. Und am merkwürdigsten war, daß wir alle das empfunden haben mußten, denn als wir hinaus in die Sonne traten, da nahm Amy Nicks Arm – und das hatte ich nicht mehr gesehen, seit wir vom Schiff fort waren – und sie sah ihn an, als müßte sie ihn studieren, als würde ihr jetzt klar, wie wenig sie im Grunde von ihm wußte. Das alles war ganz ohne Worte von ihrem Gesicht abzulesen, und ich sah es, und wahrscheinlich war mir selber auch ein wenig so zumute, denn ich nahm auch Katie beim

Arm, und wir gingen durch die Anlagen hinter der Kirche, ohne daß einer von uns ein Wort gesagt hätte. Wir dachten nicht einmal, wenn ihr's denn wissen wollt. Erklären kann ich's nicht.

Dann besichtigten wir zu viert die kleine Kapelle, welche die Könige von Frankreich benützt hatten, die *Sainte Chapelle,* mit ihren farbigen Fenstern, die fünfundvierzig Fuß hoch sind und Farben haben, die man nicht beschreiben kann, und die auch noch kein Photograph wiederzugeben vermochte, und das alles hätten wir versäumt, wenn Elliott sich nicht verzogen hätte, und wir gingen auch in die Conciergerie, so etwas wie ein Verlies, steinern und trüb und kühl und muffig, wo Marie Antoinette während der Revolution in einer kleinen Zelle gefangengehalten wurde, mit einer Tür, die so niedrig ist, daß sie sich bücken mußte, wenn sie ein- und ausging, und sich nicht mehr als Königin fühlen konnte; das vermute ich wenigstens, obgleich ich von dieser Tür erst etwas merkte, als ich mir den Schädel daran angeschlagen hatte. Dann nahmen wir ein Taxi und fuhren zum Sacré Coeur hinauf, das wieder eine andere Kirche ist, nur steht sie hoch oben auf der Spitze eines Hügels, und von dort kann man Paris wahrscheinlich besser übersehen als von anderswo.

Da oben geschah es, daß ich mit Nick und Amy in eine peinliche Situation geriet. Sie waren nämlich allein weitergegangen, und Katie wollte sich ruhig in die Kirche setzen und nur schauen und nachdenken – was ich verstehen konnte, denn ich war in der gleichen Stimmung –, aber ich meinte doch, ich sollte von dieser Höhe aus ein paar Aufnahmen von der Stadt machen, und so ging ich ins Freie, und nachdem ich mir mit der Kamera und dem Lichtmesser zu schaffen gemacht hatte und die ehrfurchtsvolle Stimmung so gründlich los wurde, daß ich über den verdammten Lichtmesser ein paar kräftige Worte sagte, die hoffentlich kein Mensch in meiner Umgebung verstand, da machte ich die Aufnahme die schmalen Stufen zu dem schmalen Gäßchen hinunter, wo zu beiden Seiten Geschäfte sind und die Caféterrassen sich aneinander drängen, und die Kellner wartend und schwatzend stehen, und dann über die Dächer von Montmartre hinüber, und dann wieder hinunter und, *voilà*, da war Amy, die rasch heraufstieg, und Nick, der sich beeilen mußte, um mit ihr Schritt zu halten. Sie kamen über die steilen Stufen herauf, und kein Mensch war in der Nähe, als er sie jetzt packte und in die Arme riß, nicht gerade besonders sanft, und dann preßte er sie an sich und küßte sie. Nun, ich hätte die Kamera

wegdrehen sollen, aber das tat ich nicht. Ich tat es nicht, weil ich mich nicht rühren konnte, als ich sah, wie Amy sich wehrte und die Schultern bewegte und etwas zwischen den Lippen hervorstieß, als er sie losließ, und dann, weiß Gott, küßte sie ihn, küßte ihn ungestüm, rücksichtslos und wild, und ich erinnerte mich an alles, was Katie mir darüber gesagt hatte, wie es Amy zumute war, wenn sie mit Nick beisammen war, und da senkte ich die Kamera, denn schließlich, auch wenn sie da in aller Öffentlichkeit und bei hellem Tageslicht standen, hatte ich doch nicht das Recht, sie zu filmen.
Ja, nachher allerdings, da wußte ich nicht recht, wie mir selber zumute war. Wie ein Schlag traf es mich, daß Katie und ich doch beschlossen hatten, Amy und Nick zusammenzubringen, weil auf diese Art Amy erkennen würde, daß sie sich in so einen Burschen nicht verlieben konnte, nur hatte sich jetzt herausgestellt, daß Nick ein wirklich interessanter Mensch war, ob es mir nun recht war oder nicht, mochte auch die Tatsache bestehen bleiben, daß er nicht der Richtige für Amy war, wie das Amy selber auch gewußt haben mußte, denn ein oder zwei Minuten später kam sie vorüber, ebenso schnell wie vorher, und ihr Gesicht war rot, und ihre Augen blitzten vor Zorn, und sie ging in die Kirche. Nick folgte ihr, ging aber jetzt nicht mehr so schnell. Im Gegenteil, er zauderte und kam kaum vom Fleck. Ich tat, als ob ich die Kamera aufziehen würde, aber er kam auf mich zu, beugte sich über die Steinbalustrade und starrte eine Weile hinunter, bevor er sich zu mir wandte, mir in die Augen schaute und sagte: »Ist Ihre Tochter verrückt oder so etwas?«
»Möglich«, erwiderte ich.
Er warf mir einen sonderbaren Blick zu. »Sie hat mich so durcheinandergebracht, daß ich nicht weiß, wo ein und aus. Könnten Sie mir nicht erklären, was mit ihr los ist?«
»Das kann ich nicht. Wenn ich erklären könnte, was mit Amy oder einem von meinen Jungen los ist, wäre es aus mit allem Spaß.«
Er fuhr sich mit der Hand durch das Haar, das in der Sonne funkelte. »Dort drüben, wo Sie herkommen – darauf geben Sie mir eine Antwort – dort drüben, wo sie herkommen, muß da ein Mädchen verlobt sein, bevor sie sich von einem Burschen küssen läßt? Darauf geben Sie mir eine Antwort!«
»Unsinn«, sagte ich. »In Terre Haute wird wahrscheinlich ebensoviel geküßt wie in Paris, wenn Sie meine Meinung hören wollen. Vielleicht gibt's von den andern Dingen nicht so viel; aber geküßt wird ebensoviel!«

»Sie hat es gern, wenn ich sie küsse; das kann ich merken.«
»Nun? Worüber beklagen Sie sich dann?«
»Sie hat's gern, und doch läßt sie sich nicht küssen. Ich habe das Gefühl, ich sollte einen Verlobungsring am Finger haben, dann wäre es bei ihr vielleicht anders.«
»Darin sind Sie auf dem Holzweg; das kann ich Ihnen sagen.«
»Ja? Dessen bin ich nicht so sicher. Manchmal glaube ich, daß Amy nur spielt, und daß sie ein Etikett mit dem Preis an sich geheftet hat. Und mit einem recht hohen Preis dazu.«
»Junger Mensch, wenn Sie so weiterreden, dann kriegen Sie von mir einen Tritt, daß Sie diese ganze Treppe hinunterrollen. Amy ist nicht zu verkaufen; um gar keinen Preis, und sie glaubt auch nichts dergleichen. Wenn Sie meinen, daß es darauf ankommt, so holen Sie den Verlobungsring und probieren Sie's einmal. Und sie werden sehen, wohin Sie das führt.«
»Ich hätte Lust, es zu versuchen.«
»Nur zu! Ich möchte nur gern dabei sein.«
»Das werden Sie! Sie sind ja immer dabei.«
»Hören Sie ...«
»Nein, hören Sie selber, Mr. Willard. Ich denke nicht daran, irgendwen zu heiraten. Das habe ich Amy gesagt, daß weiß sie, und wenn sie wissen wollen, warum, so will ich's Ihnen sagen. Weil ich einfach gegen das Heiraten bin, das ist der Grund. Es fängt gut an, aber es ist ein Schwindel. Nach einer Weile hören die Menschen auf, einander liebzuhaben, und dann spielen sie eben Komödie, oder sie finden einen andern und lassen sich scheiden und fangen alles noch einmal an. So oder so ist es eine Falle.«
»Und Sie glauben nicht, daß es auch etwas dazwischen gibt?«
Seine Schultern hoben und senkten sich, aber er bemühte sich, ruhig zu sprechen. »Nach dem, was ich gesehen habe, nicht. Nein, Herr. Entweder das eine oder das andere!«
»Nun, junger Mensch, Sie sind noch nicht viel herumgekommen.«
Darauf machte er nur »Puh«!, schaute zur Seite und zündete sich eine Zigarette an; seine Hand zitterte ein wenig. Er blies den Rauch aus und fing an: »Ich habe immerhin ein wenig tiefer gesehen als die meisten Menschen, das ist alles. Ich lasse mich nicht vom Augenschein foppen. Und mir hat auch niemand zu sagen, was ich glauben oder denken soll. Ich fasse meine Entschlüsse allein. Und wenn Ihre Tochter meint, daß sie das ändern kann ...«

»Sie will es gar nicht ändern, zum Teufel!«
»... wenn sie meint, daß sie das dadurch ändern kann, daß sie dieses Spiel spielt und mich durcheinanderbringt, und wenn Sie glauben, daß Sie mich dazu überreden können, zu glauben ...«
»Ich überrede Sie zu gar nichts. Ich habe dieses Gespräch nicht angefangen. Es würde mir nicht im Traum einfallen, Sie zu so etwas überreden zu wollen.«
»Wenn Sie glauben, daß Sie mich überhaupt zu etwas überreden können, so sind Sie ebenso im Irrtum wie Amy. Wenn Sie übers Meer gefahren sind, um einen Mann für Ihre Tochter zu angeln ...«
«Das Letzte, was ich auf dieser verdammten Welt will, ist ...«
»... wenn's das ist, weswegen Sie übers Meer gekommen sind, so rechnen Sie nicht auf mich. Ich weiß, daß Sie mich nicht leiden können ...«
»Da haben Sie verdammt recht ...«
»... aber das bedeutet mir weniger als nichts, das lassen Sie sich gesagt sein. Ich spiele keine Komödie. Ich versuche nicht zu sein wie andere Leute, weil andere Leute das von mir erwarten. Ich habe nur angefangen, mit Ihnen zu reden, weil ich glaubte, Sie könnten mir vielleicht erklären, was mit Amy los ist, aber ich hätte wissen sollen, daß Sie auch nicht das geringste von irgendwem in Ihrer Familie wissen, weil das ja der bequemste Weg ist – taub und stumm und blind. Auf diese Art ...«
»Ich behaupte nicht, alles zu wissen, junger Mensch. Wenn ich alles wüßte ...«
»... auf diese Art brauchen Sie sich über nichts klarzuwerden, und Sie können vor sich selber tun, als ob Sie sie alle liebhätten, weil das nun einmal nett und sicher ist. Und ...«
»... wenn ich alles wüßte, wäre ich wie Sie, und nach dem, was ich sehen kann ...«
»... und das verleiht Ihnen dieses verlogene Gefühl von Wichtigkeit, und daß alle Ihre Liebe erwidern, aber die Wahrheit ist ...«
»... nach dem, was ich sehen kann, sind Sie ein Aufschneider!«
»... die Wahrheit ist, daß keiner von euch auch nur die leiseste Ahnung von Liebe hat. Keiner von euch!«
Dann drehte er sich um und stolperte und sprang die steilen Stufen hinunter und verschwand. Ein oder zwei Stunden lang hatte ich das verrückte Gefühl, nun würde er in Tränen ausbrechen wie ein kleiner Junge. Das war vermutlich der Grund, weshalb ich plötzlich,

nachdem er verschwunden war, gar keinen Ärger verspürte. Denn so wie ich es mir vorstellte, ohne richtig darüber nachzudenken, war der arme Junge so hungrig nach Liebe, wie es ein menschliches Wesen nur sein kann. Und ich weiß nicht, was da über mich kam. Aber ich ging ihm nach, die Treppe hinunter und um eine Ecke, und da saß er mit einem Glas vor sich an einem jener Tische, die in dieser stillen Seitengasse vor einem Café standen. Ich trat zu ihm und setzte mich, wußte wahrhaftig nicht, was ich sagen sollte, fühlte mich ihm gegenüber ebenso hilflos, wie er sich meinen Kindern gegenüber fühlte, und ich sagte: »Was trinken Sie da?« Es klang vielleicht ein wenig rauh, und er erwiderte, es sei Cognac mit Soda, was man hier *une fine* nannte, und ob ich auch ein Glas haben wolle. Das sei eine gute Idee, meinte ich, und so tranken wir jeder *une fine*, er starrte nur und sagte nichts und beobachtete mich aus dem Augenwinkel, und ich tat, als wäre er überhaupt nicht vorhanden. Und dann gingen wir wieder die Stufen hinauf – ihr könnt mir glauben, daß sie steil waren! – und da fanden wir Katie und Amy, die uns beide musterten, als wüßten sie nicht, wer von uns ihnen im Augenblick mehr zuwider war, und dann fuhren wir alle mit einem Taxi zum Hotel zurück.

Als wir endlich angekommen waren, erzählte Skipper uns, was er an diesem Tag erlebt hatte. Auch Elise erzählte es uns, und so habe ich zwei Versionen der Ereignisse, und aus denen mußte ich mir ein Bild machen. Sie kamen anscheinend zu dem Eingang in die Kanalisationsanlagen, wie sie es vorhatten, und da war der Wächter und führte sie alle unter die Straße, wo es wie ein großer Keller mit einer Menge von Tunnels ist, die nach allen Seiten ausstrahlen, und der Wächter erklärte ihnen auf französisch, sie dürften sich nicht absondern, sie müßten bei der Gruppe bleiben. Elise behauptete, sie habe Skipper diese Warnung sehr klar übersetzt, aber Skipper sagte, er könne sich nicht erinnern, daß sie etwas dergleichen gesagt hatte, wenn er auch, wie er sagte, vielleicht gerade an etwas anderes gedacht hatte; und aus all dem wurde offenbar, daß Skipper nichts sagen wollte, was seiner Tante Elise peinlich wäre. Nun, Elise sagte, sie habe versucht, sich zurechtzulegen, wie sie etwas ausdrücken sollte, was sie Jacques unbedingt begreiflich machen mußte, und nur danach stand ihr der Kopf, während Jacques versuchte, zu übersetzen, was der Führer sagte, damit Skipper doch wüßte, was los war. Skipper sagte, es habe dort unten schrecklich gestunken, doch davon erwähnte Elise nichts, und ich vermute, daß es nicht gar so wichtig war. Jedenfalls erklärte Skipper, er müsse austreten, und es war ihm sehr unangenehm vor all den Leuten, und sie gingen lange durch das Dunkel, und nur die kleinen elektrischen Lampen brannten, und es wurde immer dunkler und dunkler, und so beschloß er, sich in einen der Seitenkanäle zu drücken, denn er wußte, er könne ja immer wieder zu der Gruppe zurück, weil ja die Lampen brannten. Das tat er denn auch, und bald fragte Elise Jacques, ob die Wanderung Skipper Spaß machte – sie gibt zu, daß sie sehr zerstreut war, weil sie doch ihr eigenes Problem auf dem Herzen hatte – und Jacques erwiderte, das brauche sie ihn nicht zu fragen, der Junge sei doch bei ihr, aber sie sagte nein, er sei nicht bei ihr, und zuletzt habe sie gesehen, wie Skipper Jacques' Hand gehalten habe. Dann sagte jemand in merkwürdigem Englisch, man solle doch still sein, und der Führer fragte, ob irgendetwas nicht in Ordnung sei, und Elise sagte, ja, das wäre wohl der Fall, ein kleiner Junge habe sich verlaufen, und dann begann sie zu schreien »Skipper, Skipper Skipper!« Und bald brüllte auch der Führer: »Skipper, Skipper, Skipper!« Und alle ließen die Lampen in alle Richtungen blitzen, und tatsächlich, Skipper war nirgends zu sehen. Skipper selber berichtete, er habe sie rufen gehört, und zuerst habe er gedacht, das sei doch dumm, denn er brauche ja nur dem Klang ihrer Stimmen nachzugehen, jetzt, da er sein persönliches Geschäft erledigt hatte; doch als er den Stimmen nachging, hörte er sie hinter sich, und als er sich umdrehte und in die andere Richtung ging, hörte er sie um die Ecke, und er hatte ja kein Licht bei sich, aber er erinnerte sich, daß in solchen Kanälen gewöhnlich Ratten waren, und so fing er an, Ratten über den Boden huschen zu hören, und einmal trat er in eine große Pfütze und rutschte aus und fiel hin, und dann bekam er es wirklich mit der Angst, ob er es später auch zugeben wollte oder nicht, denn er fing an »Tante Elise, Tante Elise, Onkel Jacques!« zu schreien. Und Elise hörte ihn auch, und so rief sie: *»Attention!«* und da verstummten alle Leute von der Gruppe und lauschten, und schließlich hörten sie ihn, und es klang sehr ängstlich, wie Elise berichtete, und dann hörte jeder Skippers Stimme aus einer anderen Richtung, und die kleinen Lampen blitzten überallhin, und der Wächter schrie, sie sollten stillstehn, bitte, und sich nicht rühren, denn er wußte, was geschehen konnte; doch in dieser Lage achtete kein Mensch auf ihn, sondern alle jammerten auf französisch um das arme liebe Kind. Als Elise uns das erzählte, lachte sie, aber eiskalt, als ob das alles ein ungemein heiteres Erlebnis gewesen

wäre, doch wenn ich Skipper ansah, der dasaß und vor sich hinstarrte, wußte ich, daß es für ihn gar nicht so erheiternd gewesen war – selbst jetzt, da er es doch hinter sich hatte. »Onkel Jacques hat mich gerettet«, sagte er. »Ich habe geweint.« Und dann sagte Elise, er habe gar nicht viel geweint, nicht annähernd so viel, wie sie geweint hatte, als sie ihn am Ende fanden, und so konnte ich sehr wohl erraten, daß sie dort unten durchaus nicht so kühl wie eine Gurke gewesen war. Nun, das Ergebnis war, daß Elise nie mit Jacques über die Sache sprach, die sie an diesem Tag zu Ende bringen wollte.
»Ihr hättet Jacques sehen sollen«, sagte sie. »Keiner wußte, was er zu dem armen Skip sagen sollte, und er wollte gar nicht aufhören zu weinen, und ich konnte auch nichts sagen, weil doch alle andern plapperten und uns mit den Lampen ins Gesicht leuchteten und ihn abtasteten, um festzustellen, ob er sich nichts gebrochen oder wenigstens das Knie aufgeschunden hatte. Jacques nahm ihn beim Arm und ging mit ihm weiter und drängte alle zurück und knurrte, wenn irgendwer das Kind berühren wollte.«
»Jacques war fein«, sagte Skipper und schüttelte den Kopf. »Und er hat mir auch geglaubt, daß ich eine Ratte gesehen habe; viele Ratten!«
Katie und Amy und ich hörten uns die Geschichte an, und dann sagte Katie: »Wir müssen uns doch bei Jacques bedanken. Wo ist er denn?«
Und da sagte Elise, nun, er sei noch immer unten. Er helfe den Wächtern, die andern Leute zu finden, die auf die Suche nach Skipper gegangen waren.
Das war denn ein Tag, den Skipper nie vergessen wird und ich, um ganz ehrlich zu sein, auch nicht. Und auch Elise nicht.
Als sie ging, sagte sie noch: »Es war ungeheuer komisch. Alle Leute meinten, Skipper sei unser Kind. Stellt euch das vor! Ach, Skip, vergiß nicht, daß wir morgen eine Dampferfahrt vorhaben. *Au revoir* alle miteinander!«
Nachdem sie fort war, sagte Skipper: »Sie ist gar nicht so schlimm, wie ich anfangs geglaubt habe. Ich habe sie sehr gern. Einer alten Dame hat sie gesagt, daß ich ihr Sohn bin. Ihr und Onkel Jacques' Sohn. Sehe ich denn französisch aus? Muß wohl so sein, wenn ich mir das Haar mit recht viel Brillantine festklebe.«

Die nächsten Tage vergingen wie durch ein Wunder ohne irgendwelche Zwischenfälle; keine Tränen, keine wilden Szenen, niemand am Rand einer Katastrophe, drei oder vier Tage hatten wir ungefähr wie jede andere Touristenfamilie, die zum ersten Mal in Paris ist, verlebt. Elliott war es, der sagte: »Die Straßen sind voll von Amerikanern. Ohne Touristen muß es eine großartige Stadt sein!« Und er sagte »Touristen« genauso, wie jeder meiner Bekannten, der je in Europa war, es ausspricht, als ob es gleichbedeutend mit Verbrecher oder so etwas wäre. Tatsächlich habe ich hier kaum einen Touristen kennengelernt, der nicht gefunden hätte, es seien in diesem Sommer zu viele Touristen in Europa. Elliott jedenfalls hielt sich abseits, und dabei sollte es bleiben. Das bedeutete für das Familienvermögen einen ständigen Aderlaß, doch das konnte man ja von allem sagen. Ich habe die deutliche Erinnerung, daß ich beständig meine Brieftasche herausholen mußte. Als Katie den Mut aufbrachte, ihn zu fragen, was er mit seiner Zeit anfange, da zählte Elliott eine ganze Liste all der Dinge auf, die er in Paris gesehen hatte, und einige waren darunter, die wir nicht gesehen hatten, aber Katie meinte später, es sei doch komisch, daß wir Elliott nirgends begegnet waren, während wir auf Schritt und Tritt Mr. und Mrs. Perkins trafen. Und das stimmte wohl auch. Und jedesmal, wenn wir auf Mr. Perkins stießen, war er in einen anderen Kriminalroman vertieft. Es sagte, er habe in Paris eine Buchhandlung gefunden, die auf englische Übersetzungen französischer Kriminalromane spezialisiert war, und, Herrgott noch einmal, das waren Kriminalromane, an denen man sich die Zähne ausbeißen konnte! Katie meinte, Mr. Perkins sei ein Langweiler ersten Ranges, wie sie das ausdrückte, aber ich sagte, der arme Kerl tue mir leid, obgleich ich nicht recht wußte, warum. Vermutlich weil wir alle solches Vergnügen an allem hatten, jeden Tag etwas Neues erlebten – so oder so – und da war es anscheinend nicht gerecht, daß einer die Gelegenheit dazu hatte, wie Mr. Perkins, und gar nichts erlebte. Katie argwöhnte, Elliott müsse ein Mädchen aufgegabelt haben, und sie sagte, ich sollte doch versuchen, mir Zeit zu einem Wort mit dem armen Jungen zu nehmen; er brauche mich vielleicht, und nachher wäre es zu spät! Burschen, so sagte sie, seien heute nicht, wie sie es zu meiner Zeit gewesen waren; sie seien viel früher reif. Weil ich mit achtzehn nicht daran gedacht hätte, mich mit einem französischen Frauenzimmer einzulassen, so heiße das doch nicht, daß Elliott jetzt, da so viele Jahre vergangen waren, dergleichen nicht täte. Die Zeiten hätten sich eben geändert. Und ich sagte, schön, wenn die Zeiten sich geändert hätten, dann seien alle meine Ratschläge wahrscheinlich überholt; was hätte das also für einen Zweck? Katie fragte mich, ob ich je ein Buch von Somerset Maugham gelesen hätte, und ich sagte, ich hätte einen Film gesehen, ›Regen‹, doch sie erwiderte, das sei nicht dasselbe. Sie dachte an eines der Bücher, die er vor langen Jahren über den Burschen geschrieben hatte, der von England nach Paris kam. Auch er sei aus einer guten, anständigen Familie gewesen, und, nun, sie wünschte, ich hätte es gelesen.

Alles in allem war Skipper die ganze Zeit mit Elise beisammen. Er übersiedelte sogar zu ihr, in ihre Wohnung in einem Teil der Stadt, der Neuilly heißt, ein Name, den ich nie auszusprechen lernte. Es war eine große Wohnung mit allerlei modernen Bildern an den Wänden, und jene, die nicht das waren, was man abstrakt nennt, nahm sie herunter, als Skipper zu ihr zog, denn was nicht abstrakt war, waren nackte Freuen, was man *nu* nannte. Hier darf ich wohl einschieben, daß es in Paris mehr Bilder von nackten Frauen geben dürfte als irgendwo sonst. Jeder Zeitungsstand ist voll von Magazinen mit diesen Bildern, fast vor jedem Kino sind sie zu sehen, man verkauft sie in den kleinen Läden in der Nähe der Kirchen, knapp neben den Heiligenbildern, und wenn man in den Louvre geht und die großartigsten Gemälde der Welt besichtigt, dann kommen an der Türe Kerle auf einen zu und haben Reproduktionen von diesen Gemälden in der einen Hand und in der andern Photos, vor denen in Terre Haute die Männer erröten würden. Nun, das wollte ich hier nur gerade erwähnt haben.

Skipper begann mir zu fehlen. Man glaubt immer, es sei doch ganz gut, eine Weile ohne die Kinder zu sein, aber wenn es dazu kommt, dann fragt man sich, wo sie stecken, was sie machen, ob sie sich auch gut unterhalten. Katie aber meinte, alles füge sich wunderbar, und als ich sie fragte, was sie damit eigentlich meinte, da sagte sie, Skipper sei einigemal mit Elise und diesem Arthur Pope ausgegangen, dem großen Schriftsteller, und da habe es zwischen Skipper und Pope Streit gegeben, und Pope habe versucht, Skipper einfach zu übersehen, doch Elise hatte gemeint, das sei eine lausige Art – Skippers Worte! – einen Jungen zu behandeln, und das Ergebnis war, daß Elise immer häufiger mit Skipper ausging, wenn Jacques Sarignac sie begleitete. Was das bedeuten solle, fragte ich, aber Katie lächelte nur, und dann sagte ich, ich wünschte, sie würde es Elise

selber überlassen, mit ihren Problemen fertigzuwerden, aber da lächelte Katie nur immer mehr, und dabei blieb es. Vorläufig wenigstens.
Noch immer ging Nick mit Amy überallhin, soweit ich das feststellen konnte. Ich fragte Amy, woher er denn das Geld habe, denn jeden Abend gingen sie in ein anderes Restaurant, und ich hatte einen kleinen kulinarischen Führer, und darin stand, was eine Mahlzeit mit Wein in solchen Lokalen kostete, und Amy erwiderte, das Geld habe er von seinem Vater in New York, der, wie sie meinte, schwerreich war, sie selber aber ginge viel lieber in ein billiges Lokal, statt zuzusehen, wie er das Geld seines Vaters ausgab. Das schien mir ermutigend zu klingen, und so drängte ich ein wenig und fragte, wie lange Nick denn noch durch Europa streunen wolle, und sie sagte, soweit es sie betreffe, könne er das in alle Ewigkeit fortsetzen. Dann verzog sie sich, und Katie nickte mir zu, und ich zwinkerte.
So schien sich alles gut einzurichten. Ungefähr jeden Morgen wollte Katie Auslagen besichtigen gehn, und gegen eins kam sie zurück ins Hotel, schwerbeladen, mit den Dingen, die sie in den Auslagen besichtigt hatte. Fast in allen Läden hing ein Schild, darauf stand SOLDES, und das heißt, daß dort ein Ausverkauf war, doch an dem Tag, als ich sah, wie ein Mann dieses verschlissene Schild wegnahm und durch ein neues ersetzte, da begriff ich, daß diese SOLDES ungefähr das ganze Jahr dauerten. Kaum ein Tag verging, an dem wir nicht irgendein Andenken für irgendwen daheim kaufen mußten. »Das ist nicht zu ändern«, erklärte Katie. »Fängt man einmal an, so erinnert man sich beständig an die Leute, die gekränkt wären, wenn man sie vergessen würde. Wir wollen doch niemanden beleidigen. Wär's dir recht, wenn Tante Henriette dein Leben lang nicht mehr mit dir reden würde?« Nun, darauf gab ich keine Antwort, denn das hätte gar keinen Zweck gehabt, sondern nur jetzt und hier in Paris Verstimmung gegeben. Doch die Wandschränke wurden immer voller, und die Hefte mit den Reiseschecks immer leerer. Katie hörte nicht auf zu sagen, es sei eine Schande, und sie brauche wirklich keinen neuen Hut, was man auch darüber sagen wolle, und es gebe tatsächlich in Paris ganz reizende Hüte, und so sagte ich am Ende, sie habe keine Ausrede nötig, wenn sie sich einen Hut kaufen wolle, da sie doch sonst für jeden Menschen etwas kaufte. »Nur zu«, sagte ich. Da schüttelte sie bekümmert den Kopf und sagte, nein, sie könnte sich nie entschließen, wenn sie einen Hut

kaufen sollte, und binnen einer Woche wäre es ihr leid, daß sie keinen von den andern gekauft hatte. Da meinte ich denn, sie solle ein halbes Dutzend kaufen, doch sie lächelte und sagte: »Du machst Spaß, Harry, nicht wahr? Aber wir haben noch gar nicht angefangen, Geschenke für meine Seite der Familie zu kaufen.« Und da sagte ich, ja, es sei ein Spaß gewesen.

Eines Abends gingen wir in das Theater, das man Grand Guignol nennt. Das war Elliotts Idee. Er sagte, das wäre etwas, das wir nicht versäumen dürften, und in gewissem Sinn hatte er recht. Es liegt etwas abseits, wie in einer Sackgasse, und drin sieht's aus, als wäre es einmal eine Scheune gewesen oder ein Stall. Um euch die Wahrheit zu sagen – es war der Geruch, der mich auf diese Idee gebracht hat. Natürlich wurde französisch gespielt, und die Schauspieler redeten fast noch schneller als die gewöhnlichen Menschen, besonders, wenn sie sich aufregten, und in diesem Stück waren sie fast die ganze Zeit aufgeregt. Im Programm stand, daß das Stück in einer amerikanischen Kleinstadt spiele. Das klang natürlich interessant, und so setzten wir uns, und bald gingen die Lichter aus, und eine unheimliche Musik begann hinter dem Vorhang, und wir saßen da und warteten, und dann verschwand der Vorhang irgendwie, und da stand der Mann. Er war ein Neger, und er war groß. Und wenn ich sage, daß er groß war, so meine ich das im Ernst; und da stand er in dem gespenstischen grünen Licht. Nun, und dann fing er an, zum Publikum zu sprechen, etwa eine Meile in der Minute, was einem auch nicht gerade nützte, und dann hob sich noch ein Vorhang, und, richtig, wir sahen ein Kleinstadtgefängnis, wie wir es in Terre Haute gehabt hatten, als ich noch ein Junge gewesen war, und so meinte ich, diesmal werde es etwas zu sehen geben. Und da traten zwei Männer auf, in Polizeiuniform, sie stapften herein, der eine nagte an einem Hühnerbein, der andere kaute Tabak. Minutenlang spürte ich etwas wie Heimweh. Doch dann war die Hölle los. Eine Sirene heulte, und dann kamen zwei andere Männer, schleiften den großen Neger herein, warfen ihn auf den Boden, und drei von ihnen hielten ihn fest, während der vierte ihm auf den Arm trat, nur daß der Neger nicht einmal schrie, und dann sprang der Mann in die Höhe und landete mit beiden Füßen auf dem andern Arm des Negers, und diesmal rollte der Neger sich zur Seite, als wollte er sich drücken, aber sie ließen ihn nicht fort. Die ganze Zeit über nagte der eine in Uniform an dem Hühnerbein, und der andere kaute und spuckte Tabaksaft. Nun, ich will nicht alles aufzählen, was sie mit

dem armen Farbigen anstellten, aber es war recht schlimm. Ja, es war so schlimm, daß man gar keine Lust hatte, dabeizusitzen und zuzuschauen. Dann schleppten sie das appetitanregende Mädchen herein, und sie warf nur einen Blick auf den armen Farbigen und fing an zu weinen und zu klagen und mit den Zähnen zu knirschen; und dann drehte sie sich um und spuckte – ja, sie spuckte wirklich, ich hab's gesehen! – dem Kerl in Uniform ins Gesicht, jenem, der sich bei der Sauerei mit dem Neger am meisten hervorgetan hatte, und was er darauf tat? Er holte aus und versetzte ihr eins auf den Mund, daß sie zu Boden fiel, und dann tönte wieder die unheimliche Musik, und damit fiel der Vorhang, und das war das Ende des ersten Aktes.
Nun, im Zwischenakt gingen wir hinaus und rauchten eine Zigarette, und Elliott gab zu, daß es ein ungewöhnliches Stück war, und daß man so etwas in Amerika im Theater nie zu sehen bekam. Und ich gab zu, daß ich wirklich so etwas noch nie gesehen hatte, weder im Theater noch draußen, und wenn das die Vorstellung der Franzosen vom Leben in Amerika ist, so sei es kein Wunder, daß die Welt sich derart in der Patsche befinde.
Aber der zweite Akt war noch schlimmer. Im zweiten Akt nämlich fingen sie die ganze Geschichte von neuem an, nur daß es diesmal die Frau war, die verprügelt wurde. Sie wollten sie dazu bringen, daß sie irgendwas gestand, und so peitschten sie sie. Ja, sie peitschten ihr die Kleider buchstäblich vom Leibe, und man konnte die roten Striemen sehen und, wenn nicht ein Trick im Spiel war, hinter den ich nicht kam, so waren das richtige Striemen, und sie schrie und kreischte und verwünschte sie, und die ganze Zeit über konnte man den großen Neger in einer Zelle sehen, wie er zwischen den Eisenstangen durchschaute. Und einmal, sozusagen der Gerechtigkeit halber, hob der eine Kerl in Uniform den Arm und schlug ihm mit dem Messer über die Finger, und weiß Gott, die Finger fielen auf die Bühne hinunter. Dann trat ein reicher Mann auf – man konnte erkennen. daß er reich war, denn er trug Reithosen und Gamaschen, wie es die Filmregisseure tun – und er hatte eine Peitsche bei sich. Einen Kerl wie den habe ich jedenfalls in den Vereinigten Staaten auch nie gesehen; um ehrlich zu sein, er sah aus wie der Taxichauffeur, der uns zum Theater gefahren hatte.
Wenn das Amerika war, was sie einem da vorführten, so mußten sie ihre Vorstellung von den Umschlägen der Fünfundzwanzig-Cents-Bücher haben, die man daheim in allen Drugstores verkauft, das

weiß ich bestimmt. Was dieser Mann aber tat, war, daß er einen Revolver zog und anfing nach den Beinen des Mädchens zu schießen, nur daß er sie immer verfehlte, und dann trank er mit den andern aus einer Flasche, die er bei sich hatte; dann bot er auch dem Mädchen die Flasche an, und gerade als sie danach greifen wollte, zog er ihr eins mit seiner Peitsche über. Das Publikum blieb still und gesittet, und wenn ihr die Wahrheit wissen wollt, ich hatte den Eindruck, als ob die Leute das geradezu mit Genuß schluckten; aber Katie hatte es satt, das merkte ich. Dann, aus irgendeinem mir nicht verständlichen Grund, hielt der reiche Mann die vier Kerle mit seinem Revolver in Schach und drängte sie in die Zelle, wo der Farbige eine französische Fassung von einem Negro-Spiritual sang, und der reiche Mann sperrte die Zellentür zu und wandte sich zu dem Mädchen und grinste sie lüstern an, um ihr zu zeigen, was er für Wünsche hatte, und einer von den Kerlen in der Zelle schrie etwas, das den Mann mit den Gamaschen in Wut brachte, und er schoß, gewissermaßen nur zum Zeitvertreib, in die Zelle und verwundete einen von den Polizisten, der zu stöhnen anfing und stöhnte, bis der Vorhang fiel. Unterdessen aber hatte das Mädchen, das auf dem Boden lag, sich zu den Pistolen hingewälzt, welche die Polizisten fallengelassen hatten, und just bevor der Vorhang fiel, hatte sie eine erwischt, hob sie und schoß den Mann in die Stirn. Man konnte sehen, wie das Blut aus der Stirn des Mannes spritzte wie ein Springbrunnen, und er flüsterte noch etwas, und dann fiel er auf den Boden, auf die Finger des Negers, die noch immer dalagen. Und dann wurde es im Zuschauerraum hell, und ich sagte: »Mich interessiert's nicht, wie das endet«, und Katie machte: »Puuh!« Und Elliott sagte gar nichts, aber er war sehr blaß, und so gingen wir hinaus und kamen nicht wieder, und so weiß ich bis zum heutigen Tag nicht, wie das Stück geendet hat, und es ist mir auch gleichgültig, obgleich Elliott immer wieder einmal den Leuten erzählt, wie seine Eltern ihn von dem interessantesten Stück, bei dem er je gewesen war, weggeschleppt hatten. Daß er beinahe seekrank geworden wäre, das erwähnt er nicht, auch nicht, daß er es wirklich geworden wäre, wenn Katie nicht sofort von etwas anderem zu sprechen begonnen hätte, und zwar von Jazz, und das war für Elliott interessanter.

Und Katie sagte, sie hätte doch auch Lust, etwas von dieser Musik zu hören, die Elliott gar nicht sattbekommen konnte. Nun, Elliott wollte nicht gleich darauf eingehn, er zauderte eine Weile, meinte, es würde Katie doch nicht richtig interessieren, die Lokale würden ihr nicht gefallen, es sei dort voll von allerhand Leuten, nur je mehr er sich drehte und wendete, desto entschlossener war Katie, und so ließ Elliott sich schließlich überreden, oder er gab den Kampf auf, weil Katie so fest entschlossen war. Jedenfalls führte er uns zum Jazz.

Es war ein kleines Lokal. Einen Häuserblock weit konnte man es schon hören, das Geschmetter drang bis auf die Straße hinaus, und dann, als wir drin waren, kümmerte kein Mensch sich darum, ob wir einen Tisch fanden. Man mußte sich seinen Tisch selber suchen oder stehenbleiben. Und es war bummsvoll bis zu den Dachsparren hinauf, die allerdings nicht sehr hoch waren. Der ganze Raum hatte einen eigenartigen Geruch an sich, nicht den muffigen Theatergeruch wie das Grand Guignol, aber einen Geruch von Schnaps und Rauch, vor allem von Rauch. Ich merkte, daß Katie sich bereits fragte, ob sie nicht doch einen Fehler begangen hätte, doch da war schon ein Paar aufgestanden, und Elliott pflügte sich den Weg durch das Gedränge von Leuten, die warteten, zumeist Franzosen, eroberte den Tisch, setzte seinen Fuß auf einen Stuhl und winkte uns. Wir mußten uns auch durchdrängen, konnten uns schließlich setzen, aber es dauerte ziemlich lange, bis unsere Augen sich an den Rauch gewöhnt hatten und wir überhaupt irgend etwas erkennen konnten; und die ganze Zeit über dröhnten die Trompeten oder was sie sonst für Instrumente hatten, und die Leute schwatzten. Ob man einen Tisch fand, das war den Kellnern gleichgültig, kaum aber hatte man sich gesetzt, da verschwendeten sie keine Zeit, standen schon da und wollten wissen, was man bestellte. Der Kellner trug eine weinfleckige gestreifte Jacke, und er musterte uns, als ob unser Aussehen ihm nicht gefiele, und als ob er nichts dagegen hätte, daß wir das merkten, und dann bestellte Elliott in einer Sprache, die französisch klang – das war eine Überraschung für Katie und mich – und der Kellner verschwand. Und so machten wir es denn genauso wie alle andern Leute, wir saßen da und rauchten und fingerten an den Gläsern, die der Kellner gebracht hatte, und nippten das Zeug darin, das anscheinend nicht sehr kräftig war und ganz so schmeckte wie die schwarzen Lakritzen, die ich als Kind so gern gegessen hatte.

Auf das Orchester fiel ein starker Scheinwerferstrahl, und die Männer, die spielten, schienen gar nicht zu merken, daß noch jemand im Lokal war. Elliott sagte, das sei ungefähr die beste

Jazzkapelle, die hier spielte, sie gelte sogar für besser als die in der Bourbon Street in New Orleans, und kaum hatte er das gesagt, da meinte ich, wieviel lieber ich selber in der Bourbon Street wäre, zumal weil man dort einen guten Bourbon-Whisky zu trinken bekäme und nicht dieses süße Zeug, das nach Lakritzen schmeckte; aber ich sagte nichts. Katie und ich versuchten zuzuhören. Nun, zuhören mußte man, ob man wollte oder nicht, aber ich meinte damit, daß wir versuchten, etwas von dieser Musik zu verstehn. Wir versuchten, sie in uns eindringen zu lassen. Wir kämpften geradezu darum, sie in uns eindringen zu lassen, oder was man sonst davon erwarten mag, aber, um bei der Wahrheit zu bleiben, es war nur Getöse, ein Trompetenstoß nach dem andern, bis sich einem der Kopf drehte. Es war, als säße man in einer Kanone drin. Ich erinnerte mich an die Szene in dem Film vom ›Glöckner von Notre Dame‹, wo der arme Bucklige das Mädchen packt und auf den Turm hinaufbringt, und dort ist er eingesperrt oder so etwas, und da fangen sie an, die Glocken zu läuten, und er kann nicht fort, und die Glocken sprengen ihm das Trommelfell und machen ihn toll. Diese Szene hatte mich auch beinahe tollgemacht, als ich sie sah, weil mir noch nie ein Mensch so leid getan hatte, den ich je auf der Leinwand zu sehen bekam, wie er, und ich fragte mich, wie ihm wohl zumute gewesen sein mußte, und was seine Ohren auszustehn gehabt hatten; und jetzt wußte ich's. Dann, plötzlich, brach es ab. Das ganze Lokal verstummte mit einem Mal, und statt mir die seltsamen Menschen rund um uns anzusehen – die meisten waren jung, hatten aber alte Gesichter, harte, geschminkte Gesichter, sogar einige der Männer waren geschminkt! – schaute ich nach dem Orchester, und da war der lange, magere Bursche, der aufstand, und man hätte wahrhaftig glauben können, man sei in der Kirche. Nicht einmal ein Glas hörte man klirren, und kein Mensch schlürfte das süße Zeug. Aber der magere Bursche, der langes, schwarzes Haar hatte, das von Pomade glänzte, hob eine Trompete an die Lippen, und jetzt hätte man eine Stecknadel fallen gehört! Er begann leise und langsam und traurig, und ich schaute zu Elliott hinüber, der sich vorbeugte, um auch keine Viertelnote zu verlieren, und dann, ganz langsam, arbeitete der magere Bursche sich in Stimmung, und bald blies und jammerte und wand er sich wie eine lange Schlange, die auf ihrem Schwanz steht, und es wurde immer lauter und wilder, und Elliot beugte sich vor und schaute, als ob er den Burschen immer weiter drängen wollte, als ob der Bursche sich nach irgend etwas sehnte, das Elliott ihm gern verschafft hätte, doch er konnte es nicht erreichen, so sehr sein fahles Gesicht auch schwitzte und seine Finger sich mühten und sein Mund blies. Schließlich gelangte er zu einem natürlichen Ende oder gab den Kampf auf, das konnte ich nicht entscheiden, und alle im Lokal ließen einen Seufzer hören, und das klang, als ob ein Windstoß durch die Tür wehen würde. Der magere Bursche stand da, die Schultern hochgezogen, und schaute, die Augen fast geschlossen, zur Decke, und die langen Arme hingen ihm an den Seiten hinunter, und dann ging das Gebrüll los. Das Publikum wurde völlig verrückt, es war, als wollten die Leute das Dach sprengen, und ich hätte gar nichts dagegen gehabt, weil ich gern etwas frische Luft geschnappt hätte. Elliott lehnte sich zurück, sah seine Mutter und mich an, als wartete er darauf, daß wir etwas sagen würden, aber gleichzeitig klatschte er mit allen andern, und wir natürlich auch.

»Nun?« sagte Elliott.

»Er ist gut«, meinte Katie.

»Gut?! Er ist der Größte überhaupt. Der wird seinen Weg machen!«

»Ja, er bläst wirklich gut«, sagte ich. »Wie heißt denn das Stück, das er geblasen hat?«

»Pop«, sagte Elliott, »ist das ein Scherz?«

»Es klang doch ziemlich bekannt.«

»Gehen wir«, sagte Elliott.

Und das taten wir denn auch, denn es war eine recht gute Idee, nur daß ich mit dem besten Willen nicht erkennen konnte, warum Elliott über das, was ich gesagt hatte, so empört war. Auf dem Weg ins Hotel erklärte Elliott, der Bursche sei Amerikaner. Er wohne seit dem Krieg in Europa. Er sei auch ein Held mit Orden und Auszeichnungen, aber vor allem sei er hier in Paris eine sehr bedeutende Persönlichkeit. Er sei verheiratet, sagte Elliott, und zwar mit der kleinen Chinesin, die ihren Platz neben dem Orchester gehabt hatte. Ob wir sie denn nicht bemerkt hätten? Es sei die Liebesgeschichte des Jahrhunderts, sagte Elliott.

Als wir nachher im Bett lagen, meinte Katie, nun hätten wir bestimmt auch eine andere Seite von Paris gesehen. »Und Touristen habe ich in diesem Lokal nicht bemerkt. Du, Harry?«

»Ich habe einen komischen Geschmack im Mund«, sagte ich...

Am nächsten Morgen fuhren Nick und Amy mit Skipper nach Fontainebleau. Elliott verschwand kurz nach dem Frühstück, und Katie ging mit Elise zu Elises Friseur, der als der beste, der allerbeste in ganz Paris galt. So blieb ich allein. Eine Weile trieb ich mich in den Hotelzimmern herum, und dann beschloß ich, spazierenzugehn. Zunächst war es ein Vergnügen, so zu bummeln, wenn man den ganzen Tag bis vier Uhr vor sich hat, doch nach einer Weile, das muß ich bekennen, fing ich an, mich einsam zu fühlen. Beinahe wünschte ich schon, Amy und Nick hätten mich aufgefordert, mit ihnen nach Fontainebleau zu fahren. Es gab keine Sehenswürdigkeiten, die ich noch besonders gern gesehen, nichts, was wir nicht schon besichtigt hätten, und allein ins Kino zu gehn, macht mir keinen rechten Spaß. So, um die Zeit totzuschlagen, ging ich zum American Express und besprach endgültig alles, was den Wagen anging, den wir mieten und mit dem wir an die Riviera fahren wollten. Es war ein Vergnügen, englisch zu reden und rund um sich englisch reden zu hören, und da traf ich den Professor aus Iowa, der sich seine Post holte, und wir kamen ins Gespräch. Er war wirklich nett, er reiste ganz allein, und da tat er mir leid, weil er doch überall, wohin er kam, allein war wie ich an diesem Tag, und ich konnte mir nicht vorstellen, wie ein Mensch sehr viel Genuß davon haben konnte, so zu leben. Und ich glaube auch nicht, daß es ihm Spaß machte. Er war überall gewesen, in Spanien, in Italien, sogar in Afrika, aber man merkte, daß er jemanden brauchte, mit dem er reden konnte, und das noch weit mehr als ich. So unterhielten wir uns etwa eine Stunde lang und tranken auf einer Caféterrasse ein paar Tassen Kaffee, und es tat ihm richtig leid, als er mit der Touristengruppe aufbrechen mußte, aber er hatte schon sein Billett bezahlt. Und mir tat's auch leid. Ungefähr der einzige Junggeselle, den ich daheim kenne, ist Luke Winters; der hat mir aber nie leid getan und andern Leuten wahrscheinlich auch nicht. Er war einfach zu ordinär, als daß ihn eine Frau geheiratet hätte. Und schmutzig war er auch. Mit diesem Professor hier aber war es anders. Er sah ganz normal aus, und sauber war er auch, und wenn man an all die einsamen Frauen auf der Welt und an all die einsamen Männer denkt, ja, dann hat's doch keinen rechten Sinn, daß so ein Mann, ein Universitätsprofessor und Sachverständiger für englische Literatur vor Chaucer dazu, allein durch Europa kutschieren muß. Und ganz allein bei allen Mahlzeiten sitzen! Das muß doch wohl das Schlimmste von allem sein, das wußte ich, denn gerade an jenem Tag mußte ich allein zu Mittag essen, und ich bin gewiß just der Mensch, der sein Essen nicht verdauen kann, wenn er allein sitzen und essen muß.

An jenem Tage konnte ich's kaum hinunterschlucken. Fragt mich nicht, warum. Ich ging, der Abwechslung halber, in das amerikanische Restaurant, und ich bestellte mir ein Steak und *pommes frites* – sie waren aber gar nicht französisch, sondern amerikanisch – und als das vor mir stand, konnte ich gerade nur ein wenig daran knabbern und ein paar Bissen hinunterwürgen; und dann mußte ich's aufgeben. Es war so still in dem verdammten Lokal, daß es mir auf die Nerven ging. Es war überhaupt in vielen Beziehungen ein merkwürdiger Tag, und ich weiß nicht, warum ich ihn erwähne. Nicht einmal auf Mr. Perkins stieß ich! Und an jenem Tag hätte ich gar nichts dagegen gehabt, auf Mr. Perkins zu stoßen und mir von ihm die Handlung eines seiner Kriminalromane erzählen zu lassen. Manchmal braucht man vielleicht so einen Tag, um sich mancher Dinge bewußt zu werden. Und doch bin ich ja daheim, wenn ich arbeite, viel länger von meinen Leuten getrennt; aber im Verlauf des Nachmittags hätte ich doch ein oder zwei Jahre meines Lebens dafür gegeben, Katies Stimme zu hören oder zu sehen, wie Skipper sich auf den Champs Elysées herumtrieb, selbst wenn ein Gendarm hinter ihm hergewesen wäre.

Dann stieß ich auf Elliott. Ganz zufällig. Er stand an einem der kleinen runden Tische des Cafés an der Ecke der Champs Elysées und der Straße, wo unser Hotel war. Ich ging rascher, doch da bemerkte ich, daß er nicht allein war. Neben ihm stand eine Frau, und so ging ich wieder langsamer, weil ich nicht recht wußte, was ich tun sollte, und da sah ich, wie Elliott die Schultern zuckte und den Kopf schüttelte und grinste, und dann drehte er seine Taschen um, als wollte er ihr zeigen, daß er kein Geld hatte, keinen Cent und keinen Franc, und da reckte die Frau das spitze Kinn in die Höhe und ging weiter, und sie sah sehr böse drein und murrte auch etwas, als sie an mir vorüberkam. Der Kellner brachte jetzt Elliott Kleingeld auf einem Tablett, und Elliott ging auch weiter. Ich aber drehte mich um. Ich wußte nicht, was eigentlich los war, und gleichzeitig wollte ich ihn nicht in Verlegenheit bringen, und wenn er auf mich zugekommen wäre und mich gesehen hätte, so hätte er sich wohl denken können, daß ich die kleine Szene beobachtet hatte, und er hätte mir davon erzählen können, wenn's ihm darum zu tun gewesen wäre. Doch er ging in die andere Richtung, und als ich mich wieder umdrehte, sah ich nur noch seinen Kopf und seine Schultern von hinten. So überlegte ich mir die Sache und kam zu dem Schluß, daß die Frau versucht hatte, ihn aufzupicken, und, weil er ja nicht französisch sprach, mußte er ihr zeigen, daß er keine Lust hatte, und so zeigte er ihr, daß seine Taschen leer waren, was in Paris auf dasselbe herauskommt. Wenn man darüber nachdachte, so fand man, daß das eine ganz pfiffige Art war, um so ein Frauenzimmer loszuwerden. Ich mußte wirklich lächeln. Der gute Elliott kannte sich schon aus; um den brauchte man keine Sorgen zu haben. Und ich beschloß, Katie davon zu erzählen.

Doch ich erzählte es Katie nicht. Auch nicht, daß ich später selber in einem dieser Cafés saß, eine *fine* vor mir, weil ich noch immer eine Stunde totschlagen mußte, und daß am Nebentisch ein Mädchen mir beständig zulächelte! Es war ein so einladendes Lächeln, daß ich ganz überrascht war. Und ich mußte schließlich aufstehn und gehn. Da folgte sie mir noch ein Stück. Aber ich blieb nicht stehn und sah mich nicht um. Nur als ich im Hotel ankam, warf ich einen Blick in den Spiegel und dachte, was so ein junges Ding wohl an mir finden konnte; aber ich war nicht unglücklich darüber, daß sie offenbar etwas gefunden hatte, wenn ihr denn die Wahrheit wissen wollt.

Noch keine halbe Stunde war ich im Zimmer, als Elise und Katie kamen. Ich bemerkte sofort, daß etwas an Katie verändert war, und dann sah ich, was es war – sie hatte einen neuen Hut. Und noch etwas anderes war zu bemerken – Katie plapperte ein wenig zu viel und zu laut. Und Elise hielt mit ihr Schritt, und sie erzählten beide, was für einen reizenden Tag sie verlebt hatten, wie aufregend es gewesen war, genau wie in der guten alten Zeit, da sie beisammen gewesen waren und miteinander Besorgungen gemacht hatten. Da saß ich denn und ließ das über mich ergehn, denn es war angenehm, ihre Stimmen zu hören, und ich ließ mich sozusagen von ihrer Aufregung umspülen. Ganz plötzlich hatte ich auch Hunger. Ich hätte ein Pferd verzehren können, und das sagte ich auch, und Elise meinte, sie kenne das Lokal, wo man das beste Pferdefleisch von Paris bekäme, aber ich sagte, nein, danke, ich müsse wohl an eine Kuh gedacht haben. Dann gab Elise Katie einen Kuß und ging.

Und jetzt bemerkte ich, warum Katie so verändert aussah. Sie ging nämlich zu dem großen Spiegel und nahm den Hut ab. Mir war's, als würde mein Kinn auf den Adamsapfel stoßen! Katie sah mein Gesicht und wirbelte herum. »Dir gefällt's nicht!« rief sie.

Ein, zwei Sekunden lang sagte ich gar nichts. Ich konnte nicht. Ich

schaute nur. Sie zog an ihrem Haar, soweit noch etwas davon da war. Viel war's ja nicht. Aber was da war, flatterte um ihren Kopf, ein paar Büschel über der Stirne, aber nichts mehr über die Schultern hinunter. Und sie sah einfach nicht aus wie Katie. Nicht für mich wenigstens. Sie sah aus wie eine fremde Frau, die da vor mir stand.
»Das ist hier die allerletzte Mode«, sagte sie, aber mit einer ganz kleinen Stimme. »Ach, die zwei haben so schnell geredet, Elise und der kleine Kerl, der Friseur. Sie haben französisch geredet, und irgendwie klang es so aufregend, was Elise sagte. Es würde meine ganze Persönlichkeit verändern. Und als ich es sah, da konnte ich auch dein Gesicht sehen, genauso wie es jetzt ist, und ich hätte sie am liebsten umgebracht; alle beide.« Sie trat auf mich zu. »Italienischen Schnitt nennt Elise das. Ist es wirklich so schrecklich, Harry?«
Ich gurgelte etwas, das weder sie noch ich verstehn konnte.
»Es wird wieder wachsen. Mein Haar wächst ja sehr rasch, Harry.« Und dann sank sie in einen Stuhl. »Du magst es nicht!«
»Doch, doch«, log ich. »Ich finde, es ist ... flott.«
»Harry, dieses Wort würdest du nie gebrauchen, wenn es dir gefiele. Bestimmt nicht. Du magst es nicht Liebster? Fahr doch mit der Hand durch mein Haar. Fühlt es sich nicht ... anders an?«
»Und wie soll das heißen?«
»Italienischer Schnitt. Die beiden haben behauptet, daß es mich um Jahre jünger macht.«
»Es ist ein Heeres- und Marineschnitt, das ist's!«
»Ach, Harry ...«
»Aber es gefällt mir.«
»Lüg nicht, Harry! Alles ist mir lieber! Nur lüg nicht! Du magst es nicht.«
Wenn es das ist, was du dir gewünscht hast, Katie ...«
»Ich bin schwach. Ich bin schwach und dumm. Nur, Harry, ich finde daß es doch anziehend ist. Und anders. Ja, das glaube ich aufrichtig.«
»Allerdings! Anders ist es bestimmt.«
»Ach, du bist einfach zu konservativ. Du wirst dich schon daran gewöhnen. Ich habe mich nicht verändert, Harry. Aber, bitte, sag mir die Wahrheit! Nur die Wahrheit! Bitte!«
Nun, ich muß es wohl gestehn. Mittlerweile war ich so verrückt, daß ich lügen mußte. Und das Lügen machte mir Spaß. Fragt mich nicht, warum. Und so sagte ich: »Es gefällt mir!«
Und da sagte Katie, ich sei einfach eigensinnig, und sie wünschte, ich

würde meine Gedanken nicht bei mir behalten und aufspeichern, und ich sagte, ich fände es reizend, und sie sagte, sie wisse es besser, und nichts könne sie wütender machen, als wenn ich ihr recht gebe, obwohl ich es ganz anders meinte, und da sagte ich, es sehe sehr italienisch aus und nach einem Kinostar, und sie sei ein Vamp und todchic und hypermodern und was noch alles, und dann ging sie richtig in die Luft, aber sie sagte gerade nur, ich müsse übergeschnappt sein, um solche Wörter zu gebrauchen, und damit verzog sie sich ins Badezimmer, und ich konnte hören, wie sie sich auszog, und bald hörte ich auch das Wasser laufen. Es lockte mich ein wenig, sie doch noch davon zu überzeugen, daß die Frisur mir gefiel, aber als ich zur Badezimmertür kam und sie verschlossen fand, da wußte ich, daß es jetzt zu spät war, um sie von irgendwas zu überzeugen, denn wenn Katie ein Bad nimmt, sperrt sie die Tür sonst nicht zu, weil es mir immer Spaß macht, sie in der Wanne zu sehen.

Nun, bei Amy gab es eine richtige Explosion, sie geriet in Ekstase, als sie den italienischen Schnitt sah, und Skipper sagte: »Puh! Das ist aber fein! Jetzt habe ich eine neue Freundin!« Elliott war der einzige, der gewisse Zweifel zu hegen schien. Er sagte: »Na ja, es macht dich schon jünger, Mutter; aber wahrscheinlich habe ich dich in meiner Vorstellung älter ...« Und da warf Katie mir einen verdrossenen Blick zu und sagte: »Das meint dein Vater auch. Seiner Ansicht nach bin ich neunzig Jahre alt.« Und daraufhin schauten die drei Kinder von Katie zu mir und dann wieder von mir zu Katie, und dann fiel allen drei ein, daß sie dringend etwas zu tun hatten.

So ging es den ganzen nächsten Tag, ohne daß ich ein Wort sagte, und Katie sagte auch nicht viel mehr. Die Wahrheit zu gestehen, weiß ich gar nicht, was in mich gefahren war, oder warum dieser verdammte italienische Schnitt mir so naheging. Ich konnte damit nicht fertigwerden, und das machte mich nur noch wütender, aber nicht gegen Katie, sondern gegen mich selber. Es dürfte nur eine einzige Erklärung dafür geben, nämlich wie Katie gesagt hat: Ich bin hoffnungslos konservativ, und ich mag nicht, daß die Dinge sich verändern. Auch kann ich nicht behaupten, daß es mir gefiel, wie die Franzosen Katie auf der Straße beguckten. Solche Dinge hatte ich vorher nie besonders beachtet, aber jetzt nagte es an mir, und dafür gab es keine Erklärung.

Und dann begannen die Hüte anzukommen. Katie und Elise hatten nicht bloß Besorgungen gemacht, sie hatten einen Raubzug unternommen. Die Hüte begannen ins Hotel zu strömen, in riesigen Schachteln mit Bändern herum und Bildern. Ich muß ein kleines Vermögen allein auf das Trinkgeld für die Hotelpagen ausgegeben haben, die, einer nach dem andern, die Schachteln ins Zimmer brachten. Und auch das begann an mir zu nagen. Ja, es verhielt sich so, daß alles an mir nagte, und ich wußte nicht, warum. Doch ich würde niemand davon etwas merken lassen, weil ich aufrichtig bemüht war, keinen Tag von unserem Aufenthalt in Paris zu verderben. Je mehr ich aber versuchte, es nicht merken zu lassen, desto mehr wußte ich, daß ich es doch merken ließ, und desto zorniger wurde Katie.

Dann, am nächsten Nachmittag brach Nicks Mutter über Paris herein wie ein Wirbelsturm. »Ich habe euch sofort angerufen, meine Lieblinge, weil ihr sofort zum Tee herüberkommen müßt, eine Ablehnung wird nicht angenommen, ich bin im ›George V.‹, gerade um die Ecke, sagen wir fünfzehn Minuten, oh, ich bin ganz kaputt, es war eine schreckliche Geschichte, das werdet ihr nie glauben, die Kerle haben mir doch mit einem Prozeß gedroht, stellt euch so was vor, aber zuerst kommt Nicholas, und eure reizende Tochter sitzt hier bei mir, ein Bild, ein Bild, sage ich euch, fünfzehn Minuten habt ihr, nicht mehr. Der Tee wird schon eingeschenkt, Wiedersehen, meine Liebsten!«

Es stellte sich heraus, daß Charlotte Hatfield, wenn sie Tee sagte, das sehr ernst meinte – für mich wenigstens. Das erste, was sie tat, als wir ins Zimmer traten, war, daß sie meine Arme nahm und mir einen Kuß auf die Wange gab und sagte: »Hoffentlich sind Sie für Tee kräftig genug, Liebling, Sie haben wohl auch nichts dagegen, zuzusehen, wenn andere Leute etwas anderes trinken als Tee, nicht wahr, ja, Sie sind genau, wie ich Sie im Kopf hatte, so amerikanisch, so *distingué*, setzen Sie sich dorthin neben Nicholas und lassen Sie sich von ihm nahrhaften indischen Tee eingießen.« So hockte ich denn auf dem Sofa neben Amy, während Charlotte sich an Katie wandte: »Nein, Liebling, wie gut Sie nach Paris passen! Sie sind ja geradezu aufgeblüht. Sie haben, weiß Gott, die Uhr zurückgestellt, ich selber muß alt werden, das ist's, was das Leben mit einem anrichtet, wenn man Tag und Nacht mit diesen verfluchten Gaunern zu tun hat, ach, Liebling, es war einfach göttlich, daß Sie gekommen sind, was hättet ihr denn gern zu trinken, mein Gott, ihr macht mich heimwehkrank, seid ihr schon je am Mississippi gewesen? Nicht, dann geht nicht hin, er stinkt, ja, wirklich, das tut

er, all der Sumpf, der Morast – wie das stinkt! Und jetzt, ganz leise, ins Ohr, was wollen Sie trinken, Liebling?«
»Bourbon«, sagte ich, und da wandte Charlotte sich zu mir und schüttelte den Kopf und lächelte und schnalzte mit der Zunge.
»O nein, nein, nein, für Sie gibt's Tee, Cordelia lebt nur für Tee, und sie hat gesagt, bei Ihnen wär's genauso, ihr alle liebt den Tee, aber ihr wollt es euch selber nicht eingestehn; Ihre Frau ist's, die ich gefragt habe.«
Katie schaute zu mir hinüber, und ihre Augen zwinkerten ein wenig über die Teekanne, die vor mir stand. Und mit einem leisen Hauch von Schadenfreude in ihrem Blick sagte sie: »Kann ich einen Martini haben? Einen doppelten Martini?«
Und, bei Gott, den bekam sie auch. In mancher Beziehung machte es mir Spaß, Katie trinken zu sehen, denn ich hatte ihr immer gesagt, sie solle doch einmal mehr als ein Glas versuchen, und auch weil ich ein wenig neugierig darauf war, was der Gin bei ihr anrichten würde. Doch jedesmal, wenn ich die Hand nach einem Glase ausstreckte, bekam ich statt dessen eine Tasse Tee, und Charlotte schüttelte den Kopf und bat mich, nur ja keinen Alkohol zu trinken; sie wolle nicht daran schuld sein, wenn ich einen Rückfall erleiden sollte wie unlängst in London.
Es hatte wenig Zweck, ihr auseinanderzusetzen, daß die Automobil Association of America nichts mit der Anonymen Alkoholikerhilfe zu tun hatte, sie überhörte das einfach. Und Katie lächelte schadenfroh, und nach einer Weile hatte ich den Eindruck, daß dieser verdammte Tee, den ich schlürfen mußte, gewissermaßen eine gerechte Strafe für mein albernes Benehmen war – nicht daß ich meine Ansicht über den italienischen Schnitt deswegen geändert hätte.
»...schreckliche Fahrt, einfach gräßlich, die ganze Zeit ging's holterdipolter, ich glaube, das Flugzeug hatte man den Brüdern Wright gestohlen oder Lindbergh oder sonstwem, aber jetzt sind wir alle beisammen, meine Lieblinge, es ist wie in der alten Zeit, und jetzt muß ich von euch beiden eine große Gefälligkeit erbitten, nicht für Nick, für mich selber, bitte, bitte, ihr könnt es mir nicht verweigern, nein, das könnt ihr nicht, sagt, daß ihr es nicht verweigern werdet, ich brauche schrecklich viel Mut dazu, ach, seien Sie doch so freundlich und geben Sie Mr. Willuhd frischen Tee, ja, Mut für Paris und für Corbusier, den lieben alten Corbusier, was für ein goldiger Mensch, was für ein göttlicher Architekt, ihr habt doch

von ihm gehört, meine Liebsten, Nicholas verehrt ihn, Nicholas ist ja so *avant-garde,* nicht wahr, Nicholas, und ihr lieben, guten Willuhds, ihr könnt einfach nicht ›nein‹ sagen, Nicholas und ich, wir möchten eurer Tochter das letzte Wort, das endgültig letzte Wort der modernen Architektur zeigen, ich habe es selber noch nicht gesehen, es ist eine Kirche, Nicholas hat Bilder davon, zeig ihnen doch die Bilder, mein Liebling, und jetzt möchte er, daß Amy seine Begeisterung teilen soll, und ich werde als Anstandsdame mitgehn, o ja, ich werde eine sehr strenge Anstandsdame sein, denn wenn es etwas gibt, daß ich nicht vertrage, so ist es ein leichtfertiges Leben und die französische Unmoral, ihr könnt euch also auf mich verlassen, sagt, daß es euch recht ist, entreißt den armen Nicholas seinem Elend!«

Nick sah wirklich aus, als ob ihm elend zumute wäre; er saß dabei und mußte diese Arie anhören, und er machte ein finsteres Gesicht, seine Augen blickten hart, und kein einziges Mal sah er seine Mutter an. Als sie schließlich fertig war, sagte er: »Mutter, das war nicht meine Idee. Ich sagte nur, es wäre mir lieb, wenn ich Amy die Kirche zeigen könnte, und da hast du schon das Telephon genommen. Hier sind ein paar Bilder, wenn Sie sie sehen wollen.«

Ich konnte mir gar nicht vorstellen, was der ganze Spektakel zu bedeuten hatte, und so sah ich mir die Bilder an. Sie waren aus einer Zeitschrift herausgerissen, und sie zeigten ein weißes Gebäude, das eine Kreuzung zwischen einer Scheune und einem Schiff sein mochte; eine Scheune, weil da etwas großes Weißes sich erhob, das an ein Silo erinnerte, und ein Schiff, weil ein großes, geschwungenes braunes Dach da war, das an dem einen Ende aufstieg wie ein Schiffsschnabel. Und es war eine Kapelle oder eine Kirche. Es war in vielen Beziehungen wirklich interessant, und ich wollte gleich wissen, woraus es gebaut war, und Nick sagte, es sei Beton, und das gestatte dem Architekten, ein Bauwerk zu schaffen ohne grade oder parallele Linien, mehr eine Skulptur als etwas anderes, sagte Nick, es sei eine ganz neue, vielleicht revolutionäre Idee, aber die Leute vom Ort und die Geistlichen, die ihn mit dem Bau beauftragt hatten, seien alle sehr entzückt, und nun kämen Besucher von überall auf der Welt, nicht nur Pilger, sondern Menschen, die sich für die Kunst interessierten, und wollten es besichtigen. Nun, ich mußte zugeben, daß es auf mich ziemlich befremdend wirkte, aber dem leisen Zittern in Nicks Stimme, wenn er davon redete, konnte man anmerken, daß es ihm etwas bedeutete, etwas, das ich vielleicht nicht verstand, das

ich aber respektieren mußte, weil es ihm ernst damit war. Und so sagte ich: »Und Sie möchten, daß Amy das sieht?«
»Wo ist es denn?« fragte Katie.
»Ach, Liebling, ganz in der Nähe, sie werden kaum merken, daß wir fort sind, wir fahren gleich früh, beim ersten Morgengrauen, so gegen elf, alle in Nicks Wagen, wir haben reichlich Platz, weil ja Rodney nicht mitkommen konnte, das arme Lämmchen, Geschäfte, ach, Geschäfte, Sie wissen ja, wie das ist, Mr. Willuhd, ihr armen Männer, ihr müßt viel zu schwer fronen, er fehlt mir schon sehr, ein wunderbarer Mensch, Rodney, Sie haben ihn ja vorige Woche kennengelernt, ja, ein wunderbarer Mensch, und ich kann das beurteilen, jawohl, das kann ich, wer könnte es besser, er ist ja mein Dritter, alle schrecklich, müßt ihr wissen, sanft wie Lämmer, bis man den Ring am Finger hat, und dann Dämonen, Teufel, Kannibalen, Psychopathen, Alkoholiker – ich will Sie nicht kränken, Mr. Willuhd – ich habe das alles durchgemacht, sehen Sie nur, wie Nicholas mich anschaut, er glaubt es nicht, er will es nicht glauben, der arme Nicholas, das gute Lämmchen, so zynisch ist er, haben Sie das bemerkt, und argwöhnisch, was für ein Mensch, aber alles ist meine Schuld, ich bin hilflos, wenn ich liebe, müßt ihr wissen, meine Teuren, wer ist es nicht, und habt ihr gesehen, wie Nicholas die Bilder in seine Mappe geschoben hat, zip, zip, immer arbeitet etwas in ihm, der arme Liebling, ihr könnt es ihm nicht verweigern, es geht ihm zu nahe, nein, weiß Gott, ihr könnt nicht, wenn ihr wüßtet, was es für eine Erleichterung für mich ist, daß er ein Mädchen gefunden hat, wenn ihr wüßtet, in welcher Hölle ich gelebt habe, ja, die reinste Hölle, solche Sorgen habe ich mir um Nicholas gemacht, immer war er doch in der Schule, ach, ich habe mir den Kopf zerbrochen, wie ich das ändern könnte, aber bei dem Leben, das ich führe, hin- und hergedrängt zwischen all diesen Taschendieben, ach, und wie habe ich auf ein Lebenszeichen von Nicholas gewartet, ich glaube, ich hätte ihn ermorden können, wie Medea, ja, das hätte ich getan, aber in Wirklichkeit brauchte ich mir keine Sorgen zu machen, ach Nicholas, das sind ja Freunde, schau mich nicht so wütend an, Liebling, ist er nicht männlich, jedesmal, wenn ich ihn sehe, ist er männlicher geworden, ach, was für eine Last wird mir von der Seele genommen, noch eine Tasse Tee, Mr. Willuhd, Ihre Frau hat einen doppelten Martini, und sie hat kaum ein Wort gesprochen, seit ihr gekommen seid, und Amy auch nicht, warum sind denn alle so schweigsam, warum sagt denn kein Mensch ein Wort?«

Dann verstummte sie für eine Minute, just lang genug, damit Katie fragen konnte: »Wie lange wird das dauern, dieses ›Sie werden kaum merken, daß wir fort sind‹?« Und dann trank sie noch einen Martini.

»Seht ihr!« rief Charlotte. »Mrs. Willuhd hat nichts dagegen! Ich hab's dir ja gesagt, Nicholas, ich ...«

Doch Nicholas fiel ihr ins Wort; das war auch die einzige Möglichkeit. »Wenn wir am Morgen um elf fahren, so können wir am nächsten Abend zurück sein.«

Katie betrachtete ihren Martini, dann schluckte sie ein wenig, und schließlich sagte sie: »Das ist eine lange Kirche, um eine Reise zu besichtigen!«

Amy rückte hin und her, ich vergoß ein oder zwei Tropfen Tee, und Katie schaute zu mir herüber, als wollte sie fragen, warum man sie denn eigentlich anstarrte.

»Dann ist es erledigt!« rief Charlotte, sprang auf, schwebte auf mich zu, gab mir abermals einen Kuß auf die Wange, sagte, was ich doch für ein guter Kerl sei, daß ich hier saß, während alle andern tranken, und das beweise eine ungeheure Willenskraft, und sie würden beim ersten Morgengrauen abfahren. »Ich lasse mir vom Hotel das Mittagessen einpacken, meine Liebsten, kalte Hühnerbrust, nirgends schmeckt das Essen so gut wie im Freien, oh, ich könnte weinen, so glücklich bin ich, daß ich das für dich tun kann, Nicholas, mein Liebling, ich wünschte, du würdest etwas fröhlicher dreinschauen.«

Nun stand aber Amy auf. »Jetzt, da alles erledigt ist – hat denn jemand daran gedacht, mich zu fragen?« Und Nick sprang auf. »Amy, hör, ich ...« Aber Amy redete unbeirrt weiter. »Ist denn keinem von euch in den Sinn gekommen, daß ich vielleicht für morgen etwas anderes vorhaben könnte?« Und damit stelzte sie aus dem Zimmer, den Kopf hoch, und schlug die Tür hinter sich zu.

Nick machte einen Schritt, als wollte er ihr nachgehn, doch dann blieb er stehn und sah mich an, als wäre ich es gewesen, der die Tür zugeschlagen hatte. »Warum macht sie das?« fragte er.

»Woher soll ich das wissen? Fragen Sie sie doch selber!«

»Mr. Willard, wie soll man sich in so einem Mädchen auskennen?« Dann zu seiner Mutter: »Du hast mir auch nicht die geringste Möglichkeit gegeben, sie zu fragen.« Und dann zu Katie: »Mrs. Willard, wenn Amy auch nur die Hälfte Ihrer guten Manieren und Ihrer Haltung hätte, wäre ich nicht am Rand des Wahnsinns.«

Damit ging er schnell aus dem Zimmer, und Katie sagte: »Er hat nicht einmal darauf gedankt, daß ich ihm geweckt habe!«
Nun, ich ließ mir unterdessen die Zeit nicht lang werden, wenn ihr's wissen wollt. Katie saß mir gegenüber, ihre Augen glänzten, sie schaute selig drein, und, bei Gott, es war, als ob ich einen fremden Menschen sehen würde, eine Frau, die ich überhaupt nicht kannte, und das war ein richtiger Schlag für mich. Als dann Charlotte Hatfield wieder zu reden anfing, hörte ich zu, denn ich wollte doch wissen, wohin das alles noch führen sollte.
»Wenn je etwas danebengeht, dann macht man immer mir den Vorwurf daraus, immer senkt sich der Mantel der Schuld auf diese Schultern herab, je mehr man tut, desto mehr wird von einem erwartet, ach, meine Liebsten, setzt euch her, der Abend geht zu Ende, um diese Stunde bin ich einsam, bleibt hier, meine Liebsten, heitert mich auf und erzählt mir von der Heimat, ich muß zurück, der Broadway wartet, ich habe drei Angebote, drei schmutzige Stücke, und das sollen die größten Schlager der nächsten Saison sein, eines über eine Lesbierin, eines über eine Morphinistin und eins über ein Bordell in New Orleans, keines kann durchfallen, aber ich kann mich nicht losreißen, um mich abermals diesen Kritikern preiszugeben, diesen verderbten Gemütern, ach, ihr wißt ja nicht, wie glücklich ihr seid, wenn doch einer sterben würde und mir eine Baumwollspinnerei hinterließe oder einen Getreidespeicher oder auch nur eine Brennerei oben im Gebirge, ich würde danach schnappen, und all das hier verlassen, wenn sich einer vorstellt, daß ich das brauche, diesen Luxus, noch heute kann ich mich davon trennen, und nur der Luxus wird darunter leiden, ich nicht, was auch Rodney sagen mag, dieser Rodney mit seinen Mittelstandsideen, ach, mein Gott, wie ich diese Mittelstandsmoralisten hasse mit ihren wohlfeilen, verheuchelten Ideen, nicht eine einzige freie Seele unter ihnen, alle sind sie gleich, sobald sie einen an die Kette gelegt haben, aber ich langweile euch, ihr armen Willuhds, ihr müßt mir zuhören, ihr glücklichen Menschen, macht euch keine Sorgen um die Kinder, Gezänk von Liebesleuten, der Weg zur Liebe ist nie ganz glatt, wenn er nicht schrecklich langweilig sein soll, sind Sie da nicht meiner Ansicht, Mrs. Willuhd?«
»Harry und ich streiten uns immer«, sagte Katie. »Nein – nimmer meine ich.«
»Wie schrecklich! Meinen Sie das im Ernst? Ich bin empört, ja, das bin ich, ich habe euch für Menschen mit heißem Blut in den Adern

gehalten, enttäuscht mich nicht, Rodney würde sich nie in einen Zank einlassen, das macht mich toll, ein Mann, der sich nicht auf die Hinterbeine stellt, ich könnte Rodney zum Fenster hinauswerfen, und er würde vom Boden abprallen und zurückspringen und mir Sardellenbrötchen anbieten; aber verliebte Leute müssen miteinander streiten, müssen, müssen, müssen!«

»Nimmer«, wiederholte Katie, und sie stand auf und suchte ihren Hut und schüttelte das Haar zurück und setzte den Hut auf und ging zur Tür. »Über all das sind wir hinaus. Harry und ich, wir werden zu alt dazu.«

Nun, da mußte ich mir auf die Zunge beißen, und das tat ich auch, und ich spürte, wie die Hitze in mir in die Höhe stieg, weil mir jetzt nichts mehr Freude machte, das kann ich euch sagen. Und ich redete auch kein Wort, aber als wir aus dem Hotel George V. herauskamen, mußte ich Katie unter dem Arm nehmen und in die richtige Richtung nach unserem Hotel drehen; und ich hätte auch weiter nichts gesagt, wenn Katie nicht angefangen hätte. Und sie sagte: »Du könntest vielleicht einen Heeres- und Marineschnitt brauchen, Harry.«

Das genügte mir. »Was meinst du damit? Wie kommst du darauf?«

»Mir ist der Geschmack von diesen Martinis zuwider. Warum hast du mich so ein Riesenglas trinken lassen?«

»Du benimmst dich, als wolltest du wirklich einen Streit anfangen.«

»Harry, einige von diesen Leuten verstehen englisch. Still! Und dann – streiten wir uns denn je? Still!«

»Ich bin still und werde still bleiben«, sagte ich.

»Hoffentlich war der Tee wenigstens gut, Harry. Wenn ich daran denke, daß du Tee nicht leiden kannst!«

Bevor wir unsere Reise angetreten hatten, war mir nie in den Sinn gekommen, daß wir Leute wären, die sich Unannehmlichkeiten zuziehen oder gar Unannehmlichkeiten verursachen könnten. Und dennoch war es keine Überraschung für mich, als ich sah, daß sich vor dem Hoteleingang Leute angesammelt hatten. Sofort begann ich schneller zu gehn, denn in meinen Knochen spürte ich, daß schon seit zu langer Zeit nichts mehr passiert war. Und ich hatte recht.

Über die Köpfe der Leute hinweg konnte ich Elliott sehen, der mit dem langen Türsteher redete, der die Achseln zuckte, wie diese Kerle das tun, um einem zu zeigen, daß sie einen nicht verstehen, solange man

nicht in die Tasche greift, und neben ihnen auf dem Trottoir stand das Frauenzimmer. Sie war mager und häßlich, und in ihrem scharfen kleinen Gesicht bewegte es sich mit einer Meile in der Minute, und sie spuckte die Wörter aus und schlenkerte mit den Armen, und ihr Finger wies auf Elliott, und ihre Augen waren blutunterlaufen vor Wut, und ich weiß nicht was noch. Jedesmal, wenn Elliott ins Hotel gehn wollte, packte sie ihn mit der einen Hand beim Ärmel und fuchtelte mit einem Finger vor seinem Gesicht, und er blieb stehn, sah hilflos und verwirrt und verängstigt drein. So drängte ich mich durch, und als Elliott mich sah, war es, als ob sein Gesicht in lauter kleine Stücke zerfallen wollte.
»Was ist denn los?« fragte ich.
»Das Frauenzimmer ist verrückt«, sagte er.
Da packte das Frauenzimmer mich am Ärmel und fing an, mir ins Gesicht hinein zu reden, aufgeregt wie eine Frau, die bei uns daheim bei einer Versammlung für ihre Rechte eintritt. Nur konnte ich natürlich kein Wort von dem verstehn, was sie sagte. Aber ich sah, daß die Leute, die da herumstanden, sich köstlich amüsierten, und ich hatte den Eindruck, daß sie auf der Seite des Frauenzimmers waren.
»Geh hinein!« sagte ich, und Elliott drückte sich. Dann wandte ich mich zu dem Türhüter, der einen langen Uniformmantel trug, und ich fragte: »Was ist denn hier los?« Und die ganze Zeit hing das Frauenzimmer an meinem Ärmel und plapperte.
»Der junge Herr – Achselzucken – hat mit der Dame im Café gesprochen – Achselzucken – hat ihr gesagt, sie solle mit ihm ins Hotel kommen – Achselzucken – und sie ist gegangen – Achselzukken – aber da hat die Geschichte ihn nicht mehr interessiert – Achselzucken – und die Dame ist jetzt sehr entrüstet – Achselzucken – und verlangt trotzdem ihr Geld – Achselzucken.«
Nun, da war ich selber ziemlich entrüstet, und so schüttelte ich die Hand des Frauenzimmers ab und griff in die Tasche und gab dem Türhüter zwei Fünfhundertfrancsscheine. Da hob er die Hand an die Mütze und öffnete mir die Türe und stellte sich dem Frauenzimmer in den Weg. Elliott war nicht in der Halle, und ich ging geradewegs zum Aufzug, aber bevor der Liftmann die Tür schließen konnte, hatte Katie mich eingeholt.
»Warum hast du dem Mann das Geld gegeben, Harry? Und warum hat er die Hälfte davon dieser Dame gegeben?«
»Das war keine Dame«, sagte ich.

»Harry, du spuckst ja Feuer. Was hast du denn vor?«
»Das weiß ich noch nicht; aber du tätest besser daran, nicht in der Nähe zu bleiben.«
»Ich werde nicht aus dem Lift aussteigen, ich werde sagen *en bas* und gleich wieder hinunterfahren.«
»Wohin willst du denn gehn?«
»Ich brauche einen Kaffee. Das empfiehlt man doch in meinem Fall, nicht? Ich werde diesen schrecklichen französischen Kaffee trinken.«
»Vielleicht wirst du dich nachher nicht mehr so alt fühlen«, sagte ich und stieg aus dem Aufzug.
Elliott erwartete mich; was er tat, war, daß er auf und ab ging und wie ein Verrückter an seiner Zigarette zog. Er blieb stehn, als ich eintrat, und er stand da und sah mich an. Nun, zunächst beachtete ich ihn gar nicht, weil ich mich vergewissern wollte, daß niemand in den Schlafzimmern war, und so ging ich hinein und sah mich um, auch in das Badezimmer schaute ich, und dann kehrte ich in das Wohnzimmer zu Elliott zurück.
»Es war ein Scherz«, sagte Elliott, bevor ich den Mund aufmachen konnte. »Überall wimmelt's von diesen Frauenzimmern. Ich habe kein Wort zu ihr gesagt, das kann ich schwören, Pop. Du weißt ja, daß ich nicht Französisch kann.«
»Da braucht man kein Französisch dazu«, sagte ich, und in mir kochte es. »Was du gesprochen hast, und was sie gesprochen hat, das ist eine internationale Sprache, und das weißt du ganz gut. Das ist's also, was du den ganzen Tag treibst? Sitzt in den Cafés herum und läßt dich mit diesen Frauenzimmern ein, und dann drehst du deine Tasche um und zeigst, daß du kein Geld hast? Sind das deine Vorstellungen von einem Scherz?«
»Nun, ich meinte, es wäre doch lustig, wenn man das den Burschen daheim erzählen könnte.«
»Setz dich, Elliott. Du und ich, wir müssen einmal ein paar Worte miteinander reden.«
»Nur die da wollte mir nicht glauben. Sie muß gemeint haben, im Hotel hätte ich bestimmt Geld.«
»Setz dich, hab ich gesagt!« Und ich streckte den Arm über den Kaffeetisch aus und stieß ihn auf das Sofa – energisch, das könnt ihr mir glauben, und diesmal sagte ich auch nicht ›Uhhh!‹ Nein, sondern ich sagte: »Junger Mensch, es gibt etwas, worüber ich schon seit einiger Zeit mit dir reden wollte. Jetzt hör mir zu, und

wenn du dich unterstehst zu grinsen, so wirst du was erleben, so wahr mir Gott helfe!«

Und dann sagte ich ihm alles, was ich ihm, wenn's nach Katie gegangen wäre, schon seit Wochen hätte sagen sollen, und für alle Fälle sagte ich noch verschiedenes, woran sie nicht gedacht hatte; und ich redete so schnell und so energisch, daß er keine Gelegenheit hatte, mich zu unterbrechen, auch wenn er die Courage gehabt hätte, es zu versuchen.

Als ich schließlich fertig war und mit gespreizten Beinen dastand und keuchte wie ein Bulle, da wartete Elliott noch eine lange Minute, um gewiß zu sein, daß ich wirklich fertig war, und dann sagte er: »Na, Pop, jetzt hast du's dir endlich von der Seele geredet, was?«

Ich griff nach einer Zigarette, und Elliott wich zur Seite und hob den Arm, als wollte er sich decken. Ich zündete die Zigarette an. Elliott straffte sich, zog seine Jacke zurecht und richtete seine Krawatte.

»Pop, wo, glaubst du denn, habe ich bisher gelebt? Im Mittelalter? Das alles weiß ich doch schon seit Jahren. Und willst du wissen, wer es mich gelehrt hat, Pop? Das werde ich dir sagen. Kein Bursche, wie du meinst. Ein Mädchen.«

»Ein Mädchen in Terre Haute?«

»Sie wohnt in einem Vorort.«

»Da soll mich doch der Teufel holen!«

»Das Frauenzimmer hat mir mein bestes Hemd bespuckt«, sagte Elliott. Er ging ins Schlafzimmer. »Du hast es gut gemeint, Pop, aber du kommst ungefähr um zwei Jahre zu spät. Nicht, daß ich es nicht trotzdem zu würdigen wüßte. Aber du hast auch ein paar wichtige Dinge nicht gesagt: ob du sie nun selber weißt oder nicht.«

Und damit ließ er mich stehn, ich hatte den Mund aufgerissen, und so geht es mir ungefähr immer, wenn ich versuche, mit Elliott zu reden. Ich drückte die Zigarette aus und zündete mir eine andere an und versuchte, mir vorzustellen, welche wichtigen Dinge ich nicht gesagt hatte. Und das Zündholz verbrannte mir die Finger. Doch auch das war keine Überraschung für mich ...

In einem dieser Reisehandbücher hatte gestanden, man dürfe Paris nicht verlassen, ohne in einem Restaurant, das *La Reine Pédauque* heißt, zu Abend gegessen zu haben, und so gingen Katie und ich an diesem Abend hin. Und das war eine der besten Ideen, die wir in Paris gehabt haben, das kann ich euch sagen. Nur war ich zunächst nicht ganz sicher, ob wir auch den richtigen Abend erwischt hatten denn der Oberkellner verbeugte sich und lächelte so freundlich wie nur möglich, und dann führte er uns nach hinten und wies uns einen Tisch an, den ich für einen Serviertisch hielt; gleich würde man ihn abräumen, dachte ich, denn auf dem Tisch mögen achtzehn Gläser gewesen sein, von den verschiedensten Formen und Größen, und so meinte ich, das Lokal sei überfüllt, und sie wollten doch noch einen Tisch für uns frei machen, und das sei sehr nett von ihnen. Doch dann kam ein anderer Kellner, mit einer Jacke, darauf Trauben gestickt waren, er kam und begrüßte uns, nahm eines von den Gläsern, goß Wein hinein und verzog sich wieder. Und da fiel es Katie ein! Richtig, sie habe vergessen zu erwähnen, daß dies das Lokal sei, wo der Wein im Preis des Essens inbegriffen war, und zwar gab es zu jedem Gang einen andern Wein.

Und da, weiß Gott, meinte ich, wir hätten einen Fehler begangen, denn Katie hatte ja schon die Martinis getrunken, und sonst trinkt sie überhaupt nicht, und hier war eine ganze Batterie von Gläsern.

»Morgen ist der Jahrestag der Erstürmung der Bastille«, sagte Katie, und sie hob ihr Glas und nippte daran, und ihre Augen wurden ganz schmal, als wollte sie sagen ›Köstlich!‹, und dann lehnte sie sich zurück und begann, sich umzusehen.

Nun, das war nicht der Augenblick, da ich etwas sagen konnte, um mich wieder ›konservativ‹ nennen zu lassen oder noch Schlimmeres, wenn ich an Katies Stimmung dachte, als sie Charlottes Hotel verlassen hatte, und so kostete ich auch meinen Wein, und er war wirklich großartig, und dann sah ich mich um. Es war ein nettes Restaurant, alles, wie sich's gehört, nicht zu protzig, aber gemütlich. Am Nebentisch saß ein Paar, und das hatte einen Hund bei sich. Eine richtige Dänische Dogge, meine ich. Daß ich vorher schon einen Hund in einem Restaurant gesehen hätte, kann ich nicht sagen, wenn ich von Karl Millers Wurstkiosk daheim auf der Straße nach Prairietown absehe. Der gute Karl ließ einen alles ins Lokal mitbringen, was man nur wollte, wenn er einen kannte. Es war also wirklich ein gemütliches Restaurant, und der Kellner sprach ein Englisch, wie ich es nie sprechen werde, und er erklärte uns alles auf dem Menü, langsam und freundlich, ohne Hast, und dann kamen etwa drei andere Kellner und brachten die Speisen, einen Gang nach dem andern, und immer wenn man aufschaute, war der Weinkellner da, kam und ging, und schon stand ein frisches Glas Wein vor

einem, gewöhnlich auch von anderer Farbe als das letzte. Katie hatte sich richtig erholt, wenn ihr's wissen wollt, sie war gar nicht mehr zornig, und keiner von uns sagte auch nur ein Wort über den verdammten italienischen Schnitt. Wir sprachen von Charlotte Hatfield und waren uns darüber einig, daß sie uns ganz sympathisch war, daß sie aber ein Höllenleben führte, wie Katie das ausdrückte. »Sie ist ein seelisches Wrack, und ich habe Mitleid mit dem armen Nick. Hoffentlich hat's Amy nicht auch. Mitleid meine ich. Das könnte gefährlich sein.« Und dann sagte ich. »Denken wir heute abend nicht an Amy. Und nicht an Skipper. Und nicht an Elliott. Vergessen wir sie, alle drei. Was hältst du davon?«
Katie fand, das sei eine glänzende Idee, nur sei sie doch neugierig, was ich Elliott eigentlich gesagt habe, und was er im Schilde führe, und da sagte ich ihr, sie brauche sich um Elliott keine Sorgen mehr zu machen; ebenso wenig wie um mich. Und da sagte Katie: »Harry, manchmal hast du einen Ausdruck in deinen Augen, daß ich mich wirklich über dich wundern muß.«
Da wollte ich lachen, doch dann hielt ich es für besser, nicht zu lachen, und sagte nur: »Das tut dir gut.«
An diesem Abend kamen wir in große Stimmung. Ich habe keine Ahnung, wovon wir redeten, doch es war, als würden wir überhaupt nicht aufhören zu reden, und dabei sagte keiner ein Wort über die Kinder oder über Terre Haute oder über morgen oder über gestern. Man sollte ja glauben, daß zwei Leuten, die mehr als zwanzig Jahre zusammengelebt haben, ganz natürlich der Redestoff ausgeht, doch so ist das nicht. Wir fingen an, Geschichten von den Leuten zu erfinden, die rund um uns saßen, versuchten zu erraten, was die Männer für einen Beruf hatten, und ob die Frauen mit den Männern verheiratet waren, mit denen sie am Tisch saßen, und noch mehr solches Zeug. Einmal waren wir nicht einig miteinander, und das war wegen des Paares am Nebentisch. Das Paar mit dem Hund. Der Mann trug ein Monokel, und Katie wollte darauf wetten, daß er ein Deutscher war, doch immer wieder sagte er zu dem Hund ein paar französische Worte, wenn er ihm ein Stück Fleisch unter den Tisch warf, unter das feine Leinentischtuch, und glaubte, kein Mensch werde das bemerken, und ich sagte: »Der Köter ist jedenfalls ein Franzose; er versteht Französisch.« Das fand Katie ungeheuer komisch, obgleich ich meinte, das sei doch nur logisch. »Sie hat keinen Ehering am Finger«, berichtete Katie. »Wahrscheinlich ist sie seine Mätresse.« Das sei wohl möglich, meinte ich, sie könne

aber auch seine Schwester sein, und das fand Katie noch komischer. Es ist merkwürdig, aber so wie an diesem Abend hatte ich Katie noch nie lachen gehört.

Seltsam an diesem Wein war, daß er einem nicht in die Glieder fuhr, wie das Whisky manchmal tut. Nein, er klettert gewissermaßen in einem in die Höhe und liebkost einen und macht, daß einem warm wird und man sich behaglich fühlt. Nun, und bei uns war das schon so weit gediehen, daß wir das Dessert ablehnten, was den Kellner in seinen heiligsten Gefühlen verletzte, das konnte man merken, doch Katie erklärte ihm, sie müsse auf ihr Gewicht achtgeben, und da machte der Kellner ein sehr ernstes Gesicht und sagte, alle amerikanischen Damen hielten strenge Diät, und das sei doch eine Schande und wider die Natur, aber Madame habe es wahrhaftig nicht nötig, auf ihr Gewicht zu achten, ihr Gewicht sei sicher ganz, wie es sein sollte, das würde M'sieur am besten wissen, nicht wahr? Und ich erwiderte, ja, ihr Gewicht sei genau nach meinem Geschmack, und der Kellner lächelte und nickte, und wenige Minuten später standen wir auf und wollten gehn, mußten aber vorher noch die Trinkgelder verteilen, denn wenn man aufsteht, ist sofort eine ganze Schar da, sie strecken wohl nicht gerade die Hände aus, aber sie warten – und der Oberkellner sagte: »Darf ich Madame und M'sieur recht glückliche Flitterwochen in Paris wünschen?«

Katie wartete, bis wir auf der Straße waren, und dann konnte sie sich vor Lachen nicht halten. Sie lehnte sich an die Mauer, und sie lachte und konnte gar nicht aufhören zu lachen.

»Hör«, sagte ich, und das Licht tanzte gewissermaßen um mich, und die Straße sah ganz anders und ganz unwirklich aus, »hör, das ist eine Redensart. So redet er zu allen Amerikanern. Hast du das nicht bemerkt?«

Da wurde sie schnell nüchtern. »Harry, das ist nicht wahr, und selbst wenn es wahr wäre, will ich nichts davon hören. Er meinte, wir seien auf der Hochzeitsreise, und das sind wir auch, ob's dir recht ist oder nicht.«

Und dann setzte sie sich in Bewegung. Aber sie ging sehr steif und geziert, als ob es gar nicht leicht wäre zu gehn, und ich trottete neben ihr her, versuchte, ihren Arm zu nehmen, und sagte, sie solle doch nicht so empfindlich sein, und sie war ganz still, trug das Kinn hoch, und da sagte ich nichts mehr, nur, ob sie nicht ein Taxi haben wolle, aber sie meinte, wozu ein Taxi, wenn man doch schwimmen kann.

Mir war's nicht nach Schwimmen zumute, und so sagte ich: »Ich werde getrieben.«
Da schwenkte sie die Arme und reckte den Kopf und holte Atem, und als sie aus dem Wasser kam, da sagte sie: »Du wirst untersinken. Vorwärts, ich helfe dir schon, Harry. Ich bin nicht umsonst bei Smith unter den Preisschwimmerinnen gewesen.«
Und dann fing sie an zu laufen. So rasch lief sie, daß ich's gar nicht bemerkt hatte, und so hatte sie einen guten Vorsprung, und als ich anfing, hinter ihr herzulaufen, da war sie schon weit weg, hatte den Hut in der einen Hand, hob mit der andern den Rock über die Knie, und so lief sie! Und da konnte ich nur entweder stehnbleiben wie ein Narr und sie am Ende gar in der Menge verlieren, oder ihr nachlaufen; und das tat ich denn auch. Nur daß sich das als ein Fehler herausstellte, denn es sah so aus, als würde ich hinter ihr her sein, und das müssen einige von den Leuten auch geglaubt haben, denn als Katie an die Ecke kam, gab es ein richtiges Aufsehen, und als ich sie einholte, war plötzlich auch, wie aus der leeren Luft, ein Polizist da. Wenn jemand angefallen worden wäre oder so etwas, dann hätte es gewiß meilenweil keinen Polizisten gegeben, so aber war er da wie der Geist aus der Flasche. Da stand er, die Fäuste in die Hüften gestemmt, und ich blieb stehn und schaute, und hinter ihm war Katie zwischen sechs oder acht Leuten, die ununterbrochen schwatzten, und dann fing der Polizist an, auf mich einzureden, ganz schnell und mit einer Menge Fragezeichen, und ich brauchte kein Französisch zu verstehen, um zu wissen, wonach er fragte. Aber ich hätte französisch reden müssen, um ihm zu antworten, und das konnte ich nicht. Ich wies auf meinen Ehering, doch da schüttelte er den Kopf, als wollte er sagen, das mache die Sache nur noch schlimmer; und ich wollte auf Katie zugehn, um ihm auch ihren Ehering zu zeigen, aber davon wollte der Polizist schon gar nichts wissen. Er trat mir in den Weg und schüttelte den Kopf, und das sollte wohl heißen, er sei von den Steuerzahlern dazu bestellt, die weibliche Tugend vor solchen Unholden zu schützen, wie ich einer war. Da aber setzte Katie den Hut auf den Kopf, drängte sich durch, trat zwischen mich und den Polizisten, hob sich auf die Fußspitzen und gab mir einen Kuß; und dann trat sie zurück und lächelte, die Leute lächelten auch, und irgendwer lachte, und der Polizist zuckte die Achseln. Eine Frauenstimme rief »*Jeu d'amour américain*«, und daraufhin lachten alle laut, bis auf mich, denn ich wußte nicht, was, zum Teufel, das bedeuten sollte, bis Katie es mir

erklärte, als wir im Taxi saßen, das vor uns stehengeblieben war, weil der Chauffeur wissen wollte, was sich da begab. »Eine Frau meinte, das sei ein amerikanisches Liebesspiel«, sagte Katie, die eng neben mir saß, während der Chauffeur sich immer wieder nach uns umdrehte.
»*Je voudrais aller au rue Pigalle, Montmartre, s'il vous plaît*«, sagte Katie zu ihm, als ob sie ihr ganzes Leben lang Französisch geredet hätte, und er wiederholte die Adresse, wie sie das immer tun, und dann wendete er, und wir hopsten und holperten durch die dunklen Straßen. »Das ist die schlimmste Straße von Paris«, flüsterte Katie. »So steht's in allen Büchern. Das müssen wir sehen, Harry. Das müssen wir sehen!« Sie legte den Kopf an meine Schulter. »Ich besiege dich, Liebster. Du hättest auch in der Schwimmannschaft sein sollen!«
Es war leicht zu merken, warum die Bücher diese rue Pigalle die schlimmste Straße auf der Welt nannten; es war mehr eine schmale Gasse als eine Straße mit kleinen Nachtlokalen zu beiden Seiten, und die Leute gingen auf dem Trottoir, und es war ein richtiges Gedränge. Die Nachtlokale waren eines neben dem andern, und aus jedem dröhnte es lauter als aus dem andern, und so konnte man sich kaum denken hören. Und vor jedem waren die Riesenplakate mit den nackten Frauen, und jede sah nackter aus als die andere, ob man das nun für möglich halten will oder nicht. Und vor allen standen Männer, und die meisten stotterten etwas Englisches, wenn sie einen sahen, und drängten einen, hineinzugehn und zeigten auf die lebensgroßen Bilder wie ein Schullehrer auf eine Tafel. Manche Leute auf der Straße waren betrunken, und viele davon waren Amerikaner, das konnte man sehen.
»Gib acht auf deine Brieftasche«, flüsterte Katie mir zu. Und dann: »Gehen wir hinein!«
»Hinein?«
»Du willst doch alles sehen, was es zu sehen gibt, nicht?« Und dann, ohne ein weiteres Wort, ging sie auf eine Tür zu.
Nun, was man drinnen sah, das war wohl alles, was es zu sehen gab. Und noch einiges mehr. Da sahen wir einen Tanz, Adagio-Tanz nennt man es; nur war es nicht, wie diese Tänze in der Television sind, denn mittendrin hatte das Frauenzimmer, die dunkel und häßlich war, sich ausgezogen.
Da gingen wir denn wieder fort, ohne auch nur unsere Gläser auszutrinken, und als wir draußen waren und die Straße hinunter-

gingen, da merkte ich, daß Katie hin und wieder einen Blick auf mich warf, als wollte sie mich etwas fragen. Und schließlich sagte sie: »Hat's dir eigentlich Spaß gemacht, Harry? Ich finde nicht, daß sie besonders hübsch war. Hast du ihre Beine gesehen? Und diese dicken Waden? Da habe ich doch schönere Beine. Nicht wahr? Willst du sehen?«
»Heh!« machte ich.
»Nicht wahr, Harry? Komm her! Ich will sie dir zeigen!«
Und sie lief in eine Seitenstraße, die tatsächlich ganz verödet war, und drehte sich um, sobald ich sie erreicht hatte und gab mir wieder einen Kuß. Diesmal aber nicht wie vor all den Leuten und vor dem Polizisten an der Straßenecke. O nein; diesmal war's ganz anders.
»Heh!« machte ich.
»Ich hab dich lieb, Harry«, sagte sie und klammerte sich an mich. »Das haben wir einander schon lange nicht mehr gesagt, nicht wahr? Ich hab dich lieb, ich hab dich lieb, ich hab dich lieb!«
»Gehen wir ins Hotel«, sagte ich, »bevor wieder einer von diesen verdammten Polizisten auftaucht.«

So gingen wir weiter und kamen zu einem Taxistand und saßen wieder in einem Taxi, und es holperte wieder durch die Straßen, und wir waren beinahe vor unserem Hotel, als der Wagen plötzlich stehnblieb und der Chauffeur leise vor sich hinfluchte und den Kopf schüttelte. Wir schauten durch die Fenster, und was wir sahen, war, daß die Straße abgesperrt war, und dahinter standen viele Leute und sahen zu, wie sich irgendwas mitten auf der Straße abspielte. Ein Polizist machte dem Chauffeur ein Zeichen, daß er zurückmüsse, und der Chauffeur brummte etwas von der Bastille, aber es war kein Kompliment, denn er knirschte mit den Zähnen und warf die Arme in die Höhe und schrie dem Polizisten etwas zu.
Einen Teil des Gespräches mußte Katie verstanden haben, denn nun sagte sie: »Harry, hier wird getanzt. Auf der Straße. Hör doch nur die Musik!«
»Ich glaubte doch, morgen sei erst der Gedenktag«, sagte ich.
»Man tanzt anscheinend schon am Abend vorher. Los, Liebster, wir haben ja noch die ganze Nacht vor uns. Tanzen wir auch! Gib dem Mann das Fahrgeld, gib ihm noch ein gutes Trinkgeld! Los! Vorwärts!«
Und das taten wir auch. Der Chauffeur maulte, sogar als er das Trinkgeld hatte, aber Katie und ich drängten uns durch die Menschen,

die rundum standen, und dann sahen wir ein, zwei Minuten zu. Die Kapelle spielte eine amerikanische Melodie, die ich zuerst nicht erkannte, weil mir das nie gelingt, aber Katie drückte meinen Arm und sagte: »›Sternenstaub‹. Von Hoagy Carmichel. Wir sind wieder in Indiana. Ja, das muß ›Sternenstaub‹ sein. Die Welt ist doch klein!«
Da tanzten Leute aller Art – Kinder und Liebespaare und Touristen und alte Frauen, die Tücher über den Köpfen hatten, und würdige Männer in mittleren Jahren und Männer mit den blauen Mützen, wie sie die Franzosen tragen, und ein paar von der Marine, die in ihren weißen Uniformen, mit den roten Pompons, lustig und unwirklich aussahen, und alle schienen sich großartig zu unterhalten, und da fanden wir, es sei doch eine großartige Idee zu tanzen, und so tanzten wir. Bei der nächsten Nummer spielte die Musik schneller, und ich versuchte ein paar kleine Schritte, weil ich meinte, das wäre just das Richtige, und Katie tat mit, und ich merkte, daß ihr das Spaß machte, und ich drehte sie herum, und wir wirbelten dahin und dorthin und stießen nicht an allzu viele andere Paare, und wenn wir's taten, so nickten sie und lächelten und tanzten weiter, als ob das auch zu dem Spaß gehörte.
Alles in allem hatte ich viel Vergnügen am Tanzen. Es war gar nicht wie die Tanzereien daheim im Country Club, wohin die Leute uns immer lotsen wollen. Was ich meine, ist, daß die Tänze daheim ziemlich langweilig sind, um es geradeheraus zu sagen; alle schreien, als ob sie sich großartig unterhalten würden, aber wenn man näher zusieht, ist's gar nicht so. Sie tun einfach, was man von ihnen erwartet, sind höflich, und wenn man mit einer Dame tanzt, so erzählt sie einem von Jackies Masern oder Cindys Mumps, oder sie drängt sich an einen heran, damit es recht romantisch wirkt, und das macht mich nur verlegen. Und irgendwer ist immer betrunken, gewöhnlich ist's Charlie Grubbs, und dann macht er ordinäre Scherze oder benimmt sich albern, oder er küßt eine Frau ab, die nicht seine Frau ist, und daraus entstehen nur Unannehmlichkeiten. Ich sehe gern zu, wie die Leute sich unterhalten und trinken; wenn sie sich aber auf diese Art betrinken, so ist's was anderes. Und darum finden Katie und ich daheim immer eine Ausrede, um nicht zu gehn, so gern Katie sonst auch tanzt.
So war es in Paris in jener Nacht nicht, als man auf der Straße tanzte. Es war wie auf einem Tanzboden, aber über uns wehten Flaggen und Fahnen im Wind, und man hörte, wie die Leute lachten und sich amüsierten, und die Kapelle war nicht so, daß es sich gelohnt hätte,

daheim von ihr zu erzählen, aber alles war so voll von einer Heiterkeit, die ich nicht spüre, wenn ich in den Country Club gehe, und auch nicht, wenn ich die Musik im Radio anhöre. Unterdessen waren Katie und ich schon in großer Stimmung, und unser Blut strömte schneller als gewöhnlich, aber es war nichts Aufregendes dabei, sondern man fühlte sich einfach wohl und glücklich. Und, ganz ehrlich gesprochen, ich glaube auch nicht, daß der Wein etwas damit zu tun hatte, wie wir uns fühlten. Wir redeten nicht viel, wir tanzten, wir hielten uns auch gar nicht allzu fest, weil das nicht nötig war. Und bald, zwischen zwei Musiknummern, als wir stehnblieben, kam einer von den Matrosen, machte eine kleine Verbeugung, murmelte etwas, sah Katie an, und dann, als die Musik einsetzte, packte er sie und wirbelte sie davon und warf mir einen Blick zu und lächelte über die Schulter hinüber. Ich war gerade im Begriff, mir eine Zigarette anzuzünden, als die ältere Frau mit dem Kopftuch mir zunickte; das sah nach einer Einladung aus, und so warf ich die Zigarette weg und tanzte mit ihr. Sie konnte tanzen, o ja! Sie war ein lustiges kleines Frauenzimmer, mit funkelnden schwarzen Augen, in denen noch immer der Teufel lauerte, und die einzigen englischen Worte, die sie kannte, waren: »Ist das nicht ein schöner Mond?« Da erblickte ich Katie, und beinahe hätte ich aufgehört zu tanzen; jedenfalls verfehlte ich ein oder zwei Schritte, denn was tat Katie? Sie tanzte einen richtigen Jitterbug! Zuerst sah sie selber verdutzt drein, als der Matrose Abstand von ihr nahm und die Beine fliegen ließ, dann aber blitzte es auch in ihren Augen, und sie begann, es ihm nachzumachen, und der Teufel soll mich holen, wenn sie das nicht besser konnte als irgendwer, den ich je gesehen habe! Was mir aber in die Knochen ging, das war der Ausdruck auf ihren Zügen. In mancher Beziehung war es, als würde ich eine Fremde sehen. Ihre Augen funkelten, und das kurze Haar flatterte, und sie amüsierte sich großartig. Wie ein kleines Mädchen sah sie aus. Und dann, während sie zu Atem kam, tauchte ein ältlicher Herr in doppelreihigem Rock und Homburghut vor ihr auf, machte eine Verbeugung, und sie tanzten steif und würdig; ich aber merkte, daß ich plötzlich ein Mädchen von fünfzehn Jahren herumwirbelte, die ein seltsam starres, seliges Lächeln um die Lippen hatte, als wüßte sie gar nicht, mit wem sie tanzte, sondern als ob sie einfach mit der Welt zufrieden wäre, als ob sie vielleicht begierig nach dem Leben wäre, das für sie anfangen sollte, doch da es noch nicht angefangen hatte, genoß sie das, was dazwischen lag.

Ich weiß nicht, mit wem wir nachher noch tanzten, aber nach einer Stunde etwa, oder vielleicht war es auch mehr, hatte ich wieder Katie im Arm, und wir waren mitten im Gedränge, so daß wir uns kaum rühren konnten, und da kam es plötzlich über mich, wie glücklich wir waren, welchen Anteil wir am Leben hatten, das rings um uns pulste, als ob wir in der Mitte unseres eigenen Lebens wären, just dort, wo es am schönsten war, als ob alles Frühere nur eine Art Vorbereitung auf dies hier gewesen wäre, daß Katie und ich einander hier, mitten auf einer Pariser Straße, umarmt hielten. In Paris! Wenn man mich als Kind gefragt hätte, nie wäre mir eingefallen, daß ich je nach Paris kommen könnte. Und dann wurde mir auch etwas anderes klar – daß Paris in Wirklichkeit wenig oder gar nichts damit zu tun hatte. Nichts weiter war es als das Leben, mit lauter großen Buchstaben geschrieben, und was wir taten, war, daß wir uns dessen bewußt wurden, und nicht bloß von einem Tag zum andern hintrotteten und uns daran gewöhnten, allen wichtigen Dingen, die wir empfanden, den Reiz zu nehmen. Nein, meine Lieben, wir lebten und fühlten leidenschaftlich, daß wir lebten, und so sollte es immer sein. Nur daß ich schon damals wußte, daß es nicht immer so sein würde, noch so sein konnte; nicht nur unserer Gewohnheiten wegen, denen wir ganz natürlich wieder verfallen würden, sobald wir daheim waren, sondern weil es die simple Wahrheit war, daß wir älter wurden. Seltsam war es, das zu fühlen, und noch dazu in dieser Stunde, aber dagegen konnte ich nichts tun. Wir wurden älter, und die Dinge wurden anders. Sehr schnell wurden die Dinge jetzt anders, das spürte man. Wie die Zeit vorüberhastete. Und doch war es kein unangenehmes Gefühl, denn es brachte mit sich, daß uns diese Nacht noch kostbarer wurde.

Katie mußte wieder einmal in meinen Gedanken gelesen haben, denn sie sah mich nur an und sagte ganz ruhig: »Ich hab's nicht ernstgemeint, das, was ich davon sagte, daß wir alt werden, Harry. Ich spüre es manchmal, und vermutlich erschreckt es mich ein wenig. Aber heute nacht fühle ich mich ganz und gar nicht alt!«

Und was ich da tat? Ich hob die Hand, ich nahm ihr den Hut ab, hielt ihn hinter sie, und dann fuhr ich mit der andern Hand durch ihr Haar, das weich und ein wenig wild war, aber vor allem weich und schön, und ich sagte: »Es gefällt mir, Katie. Es gefällt mir wirklich. Ich bin froh, daß du's getan hast. Es macht dich anders, und doch bist du dieselbe. Weißt du, was ich damit meine?«

Sie antwortete nicht, legte nur die Stirn an meine Brust, und wir tanzten, bis die Musik aufhörte, und dann blieb sie stehen, und sie sah mich an, aber alles, ohne ein Wort zu sagen. In solchen Stunden braucht man nichts mit Worten zu sagen; aber irgendwie sagt man doch mehr als zu andern Zeiten mit sämtlichen Wörtern des Wörterbuchs.

Der nächste Tanz war laut und wild, und so drückten wir beide uns auf das Trottoir, nicht weit von dem Platz, wo die Musik spielte, und da sah ich, wie Katie so merkwürdig nach den Musikern schaute, und ich schaute auch, und der Teufel soll mich holen, wenn ich meinen Augen traute. Da oben hockte doch Elliott und blies in eine Trompete, den Kopf zurückgelehnt, und es dröhnte und schmetterte. Der richtige Trompeter, ein Mann in mittleren Jahren, der in allerlei nicht zusammengehörigen Uniformstücken steckte, stand daneben und beschnupperte eine Zigarre, die Elliott ihm grade gegeben haben mußte. Elliott unterbrach sich ein oder zwei Sekunden, blätterte um, und da sah er uns und winkte und grinste, und dann ging er wieder an seine Arbeit.

»Du hast ja gesagt, daß die Welt klein ist«, sagte ich zu Katie.

»Gehen wir in unser Hotel, Liebster«, sagte Katie. »Ich bin froh, daß wir Amy mit Nick und seiner Mutter fortgelassen haben. Ell wird Gott weiß wann heimkommen. Wir werden die Zimmer ganz für uns haben.«

Ich kann mich an die Einzelheiten jedes Hauses erinnern, an dem wir im Dunkeln vorüberkamen. Ich kann mich daran erinnern, wie das Trottoir unter den Laternen aussah, an den leisen Wind, der durch Katies Haar wehte. Ich kann mich genau daran erinnern, wie Katie aussah, still und doch gleichzeitig erregt, wie sie ungezwungen und behaglich neben mir ging, und ich kann mich auch daran erinnern, was sie mir zuflüsterte, als wir ins Hotel traten. »Manchmal scheint's nicht gerecht zu sein, Harry, nicht wahr?« sagte sie. »Manchmal scheint's nicht gerecht zu sein, daß nicht jeder Mensch auf der Welt so glücklich sein kann wie wir.«

Als wir in unseren Zimmern waren, nahm ich das Täfelchen, das innen an der Türklinke hing, und ich hängte es außen an die Klinke unserer Schlafzimmertür. Was auf dem Täfelchen stand, war: *Ne pas déranger.* Aussprechen konnte ich es nicht, aber ich wußte, was es hieß: Nicht stören!

7

Der nächste Tag war der Quatorze Juillet, was, wenn ich recht verstehe, ungefähr bei uns dem 4. Juli, dem Unabhängigkeitstag, entspricht. Man feiert die Erstürmung der Bastille, des alten Kerkers, wo die Aristokraten die Leute wegen aller möglichen Dinge, unter anderem auch wegen Schulden, einsperren ließen. Auf mich macht es den Eindruck, daß bei den Franzosen in diesem Punkt eine gewisse Verwirrung herrscht. Das sage ich, weil sie einerseits den Ausbruch der Revolution feiern, die dazu geführt hat, daß diesen Aristokraten und auch der Königin Marie Antoinette die Köpfe abgeschlagen wurden, weil sie andererseits aber auf diese Marie Antoinette und auf die Aristokraten noch immer mächtig stolz sind. Das fand ich ein wenig beirrend, wenn ich aufrichtig sein soll, aber wahrscheinlich nicht mehr, als es unsere Feier des 4. Juli für einen Franzosen sein muß. Zum mindesten hörte ich keine Reden, obgleich es auch sein mag, daß die französischen Festredner, wenn es sie gibt, nicht Jahr für Jahr dieselben Dinge sagen, wie sie das bei uns daheim tun, dafür haben wir aber die große Parade gesehen, die beim Arc de Triomphe beginnt; von dort ziehen die Truppen die Champs-Elysées hinunter. Ich muß gestehen, daß die Parade mich ein wenig enttäuscht hat; sie war gar nicht so, wie die Leute mir vorhergesagt hatten. Es war eine Truppenparade, meine ich, und rein militärisch und mit Marschmusik. Die Musik klang kriegerisch und erinnerte mich an die Wochenschauen der dreißiger Jahre, wenn Hitlers Banden in irgendeine Stadt einmarschierten. Farbig war es schon, daß muß ich sagen. Die Franzosen lieben ihre Uniformen und haben sie gern hell und leuchtend, aber von echter Fröhlichkeit war keine Rede, wie ich das erwartet hatte; es war mehr ein militärisches Schauspiel als ein Fest. Mit dem Tanzen auf der Straße vom Abend vorher hatte das gar keine Ähnlichkeit. Und wenn ihr mich fragt, muß ich auch sagen, daß die Franzosen, die auf der Straße Spalier standen, nicht gerade glücklich dreinschauten, obwohl es doch ein Feiertag war und alle Geschäfte geschlossen hatten. Vielleicht sind sie es leid, Militär auf der Straße zu sehen, doch das ist nur die Vermutung eines Außenstehenden und wahrscheinlich keinen Nickel wert. Ich weiß nur, daß der 14. Juli sich nicht mit dem 4. Juli in Terre Haute vergleichen läßt. Selbst die ernsten Ansprachen daheim sind irgendwie im Geist des Tages, und kein Mensch

beachtet sie; man denkt viel mehr an das Feuerwerk und das Festessen und dergleichen.
Am nächsten Tag kam Amy mit Nick und seiner Mutter von der Besichtigung der Kirche zurück, deren Bilder wir gesehen hatten. Sie kam erst spät am Abend, war sehr still und schweigsam, und sie sagte, sie brauche vor allem ein Bad; ja, sie habe sich gut unterhalten, sagte sie, als Katie sie fragte, und Nick und seine Mutter seien sehr nett gewesen. Mehr aber war nicht aus ihr herauszuholen, und dann verschwand sie im Badezimmer. Man brauchte kein zweites Gesicht, um zu merken, daß sich irgend etwas mit Amy begeben hatte. Katie sah mich an, und ich sah Katie an, und uns beiden kam der gleiche Gedanke. Es gibt wohl keine Eltern, die sich nicht einreden, daß sie ihren Kindern vertrauen können, allen ihren Kindern und unter allen Umständen. Andererseits gibt es wohl auch keine Eltern, die nicht wenigstens dann und wann auf den gleichen Gedanken kommen und zumal in diesen Zeiten. Nun, Katie wollte das nicht zugeben und, aufrichtig gesagt, ich auch nicht, und so saßen wir da und hörten das Wasser in die Wanne laufen.
Doch als der nächste Morgen verging und Amy über ihren Ausflug noch immer kein Wort zu ihrer Mutter gesagt hatte – und ihr könnt mir glauben, daß ich ihr jede mögliche Gelegenheit dazu gab, daß ich mich beständig drückte und auch Elliott mitnahm, damit Amy mit ihrer Mutter alleinblieb – ja, da fingen Katie und ich an, uns wirklich Sorgen zu machen, doch ohne einander auch nur eine Silbe zu sagen. Amy läuft nämlich mit allem Wichtigen, das ihr zustößt, immer zu ihrer Mutter und manchmal auch mit ganz unwichtigen Dingen. Das haben alle Kinder seit jeher getan, und das ist auch verständlich, weil ich doch so viel zu tun habe und so wenig daheim bin – verglichen mit Katie.
Dann kam der letzte Brief meiner Schwester Hilda, und das machte die Sache auch nicht besser. Er war voll von allerlei Gebeten, und zwischendurch brachte sie es fertig zu schreiben, sie wisse, warum sie nichts von Amy hörte. Hilda wußte, einfach, weil sie eben wußte. Sie sagte nie, was es eigentlich war, das sie wußte, aber das verschlimmerte die Dinge zu allen Zeiten. Als Amy den Brief las, da preßten sich ihre Lippen zusammen, genau wie das Katies Lippen machen, und sie warf den Brief in den Papierkorb, und es klang wieder ganz wie immer, als sie sagte: »Tante Hilda ist nun einmal zu kurz gekommen.« Ich konnte die Augen schließen und das Knarren und Quietschen des Schaukelstuhls auf der Veranda hören. Ja, Amy

hatte bestimmt recht, Hilda war wirklich zu kurz gekommen, und doch bohrte sich der verdammte Brief einem in die Gedanken, wenn ihr versteht, was ich damit meine. Katie und ich waren verständig genug, um Amy nicht geradewegs auszufragen, doch gleichzeitig wußten wir, daß wir es früher oder später tun mußten, wenn sie nicht selber darüber sprechen würde, denn, verdammt nochmal, wir mußten es ja am Ende wissen. Zufällig stieß ich in der Halle unten auf Amy, als sie dem Concierge einige Briefe gab und sich bei ihm für irgendwas bedankte. Und da war es für mich wie ein Schlag, als sie sich zu mir wandte und sagte: »Pop, trinken wir doch eine Tasse Tee miteinander, nicht? Ich bin ganz verhungert.«
Ja, das war wie ein Schlag, aber es war nicht unangenehm, weil ich glaubte, nun würde sie sich zu mir setzen und reden. Gleichzeitig allerdings wußte ich nicht ganz bestimmt, ob ich hören wollte, was sie zu sagen hatte. Und dann, als wir an dem kleinen Tisch vor dem Café saßen, begann Amy über alles auf der Welt zu reden, bis sie zwei oder vielleicht sogar drei Tassen Tee getrunken hatte. So meinte ich, daß sie tatsächlich nur Tee mit mir trinken wollte, nicht aber mit mir sprechen, und doch wußte ich es irgendwie auch anders, denn während ich mir alle Mühe gab, unbefangen und weltmännisch zu wirken, spürte ich ihren Blick auf mir, fragend und scheu. Und da, beim Schwatzen, kam mir in den Sinn, wie merkwürdig es doch war – Amy war heute beinahe eine Frau, und doch, wie selten hatten wir beide uns miteinander hingesetzt und zusammen zu Mittag gegessen oder eine Tasse Kaffee getrunken? Warum hatte ich in all den Jahren nicht manchmal daran gedacht, sie aufzufordern, mit mir in der Stadt zu essen, als sie noch in der Mittelschule war oder in den letzten zwei Jahren auf dem staatlichen Lehrerseminar? Wie kam's, daß ich das nicht getan hatte? Da saß sie vor mir, war eine Frau, ihre Kindheit war vorbei, sie hatte vielleicht mit einem ernsten Problem zu kämpfen, und nun bedurfte es wirklich erst dessen, daß wir uns zusammen hinsetzten und sprachen.
Endlich schaute sie die Straße hinunter und keineswegs mir in die Augen und sagte: »Es war reizend, Pop. Diese Kirche. Nicht um die Welt hätte ich das versäumen wollen.«
Da griff ich auf und erkundigte mich, wie die Kirche konstruiert war, wie das Dach auf dem Gebäude saß, und ob zwischen den Betonmauern Verstrebungen waren, und noch mehr solche Dinge fragte ich, und da, als sie mir nicht anworten konnte, meinte ich, nun sei ich mit beiden Füßen hineingesprungen und habe alles

ruiniert. Vielleicht hatte ich es auch getan, weil ich nicht wirklich wollte, daß Amy zu reden anfing. So genau weiß ich das nicht.
Doch nach einigen Minuten sagte sie: »Ein seltsames Gefühl, das dieses Gebäude in einem erweckt. Nicht eigentlich wie Kathedralen ... im Innern wirkt es so roh, und nicht richtig hoch. Aber es lebt ein eigenartiger Geist darin. Du solltest Nicks Skizzen davon sehen. Er ist auf den Hügel gestiegen und hat ein paar Zeichnungen gemacht. Darin ist es vollkommen erfaßt. Man merkt ganz deutlich, was der Architekt gewollt hat.« Dann brach sie plötzlich ab, und was sie nachher sagte, war: »Pop, müssen wir uns wirklich noch drei Tage in Paris herumtreiben? Könnten wir nicht früher wegfahren? Könnten wir nicht heute nachmittag packen und in den Wagen steigen, den du gemietet hast, und nach dem Süden fahren? Ginge das nicht, Pop?«
Nun, da setzte ich ihr auseinander, daß ihre Tante Elise am späten Nachmittag eine kleine Cocktailparty geben wolle, für diesen Schriftsteller, für Arthur Pope, und Elise wäre doch sehr enttäuscht, wenn wir uns drücken würden, und dann habe auch Katie noch verschiedene Pläne, und ich selber sei der Meinung, noch ein Sonntag in Paris wäre ja ganz interessant. Ja, da sackte Amy beinahe zusammen, und ich wußte nicht, was ich noch vorbringen sollte. »Ich meinte doch, du und Nicks Mutter, ihr wolltet heute nachmittag noch Besorgungen machen, Amy.«
»Ja.«
»Nun und?«
»Ist ganz überflüssig.«
Und nun erzählte sie mir alles von ihrem Ausflug mit Nick. Sie schilderte die Landschaft, und wie schön es gewesen war, eine der schönsten Gegenden der Welt, und sie erzählte davon, wie Nick seine Skizzen gemacht hatte, und wie sie ihr gefallen hatten, bis es ihr plötzlich, wie in einem Blitz, oben auf dem Hügel zum Bewußtsein kam, daß Nick ein hoffnungsloser Fall war. »Wirklich hoffnungslos, Pop. Der Hügel war mit Mimosen bedeckt, richtig bedeckt, ganz gelb und unirdisch schön, du hast so etwas in deinem Leben noch nicht gesehen. Und da kam es über mich. Hoffnungslos.«
Das also war es, dachte ich bei mir. Es ist vorüber, ganz wie Katie und ich es erhofft hatten. Es war, als ob eine Last sich heben würde. Doch gleichzeitig gefiel mir der Ausdruck um Amys Augen gar nicht. »Warum?« fragte ich schließlich.

»Warum? Das ist schwer zu erklären, Pop. Es war verwirrend, weil ich gereizt war – auf dem ganzen Weg von Paris hinunter hatte er nicht versucht, mich zu küssen oder auch nur meine Hand zu halten.«

»Und das hattest du dir wohl vorgestellt?«

»Natürlich. Verstehst du denn nicht, daß das einer der Gründe gewesen ist, weshalb ich so wütend war. Ich hatte den Eindruck, als wäre ich in einer Falle. Ich war wirklich sehr verwirrt, Pop.«

»So, und jetzt bin ich an der Reihe«, sagte ich, denn mein Kopf begann sich zu drehen.

Amy lächelte, aber nicht sehr. »Pop, es macht mich elend, buchstäblich elend, zu sehen, wie jemand mit Nicks Begabung sich vergeudet, nichts tut, nicht einmal versucht, etwas zu tun.«

»Er ist doch noch nicht lange aus dem College!«

»Pop, nimmst du vielleicht seine Partei?«

»Das nicht, aber ...«

»Nein, tu's nicht! Das braucht er nicht. Er würde sich nicht einmal selber verteidigen. Das ist's ja, was mich so wütend macht. Kannst du dir die Frechheit von so einem Jungen vorstellen – denn was anders ist er nicht, das weiß ich jetzt – kannst du dir vorstellen, daß er glaubt, er sei zu gut, zu begabt, zu wichtig, um eine Stelle bei einem Architekten anzunehmen, wo er etwas von der Praxis erlernen könnte? Er sagt, er wolle kein Büroangestellter sein. Er will gleich an der Spitze anfangen und ein neues Gebäude für die Vereinten Nationen entwerfen oder ein Rockefeller Center oder so etwas. Was nützt es, daß er Ideen hat und sie zu Papier bringen kann? Was nützen Zeichnungen, wenn er doch nie etwas bauen wird?«

Ich konnte merken, wie Amy das alles wiedererlebte, was sie wahrscheinlich dort auf dem Hügel erlebt hatte, als sie versuchte, vernünftig mit Nick zu reden. Doch ich konnte nicht umhin – ich fühlte eine Erleichterung. Ich hätte nur gern Katie eine Botschaft geschickt, Rauchsignale oder dergleichen, damit auch sie an der Erleichterung teilhaben könnte.

»Er ist ein verwöhntes verworrenes Kind, und das ist er immer gewesen, und ich sage, daß er zum Teufel gehen soll, Pop.«

Es war das erste Mal, daß ich Amy fluchen hörte, obgleich das eigentlich noch kein Fluch ist, und so lächelte sie, wahrscheinlich über das Gesicht, das ich machte; und sie streckte die Hand über den Tisch und nahm meine Hand.

»Ich bin auch verworren, Pop. Das ist das Schlimmste daran. Ich habe nie gewußt, daß ein Mensch so verworren sein kann.«
»Mir kommt vor«, sagte ich, »daß du dir ziemlich klargeworden bist.«
»Ja, du hast alles von Nick gewußt; fast das erste Mal, als du ihn auf dem Schiff gesehen hast, nicht wahr? Nun, so einfach ist es nicht. Das kann ich dir sagen, Pop. Gewiß, mein Verstand sagt mir, daß ich mir klargeworden bin, aber wie steht's mit dem, was ich fühle? Wie steht's damit, Pop?«
Da saß ich hilflos wie gewöhnlich, denn es gab wirklich nichts, was ich darauf sagen konnte.
»Pop, hast du gemerkt, wie der Kellner uns anstarrt? Ich möchte wetten, daß er dich nicht für meinen Vater hält.« Sie ließ meine Hand los und lehnte sich zurück. »Im Dorf hat man auch gefeiert, und auf dem Platz wurde getanzt, und es gab Feuerwerk. Nichts Besonderes. Und ich tanzte mit Nick und mit sämtlichen männlichen Wesen, sogar mit dem Bürgermeister. Nur mit dem Geistlichen nicht. Und willst du wissen, was Nick tat, der liebe, gute Nick? Er spürte ein französisches Mädchen auf, eines von diesen unschuldig dreinschauenden Mädchen, die ihm den ganzen Abend schöne Augen gemacht hatten, und mit der tanzte er etwa eine Stunde, und dann später am Abend hat er sich mit ihr verzogen. Wohin sie gegangen sind, wußte ich nicht, aber ich konnte es mir vorstellen. Seine Mutter redete so viel, während sie tanzte! Sie hat wahrscheinlich gar nicht gemerkt, daß Nick fortging. Als er dann wiederkam, war das Mädchen bei ihm, und sie war sichtlich sehr wütend. Aber nicht halb so wütend wie ich. Und Nick griff nach mir, schleppte mich aus dem Gedränge und sagte kein Wort. Sobald er mich losließ, gab ich ihm eine Ohrfeige. So fest schlug ich ihn, daß er ein, zwei Minuten gar nicht reden konnte. Er hielt mir die Arme fest und wollte mir erklären. Nie hatte ich Nick vorher so gesehen. An jenem Abend war er leichenblaß. Und weißt du, was er mir gesagt hat? Er sagte, er sei eine Niete, eine vollkommene Niete, und das wisse er sehr wohl. Er sagte, er hasse mich, weil er mit dem französischen Mädchen nichts zuwege bringen konnte. Wofür ich mich denn halte, sagte er, daß ich ihn für jedes andere Mädchen auf der Welt verderbe? Und dann stieß er mich von sich, drehte sich um und stapfte davon. Pop, ich will dir was sagen – nie in meinem Leben habe ich etwas so sehr gewünscht, wie ich da wünschte, ihm nachzulaufen. Es war wie ein Schmerz in mir, so sehr wollte ich es.

Ich weiß, ich sollte mich schämen, dir das zu erzählen, Pop, aber so ist's nun einmal ... und ich hab's nicht getan. Ich konnte nicht. Und manchmal wünschte ich, ich hätt's getan. Ohne irgendwelche Bedenken ... ohne Bedenken. Ich wollte, ich hätt's getan!«
Sie hielt inne, öffnete ihr Täschchen, nahm eine Zigarette heraus, ich streckte den Arm über den Tisch und zündete sie ihr an. Aber ich sagte kein Wort, und so versuchte sie nach einer Weile ein scheues Lächeln aufzubringen. »Du bist großartig, Pop. Du bist ein ausgezeichnetes Publikum. Tut mir leid, daß ich deine Ohren so mißbraucht habe.«
»Amy«, sagte ich, »ich bin stolz darauf, daß du mit mir gesprochen hast. Ich möchte nicht behaupten, daß ich verstanden habe, was du versucht hast, mir begreiflich zu machen, aber ich bin doch froh, daß wir gesprochen haben.«
»Du darfst nicht auf mich achten, Pop. Ich bin übel dran. Ich bin ganz durcheinander. Ich möchte niemandem einen Spaß verderben, aber mir ist zumute, als müßte ich beständig heulen. Und eigentlich doch nicht heulen, das ist das Verrückte. Weil ich auch irgendwie glücklich bin. Zur gleichen Zeit. In der einen Minute wünschte ich, ich wäre nie mitgekommen, und in der nächsten bin ich so toll glücklich, daß ich mitten auf der Straße tanzen und singen möchte.«
Es brach mir fast das Herz, als ich sie so sah.
»Gleich nach dem Mittagessen kann ich einen Wagen haben«, sagte ich. »Deine Mutter hat im Nu gepackt; du kennst ja Katie. Morgen können wir in der Gegend sein, wo die Schlösser zu besichtigen sind.«
Doch Amy zog die Hand weg und schüttelte den Kopf. »Es würde nicht gehen, Pop. Es würde nicht helfen. Ich kann nicht davonlaufen und es in der Schwebe lassen. Das weißt du doch.«
So redet eine Frau – nicht Amy, nicht ein Kind. Und ganz plötzlich war auch ihr Gesicht das Gesicht einer Frau, einer wissenden, selbstsicheren Frau.
Auf dem Rückweg ins Hotel erzählte Amy mir die Geschichte zu Ende. Am Morgen, als sie und Nick und seine Mutter heimfahren wollten, saßen Nick und Amy beim Frühstück auf der Terrasse des kleinen Hotels, wo sie übernachtet hatten, und Nicks Mutter war noch nicht heruntergekommen. Nick sagte kein Wort vom Abend mehr, aber er redete von dem, was er zu tun gedächte – nach New York fahren, eine der drei nichtsnutzigen Stellen annehmen, die

ihm angeboten worden waren, und sehen, was sich damit anfangen ließe. »Außer an Langerweile sterben«, hatte er hinzugefügt. Und dann war seine Mutter gekommen – wir hatten sie nicht bemerkt – und sie ließ ihn das alles wiederholen, obgleich sie das meiste schon gehört hatte, und dann küßte sie ihn und hätschelte ihn und umarmte ihn und sagte, wie wunderbar das doch sei. So redete sie auch von der Kirche, und der arme Nick wurde darüber beinahe verrückt. Doch kaum hatte sie gesagt, wie wunderbar sie seinen Plan fand, und wie schön, daß ihr Junge sein eigenes Leben beginnen wolle, und was sie noch zusammenschwatzte – da hatte Nick alles Interesse an der Idee verloren.

»Ich sah das kommen, Pop; was sagst du dazu? Kannst du dir Nick und seine Mutter vorstellen? Es ist, als wäre sie ihm so zuwider, daß er alles tun würde, um sie zu ärgern. Alles. Ist so etwas möglich, Pop?!«

»Viel Sinn hat's nicht, Amy; aber möglich dürfte es wohl sein.«

»Ich hab's mitangesehen. Kaum hatte sie gesagt, sie finde, das sei eine großartige Idee, daß er nach New York gehn und eine Stelle annehmen wolle, da hatte er schon alles Interesse daran verloren und gesagt, er könnte eigentlich an die Riviera fahren und uns dort treffen. Er sagte, er habe große Lust, ein wenig im Mittelmeer zu schwimmen.«

»Ach Gott!« Das war alles, was ich sagen konnte.

»Ja, da hast du recht, Pop. Wir hatten in dem Psychologiekurs einen ganzen Haufen Zeug über Kinder gehört, die von ihren Eltern allzu abhängig sind, aber über diesen andern Typus habe ich nie etwas gehört. Nur, Pop – in gewissem Sinn ist Nick versklavter, als wenn er seine Mutter allzu sehr lieben würde. Verstehst du das, Pop?«

»Ach Gott«, sagte ich abermals.

Amy lachte; ein kurzes, leises Lachen. »Dank für das brave Zuhören, Pop. Es ist so gut, mit dir zu reden! Das sollten wir wirklich öfters tun.«

»Mir wär's recht«, sagte ich. »Mir wär's sehr recht.«

»Mir auch«, sagte Amy, und unterdessen waren wir beim Hotel angekommen.

8

Zunächst hatte ich gar keine Lust, zu der Cocktailparty zu gehen, und wenn ich gewußt hätte, was daraus werden sollte, so wäre ich, das könnt ihr mir glauben, in die Kanäle von Paris hinuntergestiegen und hätte mich dort verlaufen. Nicht daß ich etwas gegen Cocktails oder gegen Leute habe, die Cocktail trinken, wenn man aber die beiden zusammenbringt und das eine Party nennt, nun, so stimme ich dagegen. Noch vor ein paar Jahren, bei uns daheim, wußte kein Mensch, was eine Cocktailparty ist, oder man nannte sie zum mindesten nicht so. Es spielte sich so ab, daß die Damen im Wohnzimmer saßen und Coca-Cola oder Ginger ale oder Kaffee tranken, und der Hausherr gab den männlichen Gästen einen Wink, und sie verzogen sich in die Küche und führten sich dort zu Gemüte, was mein Vater ein ›Schnäufchen‹ nannte. Diese Tage sind vergangen, denn selbst in Terre Haute hat die Cocktailparty das Feld erobert. Ich sage nicht, daß es nicht netter ist, wenn einige Paare beisammensitzen und trinken, doch manchmal traure ich dem alten System nach, und am meisten traure ich, wenn Katie sagt: »Wir sind zu einer Cocktailparty eingeladen.« Und an jenem Nachmittag hatte Elise uns eingeladen, und dieser Arthur Pope sollte der Ehrengast sein, und es gab, wie Katie erklärte, keine Möglichkeit, sich zu drücken. Aber ich hatte das unangenehme Gefühl, daß wir, trotz Ehrengast, doch diejenigen sein würden, die man zur Schau stellte – die Touristen aus Indiana. Noch bevor wir uns bereitmachten, kam ich mir schon vor wie ein Goldfisch.

Sich bereitmachen war eine Sache für sich. Katie beanspruchte dafür ungefähr zwei Stunden, sie trödelte in der Badewanne, dann zog sie sich an, puderte sich, betrachtete sich im Spiegel und zog sich, soviel ich weiß, zweimal um, bevor sie mit sich zufrieden war.

Um diese Zeit – auch das möchte ich erwähnen – entdeckten Katie und ich, daß Elliott sich einen Schnurrbart wachsen ließ. Nun habe ich gar nichts gegen Schnurrbärte an den richtigen Leuten, wenn ich auch zugeben muß, daß die meisten Leute, die Schnurrbärte tragen, meiner Ansicht nach nicht die richtigen Leute sind. Und Elliott gehörte ganz gewiß auch nicht in diese Kategorie. Doch Katie meinte, wir sollten kein Wort darüber verlieren, und Elliott würde vielleicht selber darauf kommen, wie dumm er aussah. Nun, ich sagte, das könne wohl eine Woche dauern, und unterdessen müßten wir uns eben damit abfinden, und Katie lächelte und sagte, ja, so würde es sich schon verhalten, aber ich solle doch endlich aufhören, hin- und herzugehen, während sie sich das Haar bürstete. Das mache sie nervös. »Alle werden um Stunden zu spät kommen. Das ist vornehm. Es gilt nicht als fein, immer zur rechten Zeit zu kommen.«

Gerade da war es, daß ich anfing, mir die Gedanken zu machen, die ein Mann sich nie machen sollte, besonders aber nicht, bevor er zu trinken anfängt. Ich begann, mir Gedanken darüber zu machen, wie erregt Katie war und wie reizend und jugendlich sie aussah, als sie da saß und sich ihre neumodisch geschnittenen Haare bürstete, die sie tatsächlich viel anziehender machten, und dann erinnerte ich mich daran, was sie über Elise gesagt hatte; daß sie nicht versuchen werde, Elise zu ändern, daß sie meinen Rat befolgen und von jetzt an ihre Hände aus dem Spiel halten wolle, weil Elise schließlich alles habe, was sie wolle, alles, was sie sich im Leben erträumt hatte. Und das kam mir jetzt in den Sinn.

Katie hatte zu mir gesagt: »Manche Leute brauchen dieses wunderbare Freiheitsgefühl, das Elise hat. Ich möchte sie nicht zu etwas überreden, das sie nachher nur unglücklich machen würde, wenn sie heimkäme oder heiraten und ein Heim gründen würde. Mir wäre die Verantwortung schrecklich, wenn sie in Jahren erwachen und erkennen sollte, daß es just das war, was sie gebraucht hätte, um glücklich zu werden.

So war ich denn, um ganz ehrlich zu sein, gar nicht in der richtigen Stimmung für Gesellschaften, als wir zu Elise kamen, deren Wohnung den ganzen ersten Stock eines rosa getünchten Hauses in dem Vorort einnahm, der Neuilly heißt – ein Name, den ich nie auszusprechen imstande sein werde. Das Haus stand etwas abseits von der Straße, hinter einem hohen Eisengitter, und davor war ein kleines Stück Rasen. Als Katie und ich durch den Garten gingen, sagte sie: »Nun, Harry, versuch, umgänglich zu sein und die Vorstellung zu überwinden, daß alle Leute dich anstarren oder darauf warten, daß du über den Teppich stolpern oder dein Glas umwerfen wirst. Du weißt gar nicht, wie nett du sein kannst, wenn du dich nur ein wenig gehn läßt. Du mußt dir selber eine Chance geben!«

»Ich werde keine Komödie spielen, um irgend etwas zu zeigen. Das sage ich dir gleich.« Ich hatte mich ganz grundlos in diese Stimmung hineingesteigert, und daß ich wußte, wie grundlos es war, machte die Sache nur ärger.

Wir kamen in die Halle, die groß und hell war. Von oben her war kein Laut zu vernehmen. Katie stolperte über die erste Stufe, ich packte sie beim Arm, und sie war verärgert über sich selbst.
»Du solltest dich auch ein wenig gehnlassen«, sagte ich.
»Es ist so lange her, daß ich nicht mehr bei so einer Gesellschaft war. Ich komme mir vor wie ein ...« Dann brach sie ab und ließ den Satz in der Luft hängen.
Nun, diese Bemerkung machte die Sache auch nicht besser, wenn ihr es wissen wollt. ›Wie ein Bauerntrampel‹ war es wahrscheinlich, was sie auf der Zunge gehabt hatte, und im Nu erinnerte ich mich an jene Frieda Welch auf dem Schiff bei unserer Bon Voyage-Party. Was Katie meinte, war, daß sie bei keiner Gesellschaft mehr gewesen war, seitdem sie mich geheiratet hatte. Und so war ich wirklich in der Stimmung, ein Glas zu trinken, ein gutes, starkes Glas.
Aber ich bekam es nicht. Noch ziemlich lange nicht. Denn als wir klopften, da öffnete der Mann in violetter Weste die Türe, ließ uns eintreten, sagte sehr schnell etwas auf französisch und verschwand wieder in der Küche. Dann tat sich eine Türe spaltbreit auf, Elise steckte den Kopf und eine bloße Schulter heraus, sah uns, lächelte, sagte, wir sollten uns doch setzen, sie sei gerade in der Dusche, werde aber sehr bald soweit sein, und wir sollten uns von Philippe etwas zu trinken geben lassen. »In etwa fünf Minuten kannst du mir beim Reißverschluß helfen«, sagte sie zu Katie. Dann zog sie den Kopf zurück und schloß die Türe.
»Wir sind zu früh gekommen«, sagte Katie, als ob der Weltuntergang drohte.
Dann, während wir herumstanden und uns umsahen – Elise hatte für diese Party die Aktbilder von den Wänden genommen, das merkte ich gleich – rief Elise aus dem Badezimmer: »Macht euch nichts draus, meine Lieben. Ich habe halb sechs gesagt, und so werden die Leute um sieben Uhr anfangen zu kommen. Viele werden es ohnehin nicht sein, denn um diese Jahreszeit ist ja kaum ein Mensch in Paris. All die Glücklichen machen Ferien an der *Côte d'Azur*!«
Nun, alle, die nicht Ferien an der *Côte d'Azur* machten, worunter man, wie ich später erfuhr, die Riviera verstand, alle, die nicht dort waren, hatten sich in weniger als einer Stunde in Elises Wohnung eingefunden. Die Zimmer waren bis zur Decke voll, alle redeten gleichzeitig, und wie es schien, redete jeder eine andere Sprache.

Elliott hätte gesagt, daß man die Balken krachen hörte. Und ich machte mir wirklich Sorgen, ob das Haus auch solid gebaut war. Es hätte mich gar nicht überrascht, wenn ich ein warnendes Knistern und Ächzen gehört, wenn der Boden nachgegeben hätte und die Leute alle miteinander in ein tiefes Loch mittendrin geglitten wären, wie man das auf der Rutschbahn in einem Lunapark zu sehen bekommt. Wäre es so weit gekommen, so hätte das doch keinen größeren Lärm verursacht, als er ohnehin herrschte, denn alle Leute redeten und plapperten zur gleichen Zeit.

Katie drängte sich dorthin, wo ich an einem Fenster stand und auf die Straße hinunterschaute, und sie sagte mir etwas ins Ohr, was ich nicht verstehn konnte, und da brüllte sie, und was sie brüllte, war: »Warum mischst du dich nicht ein wenig unter die andern, Harry? Es sind doch schließlich einfach Menschen.«

»Gerade wie Menschen sehen sie nicht aus«, brüllte ich zurück.

Sie lächelte und zuckte die Achseln wie eine von den Französinnen, und dann drängte sie sich weiter und zum Klavier. Nun, was ich gesagt hatte, war mehr oder weniger wahr. Nur einige wenige sahen wie Menschen aus. Der Mann am Klavier zum Beispiel. Er sah beinahe menschlich aus, und spielen konnte er, das war einmal gewiß. Er saß da, sah traurig drein, beachtete die andern Leute nicht und hämmerte drauflos. Es war seltsam fesselnd, ihm zuzusehen, wie er die Hand ausstreckte, einen guten Schluck trank, das Glas wieder auf das Klavier stellte und trotzdem keine einzige Note ausließ. Und laut spielte er auch. Aber das mußte er. Ich trank einen Martini. Fragt mich nicht, wie ich dazu kam, aber man bot mir eben einen Martini an, und er schmeckte mir nicht besser, als ein Martini mir immer schmeckt, eher ein wenig schlechter, weil fast nichts als Wermut drin war. Menschen aller Art gab es hier, ja, es war eine richtige Sammlung von Individuen.

Einige von den Männern trugen Bärte, einer hatte einen langen Bart mit einer grauen Strähne mittendrin, als ob man sie hingemalt hätte – was wahrscheinlich auch der Fall war – und mindestens zwei hatten Ziegenbärte, der eine gar einen brennroten, und natürlich gab es eine Menge Schnurrbärte in allen Formen und Größen und Farben. Die meisten Frauen hatten enganliegende Kleider an, die Schultern waren bloß, und die meisten hatten knochige Schultern und hohle Wangen und den harten Blick, an den ich mich nach und nach schon gewöhnt hatte. Dann war dieser eine geräuschvolle Kerl da, den man gleich als Amerikaner erkannte, und er mußte schon tüchtig geladen haben, bevor er gekommen war. Immer stand er in der Mitte, schlürfte einen Martini nach dem andern, schrie aus Leibeskräften, umarmte die Leute und macht sich, alles in allem, verdammt lächerlich. Doch damit war er nicht allein. Ich versuchte, festzustellen, wer zu wem gehörte; da war die eine Frau, eine dicke Person mit den Wölbungen am unrechten Ort, und sie hatte den jungen, dunkelhaarigen Burschen bei sich, den ich zuerst für ihren Sohn gehalten hatte; nur später kam ich darauf, daß er etwas anderes war – nun, dabei wollen wir es belassen, solcher Beziehungen haben wir in Terre Haute nicht viele. Ein merkwürdiges Paar war es, das könnt ihr mir glauben. Und dann gab es all die männlich aussehenden Frauen und weiblich aussehenden Männer, und auch das sieht man in Terre Haute nur selten. Einige von den Männern sahen aus, als wären die Botschafter oder so was Ähnliches, in ihren gestreiften Hosen und der Nelke im Knopfloch – entweder Botschafter oder Rayonchefs in Warenhäusern. Und wie roch die ganze Wohnung nach Parfüm! Mir war's, als müßte ich ertrinken. Und ich konnte nichts anderes tun, als darauf warten, wann das Niesen beginnen würde.

Und nach etwa einer halben Stunde war es so weit. Eine lange, magere Frau mit einer Zigarettenspitze, die ungefähr halb so lang war wie die ganze Frau und von Edelsteinen glitzerte, wandte sich zu mir und sagte etwas in einer Sprache, die nicht einmal Französisch war, aber ich meinte es müsse ›Zum Wohlsein!‹ bedeuten, und so bedankte ich mich und wischte mir die Augen, aber sie warf den Kopf zurück und brüllte vor Lachen. Sie roch, als hätte sie ein Bad in Parfüm genommen. Und darum drückte ich mich rasch. Unterdessen war ich ziemlich durstig geworden, aber anscheinend tranken alle Leute Martinis, und ich hatte keine Lust, mich mit den Kellnern draußen in der Küche einzulassen, und so tat ich, was Katie mir geraten hatte, ich mischte mich unter die Leute. Überall waren Diskussionen im Gange, und eine kleine Frau mit strähnigem schwarzem Haar, das ihr bis zum Gürtel hinunterfiel, war geradezu wütend. Sie stampfte beständig mit dem Fuß auf den Boden und schrie: »Mauriac! Nennt den Namen nicht vor mir! Man kann nicht Katholik und Künstler gleichzeitig sein!« So verzog ich mich, denn sie sah mich an, als sollte ich ihre Partei nehmen, und wenn es etwas gibt, das ich nicht leiden kann, so ist es ein Streit über religiöse Fragen. Eine andere Frau sagte zu ihrer Nachbarin – auch sie war Amerikanerin und hatte kleine blaue Kugelaugen: »Haben Sie schon je einen Niemand gesehen? Einen richtigen Niemand? Kommen Sie, ich will Ihnen meinen Mann vorstellen!« Da drückte ich mich auch, denn die Frau, zu der so gesprochen wurde, sah zu mir auf und lächelte, als meinte sie, ich sei dieser Gatte. Jedesmal wenn ich zu einer anderen Gruppe kam, mußte ich natürlich zuerst niesen, und daraufhin schauten die Leute mich an, aber dann waren sie gleich wieder in ihre Unterhaltung vertieft, und sie sprachen schnell und so laut, daß man ihre Stimme über dem Geschrei der andern Leute und sogar über das Klavier hinweg hören konnte. Der Riese mit dem schwarzgrauen Bart hatte eine helle, dünne Stimme, und jetzt stand er mitten im Zimmer und erklärte: »Der Existentialismus? Erledigt! Er wurde bis ins Extrem getrieben und erwies sich als Unsinn. Wo ist heute Sartre? Wer liest ihn noch?« Nun, ich bestimmt nicht, und so ging ich weiter. Eine rundliche kleine Frau hatte einen flachen Strohhut aufgesetzt, der mit einem breiten roten Band unter dem Kinn festgebunden war; sie nickte den Männern zu, die sie umstanden und sagte: »Ja, aber hat heutzutage nicht jeder schon Henry satt?« Ich nieste, und sie wandte sich zu mir: »Ist's nicht so? Oder vergöttert ihr in Amerika Henry Moore noch immer?« Ich nicht, sagte ich, aber ich könnte nicht für ganz Amerika sprechen, und da nickte sie und meinte: »Richtig.« Ob sie Französin oder Engländerin war, konnte ich nicht sagen. Und dann erkundigte sich jemand bei ihr, wie es mit ihrem Werk stünde. »Ach, ich konzentriere mich immer noch auf dasselbe. Seit vier Jahren. Ich glaube, ich werde es ›Zwei Jungfrauen auf einem gespannten Seil‹ nennen.« Und da meinte einer der Männer, das sei gewiß reizend, aber es werde doch schon etwas Außerordentliches sein müssen, um ihre Abstraktion des phallischen Symbols zu übertreffen. Ich nieste abermals.

»Wohnen Sie im George V.?« fragte irgendwer, und ich drehte mich um und sah eine nette alte Dame vor mir. Sie war klein, trug ein hochgeschlossenes schwarzes Kleid mit einem weißen Spitzenkragen; sie hielt ihr Glas nach der Seite geneigt, und bis auf dieses Glas sah sie wie irgend jemandes Großmutter aus, die irrtümlich hier hereingeraten war. Und so sagte ich ihr, in welchem Hotel wir wohnten, und sie erwiderte, das freue sie, denn ich würde es hoffentlich nicht als unhöflich ansehen, aber ihrer Ansicht nach werde das George V. überschätzt. »Es ist, was ihr eine Touristenfalle nennt, nicht?« Nun, ich sagte, das wisse ich nicht, aber das einzige Mal, das ich dort gewesen sei, habe es mir recht gut gefallen, und sie streckte die Hände in die Höhe, vergoß alles, was noch im Glas gewesen war, und sagte: *Mais non,* nur Amerikaner gehen hin. Nur die Amerikaner, die es nicht besser verstehen. Und diese Preise, *M'sieur.* Lächerlich! Könnte ich noch ein Glas haben, wenn Sie so freundlich sein wollten?« Ihr Gesicht war klein und verrunzelt, und noch immer sah sie aus wie irgend jemandes Großmutter, was sie wahrscheinlich auch war, aber als ich mich abwandte, sagte sie: »Sie kommen wieder, nicht wahr? Wir müssen doch über die sexuelle Frage in Amerika reden. Man sagt, das sei anders geworden, seit ich zum letztenmal drüben war. Im Jahre 1919. In welcher Beziehung, glauben Sie *M'sieur?*« Darauf erwiderte ich, daß ich keine großen Änderungen bemerkt hätte, aber im Jahr 1919 sei ich noch ziemlich jung gewesen, und mich habe die Frage erst ein wenig später interessiert. Sie sagte: »Reizend! Reizend! Und so unverdorben! Sie werden mich doch einmal besuchen, nicht wahr? Allein? Wir haben sehr viel gemeinsam, *M'sieur.*« Da ging ich denn und kam nicht wieder. Aber in einer Ecke goß ich noch einen Martini in mich hinein, nieste ein paarmal vor mich hin, und dann fühlte ich mich wohler, aber nicht viel.

»Kann ich dir irgendwas bringen, Harry?«

Es war Elise. Wie eine Kaiserin war sie durch das Gedränge gewandert, den Kopf hoch, mit jenem kühlen, würdigen Ausdruck, in dem ich noch immer nicht jene Elise erkennen konnte, die ich vor Jahren gekannt hatte. Sie trug ein Cocktailkleid, darin sie aussah, wie sie war, so knabenhaft und drahtig und flach und geschmeidig, und kalt wie ein Gletscher. Ich sagte, ich glaubte nicht, es sei denn, sie hätte draußen in der Küche einen Whisky, und da sagte sie: »Ja, natürlich, Harry.« Sie nahm meinen Arm und führte mich in die Küche und gab mir eine Flasche Whisky und ein Glas, und dann blieb sie stehn und sah zu, wie ich mir das Glas vollgoß.

»Du bist nicht mit mir einverstanden, nicht wahr, Harry?«

»Mit dir einverstanden? Aber gewiß! Das geht mich doch gar nichts an.«

»Drücken wir's einmal anders aus. Du magst mich nicht.«

»Ich kenne dich ja nicht einmal«, sagte ich und trank mein Glas leer.

»Soll ich dir etwas sagen, Harry? Häufig wünschte ich, ihr wärt nicht nach Paris gekommen.«

»Das ist nett«, erwiderte ich. »Wir sind auch nur noch einen einzigen Tag da.«

Gerade da kamen zwei Hunde in die Küche gestürmt, und Elise

bückte sich zu ihnen und streichelte sie und liebkoste sie, wie es die Menschen eben mit Hunden machen, und dann schaute sie zu mir auf und sagte: »Ich habe sie sehr lieb. Ich würde sie für Skipper hergeben.«

Ich betrachtete die Hunde. Es waren französische Pudel, zurechtgestutzt, als kämen sie eben aus einem Schönheitssalon, das Haar an manchen Stellen abrasiert, an den Schwänzen kleine Büschel, ganz wie man das jetzt mit diesen Kötern macht. Ich erinnerte mich an Skippers Bastard daheim in Terre Haute, und wie wir Skipper immer schmeicheln und drohen mußten, damit er das arme Vieh manchmal in ein Bad steckte.

»Nichts zu machen, Elise«, sagte ich.

Sie straffte sich, und ihre Augen sahen seltsam drein, irgendwie unglücklich und doch entschlossen.

»Die Hunde sind schon ganz herzig«, sagte ich. »Aber Skippers sind nicht so leicht zu kriegen.«

»Harry, bin ich in deinen Augen nicht eine Landstreicherin?«

Ich schluckte und goß mir noch ein Glas ein. »Hör, Elise. Ich mische mich nicht in anderer Leute Angelegenheiten. Katie sagt, daß du glücklich bist. Ist's da nicht ganz gleichgültig, was ich denke?«

»Ich fühle mich auch so«, war ihre Antwort darauf. »Du und Katherine und ihr alle. Ihr habt mich dazu gebracht, daß ich mich so fühle.«

Sie drehte sich auf ihren hohen Absätzen um und war im Nu fort. Als ich wieder hineinkam, glitt sie mit ihrem kühlen, angedeuteten Lächeln von einer Gruppe zur andern. Ich sah, wie Arthur Pope sich durch die Menge drängte, ihren Arm nahm, ich sah, wie er sie aufs Ohr küßte, wie er sich zu ihr beugte und ihr etwas zuflüsterte, und sie lächelte ein wenig und nickte, und dann strich Pope über seinen Schnurrbart, erst über die eine Seite, dann über die andere, und er sah aus wie ein Kater, der eben eine Maus geschluckt hat.

»Wollen wir ein Glas auf den Ehrengast leeren?« sagte jemand an meinem Ohr; ich drehte mich um, und da stand Jacques neben mir und lächelte. »Ich habe sein Buch gelesen. Es ist überraschend gut. Haben Sie es auch gelesen?«

»Nein.«

»Es ist die tragische Geschichte einer tragischen Liebe. Es enthüllt den Kampf zwischen dem konventionellen amerikanischen Denken und der französischen Freiheitsliebe. Sie müssen es lesen. Es ist naiv und sehr reizvoll und – wie sagt ihr nur? – verlogen.«

»Sie sind voreingenommen, Jacques«, sagte ich.
»Voreingenommen? Ich bin nur ich selber. Subjektiv. Ich gebe zu, daß es ausgezeichnet ist, aber ich erkenne auch seine Hohlheit. Sogar ein armer Autoverkäufer hat doch das Recht, ein Wort über die Literatur zu äußern, nicht?«
Sie hat es ihm gesagt, dachte ich. Elise hatte ihren Entschluß gefaßt, sie hatte es ihm gesagt. Und doch blieb er hier bei der Gesellschaft. Er stand da, beobachtete, zuckte die Achseln, lächelte sogar.
Er mußte meine Gedanken gelesen haben, denn er sagte: »Wir sind doch zivilisierte Leute, nicht? Wir leben nicht mehr in Höhlen. Wenn eine Frau sich entscheidet, so entscheidet sie sich eben. Wir tragen keine Keulen mehr, schlagen ihr eins über den Kopf und schleppen sie in unsere Höhle. Nicht wahr, *M'sieur*?«
»Wollen Sie nicht einen Whisky?«
»Ich glaube, ich habe schon zuviel getrunken.« Dann beugte er sich zu mir. »Sie sind doch ebenso wie ich. Sie haben nichts dagegen, daß ein schöner Ungar Ihrer Frau in der Ecke den Hof macht. Er küßt ihr die Hand, wo sie sich auch treffen. Für Amerikaner ist das eine seltsame Sitte. Aber Sie haben nichts dagegen, nicht wahr? Er umarmt sie mit den Augen. Sie reden über alle möglichen Dinge, über amerikanische Ehemänner, über Kinder, über Heimstätten, über Eisenbahnen, sie erzählt von Getreidesilos, von der Queen Mary, von guten Suppen, von der Lehrer-Eltern-Vereinigung – und noch immer umarmt er sie mit den Augen. Er hat seine Strategie, ja, die hat er. Und Sie haben nichts einzuwenden.«
»Ich habe nichts einzuwenden«, sagte ich.
Er zuckte die Achseln und trollte sich, und jetzt hatte ich Gelegenheit, Katie zu beobachten. Ja, allerdings, sie war am andern Ende in einer Ecke, eingezwängt, und der Kerl, dessen Gesicht ich nicht sehen konnte, stand mit dem Rücken zu mir, aber mit den Augen auf Katie. Umarmte sie mit den Augen? Ach was, das war ja Unsinn. Katie würde schon mit ihm fertig werden. Er küßte ihr also die Hand? Ein Ungar war er? Ich nieste.
Beim Klavier drüben hatte sich das Gedränge gelichtet, und nun stand ein Mädchen dort, lehnte sich an das Klavier, sie hatte ein schmales Gesicht, das schwarze Haar lag flach an ihrem Kopf, auf der Stirne hingen Fransen, und nun begann sie zu singen. Nun, singen konnte man es eigentlich nicht nennen; es war mehr ein Schnurren, beinahe, als ob sie reden würde. Es war eine Weile still im Zimmer geworden – doch aus dem Augenwinkel bemerkte ich,

daß der Ungar sich nicht umdrehte – und dieses Mädchen schnurrte weiter, ihre Stimme war tief wie eine Männerstimme, als ob sie einen Frosch in der Kehle hätte, und am Ende machte sie eine kleine Verbeugung, und alle klatschten, und einer rief *»Bis!«* Aber sie schüttelte den Kopf, nein, sie wolle nicht mehr singen, sie nahm ein Glas, und dann ging sie zu Amy und Nick hinüber. Ich hatte Amy gar nicht kommen gesehen, aber jetzt nahm das schwarzhaarige Frauenzimmer Amy bei der Hand, führte sie zum Klavier und sang das ganze Lied noch einmal, aber leise. Von meinem Standort aus hatte ich den Eindruck, als wollte die Französin Amy lehren, wie sie das Lied singen sollte. Doch, ganz aufrichtig gesagt, ich beobachtete sie nicht mehr so genau.

Katie versuchte, aus ihrer Ecke herauszukommen, doch es sah aus, als wollte der Ungar sich nicht rühren, und was sie da tat, daß sie ihn zur Seite schob und an ihm vorüberging, lächelnd und doch mit jenem gespannten Ausdruck, der um ihren Mund sichtbar werden kann, wenn sie etwas tun will und jemand sie daran hindert. Und jetzt konnte ich auch das Gesicht des Mannes sehen. Es erinnerte an die Gesichter, die man auf Plakaten gemalt sehen kann. Es war ungefähr das schönste Gesicht, das ich je erblickt habe. Er hatte dunkles Haar, und was für einen Schopf! Er hatte dunkle Augen, dichte Brauen und die gewissen Lippen, die in der Mitte breit sind, aber an den Enden zu dünnen Linien werden. Er war auch groß, ebenso groß wie ich. Er ging neben Katie, mit einer Hand gelegentlich ihren bloßen Arm streifend, auf das Klavier zu, wo Katie stehenblieb und Amy beobachtete. Und anscheinend hörte er überhaupt nicht auf zu reden.

Das gefiel mir nicht. Anders könnte ich es nicht ausdrücken. Ich war nicht eifersüchtig, aber es gefiel mir nicht. Und Katie hatte auch noch nie reizender ausgesehen. Ich erinnerte mich daran, wieviel Zeit sie aufgewandt hatte, um sich anzuziehen, und auch das kränkte mich. Ich nieste zweimal hintereinander und trank in der Küche noch einen Schluck Whisky. Draußen konnte ich Amys Stimme hören, die sich bemühte, die Stimme des französischen Mädchens nachzuahmen. Ich setzte mich auf den Schüttstein und tat gar nichts. Oder doch, ich dachte daran, was Katie gesagt hatte: daß ihre Schwester hier glücklich sei, was für ein Leben ihre Schwester führe und alles, was dazu gehörte, und da wurde mir recht elend zumute. Nicht verärgert war ich, nein, es war mir nur elend zumute. Ich sagte mir selber, daß so zu denken doch ganz unsinnig war, nur weil irgendein beliebiger Don Juan aus der alten Welt bei einer Gesellschaft Gefallen an Katie gefunden hatte. Wahrscheinlich ging er von einer Party zur andern und machte es überall so. Ja, gewiß, gewiß – und dennoch gefiel es mir nicht.

Und ich könnte auch nicht sagen, daß Amys Stimme mir gefiel – sie klang so gurgelnd und einladend. Das war gar nicht die richtige Amy. Ebensowenig wie es die richtige Katie war, die in einer Ecke stand und sich mit dem Ungarn unterhielt. Ebensowenig wie es meine Natur war, in der Küche zu sitzen und zu schmollen. Was, zum Teufel, ging mit uns allen vor?

Wir hätten daheimbleiben sollen. Die ganze Sache war ein Irrtum gewesen.

Katie meinte also, daß Elise alles hatte, was sie sich wünschte? Katie meinte also, Elises Lebensform sei verdammt schön? Na ja, was wußte man denn davon?!

Und dann merkte ich, daß Amy nicht mehr sang, daß es drin ziemlich still geworden war und nur eine einzige Stimme hörbar wurde; und da ging ich wieder hinein, und was sich begab, war, daß eine Diskussion begonnen hatte, bei der keiner hörte, was der andere sagte, sondern nur jeder darauf wartete, seine Ansicht zum besten geben zu können. Jetzt saßen die Leute auf dem Boden, und der Streit ging darüber, wie die Frauen in den verschiedenen Ländern behandelt wurden. Unterdessen hatte ich wieder etliche Gläser getrunken, das muß ich zugeben, aber ich merkte doch, worauf es ankam. Die Hauptsache war, daß die französischen Frauen jetzt unstet und unglücklich geworden seien, weil sie ihre Stellung in der Welt verloren hätten. Jetzt wollten sie wie die amerikanischen Frauen sein, Karriere machen, Familien und Gatten haben, und infolgedessen wurden sie ebenso unglücklich und nervös wie die amerikanischen Frauen. Dann sagte jemand, das sei ein Unsinn, denn was die französischen Frauen immer nervös gemacht habe, sei die Erkenntnis, daß ihre Männer wahrscheinlich etwas mit der Sekretärin oder sonst mit einem Frauenzimmer hatten, während die Frau am Herd stehn mußte, und in früheren Zeiten hätten die Franzosen das als selbstverständlich angesehen, jetzt aber seien die Frauen zu dem Resultat gelangt, daß sie doch auch eine kleine Entspannung verdienten. Und dann sagte wieder jemand, die Psychiatrie sei in Paris sehr wichtig geworden, und das komme daher, daß die alten Lebensformen der Familien seit dem Krieg zusammengebrochen sind. Dann kam man von dem Thema für eine

Weile ab, denn nun stand eine Frau auf und erklärte, sie wolle alle vor einem bestimmten Wiener Psychoanalytiker warnen, bei dem sie gewesen war. Er sei ein ausgezeichneter Arzt, sagte sie, wirklich ausgezeichnet, der beste, den man sich nur wünschen könnte, aber er habe die Neigung, sich etwa alle vierzehn Tage einmal bei einer Gesellschaft zu betrinken und dann in aller Öffentlichkeit über seine Fälle zu sprechen. »Binnen zwei Wochen hat er all eure Komplexe in ganz Paris herumgetragen!« Der Mann mit dem roten Ziegenbart erklärte, er sehe da keinen Zusammenhang, und man solle doch bei einem Thema bleiben. Da meldete sich die bejahrte Dame, die aussah, als wäre sie irgend jemandes Großmutter, die aber jetzt richtig betrunken war, zum Wort, und ihre Augen funkelten nach allen Richtungen, und ihr Spitzenkragen saß schief. Und sie erklärte, die Schwierigkeit liege darin, daß die amerikanischen Männer nichts von der Liebe verstünden. Sie behandelten ihre Frauen wie Königinnen, ja, sie überhäuften sie mit Geschenken, elektrischen Geschirrwaschmaschinen und dergleichen, aber von der Liebe wüßten sie nichts. Nur die europäischen Männchen wüßten, worauf es ankommt. »Sie schätzen eines an den Frauen und nur dieses eine, und damit beweisen sie große Weisheit.« Bei diesen Worten nickte sie wie ein kleiner Vogel und warf ihr Glas über die Schulter. Es klirrte und klapperte, und jetzt redeten alle durcheinander, bis ein würdig dreinschauender Mann in gestreiften Hosen sich räusperte. »Das Schlimme ist, wenn die Liebe aufhört ein Spiel zu sein, dann ist sie tot. Wenn die Jagd – wie sagt ihr doch? – das Werben vorüber ist, dann ist alles vorüber. Die Franzosen sind logisch, realistisch. Der Amerikaner will die Tatsachen nicht sehen.« Das sagte er in einem Französisch, das sogar für meine Ohren schrecklich klang, und dazu schloß er die Augen, wahrscheinlich, weil er sich an längst vergangene Jagden erinnerte. Dann aber wandte die hochgewachsene Frau mit dem Zigarettenhalter sich zu Katie und sagte: »Madame Willard, Sie haben ja noch kein Wort gesagt. Sie sind noch nicht in Europa gewesen. Vielleicht können Sie uns etwa sagen.«
Katie schaute sich im Zimmer um, als säße sie in einer Falle gefangen, und ich war recht gespannt auf ihre Antwort, das kann ich euch sagen. Aber sie machte den Mund nicht auf. Doch dieser Kerl, der Ungar, zündete eine Zigarette an und reichte sie Katie, als hätte er sie für sie angezündet, und sie nahm sie, und sie hatte die Augen weit geöffnet; und dann sagte er: »Madame Willard hat es mir schon gesagt – sie ist noch nicht lange genug in Europa, um etwas

dazu zu äußern. Die reizende Madame Willard möchte niemanden dadurch kränken, daß sie ein Wort sagt.«

Nun, jetzt sah Katie richtig böse drein, und sie machte den Mund auf und wollte etwas sagen, doch schon hatte der Ungar sich zu ihr gewandt, hatte eine Verbeugung gemacht und küßte ihr die Hand. Und noch einmal. Einige Leute applaudierten. Und dann sagte der Ungar so laut, daß jeder es hören konnte: »Vielleicht werden wir die reizende Madame, bevor sie uns wieder verläßt, ein wenig erziehen können.«

Da lachten wieder einige Leute, und ich sah, wie Amy mich quer durch das Zimmer anschaute. Ich trank mein Glas leer, aber trotzdem hörte ich die Stimme, diese Frauenstimme, die gewissermaßen durch den Rauch auf mich zuschwebte: »Und wie steht's mit *M'sieur* Willard? Was hat er dazu zu sagen?«

Ihr könnt mir glauben – mir war zumute wie einer Fliege, die an ein Brett genagelt wird. Ich sah, wie all diese Gesichter sich mir zuwandten, und ich spürte, wie dieses letzte Glas in mich hineinrann, und ganz plötzlich war ich traurig, ganz traurig und verwirrt. Aber nicht so verwirrt, daß ich meine eigene Stimme nicht gehört hätte, als ich nach einem langen Schweigen, da alle anscheinend warteten, irgend etwas gesagt haben mußte.

»Wir haben das nicht gehört«, schrie der junge Amerikaner.

Und da sagte ich es noch einmal, und diesmal war es, daß ich es auch hörte: »Gewäsch!«

»Verzeihung?« fragte eine Frau.

»Gewäsch habe ich gesagt. Alles, was ihr, Leute, da tut, ist, schwatzen. Mit der Liebe hat dieses Gewäsch gar nichts zu tun.«

Nun, da hättet ihr geglaubt, jetzt werde alles wirklich in den Keller hinunterstürzen, so schrien und tobten sie und klatschten in die Hände, und alle standen auf, als wäre die Sache damit erledigt und es wäre an der Zeit, daß die Party weiterging. Der Klavierspieler hämmerte wieder auf die Tasten, alle redeten gleichzeitig, und ich stand nur da und fragte mich, ob ich betrunken war. War das der Grund? War ich betrunken? Oder eifersüchtig? Oder was sonst?

Dann kam der dicke kleine Mann mit dem breiten Gesicht auf mich zu und schüttelte mir die Hand und sagte etwas in einer fremden Sprache und schaute mich durch seine Brillengläser an. Seine Augen sahen dahinter aus wie runde, braune Fische, waren geschwollen und verschwommen. Dann begann er englisch zu reden. »Haben Sie je Absinth getrunken?« fragte er ganz einfach.

»Nein«, sagte ich. »Aber ich bin bereit, alles zu versuchen. Haben Sie welchen bei sich?«
Er machte eine Verbeugung und ging, und dann stand plötzlich Katie neben mir. »Harry«, sagte sie. »Du bist wunderbar gewesen. Hilf mir, ja? Ich kann diesen Menschen nicht loswerden!«
»Du willst ihn ja gar nicht loswerden!« Das war's, was ich darauf sagte, und Katie trat einen Schritt zurück und zog die Brauen zusammen und flüsterte: »Harry, gehen wir heim!«
»Heim! Heim ist Tausende von Meilen weit weg. Unterhalt dich nur. Du bist in Paris. Man wird dich hier noch ein paar Sachen lehren.«
»Harry, mach Schluß! Was ist denn über dich gekommen? Du machst sofort Schluß! Hörst du?«
»Wie kann ich dich hören?« fragte ich, und meine Stimme klang aus ziemlich weiter Ferne. »Wie kann ich dich hören, mitten in all dieser Pariser Lustigkeit?«
»So habe ich dich noch nie vorher gesehen, Harry. Bitte...«
»Ich bin auch vorher nie so gewesen«, sagte ich. »Ich bin aufgewacht. Ich bin sehr lebendig. Jetzt sehe ich die Dinge klar. Dich und deine Schwester und ihre Liebhaber und dich und Paris und Terre Haute und alles in meinem Leben.«
»Harry!«
Da stand der Ungar und hatte ein frisches Glas für Katie in der Hand. Er lächelte. Er stellte sich vor. Er hieß Rudolph und irgendwie weiter, sagte er, und er sei entzückt von meiner bezaubernden Frau. Sie sei so reizend, so frisch, so sprühend. Und während er redete, hatte er einen Arm um Katie gelegt, und ich sah seine Hand just über ihrer linken Hüfte.
»Sie sind selber auch sprühend, Rudolph«, sagte ich. »Aber das ist recht; da kann Katie sich gut unterhalten.«
Er verzog die Brauen, die eine hob er, die andere senkte sich, und dann lächelte er. »Möchten Sie noch ein Glas, Mr. Willard.«
»Nein, danke«, sagte ich und bemerkte, daß Katie erfreut dreinsah.
»Geben Sie sich keine Mühe.«
»Es ist keine Mühe.«
»Ein kleiner dicker Mann bringt mir Absinth.«
»Harry«, sagte Katie, ihre Stimme wurde laut, und ihre Hand schob Rudolphs Hand weg. »Es ist spät, Harry.«
»Jetzt ist doch erst der Gipfel da«, sagte ich.

»Ich hatte gehört, daß die amerikanischen Ehemänner engstirnig und besitzsüchtig sind. Madame Willard hat von Ihnen gesprochen. Sie hat von wenig anderem gesprochen. Sie hat mich vor ihrem Jähzorn gewarnt, aber jetzt, da ich Sie kennengelernt habe, sehe ich, daß sie übertreibt. Frauenschliche schrecken mich nicht so leicht ab, hahaha.«
»Hat sie Ihnen gesagt, daß ich einmal Ringer von Beruf war?«
»Ringer? Ach so, Ringer! Hahaha! Sie wollen sich einen Spaß mit mir machen.«
»Bruder«, hörte ich mich sagen, »wenn ich mir einen Spaß mit Ihnen machen will, dann werden Sie's merken.«
Nun, jetzt wurde Katie richtig böse, denn in ihren Augen funkelte es, und sie drehte sich um und ging, und die Augen des Ungarn ließen sie auch jetzt nicht los, wollten sie gewissermaßen auffressen. Ich spürte, wie mir der Schweiß über den Rücken rann. Ich spürte, wie sich meine rechte Faust ballte, und ich sagte mir beständig: Du darfst dich nicht vollkommen lächerlich machen, nicht dich, nicht Katie, nicht Elise, nicht Amy. Ich sagte zu mir selber: Du bist ein eifersüchtiger Gatte, und wenn es etwas gibt, das eine Frau nicht leiden kann, so ist es ein eifersüchtiger Gatte. Ich sagte zu mir: Wenn du ihn jetzt niederschlägst, wird sie dir das nie verzeihen. Du weißt, was Katie von Szenen in der Öffentlichkeit hält. Du wirst alles zugrunde richten!
Es mag sein, daß dieser Kerl, dieser Rudolph meine Gedanken erraten konnte. Genau weiß ich das nicht, aber jedenfalls trat er zurück, machte eine Verbeugung, drängte sich durch die Menge hinter Katie her, und in der Halle hatte er sie beinahe erreicht, doch sie ging ins Badezimmer und schlug ihm die Tür vor der Nase zu. Das machte mir irgendwie Spaß. Aber sonst hatte es keiner gesehen. Und dann kam der dicke kleine Mann mit einem dicken kleinen Glas und etwas Grünem darin, und er begann, mir auseinanderzusetzen, wie man Absinth trank, wie man ihn langsam schlürfen müsse, sehr langsam, und an einem Glas sollte ein Mann zwei Stunden lang haben, doch das war es nicht, was ich gerade brauchte, und so trank ich das verdammte Zeug auf einen Schluck und gab ihm das Glas zurück. Seine Augen hinter der Brille hörten auf zu schweben und fingen an, hin- und herzuschwimmen.
»Gibt's noch mehr davon?« fragte ich.
Ganz plötzlich war mein Kopf klar und leer, und das Nächste, was ich wußte, war, daß alle Geräusche verstummten, all der Lärm, und

daß es still war. Es war sehr still. Ich mußte hier hinaus. Und mit meinen Beinen vollzog sich etwas ungeheuer Merkwürdiges. Ich schaute an ihnen hinunter, und sie schwankten und krümmten sich wie lange, schlaffe Ruten. Das wurde richtig interessant, und ich wäre noch länger dagestanden und hätte sie beobachtet; nur – ich mußte einen Lärm finden. Und so brachte ich die Beine irgendwie dazu, sich zu bewegen, obgleich sie aussahen wie zwei dünne Schlangen, die einen tollen Tanz aufführten, und ich ging hinaus auf den kleinen Balkon mit dem Eisengeländer. Nur draußen war es noch stiller. Nicht den leisesten verdammten Laut gab es auf der Welt. Selbst als der Kerl mit den Fischen an Stelle der Augen wiederkam und mir noch ein Glas brachte und sich verbeugte wie vorher – nur daß er sich auch wand und krümmte wie eine fette Schlange –, als er sprach, kam kein Laut aus seinem Mund, kein Ton, und das war doch recht seltsam, dachte ich, aber man konnte nichts dazu sagen, weil der arme Kerl wahrscheinlich zu viele Gläser Absinth getrunken hatte. Was ich von diesem zweiten Glas hatte, war jedenfalls nichts als ein schlechter Geschmack im Mund, aber das sagte ich nicht. Was ich sagte, war: »Haben Sie je das Rezept für eine ungarische Omelette gekannt?« Und er sagte etwas, das ich nicht hören konnte, und so redete ich weiter: »Erst stiehlt man zwei Eier«, und dann lachte ich, weil ich immer geglaubt hatte, das sei einer der besten Witze, die ich je gehört hatte, bevor ich einem Ungarn begegnet war. Ich muß wohl ziemlich laut gelacht haben, denn nun begab es sich, daß der kleine dicke Kerl zurückwich und sich verkrümelte; nur daß sein Leib schwankte und sich wand und ich nicht glaubte, daß er es schaffen würde. »Sagen Sie denen drin doch, daß sie etwas Lärm machen sollen«, sagte ich. »Wozu ist denn das Klavier da?!«

Just da geschah es, daß ich das kleine Haus unten im Hinterhof bemerkte. Es war dunkel draußen, und das kleine Haus hatte große Fenster wie ein modernes Haus, und es war ganz rot und gelb und blau gemalt und wirkte recht heiter, und zuerst meinte ich, es sei vielleicht das Spielhaus eines Kindes. Und ich fand, es sei doch ein netter Gedanke, ein eigenes Spielhaus für ein Kind zu haben, bunt bemalt wie das dort, auch wenn es für ein Kind schrecklich klein war. Es wirkte hübsch und ungewöhnlich, und ich fragte mich, warum ich daran nicht auch für Amy gedacht hatte. Nun war Amy jetzt zu groß für ein Spielhaus, nicht wahr? Amy war beinahe eine erwachsene Frau. Das hatte auch nicht viel Sinn, aber sie war es doch; oder nicht? Nun, dann also für Skipper; es würde nicht mehr als zwei Sonntagnachmittage in Anspruch nehmen, um so etwas zu zimmern. Nur mußte ich die Konstruktion studieren, denn schon hatte ich beschlossen, es müßte genauso werden wie das dort unten. So etwas hatte ich noch nie gesehen. »Ach, etwas, das mir in Paris eingefallen ist« – das würde ich den Leuten sagen, wenn sie mich fragten. Dann aber, verdammt nochmal, ich traute meinen Augen nicht, denn jetzt hatte unten irgendwer eine Türe geöffnet, und die beiden französischen Pudel trotteten heraus und in das kleine Haus. Elises Hunde! Es war ein Hundehaus! Und weil es so merkwürdig still war, weiß ich nicht, was da über mich kam. Aber ganz plötzlich wurde das Haus dort unten ein Symbol oder dergleichen. Fragt mich nicht, wofür. Nicht einmal damals wußte ich es. Aber ein Symbol. Niemand kann Hunde lieber haben als ich, und die Jagdhunde meines Bruders Hal sind ungefähr die besten Freunde, die ein menschliches Wesen je gehabt hat, und doch machte es mich rasend, zu denken, daß dieses Haus für Hunde da war und nicht für Kinder, und was ich da tat, war, daß ich ausholte und mein Glas, das kleine, massive Absinthglas mit aller Kraft warf, und es traf das Fenster des Hundehauses, und jetzt, weiß Gott, war es nicht mehr so still auf der Welt. Nein, es war gar nicht still mehr. Die beiden Hunde kläfften und bellten, und das Glas splitterte und klirrte, und all das widerhallte auf der Straße, und hinter mir ging ein Höllenlärm los, und bald waren so viele Leute auf dem kleinen Balkon, daß ich überzeugt war, nun werde er abbrechen und hinunterfallen. Dann ging ich wieder ins Zimmer, und, richtig, da saß Katie auf dem Sofa, und gerade zu ihren Füßen auf dem Boden saß dieser Ungar und schaute zu ihr hinauf. Ich wußte ganz genau, daß ich fort mußte, zumal da meine Beine sich wieder halbwegs normal benahmen, aber ich hatte keine Ahnung, wie.

Ich hätte es Katie nachher nie zugegeben, aber jetzt kann ich's ja ganz geradeheraus sagen, daß ich mich nicht erinnere, wie ich aus diesem Haus kam. Ungefähr das Nächste, was ich weiß, ist, daß ich an einem Tisch in einem kleinen Lokal saß, wie man sie in Frankreich Bistro nennt, und auf etwas in einem Glas starrte, das aussah, als sei es aus alten, verrunzelten Zitronenschalen gemacht, und dann schaute ich auf und just in die funkelnden schwarzen Augen dieses französischen Burschen, dieses Jacques Sarignac.

Er lächelte ein wenig, aber so, als ob er über etwas bekümmert wäre, und er sagte: »... ist man doch kein Wilder; nicht wahr?«

»Wer ist ›man‹?«
»Sie. Ich. Jeder.«
»Wild.«
»Oh ...«
Nun, wir ließen das eine Weile lang fallen, und dann trank Jacques noch ein Glas und sagte etwas von den Konsequenzen, wenn man sich heute benahm wie unsere Ahnen, die eine Frau bei den Haaren davongeschleppt hatten, und ich sagte, die Frauen hätten heutzutage nicht genug Haar, und er meinte, diesen Punkt habe er nicht erwogen, aber das sei durchaus erwägenswert, und wenn ich ihm Gesellschaft leisten wolle, könnten wir es zusammen erwägen. Und so saßen wir da, düster und stumm, und schließlich kostete ich das Zeug, das nach Zitronenschalen aussah, und es schmeckte recht gut, erheblich besser als der Absinth, und dann schaute ich hinaus und sah, wie dunkel es war, und so stand ich auf und sagte, jetzt müsse ich wohl heimgehen, und Jacques stand auf und sagte, was aus ihm werden sollte, wenn ich das täte. Und so setzte ich mich wieder, und dabei fühlte ich mich wohl.
»Wut«, sagte Jacques, »wenn man nur ein genügendes Quantum an Wut in sich aufspeichern könnte ...«
»Ich brauch's nicht erst aufzuspeichern«, sagte ich. »Ich hab's schon.«
Und da sagte Jacques, ja, der Amerikaner sei eben dem ursprünglichen Mann noch näher; näher dem ursprünglichen Zustand des Menschengeschlechts, während der Kontinentale, zumal der Franzose, so viele Jahrhunderte von Kultur und Zivilisation hinter sich habe, daß seine ursprünglichen Triebe jetzt verwässert seien, ja, daß seine Impulse, seine tiefsten Gefühle nur noch Teil eines Zivilisationsspiels seien, ob nun Liebe oder Haß oder Eifersucht oder Begehren. »Wir können nur noch lächeln und uns wie Herren der Gesellschaft benehmen.«
»Eines wollen wir doch klarstellen«, sagte ich. »Ich bin nicht eifersüchtig.«
Da schaute Jacques ziemlich traurig drein. »Nein, da enttäuschen Sie mich! Ich bin es, der nicht eifersüchtig ist. Meine Elise, sie liebt diesen Mann, sie lebt jetzt mit ihm, sagt sie; aber ich bin nicht eifersüchtig, ich bin unfähig dazu. Sie aber, Sie! Das ist doch klar, daß Sie ganz violett vor Eifersucht sind. Es ist geradezu köstlich! Ich bewundere es. Es läßt einen die eigene Minderwertigkeit erkennen.«

»Jacques«, sagte ich, »gibt es in Frankreich ein Gesetz gegen schwere tätliche Beleidigung?« Und dann setzte ich hinzu: »Mit Tötungsabsicht?«
»*Oui, oui.* So etwas gibt es. Aber wir haben andere – wiederum zivilisiertere – Anschauungen, und das ändert die Sache. Wenn es sich zum Beispiel um eine Frau handelt, dann muß man auf Gewalt gefaßt sein. Sie verstehen doch?«
»Damit hat Katie nichts zu schaffen. Es ist nicht Katies Schuld.«
So redeten wir denn noch ziemlich lange weiter, und je länger wir da saßen, desto wütender wurde ich. Nicht nur über diesen Rudolph, den Ungarn, sondern auch über Katie und Amy und diesen Nick, der sich so gemein gegen sie benommen hatte, und über Elise, die sich gegen Jacques so gemein benahm, und über mich selber. Ganz besonders über mich. Es war, als hätte ich selber alles verdorben. Das Merkwürdige daran war, je wütender ich wurde, desto dringender wünschte ich, diesem Rudolph eins zwischen seine schönen Augen zu versetzen.
»Sie haben nichts gegen mein Philosophieren einzuwenden?« fragte Jacques. »Bei Tschechow mag es langweilig sein, aber im Leben ist es notwendig, damit man sich nicht auf das Niveau unserer Urahnen in Moor und Sumpf zurückfallen läßt. Sie haben doch nichts dagegen einzuwenden?«
»Nicht das geringste«, sagte ich. »Nur glaube ich, daß ich rasch einmal diesem Rudolph die Nase plattschlagen will, wenn Sie *pardonnez moi.*«
Aber Jacques fing mich ab, zog mich wieder auf meinen Stuhl, schüttelte beständig den Kopf und sagte, ich solle nicht versuchen, irgend etwas durch Gewalt zu beweisen, Sanftmut und Güte seien der richtige Weg zum Herzen einer Frau, Gewalt aber lenke ihre Gefühle von einem ab, weil es doch, ganz offen herausgesagt, die Frauen gewesen seien, denen wir die Gesetze zu verdanken haben, die das menschliche Verhalten regeln. Ob ich nicht auch dieser Ansicht sei? Und darum sei es auch die Frau, die sich am stärksten gegen die Taktik des Höhlenmenschen zur Wehr setze. »Sehr wahrscheinlich«, sagte er, »weil die Frauen es satt hatten, mit der Keule über den Schädel geschlagen zu werden, nicht?« Das sei wohl ungefähr richtig, gab ich zu, und ich hätte durchaus nicht im Sinn, etwas zu tun, was Katie kränken könnte, doch andrerseits gebe es Stunden, da ein Mann auch an sich selber denken müsse, und das, was er selber gern täte, und was ich gern täte, sei, diesen Rudolph, Gott weiß, wie er noch hieß, vier

Stock tief über eine verdammte Treppe hinunterzuwerfen. Jacques aber zuckte immer wieder die Achseln und hob die Brauen und lächelte und sagte, schließlich könne keine Frau durch Gewalt unterwürfig gemacht werden, es sei gegen ihre Natur, zumal jetzt, nach all den Verfeinerungen unserer Zivilisation. Nun, und als ich an Katie dachte, und wie sie in die Luft gehen würde – so ungefähr hätte Skipper das ausgedrückt – wenn ich diesem Ungarn etwas angetan hätte, mußte ich ihm wohl rechtgeben.
»Wissen Sie, *M'sieur*«, fuhr Jacques fort, »wissen Sie – was jede Frau haben will, ist ein Heim, ist Sicherheit, sind Kinder. Oder nicht? Aber gewiß! Auch das ist ihre Natur.«
»Was jede Frau haben will«, erwiderte ich, »ist Freiheit. Sie weiß es vielleicht gar nicht, es kann Jahre hindurch in ihr gären, aber was eine Frau will, ist Romantik. Romantik und immer nur Romantik. Freiheit, Gesellschaften, Gin, handküssende Liebhaber.«
»Liebhaber? Ach nein.«
»Ich will damit gar nichts gegen sie sagen«, meinte ich. »Ich glaube auch nicht, daß ich jetzt wütend darüber bin. Ich kann mich schon mit ein paar Dingen abfinden, Jacques. Ich bin ja kein Gelbschnabel mehr. Aber ich weiß. Ich sage nicht, daß den Frauen das alles bewußt ist. Und doch ist es das, was sie im tiefsten Herzen haben wollen.«
»*M'sieur*, was eine Frau im tiefsten Herzen haben will, ist ein Ehemann, ein Mann – so war's bei meiner Mutter und bei Ihrer. Ein Mann und so viele Kinder, wie die Natur ihr schenkt.«
»Seien Sie nicht so naiv«, sagte ich. »Werden Sie doch ein erwachsener Mensch!«
»Er sagt mir, ich solle ein erwachsener Mensch werden!« Jetzt, ganz plötzlich, war Jacques in Erregung geraten. Seine Augen funkelten, und seine Hände bewegten sich unruhig auf dem Tisch. »Dieser Amerikaner sagt mir, ich solle nicht naiv sein! Hah!«
»Seit wir hier sitzen, haben Sie mir Lehren erteilt«, erwiderte ich. »Ich sehe nicht ein, warum Sie sich so aufregen.«
»Ich rege mich auf, *M'sieur*, weil Sie mich überzeugt haben.«
»Nein«, sagte ich. »Wir wollen die Dinge doch nicht durcheinander bringen. Sie sind es, der mich überzeugt hat.«
Jacques stand auf. »Sie haben mich davon überzeugt, daß ein Mann, wenn er ein Mann ist, handeln muß.«
»Aber hören Sie doch! Sie haben doch gerade gesagt, daß ein Mann nicht handeln kann.«
»*M'sieur*. ich bin Ihnen dankbar, in aller Demut bin ich Ihnen

dankbar. Wenn man liebt, muß man seine Liebe beweisen. Man muß viele Gefahren auf sich nehmen. Man muß seinen Leidenschaften freien Lauf lassen.«

»Jacques, wohin, zum Teufel, gehen Sie? Sie werden irgendwas Gewaltsames bei Elise versuchen, und sie wird Sie mit einem Eispickel erschlagen.«

Aber in seinem Auge glitzerte es. »Sie haben mir den Weg gewiesen. Nieder mit der Zivilisation!«

»Sie sollten sich lieber setzen und noch so ein Zeug aus alten Zitronenschalen trinken.«

»Mein Entschluß ist gefaßt. Jetzt, auf der Stelle gehe ich zurück in ihre Wohnung, überrasche Elise auf den Trümmern ihres Festes...«

»Hören Sie doch, Jacques! Haben Sie nicht gesagt, daß ein Mann vernünftig sein soll?«

»Fort mit der Vernunft! Mein Land ist übersättigt mit Logik, mit *raison*. Das ist der Grund, weshalb wir jeden Monat eine andere Regierung haben. Was hat die Raison mit dem zu tun, was ein Mann empfindet?«

»Sie haben alles durcheinandergebracht. Sie haben mir doch gesagt...«

»Es hat keinen Zweck, sich zu streiten, *M'sieur*. Ich werde sagen: ›Elise, *ma chérie*, morgen fährst du mit mir nach der Farm meiner Familie hinaus, wie du mir so oft versprochen hast. Und wenn du dich weigerst, so komme ich und schleppe dich an den Haaren durch die Straßen von Paris zum Bahnhof.‹ Das ist alles, was ich sagen werde. Das und nichts mehr und nichts weniger. Sie, *M'sieur*, haben mir den Weg gewiesen.«

»Belasten Sie mich nicht auch noch damit«, sagte ich. »Ich habe schon ohnehin genug zu tragen. Und wie steht's mit diesem Arthur Pope?«

»*M'sieur* Pope wird nicht eingeladen. Sie aber, *mon ami*, Sie und Ihre Frau und Ihre reizenden Kinder, Sie alle sind eingeladen. Es wird eine Familienfeier sein. Morgen werden Sie die echten Früchte Frankreichs zu kosten bekommen. Sind Sie schon in der Normandie gewesen? Nein? Dann haben Sie noch nichts von Frankreich gesehen. Sie kommen?«

»Natürlich kommen wir«, sagte ich. »Nur wird Katie nicht gerade in der besten Stimmung sein, wenn Sie zum Bahnhof kommen und hinter sich an den Haaren ihre Schwester schleifen.«

»Wir wollen hoffen, daß das nicht nötig sein wird. *Au revoir* also. Der Zug geht um neun.«
Und damit war er fort. Er hielt sich straff, sah sogar ein wenig fröhlich drein. Unternehmungslustig. Ich setzte mich wieder und war so ziemlich ernüchtert, denn jetzt wußte ich, was ich zu tun hatte. Was ich zu tun hatte, war, die ganze Angelegenheit nicht zur Kenntnis zu nehmen, mich zu verhalten, als wäre nichts geschehen. Das war alles. Ins Hotel zurückzugehen, Katie zu sagen, es tue mir leid, daß ich mich verspätet hatte; und den Ungarn überhaupt nicht zu erwähnen. So einfach war das. Ich könnte Katie sogar von Jacques erzählen – wie ich einen Freund gefunden hatte, einen echten Freund, einen französischen Freund, der mir einen großen Dienst erwiesen hatte, aber natürlich würde ich ihr nicht verraten, was das für ein Dienst gewesen war; da mochte sie mir zusetzen, soviel sie nur wolle. Ja, genau das würde ich tun und nichts anderes. Schließlich müßte es doch jedem zivilisierten Mann Freude machen, wenn seine Frau auch auf andere Männer anziehend wirkte. Nur ein vertrottelter Amerikaner, der sein Herz auf dem Ärmel trug, nur so einer konnte sich benehmen, als ob eine unschuldige kleine Liebelei gleich das Ende der Welt bedeuten würde.
Unterwegs, im Aufzug, kam mir ein komischer Gedanke. Ich konnte mir ganz genau vorstellen, was sich ereignen würde, sobald ich ins Zimmer trat. Ganz genau. Und ich wußte auch ganz genau, wie ich mich verhalten würde. Zunächst würde Katie wütend sein, weil ich fortgegangen war, jawohl, verdammt nochmal, sie wird wütend sein, weil ich fortgegangen war und weil ich jetzt so spät heimkam. Und wie ich mich verhalten würde, wußte ich auch. Ich würde mir alles anhören, was sie mir zu sagen hatte, und dann würde ich ihr beibringen, wie komisch es doch in Wirklichkeit war, daß sie böse auf mich sein sollte, und Katie würde das einsehen, und so würden wir miteinander herzlich darüber lachen, und damit wäre die Sache erledigt.
Nun, vermutlich war ich meiner Sache allzu sicher, denn kaum hatte ich versucht, die Türe zu öffnen, als ich auch schon wußte, daß dieser Abend, wie übrigens so ziemlich alles auf unserer Reise, nicht ganz so ausfallen werde, wie ich es geglaubt hatte. Denn niemand kam an die Türe, als ich auf den Summer drückte, und niemand kam, als ich klopfte, und dann ging es mir auf, daß ich wohl wieder hinunterfahren müßte, um einen Schlüssel zu holen, doch da kam ein Zimmermädchen in ihrer blauen Uniform mit dem Häubchen,

und sie öffnete mir die Türe mit ihrem Schlüssel, und da war ich denn. Allein! Nun, unter normalen Umständen habe ich nichts dagegen, ein paar Minuten allein zu sein, aber diese Zimmer waren schrecklich leer. Sie waren leerer als irgendwelche Zimmer, in denen ich je gewesen war. Und so kam ich zu einem Entschluß. Ich würde mich unter die kalte Dusche stellen, damit ich, was auch geschehen mochte, sagen konnte, daß ich nüchtern war – was ich ja auch wirklich war. Nur just während ich unter der Dusche stand, hörte ich jemanden im Schlafzimmer, und da fühlte ich mich so erleichtert und so glücklich, daß ich nach einem Handtuch griff und triefend und tropfend in das Schlafzimmer stürzte, und wenn Katie da gewesen wäre, so glaube ich nicht, daß irgend etwas von dem geschehen wäre, was in dieser Nacht geschah. Es war aber nicht Katie. Wer vor mir stand, war das Zimmermädchen. In Paris haben die Zimmermädchen und die Kellner und all diese Leute ein eigenartiges System. Sie klopfen mit einer Hand an die Türe, mit der andern aber öffnen sie die Türe bereits, und selbst wenn man dasteht und sie erwartet, kann man ihnen nicht sagen, daß sie eine Minute draußen bleiben sollen. Und natürlich, wenn man nicht gerade dasteht und sie erwartet – und das war bei mir der Fall –, so sind sie schon drin und starren einen an, und man steht tropfend und triefend vor ihnen, ist froh, daß man wenigstens ein Handtuch hat und stürzt ins Badezimmer zurück wie ein aufgescheuchtes Kaninchen und wartet, bis das verdammte Frauenzimmer sich verzogen hat. Ein einziges französisches Wort hätte ich gern gewußt, und das war das Wort für ›Hinaus!‹, oder ›Gehen Sie zum Teufel‹, wenn man das französisch ausdrücken kann.

Nun, sie trödelte im Zimmer umher – es war eine kleine Ewigkeit! – und ich war wieder im Bad und drehte das kalte Wasser mit voller Kraft auf, und dann zog ich mich an und kam aus dem Bad, aber die Zimmer waren noch immer leer wie zuvor, und um diese Zeit war es, daß ich anfing, mir um Katie Sorgen zu machen. Oder nicht eigentlich Sorgen; aber ich stellte mir all die Orte vor, wo sie sein konnte, und all die Leute, mit denen sie sein konnte. Oder nicht eigentlich alle Leute, sondern nur eine einzige Person. Ich verfiel in meine alte Gewohnheit, auf und ab zu gehen, und so ging ich im Wohnzimmer hin und her, das nicht sehr groß war, und jedesmal, wenn ich am Ende angelangt war, schaute ich zum Fenster hinaus. Alles, was ich unten sehen konnte, war die dämmrige Straße, und nur aus dem Hotel strömte Licht, und von Zeit zu Zeit öffnete der

Türsteher den Schlag eines Taxis. Aber in keinem von diesen Taxis war Katie, und nach kurzer Zeit war ich nicht mehr gekränkt oder was ich sonst gewesen sein mochte, sondern nur aufrichtig besorgt, denn in einer Stadt wie Paris konnte einer Frau wie Katie natürlich allerhand zustoßen. Und was, wenn sie zu stolz war, um vor Elise oder sonst vor jemandem ein Wort davon zu sagen, daß ihr Mann ohne sie auf und davon gegangen war, und was, wenn sie ganz allein auf der dunklen Straße stand und kein Taxi finden konnte? Und was, wenn ich zur Polizei gehen müßte? Bisher war mir noch kein einziger Polizist begegnet, der englisch gesprochen hätte. Meine Gedanken schweiften hin und her, und so erinnerte ich mich jetzt daran, daß Mr. Klostermeier, der Reiseagent gesagt hatte: »Im Concierge müssen Sie einen Freund sehen. Was Sie auch wollen, wohin Sie gehen mögen, er wird es schon richten.« Doch just in dieser Minute hielt das Taxi, und Katie stieg aus und ging ins Hotel. Dann erschien der große Mann in der dunklen Uniform, bezahlte das Taxi, machte eine Verbeugung nach der Hoteltür, wo Katie eben verschwunden war, und gerade da hätte ich beinahe auf ihn hinuntergespuckt.

Um euch die Wahrheit zu sagen – ich weiß nicht, was mit mir geschah. Irgend etwas schnappte in mir ein. Das ist die einzige Art, wie ich es ausdrücken kann. Etwas schnappte in mir ein.

Als Katie die Türe öffnete und eintrat, saß ich zusammengesunken im Stuhl, die Abendzeitung um mich ausgebreitet, als hätte ich gerade gelesen. Ich schaute auf und gähnte, als hätte ich gedöst, und Katie kam näher, nahm den Hut ab, schüttelte ihr Haar und fragte mich, ob ich auch ganz wohl sei.

»Ganz wohl?« fragte ich. »Was sollte ich denn haben? Natürlich bin ich ganz wohl.«

»Ich habe dreimal im Hotel angerufen, aber du bist nicht dagewesen.«

»Oh, ich bin jetzt schon lange hier. Wahrscheinlich hast du dich mit dem Telephon nicht ausgekannt.«

»Es hat geläutet und geläutet. Ich weiß, daß ich mit dem Hotel verbunden war, denn das letzte Mal war das Fräulein bei der Zentrale schon ein wenig ungeduldig.«

»Nun«, sagte ich, »ich bin in der Stadt gewesen. Du weißt ja – so wie man sich im lustigen alten Paris herumtreiben soll.«

»Du bist ja so sprühend, Harry. Das ist erstaunlich! Ja, das ist wirklich heiter, Harry.«

»Richtig«, sagte ich. »Das bin ich auch. Der gute, alte, heitere Harry. Immer da, wenn man zu ihm heimkommt.«
»Harry, ich möchte, daß du mir zuhörst. Hörst du, Harry?«
»Ich bin eigentlich hungrig; aber ich höre.«
»Das solltest du auch. Das solltest du wirklich.« Sie warf den Hut auf das Sofa – das war ein Warnungssignal – und ich wußte, daß es ein Warnungssignal war, das merkte ich deutlich, aber ich beachtete es nicht. »Warum hast du mir bei Elise nicht geholfen? Du hast doch sehen können, daß ich dich gebraucht hätte, um diesen Blutegel loszuwerden.«
»Nun, nun, Katie, redet man so von einem Mann, der einen den ganzen Abend lang bevorzugt hat?«
»Harry, wenn du jetzt nicht vom hohen Roß heruntersteigst ...«
»Was möchtest du essen? Ich werde das Abendessen heraufschicken lassen. Wie wär's mit einem ungarischen Gulasch?«
»Harry!« Jetz marschierte sie ins Schlafzimmer, und ich hörte, wie sie Schubläden öffnete und schloß – das war das zweite Warnungssignal, und zwar eines, das man ernstnehmen mußte.
Ich drückte auf den kleinen Knopf, der dem Kellner galt, und wartete und dann kam Katie aus dem Schlafzimmer gestürmt, und ich sah, daß sie Feuer schnaubte, denn sie hatte die Lippen zusammengepreßt, und ihre Nase zitterte.
»Harry, schweig jetzt und hör mir zu. Du solltest doch wissen, was andere Männer mir bedeuten, alle andern Männer, aber ganz besonders solche Kinoschönheiten, die keine Bindungen haben und sich jeder hübschen Frau nähern, die ihnen über den Weg kommt. Weißt du das denn nicht, Harry? Er ist nicht anders als die Männer daheim im Country Club, nur daß er einen andern Akzent hat.«
»Er ist also schön, nicht wahr?«
»Harry!« Sie stampfte auf den Boden, und da hätte ich den Mund halten sollen.
»Wo hat er sich dir denn genähert?« fragte ich. »Im Taxi?«
»Ich habe das nur bildlich gemeint. Rudolph hat sich mir nicht genähert.«
»Ach – Rudolph hat sich dir nicht genähert? Wie nett von Rudolph.«
»Ich mußte mir seinen Namen merken, ob ich wollte oder nicht. Ich bin ja stundenlang mit ihm beisammen gewesen.«
»Hab ich dich gefragt, wo du gewesen bist? Hab ich dich das auch nur ein einziges Mal gefragt?«

»Aber ich sage es dir.«
»Nun, ich will es nicht wissen.«
»Ich sage es dir trotzdem.«
Gerade da spielte der Kellner den Streich mit dem Schlüssel, und er war im Zimmer, bevor wir ihn klopfen gehört hatten, wenn er überhaupt geklopft hatte. Da stand er an der Tür, den Bleistift gehoben, und er sagte irgendwas, und ich sagte: »Zwei ungarische Gulasch! Nicht zu stark gepfeffert.«
Der Kellner studierte die Speisekarte längere Zeit, dann sah er mich an und schüttelte den Kopf. Er sah wirklich bekümmert drein. Hinter mir hörte ich Katie ein Fenster öffnen. Mit einem Krach. Der Kellner fuhr auf, sah an mir vorüber, aber ich stellte mich vor ihn hin, riß ihm die Speisekarte aus der Hand, zeigte auf irgend etwas, hielt zwei Finger in die Höhe und sagte: *»Avec tuh s'il vous plaît.«* Und mir war's ziemlich gleichgültig, ob er verstand, daß ich ›Tee‹ gemeint hatte oder nicht.
Als er fort war, saß Katie, die Beine gekreuzt, auf einem Stuhl; sie hatte die Schuhe ausgezogen und rieb sich die Füße. »Wenn der Mann Gulasch bringt, Harry, dann werfe ich es zum Fenster hinaus; das verspreche ich dir.«
»Ich weiß nicht, warum du so gereizt bist«, sagte ich. »Ich glaube doch, daß ich mich den Umständen entsprechend wie ein vollendeter Gentleman benommen habe.«
»Welchen Umständen?«
»Allen Umständen, die dir belieben mögen.«
»Wie verhält sich's mit den Umständen, unter denen du gekniffen bist und mich allein bei der Party meiner Schwester auf dem Trockenen sitzengelassen hast – und das muß jeder Mensch bemerkt haben! Wie verhält sich's mit den Umständen, unter denen ich dir durch ganz Paris nachgejagt bin, von Bar zu Bar, weil Elise sagte, du seist mit Jacques fortgegangen, und Rudolph sagte, er wisse, wohin Jacques gehen werde, und das habe ich getan, Harry, ich bin von Bar zu Bar gegangen, die ganzen Champs Elysées hinauf und hinunter, durch die Innenstadt, alles zu Fuß, und jetzt tun mir die Füße weh.«
»Bistro«, sagte ich. »Hier sagt man nicht Bar. Und wir waren nur in einem einzigen. Und warum bist du zu Fuß gegangen? War Rudolph zu schäbig, um dir ein Taxi zu bezahlen?«
»Die Bars sind viel zu nahe nebeneinander, als daß man im Taxi fahren könnte. Man kann ja nicht an zwei Häusern vorübergehen,

ohne über irgendeines Menschen Beine zu stolpern, die er aufs Trottoir streckt.«

»Du meinst also, daß er nicht schäbig war?«

»Harry, so habe ich dich noch nie gesehen.«

»Früher oder später muß der Mensch erwachsen werden«, sagte ich. »Du hast dich gut amüsiert, das ist alles. Deswegen sind wir ja hergekommen, und so hat jeder sich gut unterhalten. Jeder auf seine eigene Art natürlich ...«

»Harry, wenn du jetzt nicht damit aufhörst ...«

»Denk doch, was das für ein Leben wäre, wenn du die ganze Zeit hier in Paris bleiben könntest wie Elise, Tag für Tag von einer Bar in die andere.« Es war, als wäre ich aufgezogen und könnte die Feder nicht abstellen. Es war, als hörte ich mir selber zu und könnte nicht glauben, was ich hörte. »Es ist doch ein großartiges Leben hier, Katie. Das hast du ja selber gesagt. Sieh nur Elise an. Vielleicht wäre das auch das richtige Leben für dich. Schließlich ...«

»Wenn du eifersüchtig bist, Harry, dann wär's mir lieber, du würdest ganz aufrichtig reden und eifersüchtig sein. Rede aber nicht um die Sache herum! Wenn du so weitermachst, so werde ich irgendwas zum Fenster hinauswerfen.«

»Soll ich dir etwas bringen? Willst du etwas Schweres haben?« Jetzt rieb sie sich ihre Waden. Und Katie hat wirklich schöne Beine.

»Du bist beinahe ... Harry, warum bist du so gut aufgelegt? Und was starrst du an?«

»Ich starre nur deine Beine an. Das ist's doch, was man in Paris tut, nicht? Ich starre deine Beine an. Sie sind übrigens sehr hübsch.«

»Ach, Harry, siehst du's denn nicht ein? Ich konnte mir einfach nicht helfen. Es war alles Schwindel. Rudolph hat ein Spiel mit mir gespielt. Das hat er mehr oder minder klar zugegeben. Er hatte keine Ahnung, wohin du mit Jacques gehen würdest. Das alles war nur ein Trick, weil er mit mir allein sein wollte. Ich versuchte, ihn loszuwerden, Harry. Wirklich! Ich hab's versucht. Bei Elise habe ich ihm kaum mehr geantwortet. Ich war ausgesprochen grob zu ihm. Aber gerade das hat ihm gefallen. Er sagte, das sei nur noch ein Reiz mehr bei der Jagd. Und ich sagte, ich sei keine Jagdbeute, und darauf sagte er, das bildete ich mir nur ein. Und dann, später, als ich drei- oder viermal vergeblich im Hotel angerufen hatte und zurückkam, da sah er verschmitzt und vergnügt drein, und es wurde mir klar, daß er sich über mich lustig gemacht hatte. Da bin ich in die Luft gegangen. Wirklich, Harry. Und da habe ich ein Taxi genommen ...«

»Und bist eingestiegen und hast angefangen, dir die Beine zu reiben ...«
»Zum Teufel, Harry, zum Teufel ...!«
»Ich würde nicht so laut reden, Katie. Die Leute nebenan haben ihr Radio abgestellt, um uns zuzuhören.«
»Die Leute nebenan soll auch der Teufel holen. Ich habe mir nicht die Beine gerieben. Rudolph ist mir ins Taxi nachgesprungen, und wir fuhren durch den Park ...« Sie unterbrach sich und schaute mich an, es war eine gewisse Hoffnungslosigkeit in ihrem Blick, aber ihre Augen blitzten trotzdem, und ich sagte gar nichts, ich wartete nur und erwiderte ihren Blick. »Harry, sieh nicht so drein! Hörst du mich? Hörst du mich, Harry? Ja, durch den Park. Den Bois de Boulogne. Woher hätte ich wissen sollen, was er dem Chauffeur gesagt hatte! Und dann küßte er mich. Das magst du nur wissen! Ja, er küßte mich, und ich ging abermals in die Luft, und ich gab ihm eine Ohrfeige. Mir ist's gleich, was Elise sagen oder denken wird. Es war eine Wohltat! Nicht der Kuß, meine ich. Die Ohrfeige. Dazu hatte ich schon die ganze Zeit Lust gehabt. Und dann sagte ich dem Chauffeur, er solle zum Hotel fahren, *toute de suite*. Und ich komme her, komme zu dir, und du benimmst dich so! Dabei bist doch du zunächst einmal an allem schuld! Und ich habe einen tadellosen neuen Handschuh im Taxi liegengelassen; von dem Paar, das du mir gekauft hast, und wenn du nicht gleich anders dreinsiehst, so kriegst du auch eine Ohrfeige.«
Ich ging ans Fenster, und eine Weile lang sagte ich gar nichts. Im Nebenzimmer hörte ich, wie die Leute ein wenig Geräusch machten, ganz offenbar, damit wir nicht denken sollten, daß sie gelauscht hatten. Ich wußte, daß es jetzt an der Zeit war, ein Ende zu finden. Ich wußte, daß es an der Zeit war, anders dreinzuschauen. Ich wußte, daß ich mich jetzt umdrehen und grinsen oder auch auf sie zugehn und ihr ohne viel Umstände einen Kuß geben sollte. Das alles ging mir durch den Kopf. Doch statt dessen hörte ich mich sagen: »Ich glaubte doch, du hättest gesagt, daß er sich dir nicht genähert hat. Was nennt man denn heutzutage ›sich nähern‹, Katie? Da wäre ich wirklich neugierig.« Und das klang so seltsam – neugierig und interessiert, und doch sozusagen aus einer gewissen Distanz. Und Katie stand auf und hatte den Schuh in der Hand. Jetzt hätte ich mich drücken sollen, wenn schon sonst nicht anderes. Doch statt dessen sagte ich: »Kein Mann kann eine Frau küssen, wenn sie nicht geküßt werden will.«
Nun, das gab den Ausschlag. Ihre Bewegung sah ich kaum, aber was

ich sah, war der goldfarbene, hochhackige Schuh, der durch die Luft segelte, gerade auf meine Augen zu, und so duckte ich mich, und was dann geschah, war, daß der Schuh zum Fenster hinauswirbelte. Katie atmete schwer, hatte die Füße fest auf den Boden gesetzt, und alles, was wir tun konnten, war, daß wir einander anstarrten, und ich schielte ein wenig seitwärts und wartete; ich wollte doch hören, ob der Schuh unten ein Glas einschlug oder jemanden traf, der ein Mordsgeschrei machen würde.

Doch nichts war zu hören. Nur daß wir jetzt ein wenig zu Verstand kamen. Ich streckte den Kopf zum Fenster hinaus und schaute hinunter, aber ich konnte nichts sehen, es war zu dämmrig und düster unten. Und ganz still. Man hätte die Stille mit einem Messer schneiden können.

»Jetzt bist du hoffentlich zufrieden«, flüsterte Katie. Oder vielmehr – es war eigentlich kein Flüstern; es war eher ein Zischen.

Ich zog den Kopf zurück und sagte: »Man wird uns hoffentlich deswegen nicht aus dem Hotel hinauswerfen.«

Aus einem Grund, den ich nie begreifen werde – aber Katie ist nun einmal so, wenn sie in die richtige Stimmung kommt – bückte sie sich, nahm den andern Schuh, holte aus und warf auch den, so energisch sie nur konnte; diesmal aber nicht nach mir, sondern einfach zum Fenster hinaus. Ich konnte nichts tun, als ihm zusehen, wie auch er durch die Luft segelte.

»Einer ohne den andern taugt ohnehin nichts«, sagte Katie in demselben Ton, der mehr ein Zischen als ein Flüstern war.

»Nun, der hier ist im Baum hängengeblieben«, sagte ich. »So taugt er gar nichts.«

Da drehte Katie sich um und lief in das Schlafzimmer, und ich zündete mir eine Zigarette an und gab mir selber verschiedene, nicht gerade höfliche Bezeichnungen und meinte, es wäre wohl besser, eine Weile zu warten, bevor ich hineinging und versuchte, die Sache wieder einzurenken. Und so saß ich da und sah mich selber im Spiegel am Ende des Wohnzimmers und fand noch einige passende Ausdrücke für mich selber, und damit war ich beschäftigt, als Elliott kam. Ich merkte, daß er so eigentümlich dreinschaute, aber ich war nicht in der Stimmung, mich auch noch mit seinen Problemen zu beschäftigen, und darum verlor ich auch kein Wort darüber.

Er aber kam auf mich zu, griff unter seine Jacke und holte einen goldfarbenen, hochhackigen Schuh hervor. Den hielt er mir hin, und dann sah er mich an; ernsthaft und doch seltsam verwirrt. Und

nach einer längeren Pause sagte er: »Der gehört doch Mutter; nicht?«
»So sieht er eigentlich nicht aus«, erwiderte ich. »Wo hast du denn einen Frauenschuh aufgegabelt?«
»Es ist doch Ben Beckers Firmenstempel drin«, sagte er, und es war etwas wie eine Anklage in seiner Stimme. »Dort kauft sie in Terre Haute ihre Schuhe, nicht wahr? Und er ist beinahe neu. Ich habe ihn unten im Rinnstein gefunden; gerade vor dem Hotel.«
»Laß mich mit deinen Angelegenheiten in Frieden, Elliott. Wie sollte ein Schuh deiner Mutter in den Rinnstein kommen?! Wirf ihn weg und sag kein Wort vor Mutter. Sie hat Kopfschmerzen.«
»Wohin soll ich ihn werfen?«
»Was geht das mich an, wohin du ihn wirfst? Wo man eben alte Schuhe hinwirft. Oder heb ihn dir für deine Hochzeit auf.«
Nun, Elliott wußte nicht recht, was er denken sollte, und so zuckte er die Achseln, ging mit dem Schuh auf den Korridor, und nach ein oder zwei Minuten kam er zurück und sagte, er habe den Schuh vor eine Türe weiter unten im Gang gestellt. Der Hausdiener würde ihn putzen und wieder hinstellen.
»Ich wäre aber sehr erstaunt, wenn noch andere Leute aus Terre Haute hier im Hotel wohnen sollten«, sagte er.
Darauf gab ich keine Antwort. Ich sah nur zum Fenster hinaus nach dem Baum. Dort hing noch immer der andere Schuh.
»Hoffentlich gibt's heute nacht keinen Sturm«, sagte ich.

9

Auf den Filmaufnahmen von unserer Reise findet sich gerade an dieser Stelle etwas sehr Seltsames. Es gab mir einen Stoß, als ich die Photos sah, die Elliott am nächsten Morgen vom Hotelfenster aus aufgenommen hatte – eine längere Reihe Aufnahmen von Pariser Dächern, und dann hatte er den Apparat gesenkt und das Haus gegenüber gefilmt und schließlich hatte die Kamera am längsten an Katies goldfarbenem Schuh verweilt, der dort an seinem Absatz in den Zweigen hing. Er glitzerte in der Morgensonne, und wenn die Aufnahme nicht so scharf gewesen wäre, so hätte man ihn vielleicht nicht erkannt. Aber Elliott ließ gar keinen Zweifel aufkommen. Ach, dieser Elliott! Keinen Trick hat er ausgelassen, wenn er einmal die Kamera in der Hand hatte!

Ich hätte etwas dergleichen vermuten sollen, als wir am nächsten Morgen alle vor dem Hotel standen und auf das Taxi warteten, das uns zum Bahnhof bringen sollte, wo wir eine Verabredung mit Jacques und Elise hatten. Ich bemerkte, daß Elliott, die Kamera wie gewöhnlich um den Hals gehängt, beständig nach dem Baum hinaufschaute, wo der goldene Schuh funkelte, und er wußte, daß ich ihn sah, denn einmal trafen sich unsere Blicke, und dann schaute er wieder zum Baum hinauf, und ich pfiff nach einem Taxi. Immerhin verlangte er nie eine Aufklärung von mir – dazu war er schon zu klug –, und ich ließ mich auch auf keine Aufklärung ein, denn bevor ein Bursche erwachsen und selber verheiratet ist, wird er nie begreifen, daß eine Frau, die ihren Mann liebt, einen Schuh nach ihm werfen kann.

Hättet ihr allerdings Katies Gesicht an jenem Morgen gesehen, so hättet ihr sehr wohl daran zweifeln können, daß sie ihren Mann überhaupt je geliebt hat. Es war eine kalte Nacht gewesen, und der Tag verhieß noch kälter zu werden, aber ich meine damit nicht das Wetter. Ich glaube wohl, daß es mir möglich gewesen wäre, die ganze Sache ein für allemal einzurenken, aber um euch die Wahrheit zu gestehn – ich war eigensinnig. Und das war ich, weil ich es nicht für gerecht hielt, daß ich mich entschuldigen sollte, wenn sie doch im Unrecht war. Nur ist das nicht die ganze Wahrheit, denn manchmal ist es leichter, um Verzeihung zu bitten, wenn man weiß, daß man recht hat und der andere unrecht, denn auf diese Weise beweist man sich und dem andern – oder seiner Frau, wenn das gerade der Fall sein sollte –, daß man klüger und großzügiger ist als er – oder sie. Wenn man aber vermutet oder weiß, daß man unrecht hat, so ist's manchmal schwerer, das ist alles. So wenigstens geht es mir, und das beweist vielleicht nur, was für ein verdammter Narr ich bin. Ich weiß, daß Katie sich nicht gar zu sehr auf den Tag freute, und daß sie durchaus gewillt war, mich das wissen zu lassen, gleichzeitig aber die Kinder nichts wissen zu lassen, und darum war sie übertrieben gesprächig, übertrieben heiter, zeigte auf alle Sehenswürdigkeiten, ob wir sie nun schon gesehen hatten oder nicht, ob sie interessant waren oder nicht. Katie bildete sich immer ein, daß sie die Kinder damit zum Narren halten konnte; in Wahrheit aber ist es nur so, daß eines mir dann zuflüstert: »Was beißt denn Mutter heute?« Oder andere Redensarten. Und genau das war es, was Skipper mich fragte, als wir an den Bahnhof kamen. »Ich glaube, sie mag keine *croissants* mehr zum Frühstück«, erwiderte ich.

Doch Amy hörte das, warf mir einen Blick über die Schulter zu und zwinkerte. Es war wie in den alten Zeiten, wenn man Amy bei sich hatte und niemanden neben ihr.
Jacques schleifte Elise nicht an den Haaren in den Wartesaal – ihr Haar war genauso wohlfrisiert und ordentlich, wie das Haar eines menschlichen Wesens nur sein kann, glaube ich – aber Elise sah drein, als hätte er sie herangeschleift. Jacques war überströmend herzlich, schüttelte uns die Hände, lächelte, dann ging er die Fahrkarten besorgen, kam zurück, immer noch lächelnd und in großer Stimmung, dann stand er vor uns, die Fahrkarten in der Hand, und sagte: »Die beiden Schwestern sehen einander doch sehr ähnlich. Aha, jetzt merkte ich, warum. Sie haben beide den gleichen Ausdruck, nicht?«
Ich musterte Katie, ich musterte Elise. »Ja«, sagte ich. »Wie Zwillinge. Sie sind wahrscheinlich beide mit dem linken Fuß aus dem Bett gestiegen.«
Ein Pfiff, ein Rasseln und Rattern, und dann drängten wir uns alle in einem der kleinen Abteile zusammen, die nur durch ein Glas von dem schmalen Gang getrennt sind, der an einer Seite des Waggons entlangführt. Seit dem Aufstehen hatte auch Elliott einen eigentümlichen Ausdruck auf den Zügen, als wollte er sagen, er sehe nicht recht ein, warum wir am letzten Tag unseres Aufenthalts in Paris aus der Stadt hinausfahren mußten. Seine Art, das merken zu lassen, war, daß er nichts sagte, aber den Kopf hoch trug, als fände er all die Torheit rund um sich höchst langweilig und wäre lieber ganz anderswo. Und sobald es klarwurde, daß das Abteil für uns sieben zu klein war, benützte Elliott die Gelegenheit; aus lauter Höflichkeit wartete er, bis wir alle unsere Plätze gefunden hatten, und dann tat er sehr überrascht, daß er selber keinen Platz mehr fand. »Schade, schade«, sagte er, aber er werde sich ein wenig im Zug umsehen; vielleicht finde er anderswo einen Platz. Skipper schrie ihm nach: »Frag sie, ob sie nicht eine Schwester hat!«
Nun, es war keine lange Reise, aber in mancher Hinsicht war es eine recht merkwürdige Reise. So zum Beispiel begann Amy, die ja ungemein ihrer Mutter gleicht, zu schwatzen, zeigte auf jeden Bauernhof, auf jede Kuh, an der wir vorüberkamen, und schon erwachte in mir der Verdacht, daß ihr Nick fehlte, obgleich man dergleichen nie geahnt hätte, wenn man Amy nicht kannte. Sie trug eines von den neuen Kleidern, die sie gekauft hatte, als sie mit Nicks Mutter ausgegangen war, um Besorgungen zu machen, und dieses

Kleid ließ sie irgendwie älter und erfahrener und, nehmt alles nur in allem, fremder wirken. Elise und Katie fanden zwei Millionen Dinge, über die sie schwatzen konnten, und ließen keinen Zweifel daran aufkommen, daß Jacques und ich nicht zu den zwei Millionen Dingen gehörten. Jacques störte das anscheinend gar nicht, denn er schaute aus dem Fenster und betrachtete das wohlbestellte Land, das immer saftiger und üppiger wurde mit seinen Reben, seinen Weizenfeldern und dann mit den Wiesen, darauf prächtiges Vieh weidete. Jacques hatte sichtlich sein Vergnügen an diesem Anblick. Er war wie ein Mann, der heimfährt, und ich kannte dieses Gefühl, denn das spüre ich auch immer, wenn ich im Zuge sitze und in die Nähe von Indiana komme. Wenn man aus dem Fenster schaute und die Felder sah und die Leute, die heimkamen oder in die Kirche gingen, so konnte man sehen, daß dies ein blühender Teil des Landes war. Dann und wann sah man auch Pferde, gepflegt und schön, keine Ackergäule, sondern Vollblut, stolze, kräftige, mutige Tiere. Wenn's, nächst den Menschen, etwas auf der Welt gibt, das ich gern habe, so ist's ein Pferd, und so saß ich da, und es war eine Erquickung für meine Augen, diese Pferde zu beobachten, während der Zug vorüberratterte. Einmal bemerkte Jacques, was ich betrachtete, und da nickte er, ohne ein Wort zu sagen, als wüßte er, was ich dachte, und wäre ganz einig mit mir. Auf seinem Gesicht begann es, hoch oben auf den Wangen, so merkwürdig rötlich zu leuchten, und nach einer Weile sah er gar nicht mehr wie ein Pariser aus oder wie ein Fremder, sondern wie ein Bauernbursche, gesund, wohlgenährt, zuversichtlich und glücklich, ungefähr wie die Pferde, an denen wir vorüberfuhren, und ich meine das aufrichtig als Kompliment für ihn, denn das waren ungefähr die schönsten Pferde, die ich je in meinem Leben gesehen hatte.

Der Zug hielt immer wieder, manchmal minutenlang, an sauberen, weißen, kleinen Bahnhöfen, und da sah man die gepflasterten Straßen, die sich zwischen Reihen von Steinhäusern wanden, und die Leute schlenderten gemächlich dahin oder standen und plauderten, und die Sonntagmorgensonne schien auf sie herunter. Während wir einmal in einem dieser Dörfer hielten, kam ein Paar durch den Korridor, ein amerikanisches Ehepaar, und es wäre eigentlich selbstverständlich gewesen, sie anzuhalten, ›hello‹ zu sagen und sie zu fragen, woher sie kamen. Doch da hörte ich, noch bevor ich sie sah, den Mann sagen: »Mein Gott, in dieser Zeit wäre ich ja zu Fuß hingekommen! Womit fahren denn diese Züge? Mit Petroleum?«

Und so machte ich den Mund nicht auf, sondern ließ sie vorüber. Mehrmals begab es sich in Europa, daß man sich seiner Landsleute schämte, ob man wollte oder nicht. Das ist die pure Wahrheit.

Bald darauf trieb Jacques uns alle aus dem Waggon und verfrachtete uns in einen hohen, altmodischen Autobus mit hölzernen Bänken und einem Motor, dem mindestens zwei Zündkerzen fehlten, und wir hopsten und holperten und rumpelten durch das Land, schaukelten über schlechte, schmale Straßen zwischen Apfelbäumen, zwischen Feldern voll Mohnblumen, die aussahen wie rotfarbene Seen, zwischen süßduftenden Reben. Dann und wann hielten wir, nahmen einen Passagier auf, doch nicht sehr häufig, denn, wie Jacques uns erklärte, am Sonntag seien alle Leute in der Kirche. Dann blickten seine Augen gespannt vorwärts, ein Licht leuchtete in ihnen auf, und wir hielten im Dorf, just auf dem Hauptplatz des Ortes, wo auf der einen Seite die Kirche stand, daraus die Orgelmusik ertönte, und in der Mitte des Platzes sahen wir eine Statue. Und nun quetschten wir alle uns in einen alten schwarzen Wagen, der auf uns gewartet hatte. Der Chauffeur sah genauso aus wie Jacques, nur jünger, und er und Jacques begrüßten einander wie lange verlorene Brüder, und in gewisser Beziehung waren sie das wohl auch, und sie umarmten sich und lachten und klopften einander auf den Rücken, und Jacques stellte vor, und dann stieg er neben den Bruder auf den Vordersitz, und nun sausten wir aus dem Dorf, als ob der Teufel hinter uns her wäre. Diesmal tönte es, als hätte der Motor mindestens zwei Zündkerzen zuviel. Elise zog beständig an ihrem Hut und wischte sich den Staub von den Schultern, und Katie saß, den Kopf hoch, da, und schien sich wirklich für alles zu interessieren – für mich natürlich nicht – und Amy flüsterte mir ins Ohr: »Mich erinnert's an daheim.« Und das tat es auch, obgleich kein rechter Grund vorhanden war.

Der Besitz der Familie Sarignac war nicht weit vom Ort entfernt, und man hatte den Eindruck, als seien wir nicht mehr als einen Steinwurf gefahren. Es war ein großes Anwesen, ganz in Stein und Gips, und das Haus – oder vielmehr die Häuser, denn es standen bestimmt drei Häuser um den Hof – sahen alt aus. Nicht alt in dem Sinn, wie ein Farmhaus in Indiana alt aussehen mag, sondern richtig alt, als stünden sie schon seit Jahrhunderten da. Die Scheunen und Ställe waren riesengroß. Nun, kaum waren wir in den Hof gefahren, als alles mit einem Male zu erwachen schien. Die Leute kamen aus den Häusern geströmt, und alle fingen gleichzeitig an zu reden und umarmten und küßten Jacques und sahen uns an und verbeugten sich und lächelten und riefen uns Grüße zu, bis es einen richtigen Höllenlärm gab, an dem auch die Hühner ihren Anteil hatten, die sich aufregten und gackerten und über den Hof flatterten, und die Kühe kamen von der Weide, weil sie auch sehen wollten, was los war, und in den Ställen begannen die Pferde zu wiehern, um doch nicht müßig zu sein, wenn alle anderen spektakelten. Ich konnte die Menschen nicht besser verstehn als die Tiere, aber alle miteinander taten ihr möglichstes, damit man sich willkommen fühlte. Sie führten uns in das Haupthaus, dessen Decke rauhe, handbehauene Balken trugen und das auch einen eigenen Geruch an sich hatte, nicht nach Moder, sondern einfach nach Alter, einen ganz besonderen Geruch, den ich nicht richtig beschreiben kann, weil ich zuvor oder seither nie etwas Ähnliches gerochen habe. Ich weiß nur, daß es, vermengt mit dem Geruch aus der Küche, kein schlechter Geruch war.

Und dann, als die erste Aufregung sich gelegt hatte, geschah etwas, und was geschah, war, daß eine gewisse Verlegenheit sich bemerkbar machte. Ich meine, wir kamen alle ins Haus, bis auf die kleineren Kinder, die man vor der Tür ließ, und Skipper saß allein und steckte den Hals durchs Fenster und schaute zu ihnen hinaus, und wir andern setzten uns, und zunächst wußten wir nichts Besseres zu tun, als einander anzustarren. Da war dieser riesengroße Mann, ganz in einem steifen, schwarzen Anzug, und er rauchte nervös seine Pfeife und sah sehr förmlich und unsicher aus und wußte nicht, wie er mit uns reden sollte, und da war auch die Frau, die wohl seine Frau sein mußte, beinahe so groß wie er, und sie saß da und strich sich das dunkle Haar aus der Stirn und lächelte uns zu, und dann gab es all die andern, die wohl Jacques' Schwestern und Brüder mit ihren Männern und Frauen waren und vielleicht auch Cousins und Cousinen und Onkel und Tanten. Jedenfalls saßen wir ziemlich unbehaglich da in den hochlehnigen Stühlen zwischen den altmodischen Möbeln und starrten einander an und konnten uns miteinander nur verständigen, wenn Jacques dolmetschte, und bald begann Jacques zu schwitzen, und sein Gesicht wurde immer röter und röter, bevor noch sein Vater den Apfelschnaps holte. »Calvados«, erklärte uns Jacques, während das Weibervolk uns bediente, »oder Apfelbrandy würdet ihr es drüben nennen.« Es schmeckte nach Äpfeln und war ja auch aus Äpfeln gebrannt, aber es war doch nicht so wie der Apfelschnaps, den wir im Krieg tranken, als es daheim nichts anderes gab. Jedenfalls half es uns nicht sehr, über die Verlegenheit hinwegzukommen. Und ebensowenig half es, daß beständig noch Leute kamen, manche in Wagen, manche auf Rädern, und alle strömten herein und verbeugten sich und hörten Jacques zu, der immer wieder dieselben Geschichten übersetzen mußte. Elise, das bemerkte ich, saß abseits in einem Winkel und sah verdrossen drein, und Jacques warf ihr immer wieder einen Blick zu, und er sah drein, als ob alles irgendwie schiefgegangen wäre, und als ob er wünschte, er wäre wieder in Paris und hätte sie nicht hierhergeschleppt, weder beim Haar noch sonstwie.

Ungefähr eine Stunde später – eine Stunde, die vielleicht nur fünfzehn Minuten gedauert hatte – kam ein anderer Wagen vorgefahren und hielt, und man konnte gleich merken, daß es sich um eine gewichtige Persönlichkeit handelte. Jacques' Vater stapfte selber hinaus, und dann führte er eine kleine alte Dame herein, die ein langes schwarzes Kleid mit Spitzen und Kragen trug. Sie hatte ein schmales verrunzeltes Gesicht und blitzende kleine Augen, die einen scharf betrachteten, und sie besaß so viel Würde wie nur irgendeine Frau, die ich je gesehen hatte, wenn auch ihre Hände rauh waren und sie ein wenig gebückt ging. Sie hatte einen Stock, und sie verbeugte sich nicht, als Jacques' Vater uns alle vorstellte; sie nickte nur kurz und musterte uns einen nach dem andern, bis sie zu Elise kam. Dann trat sie zurück und sagte etwas auf französisch zu Jacques, und Jacques schien ihr zu widersprechen, doch da rief ihn sein Vater offenbar zur Ordnung, und Jacques wandte sich zu Elise und zuckte die Achseln, und Elise drehte sich langsam um, wie ein Mannequin, und die alte Dame betrachtete sie von Kopf zu Fuß und sagte etwas – wenn ich recht erraten habe, so fand sie, Elise sei zu mager – und dann gab ihr Elise eine Antwort, und die alte Dame hob die Brauen und lächelte ein wenig, als hätte Elises Antwort ihr Spaß gemacht. Und dann nahm sie Elises Hände in ihre, drehte sie um und studierte sie sehr sorgfältig. Ich bemerkte den riesigen Ring, den die alte Dame trug. Er schimmerte im Sonnenlicht. Die alte Dame sah Elise ins Gesicht, ihre Augen funkelten, und sie schüttelte den Kopf. Die ganze Zeit über blieben alle andern im Zimmer, sahen zu und warteten. Nun und dann warf Elise den Kopf hoch, straffte sich und ging zu einem Stuhl.

Bald darauf gingen wir alle hinaus, wo lange Tische unter den Bäumen aufgestellt worden waren, und wir setzten uns zum Essen nieder. Die Speisen kamen, ein Gang nach dem andern, nur daß

jeder Gang für sich eine vollständige Mahlzeit war, und nach drei oder vier Gängen, wenn man überzeugt war, nun käme der Nachtisch, da wurden Fische aufgetragen, für jeden ein Fisch, der auch für drei genügt hätte, selbst wenn sie noch richtig hungrig gewesen wären. Und dazwischen gab es beständig Artischocken und Salate, die nach Knoblauch rochen, und dann kam eine Erbsensuppe mit Würstchen, die aber weder nach Erbsensuppe noch nach Würstchen schmeckte, und Pilze in Pastetenschalen und Muscheln in Knoblauchsauce und Eier gefüllt mit Garnelen und Gott weiß, was sonst noch. Ich glaubte, nun sei es zu Ende, doch immer wieder kamen die Frauen mit neuen Schüsseln. Und kaum hatte ich mein Glas mit Apfelmost hingestellt, so wurde es auch gleich nachgefüllt. Über eine Stunde müssen wir bei Tisch gewesen sein und gegessen haben, und Jacques erklärte und übersetzte Katie die verschiedenen Gerichte. Dann, obgleich es noch keinen Nachtisch gegeben hatte, standen alle auf und reckten sich, und das tat ich auch, denn wenn es einen Nachtisch gegeben hätte, so hätte ich ihn dem halben Dutzend Hunden unter dem Tisch überlassen, das wußte ich. Ich war satt; das heißt, ich war vollgestopft. Und dann beugte sich Jacques hinter Katies Rücken zu mir und sagte: »Es ist üblich, vor dem Hauptgang zwei Stunden verstreichen zu lassen. Hoffentlich haben Sie keinen allzu großen Hunger mehr.«
Und nun führte Jacques' Vater mich durch die Scheunen und durch die Ställe, während die andern sich irgendwie die Zeit vertrieben. Er schmauchte seine Pfeife und zeigte mir die preisgekrönten Kühe und Pferde und die Mostpresse und die Butterfässer, und ich nickte und versuchte, ihm beizubringen, daß das, meiner Ansicht nach, eine prächtige alte Farm war. Aber, um ganz ehrlich zu sein, alles verlief ziemlich steif und zeremoniell.
So wäre es wohl auch weitergegangen, wenn es da nicht einen Zwischenfall gegeben hätte. Was sich ereignete war nämlich, daß Jacques' Vater sein Akkordeon holte und, auf einem Stuhl unter einem Baum hockend, zu spielen anfing. Man achtete nicht besonders auf ihn. Und so zog ich meine Harmonika aus der Tasche, denn ich meinte, ich würde schon irgendwie mitkommen können, auch wenn die Lieder, die er spielte, mir unbekannt waren. Nun, das gab den Ausschlag.
Fragt mich nicht, warum. Aber bald drängten alle sich um uns, und Jacques' Vater ging von einer Melodie auf die andere über, und ich erkannte nur eine oder zwei, wie zum Beispiel ›Frère Jacques‹, aber

ich brachte es doch fertig, mit ihm Schritt zu halten. Wenn ich da und dort aus der Tonart kam, so brach er ab und spielte die Melodie noch einmal, und dann ging es ganz gut. Er lächelte und summte, und nach einer Weile nahm er die Krawatte und den steifen Kragen ab und warf sie ins Gras, und so nahm ich die Krawatte ab und warf sie auch ins Gras, und dann fingen wir von neuem an. Dazu tranken wir beständig diesen Calvados, der einem, wie Jacques behauptete, Appetit für die noch bevorstehende Mahlzeit machen sollte, und der Calvados machte uns heiß, und so zog ich meinen Rock aus, und der große Mann fand, das sei eine ausgezeichnete Idee und zog auch den Rock aus, und weil wir gerade dabei waren, bot ich ihm eine Zigarre an, die er durchaus zu würdigen wußte, und so kam mit der Zeit die rechte Stimmung in die Gesellschaft, und alle waren in bester Laune.

Bevor ich mich versah, war Skipper mit den andern Kindern auf und davon, sie fuhren auf einem Karren, den ein Pferd zog, und sie brüllten derartig, daß sie sogar die Musik übertönten. »Skipaire! Skipaire! Skipaire!« hörten wir sie schreien. Elliott und einige andere junge Leute spielten auch wie richtige Kinder, und da war natürlich auch ein junges Mädchen, ungefähr in Elliotts Alter, ein reizendes Ding mit klugen Augen, und Elliott hatte einen Einfall und zeigte ihnen, wie man ein Dreibeinrennen veranstaltete, das daheim zu jedem Picknick gehört, und da hatte er eine willkommene Ausrede, um seinen Knöchel mit ihrem Knöchel zusammenzubinden, während die andern zuschauten, und dann, als er mit ihr durchs Gras hopste, da lachten alle und klatschten in die Hände und schrien – alle, bis auf den einen verdrossen dreinschauenden jungen Menschen, dessen Augen ihnen mit ziemlich finsteren Blicken folgten, und der aussah, als würde er lieber mit Elliott hinter die Scheune gehn. Das Mädchen wollte den Burschen auch dazu bringen, mitzuspielen, aber er zog die Brauen zusammen und musterte erst sie und dann Elliott mißmutig, und so kehrte sie zu den andern zurück, und Elliott durfte noch einmal ihren und seinen Knöchel aneinanderbinden. Viel Weitsicht gehörte nicht dazu, um zu merken, daß Elliott der Frau einen Streich spielen wollte, die beständig auf das Mädchen aufpaßte; es war eine lange, magere, altjüngferlich aussehende Person mit argwöhnischen Blicken, die sich ebensowenig je von dem Mädchen abwandten wie die Blicke des eifersüchtigen jungen Burschen. Nie habe ich festzustellen vermocht, ob sie die Mutter des Mädchens war oder die Tante, aber sie

ließ keinen Zweifel daran, daß sie nicht viel Vertrauen zu Elliott hatte – und damit war sie ganz gewiß gut beraten.
In einiger Entfernung konnte ich Amy in der Schaukel sitzen sehen. Sie schwang sich hoch über die Köpfe der jungen Leute, lachte und schrie, als wäre sie wieder neun oder zehn Jahre alt. Drei oder vier von den jungen Burschen machten einander den Vorzug streitig, die Schaukel in Schwung zu halten. Es war wirklich eine Freude, zu sehen, wie gut Amy sich unterhielt, wie sie lachte und flirtete, nicht anders, als sie es früher getan hatte, als ob keines der Probleme sie belasten würde, von denen sie mir erzählt hatte, ja, als ob es überhaupt kein Problem auf der Welt für sie gäbe.
Katie konnte ich in der Küche stehn sehen, ihr Gesicht war rot angelaufen, und sie schwitzte. Und was sie tat, war, in aller Fröhlichkeit Teller zu waschen. Und da erinnerte ich mich daran, daß sie vor unserer Abreise gesagt hatte: »Stell dir nur vor! Sechs Wochen und nicht ein einziger Teller zu waschen!« Und so verzieh ich mir selber und ging zu dem Küchenfenster. Katie lehnte sich hinaus. Sie hatte eine Schürze um ihr Kleid gebunden, und sie sah endlich wieder ganz aus wie gewöhnlich. An tausend schmutzige Teller mochte sie vor sich aufgestapelt haben. Ich streckte den Arm aus, ließ die Hand über ihr Haar gleiten, und sie lachte, und dabei blieb es, aber es bedeutete, daß wir beide bereuten, und es bedeutete noch eine Menge anderer Dinge.
Danach fühlte ich mich millionenmal leichter, und ich wäre beinahe hoch in die Luft gesprungen, wie ich das gern tue, und dann ging ich zu dem Baum, wo Jacques' Vater noch immer aus Leibeskräften Akkordeon spielte. Ich wartete auf eine Pause, und dann begann ich mit ›An den Ufern des Wabash‹ – was er natürlich noch nie gehört hatte. Aber als ich den Refrain zum zweiten Mal blies, da konnte er schon einfallen, und so stimmte ich noch andere Lieder an wie ›Swanee River‹ und ›Ein hübsches Mädchen ist ganz wie ein Lied‹ und ›Old black Joe‹ und viele andere, und wir unterhielten uns großartig. Die Leute sammelten sich um uns, und ein Frauenzimmer, das ungefähr so alt war wie Amy, aber sie war schon schwanger und sah sehr glücklich aus, bat, ich sollte doch ›Stardust‹ blasen; und sie sprach dieses eine Wort auf Englisch, was mich ein wenig überraschte, und so spielte ich ›Stardust‹ und fragte mich, woher sie das eigentlich hatte. Da kam Skipper angelaufen und sagte, ich sollte mir doch die Löcher in der Scheunenmauer ansehen, wo ein amerikanischer Fallschirmspringer sich im Krieg verborgen gehal-

ten hatte, bis die Deutschen ihn fanden. So wußte ich denn, woher die junge Frau, die damals noch ein kleines Mädchen gewesen sein mußte, amerikanische Lieder kannte. Denn nachher wollte sie noch ›Dolly mit dem Loch im Strumpf‹ hören und ›Gerda aus Bizerta‹ und andere – manche waren mir selber schon entfallen, und ich konnte mich nur mühsam an sie erinnern, aber ihr gefiel es anscheinend, wie ich die Stellen, die ich nicht mehr kannte, auszufüllen verstand.

Nun, jedenfalls war das Eis gebrochen, und es wurde ein großartiger Tag daraus. Ja, die Wahrheit ist, daß es ungefähr der beste Tag war, den wir in Europa erlebt haben. Alles, was vorging, hatte einen besonderen Reiz. Nicht daß ungewöhnlich viel vorgegangen wäre, aber das ist manchmal gerade das Richtige, wenn ihr wißt, was ich meine.

Für alle andern war es überraschend, als ganz plötzlich die Hölle los war – für mich weniger. Es begab sich nämlich, daß der eine Junge, etwa in Skippers Alter, in kurzen Hosen und gestreiftem Hemd und die schwarze Mütze über ein Ohr gezogen, ein Pferd aus dem Stall führte. Ein Rappe war es und so schön, wie ich noch nie einen gesehen habe. Dann hielt der Junge den Bügel, und Skipper kletterte hinauf. Da merkte aber irgendwer, was vorging, und alle begannen gleichzeitig zu schreien und zu laufen. Nur saß Skipper unterdessen schon im Sattel, und kaum war er oben, als das Pferd zu galoppieren anfing und Skipper quer durch den Hof trug, während alle andern auseinanderstoben. Und dann ging's hinaus auf die Straße unter den Apfelbäumen. Der kleine Franzose, das merkte man, war hocherfreut, weil ihm doch offenbar ein Streich gelungen war; es störte ihn auch nicht, als sein Vater, wahrscheinlich einer von Jacques' Brüdern oder Cousins, ihn beim Ohr packte und beutelte, daß die Zähne klapperten. Die Räder wurden geholt, und etwa fünfzehn, Erwachsene und Kinder, fuhren durch den Hof und auf die Straße hinaus. Katie kam aus dem Haus gelaufen, ich selber lief auf die Straße. Was ich sah, war, daß alle Radfahrer abgesessen waren und die Räder in den Graben neben der Straße warfen, denn jetzt hatte Skipper das Pferd dazu gebracht, kehrtzumachen, und er galoppierte zurück, hielt die Zügel und brüllte: »Vorwärts, Schwarzer!« Er wandte das Pferd in den Hof, galoppierte vor den Stall, brachte es dort zum Stehen, klopfte ihm auf die Kruppe und sprang ab. Nun fingen alle an zu lächeln, und Skipper kam an den Tisch und nahm ein paar Stücke Zucker, und ich ging mit ihm und sah zu, wie er den

Rappen fütterte. Von hoch oben in der Scheune hörten wir einen Jungen brüllen, wie eben Jungen brüllen, wenn ihr Vater gefunden hat, diesmal sei es doch zu arg gewesen.

»Ein Glück für Claude, daß sein Vater ihn vermöbelt hat«, sagte Skipper zu mir. »Sonst hätt' ich's selber getan. Der Kerl hat mich ja umbringen wollen. Pop, wann krieg' ich ein Pferd?«

Als alle jetzt wieder zu den Tischen schlenderten, als hätten sie Hunger, erschien Elise. Sie kam über einen kleinen Hügel, und wir alle sahen sie, bevor sie in der Nähe war, und wir alle ahnten, daß etwas schiefgegangen war, nur wußten wir es erst, als sie vor uns stand. Sie tropfte von Kopf zu Fuß, das Haar klebte ihr am Gesicht, obgleich sie es beständig zurückstrich, ihr Pariser Kleid war mit Schlamm bedeckt. Aber sie trug den Kopf hoch. Die Leute stießen einander an, und ich bemerkte, wie Jacques' Großmutter Elise beobachtete – aber was sie dachte, das konnte man nicht erraten. Kein Mensch sagte ein Wort, obgleich Elise gleich im Haus verschwand. Jacques' Großmutter nickte einer der jungen Frauen am Tisch zu, und die Frau stand auf und folgte Elise ins Haus. Dann kam Jacques über den Hügel, er hatte einen Stecken in der Hand und schwang ihn nach den Blumen und dem Unkraut, als ob es ihm heiß unter dem Kragen wäre. Er sah, wie wir alle ihn anschauten, und so kam er an den Tisch und setzte sich. Es hätte wohl keiner von uns ein Wort gesagt, wenn Skipper nicht vorlaut gewesen wäre. Er wollte wissen, was Tante Elise denn eigentlich habe. Eine Weile antwortete Jacques nicht, doch dann sagte er: »Sie ist in den Bach gefallen. Der Bach ist nicht tief. Sie ist ausgerutscht. Ja, es ist wahr, ich war verärgert, ja; aber sie ist ausgerutscht.«.

Dann fingen wir denn alle an zu essen und redeten von anderen Dingen, und diesmal verlief das Mahl anders, denn nun waren wir alle Freunde, und Jacques brauchte nicht jedes Wort zu übersetzen, denn irgendwie verstanden wir einander. Nach zehn Minuten ungefähr kam Elise aus dem Haus, und zunächst konnten wir sie gar nicht erkennen. Ihr Haar war jetzt ganz natürlich und gewellt, und sie trug einen Rock, wie ihn wohl Bäuerinnen tragen mögen, und eine weiße Bluse und keine Strümpfe, aber Schuhe mit flachen Absätzen. Sie ging sogar anders, nicht so stolz und hochmütig, sondern einfach, wie Frauen gehen. Sie glich jener Elsie, an die ich mich erinnerte, und sie sah auch um zehn Jahre jünger aus. Nun, alle waren wohl ein wenig verlegen, weil Jacques' Großmutter etwas zu der Cousine oder Tante sagte, die neben ihr saß, und die Frau ging zu Elise, die sich gerade setzen wollte, und da kam Elise und setzte sich auf die Bank neben die Großmutter. Und was tat sie dann? Sie schaute über den Tisch Jacques an, ihre Augen brannten auf ihn hinüber, und kein Mensch sagte ein Wort; und dann streckte sie ihm die Zunge aus. Aber sie tat das so, daß irgendwie ein Lächeln dahinter war. Nun, da muß ich euch doch berichten, daß der ganze Tisch aus den Fugen gehen wollte. Alle jauchzten und brüllten und klatschten in die Hände und ließen die Gläser klingen, und alle redeten gleichzeitig und lachten aus vollem Halse. Elise tat, als ob sie all das nicht hören würde. Sie aß, was in Sicht kam, das war alles. Jacques' Gesicht aber hatte ungefähr die Farbe von einem der reifen Äpfel auf seines Vaters Bäumen.

Woran diese Mahlzeit mich erinnerte, das waren die Familienfeste, die wir daheim gehabt hatten, mit Wassermelonen auf Eis und frischem Mais am Kolben und gebratenem Fleisch am Rost und Schinken und knusprigen Hühnern und Kartoffelsalat und gefüllten Eiern und allerhand appetitanregenden Kleinigkeiten und eisgekühltem Tee in Gallonen und Limonade, so kalt, daß einem die Zähne wehtaten und dann Schokoladentorten und Apfelkuchen und hausgemachtes Gefrorenes in Kübeln und was noch alles. Nur war hier das Essen ganz anders. Das Brot war in langen Laiben gebacken, hatte eine knusprige Kruste und schmeckte auch ganz anders. Und zu essen gab es solche Dinge wie gefüllten Kohl und gebackene Linsen und Spargel, nach französischer Art hergerichtet, und Braten in Burgunder und gebratenes Spanferkel mit Kastanien und ungefähr den besten Käse, in den ich je meine Zähne gesenkt habe, und Hühner, zubereitet, wie ich sie noch nie gegessen hatte, und kalten Entenbraten in Rotwein und dann noch Käse und dann Torten und Kuchen aller Art und reife Erdbeeren, die nach Wald schmeckten und ungefähr jede Art von Obst, die man sich denken kann. Es sah aus, als würden wir mit dem Essen nie fertig werden, und es war einem auch gleichgültig, ob es je ein Ende gab. Woran es mich erinnerte, war ein Bild, das ich einmal gesehen hatte. Ich verstehe nicht viel von Bildern und dergleichen, aber dieses eine ist mir immer im Gedächtnis geblieben. Ein Mann namens Breughel hat's gemalt; ein Holländer, glaube ich, und was es zeigte, waren Leute, die aßen, und Kinder, die umherliefen, und im Hintergrund Weizenfelder, und dieses Bild schien mir immer mehr von den Menschen auszusagen und von dem, was sie wirklich tun wollen, als alles, was ich je in den größten Museen und Galerien von Europa

gesehen habe. Auf diesem Bild waren die Menschen glücklich; das dürfte es sein. Nicht nur glücklich, sondern lebendig. Und das ist es, woran diese Mahlzeit in der Normandie mich erinnerte.
Wozu man nachher Lust hatte, das war entweder ein langer Spaziergang oder ein Schläfchen. Nur ich entschloß mich weder zu dem einen noch zu dem andern. Elise stand zuerst auf, und sie sagte quer über den Tisch hinüber etwas zu Jacques, der auch aufsprang, und dann lief sie hinaus, als wäre sie vierzehn Jahre alt, lief in den Wald, und Jacques lief hinter ihr her.
Das brachte Jacques' Vater anscheinend auf eine Idee, und er winkte mir, ich solle ihm folgen, und das tat ich auch, obgleich ich gerade festgestellt hatte, daß ein kleines Schläfchen besser wäre als ein Spaziergang. Aber einige von den Männern schlossen sich an und die Kinder auch, und wir zogen zuerst durch den Wald und kamen an das Ufer eines Flusses. Es war eigentlich eher ein Bach, könnte man sagen, nicht gerade breit, aber man hatte den Eindruck, daß er tief war, und er lag ganz still da. Auch eine Anlegestelle war vorhanden mit mehreren kleinen Ruderbooten, und wir alle kletterten hinein und stießen ab. Jacques' Vater ruderte, aber sehr gemächlich. Skipper saß neben mir. Die verdammte Nußschale war bis an den Rand voll, und nach diesem Essen hatte man keine große Lust, sich viel darin zu bewegen, auch wenn es möglich gewesen wäre. Ich ruderte auch eine Weile, und da erblickte ich ein anderes Boot, ziemlich weit auf dem Wasser, mit zwei Leuten darin, und es fuhr in die entgegengesetzte Richtung. Ich konnte Elises Kopf erkennen, weil ihr Haar im Wind flog. Und wir in unserem Kahn angelten. Es gibt auf der Welt nicht viele Dinge, die ich lieber tu als angeln, und so geht's Skipper vermutlich auch. Jedenfalls fing Skipper mehr als alle andern, und er war sehr stolz darauf, und der Junge, der bei uns im Boot war, der Junge, der Claude hieß, und den sein Vater wegen des Ritts auf dem Rappen verprügelt hatte, war sichtlich sehr gekränkt, weil Skipper einen Fisch nach dem andern fing. Wir ließen uns treiben, und es war sehr still hier, die Bäume streckten ihr Laub über das Wasser, und das Summen der Insekten war der einzige Laut, der sich hören ließ. Auch andere Boote fuhren hin und her, in den meisten saßen Leute, mit denen wir gegessen hatten, und wenn sie näherkamen, so winkten sie. Dann fuhr auch Elliott vorüber, er saß im Stern des Bootes und neben ihm das dunkelhaarige Mädchen, das er gelehrt hatte, zu hopsen, indem sein Knöchel an ihren Knöchel gebunden war, und ihr Freund ruderte

und schwitzte und mühte sich und blickte düster drein, und vorn im Boot saß das altjüngferlich aussehende Frauenzimmer und ließ kein Auge von dem Mädchen, obgleich sie natürlich beständig strickte. Was Elliott tat, das konnte ich hören, weil ihre Stimmen zu uns drangen; er lernte ein paar französische Wörter. Und wie er das tat, war sehr originell. Er berührte die Stirn des Mädchens, und sie sagte ein Wort, und er wiederholte das Wort, und dann berührte er ihre Augen, und sie lächelte schüchtern, sagte wieder ein Wort, und er wiederholte es, und so ging das anscheinend weiter. Als sie an uns vorüberfuhren, war er bei ihrem Ellbogen und dann bei ihrer Hand und ihren Fingern angelangt, und wohin er sich noch vorwagte, das weiß ich nicht, weil sie stromaufwärts bald außer Sicht kamen. Für alle Fälle hatten sie ja aber eine Gouvernante bei sich.

Es dämmerte, als wir wieder zur Anlegestelle kamen. Jetzt waren wir alle ausgestiegen bis auf Skipper, der seine Fische an eine Leine band, um damit zu protzen, und der kleine Claude, dessen Laune sich den ganzen Nachmittag lang nicht gebessert hatte, nahm das Tau am Ende des Bootes, gab dem Boot einen festen Ruck, so daß es kräftig an die Anlegestelle anprallte, und Skipper warf die Hände hoch, stolperte rückwärts und purzelte ins Wasser. Prustend und fluchend kam er wieder zum Vorschein, seine Fische hielt er noch immer fest, und dann richtete er sich im Schlamm auf und kam näher, Mord in den Augen. Aber ich erwischte ihn rechtzeitig, hielt ihn fest, und so kehrten wir alle zum Haus zurück, Skipper immer mit seinen Fischen.

Das Resultat von dem allen war, daß diesmal Claudes Mutter ihm eine schallende Ohrfeige gab und ihn mit seinem Rad fortschickte, und nach einer Weile, als wir ungefähr bereit waren aufzubrechen, kam der Junge in den Hof geradelt und hatte frische Kleider für Skipper mitgebracht. Um diese Zeit kam auch Katie in den Hof, die Arme voll beladen mit Mohnblumen, und ich sah, wie Elliott sie filmte. Das ist mein Lieblingsbild von der ganzen Reise. Ich sah mich nach Amy um, und auch sie tauchte jetzt auf; sie kam aus dem Obstgarten. Sie war mit der jungen Frau beisammen, für die ich amerikanische Lieder gespielt hatte, der Kleinen, die ungefähr in Amys Alter war, aber schon schwanger. Und ich kann's nicht leugnen – das gab mir einen Ruck.

»Meilen und Meilen sind wir gewandert«, sagte Amy. »Das tut ihr gut.«

Was mir den Ruck gab, war wahrscheinlich ein gewisser Neid, den ich aus Amys Stimme heraushörte oder herauszuhören glaubte. Und als wir da im Hof standen, voneinander Abschied nahmen und versuchten, den Leuten für den schönen Tag zu danken, obschon man für so etwas nicht einmal danken kann, wenn man die richtige Sprache spricht, da spürte ich plötzlich die Zeit vorüberhasten. Erklären kann ich das nicht. Mitten in all der Heiterkeit, in dem Lachen spürte ich die Zeit an meinen Ohren vorbeisausen wie einen Wind.

Erst als wir alle wieder im Zug saßen und zwischen den dunklen Feldern nach Paris ratterten, da erkannte ich, daß noch etwas anderes an diesem Tag geschehen war. Elise und Jacques saßen mir gegenüber, und Skipper in festem Schlaf neben Elise, die den Arm um ihn gelegt hatte, so daß der Junge sich an sie kuschelte. In seinem französischen Anzug – kurze dunkle Hosen, gestreiftes Hemd, die Mütze auf dem einen Ohr – hätte Skipper sehr gut Jacques' Sohn sein können. Jacques' und Elises Sohn. Und dann sah ich zufällig auf Elises Hand hinunter, und was ich dort erblickte, war der große Ring, den ich vorher an der rauhen, verrunzelten Hand von Jacques' Großmutter gesehen hatte. Ich schaute zuerst Elise an, die mir zulächelte, und dann Jacques und fragte mich, ob ich nicht mit meinen Glückwünschen alle wecken sollte. Er lächelte nicht gerade, obgleich er mächtig glücklich dreinsah. Was er flüsterte, war: »*Merci, merci beaucoup*«, und das heißt: Danke, danke sehr! Nun, ich wußte nicht, was ich sagen sollte, weil ich nicht wußte, wofür er mir eigentlich zu danken hatte. Doch dann überlegte ich, sah Katie neben mir mit den roten Mohnblumen auf dem Schoß und unter dem Kinn, während sie schlief, und ich meinte, daß vielleicht wir alle etwas mit dem zu tun hatten, was sich zwischen Jacques und Elise begeben hatte. Wie, das konnte ich auch jetzt nicht sagen, aber ich erinnerte mich, wie Elise mich beschuldigt hatte, ich dächte schlecht von ihr, und ich erinnerte mich daran, wie Jacques mit Skipper umgegangen war, als Skipper sich in den Kanälen verirrt hatte, und wie Elise gesagt hatte, daß an jenem Tag alle Leute Skipper für ihren und Jacques' Sohn gehalten hatten, und ich erinnerte mich, daß Skipper ja eigentlich, seit wir nach Paris gekommen waren, bei Elise gewohnt hatte. Vielleicht fügte sich das alles zusammen. Und jedenfalls war es eine freundliche Vorstellung, wenn man hier mitten unter ihnen saß, auf der einen Seite Elliott, der rauchte und aus dem Fenster schaute, und Amy, die mir

zulächelte, als wollte sie sagen, sie habe den Ring schon bemerkt und finde das wunderbar.
Und wieder kam es über mich, dieses Gefühl der Zeit, die vorüberrauscht, und schon merkte ich, wie der Tag gewissermaßen in die Vergangenheit verblich. Ich war traurig darüber, daß er vorbei war. So ein Tag war das gewesen ...

10

Wäre ich ein Prophet gewesen und hätte ich vorhersehen können, was sich unten an der Riviera begeben würde, so hätte ich Paris wahrscheinlich nie verlassen. Es fing damit an, daß wir kaum aus der Stadt hinaus konnten. Von Paris wegzufahren, ist nämlich kein Spaß. Beinahe wären wir auf der Place de la Concorde steckengeblieben, das könnt ihr mir glauben. Elliott auf dem Rücksitz sagte: »Du mußt dich wehren, Pop. Du mußt den Leuten Respekt beibringen!« Und das alles in einem von diesen kleinen gemieteten Wagen, darin man schon einen Krampf in den Beinen hat, bevor man aus dem Zentrum der Stadt heraus ist. So biß ich die Zähne zusammen und hupte und erzwang mir den Weg aus der Stadt, und als wir auf der Straße nach Versailles waren, fing ich schon an, Freude an der Fahrt zu haben, und die Taxichauffeure hatten mir ein paar saftige Flüche beigebracht, die mir auch daheim zustatten kommen sollten. »Damit zeigst du's ihnen«, sagte Elliott.
Beim Mittagessen, nachdem wir durch den ganzen Palast und die Gärten von Versailles gebummelt waren, fragte Katie, ob es mir auch bewußt war, daß wir einen Bogen um Fontainebleau gemacht hatten, und was Hilda sagen würde, denn meine Schwester würde bestimmt etwas entdecken, das wir versäumt hatten; und so könnte sie beweisen, daß wir es gar nicht verdient hatten, so eine Reise zu machen. Da sagte ich also, schön, wir würden eben schwindeln; wir würden zu allem, was man uns fragte ›ja‹ sagen.
Aber Katie meinte, ich solle die Kinder doch nicht lügen lehren, und schon prahlte Skipper, er sei ohnehin der größte Lügner in seiner Klasse.
Ungefähr eine Stunde verbrachten wir in der Kathedrale von Chartres, und dann fanden wir, nun hätten wir unsern Bedarf an Kathedralen gedeckt, und so fuhren wir in das Land der Schlösser. Katie sagte, diese Schlösser seien wie aus einem Märchenbuch, und ich sagte, man könne sich nur ziemlich schwer vorstellen, daß die

Leute tatsächlich in diesen Schlössern gewohnt hatten, von denen einige dreihundert Räume haben mochten und ungefähr ebenso elegant waren wie in einem farbigen Film. Man fragt sich, wie ein Mann sich je hingesetzt und seine Schuhe abgestreift hat oder gar seinen Panzer, und wie er sich in so einem Schloß richtig ausruhen konnte. Es kam vielleicht daher, daß es sehr heiß war, aber, während Katie Aufnahmen machte, sagte ich, hier in diesen Schlössern habe man den Damen bestimmt den ganzen Tag die Hand geküßt, und sie faßte das als Anspielung auf diesen Rudolph auf – Huschack hieß er mit dem Zunamen, glaube ich – und da wollte sie noch ein Schloß besichtigen, das etwa zwanzig Meilen entfernt war. Damals, als sie dieses andere Schloß photographierte, machte ich die Bemerkung, daß sie sich doch flach auf den Rücken legen solle, weil das die einzige Stellung sei, in der sie noch nicht photographiert hatte. Da straffte sie sich, gab mir die Kamera und sagte: »Von jetzt an, Harry, besorgst du das Photographieren. Und ich werde dich lenken.«

Ungefähr um diese Zeit merkte ich, daß Amy nicht eigentlich bei uns war. Gewiß, sie saß da und rief ›Oh!‹ und ›Ah‹, wenn sie spürte, daß man das von ihr erwartete, doch immer wieder wollte sie die Karte sehen, berechnete die Kilometer, setzte sie in Meilen um, und dann kontrollierte sie, wie rasch ich fuhr, und auf diese Art wußte sie ungefähr zu sagen, wie viele Stunden wir noch brauchen würden, um an die Riviera zu gelangen. Nick und seine Mutter hatten verheißen – oder gedroht –, uns dort zu treffen, aber ich wäre nicht weiter überrascht gewesen, wenn der rote Sportwagen irgendwo unterwegs aufgetaucht wäre. Amy hatte sich bestimmte Orte angekreuzt, und immer wenn wir in einen dieser Orte kamen, mußten wir zuerst feststellen, wo das Postamt war, und dann kam sie heraus und stopfte einen Brief in die Tasche oder sah ganz verloren drein, weil sie keinen Brief in die Tasche stopfen konnte. Elliott sagte, von solcher Romantik habe er noch nie gehört. »Es ist so romantisch, daß einem davon übel wird«, sagte er jetzt. Und als Amy ihm nicht einmal antwortete, warf Katie mir einen Blick zu, der bedeuten sollte, daß unser Plan anscheinend doch nicht funktionierte.

Zuerst achteten wir sehr ängstlich darauf, was wir aßen, doch eines Tages hatten wir Mühe, ein Lokal zu finden, und da waren wir so hungrig, daß wir am Ende beschlossen, das kleine Restaurant in einem winzigen Dörfchen auszuprobieren, und dort aßen wir ganz vorzüglich, aßen wir alles, was man uns vorsetzte, bis zum Endiviensalat und den Walderdbeeren. Jene Nacht verbrachten wir in einem alten Schloß, aus dem man ein Hotel gemacht hatte, wo die Badezimmer zwei Stockwerke von den Schlafzimmern entfernt waren und die drei Schlafzimmer in drei verschiedenen Stockwerken. Und das war natürlich die Nacht, da die Europa-Krankheit über uns hereinbrach wie eine Tonne Ziegelsteine. Es heißt, man sei nicht in Europa gewesen, wenn man diese Krankheit nicht gehabt hätte, und es gibt Leute, die vermutlich nie nach Europa fahren würden, wenn sie eine Ahnung davon hätten. Katie und ich erwachten in der gleichen Minute, setzten uns auf und sahen, wie wir im Mondschein grün wurden. Dann waren wir mit einem Sprung bei der Tür, wurden uns aber im Nu dessen bewußt, daß das nächste Badezimmer zwei dunkle Tunnels weit entfernt war, und so machten wir kehrt wie automatische Puppen und hasteten schnurstraks zu den hohen, schmalen Fenstern. Während wir uns über das Fenstersims beugten, halb im Schloß und halb draußen, da hörten wir ein Geräusch über uns, und wir drehten die Köpfe und sahen, wie drei andere Fenster sich öffneten und drei andere Köpfe sich herausstreckten. So verbrachten wir die Nacht, halb im Schloß, halb im Freien, in der Mitte eingeknickt, und so entdeckte uns der Gärtner am nächsten Morgen. Es muß ausgesehen haben, als hätte nachts im Schloß ein Gemetzel stattgefunden; und in gewissem Sinn stimmte das ja auch. Und als ich die Rechnung bekam, sagte ich zu Katie, bestimmt habe noch nie jemand so viel Geld für fünf Fenster ohne Bad gezahlt.

An jenem Morgen rief alle zehn, fünfzehn Minuten einer: »Halt!« Und ich mußte auf die Bremse treten. Gewöhnlich führte die Straße gerade durch einen Wald, doch wenn kein Wald vorhanden war, mußte ich dennoch bremsen. Das erste Lebenszeichen zeigte sich wieder, als ich in jene Straße einbog, die zu den Grotten führte, die Amy unbedingt sehen wollte. Elliot knurrte, er sei gar nicht in der Stimmung, durch alte Höhlen zu wandern, aber Amy erklärte, in diesen Höhlen seien an den Wänden einige der ältesten Zeichnungen zu sehen, die überhaupt je ein Mensch zustande gebracht hatte. »Eine Idee von Nick O'Mara!« Das war alles, was Elliott sagte, aber wir waren alle zu schwach, um uns zu wehren, und so stiegen wir aus und gingen hinein. Nun, es lohnte sich wirklich. Diese Höhlen waren in prähistorischen Zeiten von Höhlenmenschen bemalt worden, und das war so interessant, daß Elliott sagte, es tue ihm leid,

daß er nicht verstehe, was der Führer erzähle. Die Bilder waren an die Wände und an die Decke gemalt – sie stellen Pferde und Ponys und wilde Bullen dar, und sie waren so lebendig, daß man meinte, sie würden sich bewegen. Ein merkwürdiges Gefühl war es, wenn man an all die Tausende von Jahren dachte, und sogar Skipper meinte, es sei schade, daß die Höhlenbewohner nicht auch einen Menschen oder doch wenigstens ein Menschengesicht gezeichnet hatten, damit man doch eine Ahnung hätte, wie sie damals aussahen. Wir kauften ein französisches Büchlein, ›Die Höhlen von Lascaux‹, und Katie übersetzte es auf der Fahrt, und nachher wollte Elliot das Buch haben und studierte es stundenlang, und das war das Merkwürdigste daran.
Seit Katie ein kleines Mädchen gewesen war, hatte sie sich immer eingeredet, sie müsse das kleine Land in den Pyrenäen sehen, das Andorra hieß. Es liege hoch oben in den Bergen zwischen Frankreich und Spanien, und seine Hauptindustrie sei, wie Skipper meinte, der Schmuggel. Da nützte also nichts, wir mußten abbiegen und uns durch das Gebirge hinaufschlängeln, bis wir durch die Wolken fuhren – und das ist ungefähr, als ob man durch den Nebel fahren würde, nur daß es auf der einen Seite eine Meile tief hinuntergeht und auf der andern ebenfalls eine Meile hoch hinauf; und nichts als Felsen! Offengestanden – von der Szenerie abgesehen, war nicht viel an Andorra, aber es gab mitten im Juli Schnee. Ja, es gab erheblich mehr Schnee, als uns lieb war, denn auf der Abfahrt erblickten wir eine Schneewehe, die von oben her wirklich Ehrfurcht einflößen konnte, doch dann, als wir eine Meile weit gefahren waren, wurden andere Gefühle in uns wach, denn wir entdeckten, daß der Schnee sich quer über die einzige vorhandene Straße türmte. Elliott sagte, hoffentlich seien wir alle ebenso begeistert von Andorra wie Mutter, denn es sehe so aus, als müßten wir auf das erste Tauwetter warten, vielleicht im nächsten Juni, und ich riet Skipper, auszusteigen und die Schafe aus den Höhlen am Gebirgshang zu vertreiben, damit wir uns dort einquartieren könnten. Aber Katie erklärte, das alles sei ihr ganz gleichgültig, sie sei begeistert, und es müsse doch in einem der drei oder vier Dörfchen höher oben in den Bergen ein Hotel geben. Ja, und es gab wirklich ein Gebäude, das als Gasthaus bezeichnet wurde, obgleich es mehr wie ein Haus aussah, das man vergessen hatte, zu Ende zu bauen. Zumal rund um die Fensterrahmen. Wir verbrachten frierend eine Nacht in einem einzigen Zimmer ohne Heizung, und Katie wachte mit Zahnschmerzen auf.

Und dann in Carcassonne, dem Reiseführer zufolge, eines der Weltwunder der Architektur, die einzige echt mittelalterliche Stadt, die noch rundherum eine unversehrte Mauer hat, gestand uns Katie, daß sie Zahnschmerzen habe.
»Seht sie doch an!« schrie Skipper, und wir schauten.
Katies Gesicht war auf einer Seite angeschwollen wie ein Ballon.
Natürlich sagte sie, das sei gar nichts, aber ich meinte, wir sollten doch lieber auf die Suche nach einem Zahnarzt gehen. Katie brachte mühsam und nur schwer für uns verständlich hervor, daß sie vor der Abfahrt beim Zahnarzt gewesen sei, ihre Zähne seien alle gut, und wir sollten gar nicht darauf achten.
Nun, so versuchten wir, gar nicht darauf zu achten, während wir nach dem Süden fuhren. Unterwegs sahen wir Zigeunerwagen, jeder hatte eine oder zwei Ziegen und vielleicht auch ein Pferd, und die Kinder hingen aus den Fenstern der buntbemalten Wohnwagen. Sie winkten, wenn man ihnen winkte, und so sagte ich zu Skipper, er solle nur ruhig winken. »Unser Wagen ist so bepackt«, sagte ich, »daß sie wahrscheinlich glauben werden, wir gehörten auch zum Stamm.«
»So schlimm sehen wir doch nicht aus«, quetschte Katie aus der einen Backe hervor.
»Du gehst zum Zahnarzt«, erklärte ich. »Jetzt ist's genug.«
Elliott beugte sich vor. »Meinst du wirklich, Pop? Ein französischer Zahnarzt! Und in einem Nest! Wahrscheinlich hat er nicht einmal etwas, um einen zu anästhesieren!«
»Ich will nicht, daß eurer Mutter die ganze Reise durch einen Zahn verdorben wird«, sagte ich.
»Verdorben, wenn nicht anästhesiert ...«, ließ sich Katie dunkel vernehmen.
Nun, im nächsten Ort sagte mir Amy, wie Zahnarzt auf französisch heißt – übrigens nicht viel anders als auch englisch – und dann stöberte ich einen Polizisten auf, zeigte auf meine Zähne und sagte: *»Dentiste, si'l vous plaît?«* Aber meine Zähne interessierten ihn, und er beugte sich vor, um besser zu sehen, und da gab ich eine kleine Vorstellung, um ihm beizubringen, was ich meinte. Ich tat, als hätte ich eine Zange in der Hand, als packte ich damit einen Zahn und risse ihn heraus. Es muß ein eindrucksvolles Schauspiel gewesen sein, denn der Polizist wurde blaß, schaute zur Seite, dann drehte er sich um, blinzelte und wies in ein Gäßchen. Dann aber lief er davon, als hätte er selber Zahnschmerzen. So fanden wir

immerhin den Ort, wo der Zahnarzt war. Es war eines jener niedrigen Häuschen, die längs des Trottoirs stehen, wir stiegen über eine halbdunkle Treppe hinauf und klopften an eine Tür, und bald öffnete uns ein Mann. Er war klein und untersetzt, hatte kein Haar auf dem Kopf, schaute uns beide an, und dann blieb sein Blick an Katies Gesicht haften, bevor er uns die Tür ganz öffnete. Der Stuhl in der Mitte des Raumes glich mehr dem wackligen Stuhl bei einem Friseur, aber der kleine Mann geleitete Katie hin, sie mußte sich setzen, und dann zog er die Vorhänge zu, die seine Ordination von der Küche trennten; den Knoblauchgeruch konnte er allerdings auf diese Art nicht vertreiben. Er brummte einiges auf französisch, während er sich eine Schürze umband, wie gewöhnlich die Metzger sie tragen, und dann schaute Katie mich an, nur ein einziges Mal, und öffnete den Mund, aber nicht sehr weit. Der Zahnarzt steckte ihr die Hand in den Mund, so tief er nur konnte, und tastete drin herum, während seine eigenen Zähne klapperten. Ich versuchte, aus dem Fenster zu schauen, doch alles, was ich unten sehen konnte, war der Wagen, daran die drei Kinder lehnten. Sie sahen recht niedergeschlagen drein, weil sie sich wahrscheinlich vorstellten, was sich hier oben abspielen mochte. Doch das konnten sie sich nicht vorstellen. Was sich abspielte, war, daß dieser Zahnarzt mit einer elektrischen Lampe in den Mund leuchtete, und dann wandte er sich ab und öffnete einen Schrank. Nur einen Blick warf ich auf diesen Schrank, wo der Staub die meisten Instrumente bedeckte, und die Instrumente selber aussahen, als seien sie in den Burgverliesen und Folterkammern, die wir besichtigt hatten, verwendet worden, und dann trat ich zu Katie und fragte: »Katie, glaubst du, daß du es noch bis zur Riviera aushalten kannst? Dann steh auf, und wir machen, daß wir weiterkommen!«
Katie wartete nicht. Der Zahnarzt drehte sich gerade um, in der Hand hatte er ein schreckliches Ding, das eine Injektionsspritze sein mochte, als Katie aufsprang und zur Tür lief. Dem Zahnarzt quollen die Augen aus dem Kopf, aber schon hatte ich die Tür hinter uns geschlossen und hastete hinter Katie die Treppe hinunter. Draußen quetschten wir uns wieder in den Wagen und rasten aus der Stadt, so rasch unser Wagen und die Radfahrer es uns erlaubten. Elliott schaute zum Hinterfenster hinaus. »Er steht draußen auf dem Trottoir«, berichtete er. »Was hat er denn getan? Hat er euch hinausgeworfen? Er scheint ja ganz wild zu sein!«
Katie senkte den Kopf auf die Knie. »Schmerzen vergangen«, stieß sie hervor. »Geschwollen heißt nicht wehtun.«

Nun, das war wohl das einzige Mal, daß ein Zahnarzt die Schmerzen verscheucht hat; aber das war ihm tatsächlich gelungen.

»Ich hatte keine Angst«, sagte Katie später, als wir durch die Provence rollten. »Aber, Harry, du hättest seinen Atem riechen sollen!«

»Vielen Dank«, erwiderte ich. »Mir hat schon die Küche genügt.«

»Das ... das ... sieh doch, Amy, das ist Van Goghs Land!«

Und das war es wirklich. Amy hatte in ihrem Zimmer zwei oder drei Bilder hängen, die mir bisher nie viel bedeutet hatten; jetzt aber, als ich diese Landschaft sah, die man Provence nennt, mit der Sonne, die auf Felder und Pappeln herunterbrannte, ja, da wurden diese Bilder mir lebendig. Oder vielleicht ist's umgekehrt. Jedenfalls macht es einen nachdenklich, daß ein Mann daherkommen und eine Landschaft auf seine Art sehen kann und sie so mit Farben auf einer Leinwand festhält, und dann kommt, all die Jahre nachher, ein anderer Mann daher und sieht dieselben Felder, und er spürt, daß er sie jetzt besser kennt und klarer sieht, und daß sie jetzt fast zu schön sind, um wirklich zu sein, und das alles nur, weil ein Maler, der im Grunde, wie Amy sagt, ein Wahnsinniger war, sie auf eine bestimmte Art gemalt hat. Als Katie sagte, in Arles sei eine Sammlung von Bildern Van Goghs, da war ich einmal an der Reihe, mir etwas vorzunehmen, und ich ging stundenlang in diesem Museum herum, trank die Bilder gewissermaßen in mich ein, und es war einer der besten Nachmittage, die ich je erlebt habe, und dabei bin ich wahrhaftig nicht der Mensch, der sich viel aus Malerei macht.

Die liebste Gegend auf dieser Fahrt war mir die Küste zwischen Toulon und St. Raphael, wo die roten Felsen aus dem blauesten Wasser aufragten, das ich je gesehen habe. Hier wäre ich gern länger geblieben, aber die andern brannten schon darauf, zu den eleganten Orten zu kommen, die man die Riviera nennt. Aber sobald wir in Cannes waren, da hatte ich das Gefühl, daß es mir hier nicht gar so gut gefallen werde.

Vielleicht weil ich sah, wie Elliott all die Mädchen und Frauen in den Badeanzügen, die kaum vorhanden waren, beobachtete; vielleicht weil ich, kaum daß wir vor unserem Hotel hielten, auch schon den kleinen roten Sportwagen wiedersah; oder vielleicht auch wegen der Botschaft, die uns im Hotel erwartete. Sie war an Katie adressiert, und als sie sie gelesen hatte, während ich mit den Leuten vom Hotel verhandelte, da glitzerten ihre Augen, als wäre sie verärgert über irgendwas – oder vielleicht aufgeregt, meinte ich später – und dann gab sie mir den Brief, als wir in unsere Zimmer gingen:

Liebe Madame Willard,

ist es nicht ein wunderbarer Zufall, daß ich dringend geschäftlich nach Cannes muß? Auf diese Art können wir unsere Unterhaltung fortsetzen, die in Paris so entzückend begonnen hatte.

In tiefster Verehrung
Rudolph

11

Cannes, Nizza, Monte Carlo – das ist's, was die meisten Leute unter der Riviera verstehen. Sie gilt für einen der romantischsten, der leuchtendsten, der elegantesten Erdenflecke überhaupt, und das wird sie wohl auch sein. Nun, was mir dort zustieß – mir persönlich, meine ich – das war nicht sehr romantisch, und es war auch nicht viel Glanz und Eleganz dabei, obgleich es sich teilweise im Casino von Monaco abspielte und ich einen Smoking anhatte. Diese Riviera ist wirklich großartig, wenn man sich abends bis zu beiden Ohren anzieht und tagsüber sozusagen vollkommen auszieht. Ja, ja, es gab sehr viel zu sehen, und damit meine ich nicht die Aufnahmen, die Elliott von den Mädchen am Strand machte. Es ist eine internationale Gegend, und Leute aus allen Weltteilen drängen sich in den Straßen und auf dem Strand und in den Hotels und überall. Fast jede Sprache kann man hören, die man je zu hören gewünscht hat, Chinesisch, Italienisch, Hindostanisch, Brooklynisch, aber die Sprache, die an der Riviera am meisten zu Wort kommt, ist der amerikanische Dollar. In Wirklichkeit bringt eine Eindollarnote nur ein kleines Geknister zustande, und nicht einmal eine Zwanzigdollarnote macht hier an der Riviera viel Lärm. Wenn ihr wissen wollt, warum ich mich so genau an die Riviera erinnere – abgesehen von dem, was die Polizisten in jener Nacht mit mir angestellt haben – so ist's darum, weil ich von hier aus an meine Bank in Terre Haute kabeln mußte. Das Geld war mir ausgegangen! Das kam daher, daß ich etwa fünfzehn Stunden im Tag mit Tausendfrancsnoten herausrücken mußte. Und dann als die Bank mir mit einem Luftpostbrief bestätigte, daß sie mir das Geld mit Kabel überwiesen hatte, legte sie eine kleine Drucksache bei, darauf stand: Sie können auf Ihre bloße Unterschrift jeden Betrag bis zu fünftausend Dollar beziehen. Nun, das erwähnte ich meiner Familie gegenüber nicht; sie alle unterhielten sich gar zu gut.

Die ersten Tage gingen so nett und friedlich vorüber, wie man sich das nur wünschen konnte. Amy war wieder sie selbst, und das bedeutet, daß sie die ganze Zeit offenherzig schwatzte. Von Zeit zu Zeit stieß ich auf sie, wenn sie mit Nick von Fischfang zurückkam und den Bikini-Anzug trug, den Nicks Mutter ihr in Paris gekauft hatte. Sie ließ sich nichts anmerken, weil sie vielleicht glaubte, daß man sie beobachtete, aber es war ganz deutlich, daß sie versuchte, zu einem Entschluß zu gelangen. Nun, man sagt doch, wenn man in Rom ist, soll man sich wie ein Römer benehmen; und dennoch hatte ein Mädchen wie Amy einigen Mut nötig, um in diesen zwei kleinen Fetzen umherzuspazieren, wie das die französischen Mädchen tun. In diesen ersten Tagen sah ich nicht viel von Nick und Amy, aber doch genug, um zu merken, daß Nick auffallend still war, als wolle er Amy oder mich oder uns alle studieren, und selbst an dem Tag, als er Skipper und mich zum Fischfang mitnahm, verhielt er sich, als wäre er irgendwo ganz allein – in seinem Innern meine ich. Nichtsdestoweniger war es großartig, und ich hatte am zweiten Tag sogar Glück und spießte einen so großen Fisch auf, daß alle schrien und brüllten; und so kehrten wir in der besten Stimmung ins Hotel zurück; sogar Nick.

Das erste Ereignis war, daß Elliott sich mit der kleinen Französin am Strand einließ. Sie trug natürlich eines von diesen Bikini-Dingern, und nach kurzer Zeit war sie immer mit Elliott beisammen, wenn wir an den Strand kamen; und immer gab es im Hintergrund das lange, kräftige Frauenzimmer, das beständig versuchte, so auszusehen, als hätte sie keinen Blick für das Mädchen und Elliott. Mir war es nicht unlieb, daß ein Elefant dabei war – wie auch Elliott darüber denken mochte –, besonders wenn man merkte, wie die Kleine Elliott anhimmelte.

Skipper brachte mich dazu, zehn Dollar in amerikanischem Geld herauszurücken, und dann ging er fort und kam mit einem Feldstecher zurück. Ein Blick durch ihn und man konnte geradezu Spanien sehen; und ich wußte, daß das Ding hundert oder zweihundert Dollar wert sein mußte. Es war auch in goldenen Buchstaben ein Name eingraviert: Eigentum von Samuel P. Goldwin, aber Skipper sagte, er glaube wirklich nicht, daß es Mr. Godwin selber war, der ihm den Feldstecher verkauft hatte; der Mann habe eher wie ein Araber ausgesehen. So gingen wir denn auf die Jagd nach diesem Araber, und Skipper erblickte ihn ungefähr in derselben Sekunde, als der Araber Skipper erblickte; und damit war die Sache

erledigt. Der Araber mußte seine Zauberlampe gerieben haben, oder was es sonst für einen Zauber geben mag, denn er ging einfach in Rauch auf.
Dann gab es natürlich Katie und diesen Rudolph. Wenn ich mich eingemischt hätte, so hätte das alles ruinieren können, aber ich wollte mich nicht einmischen. Ich beschloß, Rudolph einfach zu übersehen.
»Du kannst leicht von ›übersehen‹ reden«, sagte Katie. »Ich nicht. Er ist überall. Wenn ich Besorgungen mache, ist er da. Du hast ja selbst gesehen, wie es auf dem Strand zugegangen ist. Sobald ich den Fuß aus dem Hotel setze, taucht er aus dem Nichts auf.«
»Mir hat Rudolph gesagt, daß die Frauen gewöhnlich geschmeichelt sind. Er sagt, daß er noch nie einer Frau wie dir begegnet ist.«
Katie setzte sich auf das hohe Roß. »Du willst damit sagen, daß du über diese Frage mit ihm gesprochen hast?«
»Gesprochen hat nur er. Ach, dieser Rudolph, er ist so offen, so aufrichtig! Je mehr du versuchst, ihm aus dem Weg zu gehn, desto hartnäckiger wird er dich verfolgen.«
»Und ... und über all das hast du wirklich mit ihm geredet?«
»Katie«, erwiderte ich, »so werden die Dinge hier behandelt. Du wirst doch nicht wollen, daß ich mich wie ein eifersüchtiger amerikanischer Ehemann benehme? Wir sind ja nicht in Terre Haute! Oder willst du am Ende, daß ich ihm die schöne Nase plattschlage?«
»Wenn du so etwas tust, Harry, so werde ich es dir nie verzeihen.«
Ich wußte sehr genau, wie sie das meinte, denn wenn es Katie vor irgend etwas graut, so sind es Szenen in der Öffentlichkeit. O ja, im Taxi in Paris hatte sie ihm eine Ohrfeige gegeben, das glaubte ich ihr ohne weiteres, und sie würde ihn unter vier Augen jederzeit beschimpfen, wo sich ihr nur eine Gelegenheit bot, sie hatte mir ja auch in der Abgeschlossenheit des Hotelzimmers einen Schuh an den Kopf geworfen; aber die Vorstellung, daß die Leute sie oder uns anstarren und gehässige Bemerkungen machen könnten, das war es, was Katie am meisten fürchtete. So war sie nun einmal.
»Katie«, sagte ich, »hör doch. Ich habe mich einmal verdammt lächerlich gemacht. Ich werde es gewiß nicht wieder tun. Ich weiß, daß du keinen Cent für dieses Handküssen und alles Drum und Dran gibst, aber wir wollen das Spiel eben spielen, wie das hier Brauch ist.« Immerhin hatte ich doch angefangen, im Zimmer auf und ab zu

gehn. »Wenn er nur nicht so verflucht liebenswürdig wäre, immer lächelt er und redet zu mir, redet über die Geschichte, als ob ich ein ganz unbefangener Berater wäre oder dergleichen. Es gelingt ihm irgendwie, die Sache ganz harmlos erscheinen zu lassen.«

»Was Rudolph im Sinn hat, ist gar nicht harmlos, Harry.«

»Das ist's gerade, was mich verwirrt. Er gibt einem keine Möglichkeit, wütend zu werden. Alles ist bei ihm ein Scherz, und je rascher du davonläufst, Katie, desto rascher läuft er hinter dir her. Er kann's wahrscheinlich gar nicht fassen, daß eine Frau sich seinem Charme entziehen möchte. Er hat uns alle beide in der Schlinge; von heute bis in alle Ewigkeit. Und das paßt mir nicht.«

»Nur keine Sorgen, Liebster. Heute oder morgen oder übermorgen, wenn er mir wieder die Hand küßt, werde ich so schlagfertig sein, daß ihm einer seiner blitzenden Vorderzähne aus dem charmanten Mund fällt.«

Als ich später darüber nachdachte, merkte ich, daß ich gar nicht eifersüchtig war. Nein, das war es diesmal nicht. Ich wollte nur, daß diese wenigen letzten Tage friedlich verlaufen sollten, damit wir eine gute Erinnerung an die schöne Zeit an der Riviera heimbringen könnten. Ich wußte ja auch, wie die Kerle, die ich bei der Bon Voyage-Party auf dem Schiff kennengelernt hatte, sich unter diesen Umständen benehmen würden. Im Handgalopp würden sie solche Hindernisse nehmen. Sie würden sich betragen wie Gentlemen. Und das war es, was Katie von mir erwartete. War ich wirklich ein vierzehnkarätiger Provinzler, wie diese Frieda behauptet hatte, so würde ich das jetzt gewiß nicht beweisen; weder Katie noch mir.

Und dennoch spürte ich gewissermaßen einen Dampfdruck in mir steigen. Und dieses Gefühl konnte ich nicht loswerden, so sehr ich mich auch bemühte. Das Schicksal hatte die Lenkung übernommen; wahrscheinlich schon, als wir in New York aufs Schiff gingen, und wenn ich vernünftig war, so ließ ich mich treiben, auch wenn's zum Klappen kommen sollte. Ich sagte kein Wort darüber, zu keinem Menschen, aber ich wußte, es werde zum Klappen kommen. Mir war zumute, als hätte ich ein Höllentempo eingeschlagen, aber nun war es zu spät. Und als es geschah, geschah es plötzlich, eins-zwei-drei, angefangen um zwölf Uhr jenes Tages, da wir mit Charlotte Hatfield, Nicks Mutter, zu Mittag essen sollten, nur daß wir überhaupt nicht zum Essen kamen.

Und es trug sich so zu, daß ich vom American Express ins Hotel zurückging, und da kam Charlotte Hatfield von hinten auf mich eingestürmt. Sie ergriff meine Hand, hielt mit mir Schritt und begann zu reden; wie sehr sie bedauert habe, daß wir sie nicht mehr angerufen oder aufgesucht hatten. Und daß wir doch bei ihr zu Mittag essen sollten, in der schrecklichen Villa, die sie gemietet hatte, und wir waren vielleicht zwanzig Yard so nebeneinander hergegangen, bevor ich merkte, daß sie meine Hand schwenkte, als ob wir verliebte Schulkinder wären. So sagte ich denn, ich würde mit Amy und Katie zum Mittagessen kommen, machte meine Hand frei und tat, als hätte ich eine wichtige Konferenz mit einem Botschafter oder dergleichen. Man nannte das Haus wahrscheinlich eine Villa, weil es rosa angestrichen war; es hockte hoch oben am Hang eines Hügels und bot Aussicht auf das Meer und den Strand und Nizza. Kaum stiegen wir aus dem Wagen, als sie schon über die hohen Stufen heruntereilte, und dann schloß sie Amy in die Arme und Katie, und sogar mir gab sie einen Kuß, und darum hörte sie doch die ganze Zeit nicht auf zu plappern.

»Ach, meine Liebsten, ihr seid wirklich gekommen, ist es nicht herrlich hier, und wie reizend ihr alle ausseht, ja, alle, o Mr. Willuhd, so groß wie immer, so kräftig und schweigsam und so *distingué,* und Mrs. Willuhd auch, reizend wie immer, und mein Liebling Amy, mein Kind, *petite,* kein Wunder, daß der arme Nicholas Feuer und Flamme ist, kommt, kommt, gebt acht auf die Stufen, es ist ein entzückendes altes Haus, ich habe immer solches Glück, und das hier ist Ferdy; Ferdy, das sind sie, ich habe dir ja von ihnen erzählt, und hier sind sie, Ferdy ist so schüchtern, ein lieber alter Freund, der zufällig auch hier ist, ein wahrer Glücksfall, ist er nicht prachtvoll braungebrannt, nicht so groß wie Sie, Mr. Willuhd, aber braun, ja, zwei schöne Männer, und das ist die Terrasse, bezaubernd, nicht wahr, bezaubernd, und Nicholas, so steckst du denn, komm doch, Nicholas, Baby, er schmollt, Amy, ich weiß nicht, warum er schmollt, sind Sie grausam gegen meinen Jungen gewesen, er schmollt seit wir hier angekommen sind, sie hat ihn verzaubert, ich erinnere mich, sie hat ihn verzaubert, und jetzt nehmt ein Aperitif, nur Sie nicht, Mr. Willuhd, für Sie Tee, und hoffentlich haben Sie sich auf dieser Reise vernünftig benommen, habe ich Ihnen nicht von Cordelia erzählt, meinem Mädchen, Sie erinnern sich, das arme, liebe schwache Ding, sie ging ihrem Freund von der AA helfen, und dann stolperte sie, mein Gott, wie sie stolperte und taumelte, kam in meine Wohnung in London, sie und

ihr Freund, fallen stockbesoffen auf den Boden, in meiner Wohnung, und ich rufe die AA an, und was die für eine Sprache gebraucht haben, die gottverdammten Schweinehunde, sehen Sie doch dort unten die reizenden Boote, Mr. Willuhd, wir wollen jetzt nicht über diese Dinge reden, nicht wahr, heh, Carmen, oder wie sie sonst heißen mag, zum Teufel, bringen Sie was zum Trinken, Amy, hierher, neben mich, von wo Sie das Meer sehen können, nicht neben diesen schrecklichen Nicholas, Ferdy, du kannst dich neben Madame Willuhd setzen, sei aber nicht zu charmant, nicht zu charmant, Liebling, bitte, ich werde schon aufpassen, Carmen, wo, zur Hölle, sind Sie denn gewesen, wie nennen Sie das Zeug da, ich habe Ihnen doch gesagt, daß Sie für uns Gin bringen sollen, *apportez-nous gin, s'il vous*, verdammtes Weibstück, *plaît.*«
Ich hatte einen verstohlenen Blick auf diesen Ferdy geworfen, oder was er sonst war. Er sah aus, als hätte er schon seine fünfzehn Glas in sich, oder als ob er eben erst aus dem Bett gerollt wäre. Er hatte eine Flanelljacke an und ein Tuch um den Hals geschlungen und weiße Hosen und weiße Schuhe, und so saß er da, ebenso ein hübscher Kerl wie Rudolph, aber mit blondem, gewelltem Haar und blaßblauen Augen, die uns anblinzelten, als sähe er Fische in einem Glas, und so fühlte ich mich auch. Als die Getränke kamen, reichte Nick sie herum, seine Züge waren hart und starr, nur die Kiefermuskeln bewegten sich, und die letzten zwei Gläser setzte er hin und nahm sich eins davon, so daß dieser Ferdy aufstehn, über die Fliesen gehn und sich das zweite Glas holen mußte.
Ich hörte schon, daß etwas zum Klappen kommen wollte, und jetzt war es nur eine Frage der Zeit, sagte ich mir, nur eine Frage der Zeit.
Charlottes Augen blitzten in der Runde, und man konnte beobachten, daß ihr nichts entging, obgleich sie keine Sekunde aufhörte zu reden. »... ja, ja, viel besser, wirklich viel besser, daß wir uns richtig hinsetzen können und ein paar ernste Worte reden, denn wir müssen wohl ein paar ernste Worte reden, nicht wahr, Harry, und jetzt wollen wir unsere befeuernden Getränke schlürfen und über die Hochzeit sprechen, es ist gewiß selbstverständlich, daß ihr sie in Terre Haute, in Illinois feiern wollt und offengestanden ...«
Katie richtete sich straff auf, und ich saß vielleicht noch straffer da, aber Amy hielt sich von uns allen am straffsten. Und Nick umklammerte sein Glas so fest, daß es aussah, als wolle er es in seiner Hand zerquetschen.

»Mutter«, sagte er, und seine Stimme klang scharf, das war nicht zu überhören, »ich habe es dir nicht nur ein einziges Mal, ich habe es dir tausendmal gesagt, daß Amy und ich nicht in Terre Haute, in Indiana heiraten werden und auch hier nicht und nirgends. Kannst du das nicht in deinen dicken Schädel kriegen?«
»Nicholas!« Jetzt war sie anscheinend wirklich entrüstet. »Es ist gar kein Grund, gereizt zu sein, mein Sohn, auch wenn wir alle begreifen, welch furchtbare Spannung diese Zeit für einen empfindsamen Jungen wie dich bedeuten muß, und es hat wirklich keinen Zweck, unpassende Anspielungen auf meinen Schädel zu machen ...«
Nicholas wandte sich zu mir; Amys Augen wich er aus, und da hatte er recht, denn Amys Augen sprühten Feuer. »Mr. Willard, es ist nicht wahr. Das ist nicht der Grund, weshalb Sie hier sind. Ich kann nicht einmal mit meiner Mutter reden. Sie hat ihren Entschluß gefaßt. Seit sie den Polizisten in London angeschwindelt hat, und sobald es in der Zeitung stand, hat sie es für wahr gehalten. Ich habe mit ihr geredet, aber sie hört gar nicht zu. Es ist, als ob man mit einem Orkan reden würde. Es ist, als ob man mit einem Kissen fechten wollte.« Er drehte sich blitzschnell zu seiner Mutter. »Laß dir's endlich gesagt sein. Ich habe nicht um Amy angehalten, ich werde nicht um Amy anhalten, und Amy und ich werden nicht heiraten. Was sagst du jetzt?«
Ein langes Schweigen folgte, und Katie schlug die Beine übereinander, doch das war auch ungefähr die einzige Bewegung im Zimmer. Endlich kam Charlotte wieder zu Atem – wahrscheinlich war das das erste Mal gewesen, daß ihr der Atem ausgegangen war – und sie schaute bekümmert zu Amy hinüber.
»Du wirst dich an Nicholas' heftige Gemütsanwandlungen gewöhnen müssen, Liebling, er ist so leicht erregbar, ich mache mir manchmal Sorgen um ihn, ich fürchte, daß er im Grunde ein Mensch ohne Gleichgewicht ist, ich warne dich nur, Liebling, weil ich weiß, daß du schon verstehn wirst, wie du ihn behandeln sollst, du bist ja so ruhig, so gesammelt, hast so viel Haltung, und jetzt, Nicholas, senk deine gottverdammte Stimme und setz dich, während wir vernünftig über alles Nötige reden.«
Den Splitter einer Sekunde lang sah es aus, als wollte Nicholas seine Mutter packen und über das Geländer werfen, und hätte er es getan, so wäre ganz bestimmt kein Mensch auf die Suche nach ihrer Leiche gegangen. Doch Nick stand nur da, den kalten Schweiß auf der

Stirn, seine Augen waren wie zwei heiße Kohlen, und Amy atmete überhaupt nicht. Und da sagte Katie: »Sind das eigentlich Möwen da draußen? Sieh nur! Sind diese großen Vögel Möwen?«
»Möwen?« fragte Charlotte verdutzt und schaute sich um.
Und dann ging Nicholas auf Amy zu. »Amy, es tut mir leid, ich wußte nicht, daß sie das vorhatte. Ich wußte, daß sie verrückt ist, aber ich bin wohl schon an sie gewöhnt, und so wußte ich nicht, wie verrückt sie ist. Sag es deinem Vater, Amy, sag es ihm – haben wir je davon gesprochen zu heiraten? Haben wir auch nur das Wort erwähnt?«
»Nicholas!« rief Charlotte. »Weißt du wirklich nicht, wie man eine Sache behandeln muß, mein armer Liebling? Kannst du eine Sache nicht delikat behandeln? Mußt du immer eine Beute deiner eigenen Gefühle sein? Man muß diese Dinge ja nicht unbedingt erörtern, ich habe dich gebeten, mich heute mit Willuhds allein zu lassen, aber nein, nein, nein, du hast darauf bestanden, hierzubleiben, und wenn du dich jetzt nicht wie ein braves Kind benehmen kannst, werde ich dich in dein Zimmer schicken, alles, was ich zu sagen habe, ist, daß dein Vater nicht viel bei dir zustande gebracht hat, er ist ja so unfähig, dieser Mensch, selber innerlich so unbalanciert, obgleich er doch schon dreimal analysiert worden ist; was du brauchst, ist ganz einfach ein wenig altmodische Zucht, und bist du einmal verheiratet, so wirst du sie bei Amy finden, diese Zucht!«
Wieder drehte Nicholas sich um, und diesmal konnten wir wirklich glauben, daß wir Zeugen eines Mordes sein würden. Doch er hob nur sein Glas und trank es aus, und sein Gesicht wurde immer röter, während der Gin ihm durch die Kehle rieselte. Er sah aus, als würde er zerspringen, bevor der Gin im Magen war, und dann stellte er das Glas hin und sagte: »Mutter – und ich gebrauche dieses Wort nur, weil es einmal üblich ist – wenn du nur noch eine einzige Silbe sagst, auch nur die kleinste, verdammte Silbe, so geh ich hin und rufe Rodney an und erzähle ihm, warum du hierhergekommen bist.«
Daraufhin stand Ferdy auf und zwinkerte mehrmals, doch Nick beachtete ihn nicht. »Ich werde es so einrichten, daß du diesmal die Scheidung nicht so einfach durchsetzt, jedenfalls nicht, ohne daß du Rodney Alimente zahlen mußt; und so schlage ich vor, daß du jetzt das Mädchen rufst – sie heißt übrigens Maria – und daß wir zu Tisch gehen und kein gottverdammtes Wort mehr über die Sache reden, da das ja die einzige Sprache ist, die du verstehst.«
Nun, Charlotte war doch zu sehr Schauspielerin, um das sitzend

anzuhören; sie stand auf, oder sie erhob sich. Ich dagegen, ich blieb sitzen und beobachtete die Szene, als ob das alles Leute wären, die ich nicht kannte; ja, jetzt ließ ich mich wirklich treiben. Charlotte reckte das Kinn in die Höhe. »Drohst du mir? Und wenn du mir drohst, ist es nur, weil du nicht begreifst, was eine Mutter empfindet, was eine Mutter für ihr teures Kind tun will, und sag das Wort nicht, wage es nicht, das Wort auszusprechen, das du auf den Lippen hast, vor all diesen guten Leuten, vor dem Mädchen, das du liebst, so ein Wort auszusprechen, wo Männer und Frauen beisammen sind, oh, ich habe es gehört, es war auf den Tonwellen, auch wenn du es nicht laut ausgesprochen hast, aber jetzt hör auf, deine Augen zu rollen, sieh zu, daß dein Adamsapfel eine Minute lang ruhig bleibt, und hör deiner Mutter zu, und wenn du nur eine Spur Vernunft hast, wirst du nach dieser Chance greifen, nach dieser Möglichkeit, ein schlichtes, liebliches, reizendes Kind aus dem Mittleren Westen zu heiraten, das dir vertrauen, das dich lieben wird, wie dir niemals vertraut wurde, wie du nie geliebt worden bist, und wenn du noch nicht um ihre Hand angehalten hast, wenn das nicht einmal zwischen euch in der Luft wäre, wie es in Wirklichkeit in der Luft ist, das weiß ich genau, so wirst du hier, vor uns allen niederknien und wirst dieses Kind bitten, nein, nicht bitten, anflehen, dein Weib zu werden.«

Nick wandte sich zu Amy, und just eine Sekunde lang konnte ich nicht anders als mich fragen, ob er es am Ende tun werde, denn er machte einen hilflosen Schritt auf sie zu, als wäre er unter einem Zauber, und dann drang ein Gurgeln aus seiner Kehle, als wollte er etwas sagen, nur war nichts zu hören als ein leeres Rasseln; und dann begab sich das Merkwürdigste von allem. Amy lächelte! Sie lächelte, wie ich sie bisher noch nie lächeln gesehen hatte. Und sie stand auf. Jetzt ist es soweit, dachte ich, jetzt kommt's! Amy wird explodieren, und das wird man bis nach Rom hören. Aber sie explodierte nicht. Sie ging an Nick vorüber, als wäre er überhaupt nicht vorhanden, und dann nahm sie Charlottes Hand, und sie sagte, glatt wie Seide: »Ich danke Ihnen dafür, daß Sie mich eingeladen haben, Charlotte. Ich kann mich nicht erinnern, daß ich je eine aufschlußreichere halbe Stunde erlebt hätte.«

Und damit drehte sie sich um und ging die Stufen hinunter. Ich wollte auch aufstehn, aber Katie legte mir die Hand auf das Bein, und ich fiel wieder in meinen Stuhl zurück. Das war übrigens auch das Vernünftigste, denn, um euch die Wahrheit zu gestehn, ich war doch zu schwach, um mich zu rühren.

»Nicholas!« schrie Charlotte. »Geh ihr nach, Nicholas, lauf, eile, Kind, du hast dich benommen wie ein Bauerntölpel, und es ist ganz unverzeihlich, aber sie liebt dich, ich kann es in ihren Augen lesen, sie liebt dich, und sie ist gekränkt, oh, eile, eile, geh ihr nach, ja, was, zum Teufel, wartest du noch, du benimmst dich genau wie dein Vater, du knieweicher, kleiner Nichtsnutz!«
Nick sah Amy nach. Sie war schon unten, bog jetzt in die Auffahrt ein, zwischen den tropischen Bäumen ging sie, und ihr weißes Kleid verschwand. Alle schienen auf irgend etwas zu warten, denn mehr konnten wir ja nicht tun. Ferdy zwinkerte, als wüßte er nicht genau, was eigentlich vorgefallen war, und auf mich traf das bestimmt auch zu. Dann drehte Nick sich um, nahm eine Flasche Gin und ging, ohne einen von uns auch nur anzusehen, ins Haus.
Daraufhin sank Charlotte wieder in ihren Stuhl. »Da zieht man sie groß und weiß dennoch nichts, weiß nichts! Ich habe alles getan, was ich tun konnte. Alles habe ich versucht, und jetzt muß ich zusehen, wie er seine Hoffnung von sich wirft, die einzige Hoffnung auf ein menschenwürdiges Leben, wenn du wüßtest, Ferdy, wenn du wüßtest, welche Mühe der Junge mich gekostet hat, was ich mit ihm durchgemacht habe, nichts war genug, was ich auch tat, nichts war genug, ach, ich könnte auf der Stelle vergehn, wenn ich denke, daß du das mitansehen mußtest, Ferdy, und jetzt begreifst du, Liebling, nicht wahr ...« Sie streckte die Hand aus, klammerte sich an Ferdys Hand, und er stand da, und ein leeres Grinsen war gewissermaßen auf sein Gesicht geklebt. »Das ist mein Leben gewesen, immer und immer, und ich wollte doch nur eines, ich sehnte mich nach Liebe, ich wollte geliebt werden, und wenn das nicht der lausigste, der gottverdammteste Streich ist, den der Bengel mir je gespielt hat, und ich, die ich doch nur an ihn denke, ach, mein Baby, mein armes Baby, mein Liebling ...«
Katie räusperte sich, und wir beide standen auf; nur daß Charlotte uns gar nicht sah. Sie war tief in ihren Stuhl gesunken, umklammerte jetzt Ferdys ganzen Arm und schluchzte. Ferdy sah, daß wir gingen, es war fast, als wollte er uns irgendwie zurückhalten, doch gleichzeitig schaute er drein, als hätte er mehr geschluckt, als er verdauen könnte.
Im Wagen schwiegen Katie und ich ziemlich lange. Wir schauten vor uns auf die Straße. Doch endlich platzte Katie heraus: »Ich verstehe gar nichts. Ich verstehe weder sie noch Nick noch sonst wen; nicht einmal Amy verstehe ich.«

»Versuch's gar nicht«, meinte ich. »Gott sei Dank haben wir das nicht nötig.« Wenn man einmal einen bestimmten Punkt erreicht hat, meinte ich damit, dann ist es besser, sich von den Wellen überspülen zu lassen. »Laß dich treiben«, sagte ich. »Nur ganz ruhig und laß dich treiben, Kind. Das ist besser.«

Und so fuhren wir zum Hotel, und Katie erinnerte sich an den kleinen Laden, wo sie etwas entdeckt hatte, das sie ihrer Schwester zur Hochzeit schenken wollte, und so stieg sie aus, und ich ging allein ins Hotel zurück, weil ich unterdessen hungrig und müde geworden war. Ich hatte das Gefühl, daß ich durch und durch leer war. Ich wollte nicht nachdenken, ich wußte nicht einmal bestimmt, ob ich essen wollte. Und kaum war ich in unserem Wohnzimmer, da wußte ich, daß es besser gewesen wäre, nicht heimzukommen und bestimmt nicht allein. Doch was ich vorfand, überraschte mich nicht. Jetzt gab es für mich überhaupt keine Überraschungen mehr.

Nun, was ich vorfand, war Amy in dem Bikini-Anzug, den Charlotte ihr in Paris gekauft hatte. Was ich vorfand, war Elliott, der pfiff und lachte, und Amy stand mitten im Zimmer, hatte dasselbe Feuer in den Augen wie vorher. Das sollte Elliott warnen!

»Pop, sieh sie doch an«, sagte Elliott, der sich vor Lachen nicht halten konnte. »Sie ist doch unmöglich! Und so will sie an den Strand gehn! Das wird keine kleine Sensation geben!«

Nun, ich sah Amy an, und sie sah mich an, und ihr Blick bedeutete, ich solle nur ja nicht wagen, ihr im Weg zu stehn. Seit wir in Cannes waren, hatte sie in dem üblichen Badetrikot die Sonne auf sich scheinen lassen, und so war ihr Körper jetzt richtig braun geworden; nur gab es natürlich Teile ihres Körpers, die so blaß und weiß waren, wie ein Körper unter Kleidern es eben ist, und nun wurden in dem Bikini auch diese Teile zur Schau gestellt, und man konnte deutlich erkennen, wie weit der frühere Badeanzug gereicht hatte, und das paßte gar nicht mit den jämmerlichen zwei Bekleidungsstückchen zusammen, die sich Bikini nannten. Es war wirklich ein seltsamer Anblick, das muß ich sagen. Aber es fiel mir nicht ein, das oder sonst etwas zu sagen.

Und so brachte ich gerade nur hervor: »Wo gehst du hin, Amy?« Und meine Stimme klang so sanft und mild, wie nur möglich, und sie erwiderte, sie gehe an den Strand, und Elliott pfiff und sagte: »Sieh zu, daß du dir den Nabel an der Sonne nicht verbrennst, Schwesterchen!« Und Amys Lippen wurden immer dünner und

dünner, bis sie schließlich ein Strandkleid anzog und verschwand. Vielleicht hätte ich sie zurückhalten sollen. Zu anderen Zeiten hätte ich gewiß einen Einwand erhoben, und wenn es auch der Schicklichkeit wegen gewesen wäre.
Elliott holte die Kamera. »Das wird daheim Aufsehen erregen.«
Da rollte ein Kellner den Tisch mit Elliotts Mittagessen ins Zimmer, und so nahm ich ihm die Kamera weg, und wir setzten uns zu zweit zum Essen. Als wir ungefähr halb fertig mit dem Menu waren, hob Elliott das Skelett des Fisches auf, den wir gerade gegessen hatten, und sagte: »Pop, sieh nur, wie man hier Fisch kocht. Ich wette, daß man auch die Gräten essen kann, so weich sind sie.«
»Vielen Dank«, erwiderte ich. »Ich verzichte.«
»Was ist denn heute mit dir los, Pop? Was ist euch allen denn heute über die Leber gekrochen?«
»Mein Sohn«, sagte ich, »dieser Tag verspricht noch recht anstrengend zu werden. Ich werde mich jetzt ein wenig ausruhen, damit ich die Kraft habe, die noch übrigbleibenden Stunden zu überstehn.«
Doch das klappte nicht, denn kaum hatte ich im Schlafzimmer den Kopf auf das Kissen gelegt, da brüllte das Telefon wie ein verwundetes Tier, und ich hörte Elliott im Wohnzimmer schnell und aufgeregt reden; und so legte ich mich auf den Rücken, starrte zum Plafond hinauf und sagte mir, jetzt könne nichts mehr mich überraschen, nichts!
Darin allerdings täuschte ich mich, denn wenige Minuten später hörte ich gedämpfte Stimmen im Wohnzimmer, als ob Elliott jemanden bäte, etwas zu tun oder nicht zu tun, und bevor ich noch aufstand und hineinging, wußte ich schon, daß der Tag sich so fortsetzen werde, wie er angefangen hatte. Und wirklich, als ich eintrat, verstummte Elliot und sah sich nach mir um, und sein Gesicht hatte die Farbe einer Tomate, aber keiner reifen Tomate, denn es war irgendwie grün und rot gefleckt. Auf dem Sofa saß, züchtig wie ein dreizehnjähriges Kind, in ihrem Galakleid, die kleine Französin, welche die letzten Tage in Elliotts Gesellschaft verbracht hatte. Neben ihr aber stand, die Hand schützend auf die schmale Schulter der Kleinen gelegt, die große Französin, die sich immer im Hintergrund gehalten hatte. Der Name der Frau war, wie Elliott hervorstieß, Madame Clebert. So viel brachte er noch heraus, denn jetzt begann er am ganzen Körper zu zittern.
Madame Clebert konnte einen Mann wahrhaftig das Zittern lehren. Sie hatte blitzende schwarze Augen, die sich in einen einbohrten.

Sie stand da wie ein Ladestock. Und sie barst förmlich von gerechtem Zorn. Sie sah ein wenig aus wie meine Schwester Hilda, wenn sie von ihrem Gartenverein berichtete, wo eine Wahl anders ausgefallen war, als es ihr paßte.
»*M'sieur*«, sagte sie, »Ihr Sohn wird Sie vielleicht von meiner Aufgabe unterrichtet haben?«
Ich warf Elliott einen Blick zu; er schluckte nur. »Was für eine Aufgabe ist das?« fragte ich.
»Meine Aufgabe heute und hier, *M'sieur* . Sie haben Ihren Vater nicht unterrichtet?« fragte sie Elliott. »Dann ist auch das meine Pflicht.« Sie trat auf mich zu. »Das geht einfach nicht«, sagte sie fest. »Ein reicher Amerikaner kann nicht kommen und so etwas tun.«
»Was eigentlich?« fragte ich, aber ich musterte Elliott schärfer, und er schien immer kleiner zu werden.
»In Ihrem Land, *M'sieur*, mag man das leicht nehmen und als eine Nichtigkeit ansehen, aber Sie werden schon merken, *M'sieur*, daß es hierzulande eine kostspielige Angelegenheit ist.«
»Welche Angelegenheit?«
»Hah! Er lacht noch! Er macht amerikanische Späße! So amüsant ist das aber nicht, *M'sieur*. Das werden Sie schon entdecken. Die Polizei hat ein Interesse daran, die Tugend meiner Tochter zu beschützen.«
Großer Klarsicht oder Eingebung bedurfte es nicht, um zu begreifen, worauf sie aus war; man mußte auch keinerlei schmutzige Gedanken haben. Man brauchte nur sie anzusehen und die Tochter, die daneben saß und halb entschlossen, halb verlegen, dreinschaute, und Elliott, der dastand wie ein Soldat, der in der brennenden Sonne ohnmächtig zu werden droht.
»Wenn der reiche Amerikaner den Skandal wünscht –« ein Achselzucken, – »so wird er den Skandal haben« – kräftigeres Achselzucken, – »wenn er aber die Sache ohne Skandal erledigen will, so läßt sich auch das schnell und ohne Aufsehen bewerkstelligen –« kräftigstes Achselzucken.
Ich zündete eine Zigarette an, überlegte, gönnte Elliott keinen Blick, konnte mir aber vorstellen, wie er aussah. Und dann sagte ich: »Madame, wie hoch ist der Preis der Tugend Ihrer Tochter?«
Madame Clebert reckte sich auf, und man merkte, daß hinter den blitzenden Augen ihr Denken rasch funktionierte. »Dafür gibt es keinen Preis! Die Tugend meiner Tochter ist unschätzbar. Sie

müssen begreifen, was die Liebe in meinem Land bedeutet, *M'sieur*. Wenn ein französisches Mädchen liebt, so liebt sie nicht, weil sie einsam wäre, wenn sie nicht lieben würde, o nein, *M'sieur*. Sie liebt nicht, weil sie heiraten will, *mon Dieu, non!* Sie liebt nicht – wie sagt ihr Amerikaner das? – der Liebe wegen. *Non!* Sie liebt wegen der Hitze in ihrem Blut. Weil es rot durch ihre Adern fließt, weil sie so lebendig ist. Ist es nicht so, *chérie*?«

Das Mädchen nickte, vermied es aber, Elliott anzusehen.

»Wie viel?« fragte ich.

»*M'sieur* versteht, ja? *M'sieur* ist nicht wie viele seiner Landsleute; er gerät nicht außer Rand und Band. *M'sieur* ist ein intelligenter Herr.«

»Wie viel?« wiederholte ich.

»Wenn *M'sieur* begreift, daß es für die Tugend meiner Tochter keinen Preis gibt, so wollen meine Tochter und ich die Sache völlig *M'sieur* überlassen, der ja so intelligent und großzügig ist.«

Ich setzte mich und kreuzte die Beine. Ja, die Geschichte fing an, mir Spaß zu machen. Fragt mich nicht, warum. Sehr viel Sinn hatte es nicht. »Sohn«, sagte ich, »was hast du mit der Tugend der Tochter dieser Frau zu schaffen gehabt?«

Elliott rührte sich nicht. »Nichts«, sagte er. »Ich meine – ich wußte nicht, daß sie so etwas hatte.«

Die Dame hob die Schultern, hob die Arme, lächelte, als glaubte sie ihm nicht, und als wüßte sie, daß ich, der ich doch so intelligent war, ihm auch nicht glauben würde.

Da kam mir plötzlich ein Einfall. Ich streckte meine Beine wieder aus. »Madame«, sagte ich, »mein Sohn teilte mir mit, daß er Ihre Tochter heiraten will.«

»Heiraten ...?«

»Ja, so erledigen wir diese Dinge in Terre Haute«, fuhr ich fort. »Meine größte Sorge ist es seit langem, eine Frau für diesen jungen Menschen zu finden. Und Ihre Tochter ist die Erfüllung des Gebets eines Vaters.«

»*M'sieur* scherzt ...«

»Zum Teufel mit Scherzen! Setzen Sie sich, ruhen Sie sich aus, die Beine müssen Ihnen ja wehtun, meine Frau kann in einer Minute hier sein. Sie sollen doch gleich die ganze Familie kennenlernen.«

Jetzt mischte sich zum ersten Male das Mädchen ein. »Mama, er spricht von Heiraten?«

»Ja, verdammt noch mal, das tut er«, sagte ich. Und dann drückte ich

den Knopf für den Kellner. »Wir wollen das feiern. Elliott, wenn er kommt, so bestelle vier Flaschen von dem besten Champagner, den das Haus hat.«
Ich stand auf, trat an den Tisch, griff nach dem Fischskelett und biß ein Stück ab. Die Gräten waren weich, und ich kaute sie langsam und gemächlich; und ich nickte Madame Clebert heiter zu, die ihr breites Kinn auf den umfangreichen Busen sinken ließ.
»*M'sieur*«, sagte sie endlich, »er ist – wie sagt man bei Ihnen? – ein lustiger Herr, nicht wahr? Hahaha! Er macht doch Spaß.«
»Hahaha«, sagte auch ich. »Ja, das tut er.« Dann trat ich auf das Mädchen zu, streckte die Hand aus, öffnete den Mund der Kleinen, prüfte ihre Zähne, während Madame hinter mir keuchte und schnaubte. »Wie alt ist das Mädchen?« fragte ich.
»Wie alt?«
»Wieviel Jahre sie hat oder wie ihr das ausdrückt? Aber lügen Sie nicht! Denken Sie daran, daß ich ihre Zähne gesehen habe.«
Madame Clebert machte einen Schritt rückwärts. Ich machte einen Schritt vorwärts, auf sie zu. Ihr Mund klappte auf und zu, aber kein Ton kam heraus.
»Ist Ihre Tochter kräftig?« fragte ich.
»Kräftig ...?« Ihre Stimme war tonlos.
»Für die Farmarbeit«, erklärte ich. »Wir brauchen auf der Farm kräftige Frauen. Stellen Sie sich nur ja nicht vor, daß alle Amerikaner reich sind, Madame. Wir haben drüben in Indiana eine kleine alte Farm im Gebirge. Hoch oben, wo's sehr steinig ist. Und wir arbeiten von Sonnenaufgang bis Sonnenuntergang. Vor allem die Frauen. Versteht sie etwas von Kühen?«
»Von Kühen?«
»Nun, wenn sie dafür nicht kräftig genug ist, kann sie die Schweine übernehmen.«
»*M'sieur* ... es ... ist ...«
»Da ist der Champagner!«
Ich beachtete Mutter und Tochter nicht weiter, sondern wandte mich dem Kellner zu, bis er den Pfropfen aus einer Flasche gezogen hatte und einschenken wollte. »Öffnen Sie sie nur alle«, sagte ich, und er sah mich an und dann Madame und dann Elliott, der noch immer wie ein Soldat dastand, und dann wieder mich. »Ich werde sie selber aufmachen«, sagte ich. Und ich packte eine Flasche und schlug sie gegen die Marmorplatte des Tisches. Der Champagner schäumte und sprudelte über Wände und Boden, doch sobald er sich beruhigt

hatte, trat ich auf die Frau zu und hielt ihr die zerbrochene Flasche hin.
Sie trat den Rückzug zur Türe an. »*Un fou!*« gellte sie. »*M'sieur fou!*«
Der Kellner entschied, daß er hier nicht länger benötigt wurde. Er machte einen Bogen um die Frau und verschwand; selbst die übliche Verbeugung unterblieb.
»*Fou américain!*« schrie die Frau. Und sie winkte ihrer Tochter, die aufstand und zu ihrer Mutter flüchtete. Ängstlich vermied sie, mir auch nur in die Nähe zu kommen.
»Selber *fou,* Madame«, sagte ich.
Das Mädchen begann zu laufen, die Mutter hinter ihr her und schloß die Türe von draußen. Ich wandte mich zu Elliot. Er begann, seine Krawatte aufzubinden. »Du auch *fou*«, sagte ich.
Elliott warf sich auf das Sofa. »*Fou* heißt verrückt, Pop.«
»Dann hat sie das richtige Wort gefunden. Los, ein paar Handtücher, damit wir die Schweinerei hier wieder in Ordnung bringen, bevor deine Mutter kommt und unbequeme Fragen stellt.« Während er im Badezimmer war, rief ich ihm nach: »Und das nächstemal halte dich an Mädchen, die Ponyfransen haben und ›Kamerad‹ zu mir sagen ...«
Mit drei Handtüchern kam er zurück. »Ist das alles, was du zu sagen hast, Pop?«
»Vorwärts, Elliott.« Und als er neben mir kniete und den Boden rieb, sagte ich. »Ich weiß, daß das reiner Schwindel war, mein Sohn; bei uns daheim aber erledigt nicht die Mutter solche Angelegenheiten. Da kommt der Vater. Und gewöhnlich hat er sein Schießgewehr bei sich.«
»Es wird nicht wieder vorkommen, Pop. Das verspreche ich dir.«
»Elliot, sag mir die Wahrheit; kannst du denn an gar nichts anderes denken?«
»Ich versuche, Pop. Aber wenn die Mädchen diese Badeanzüge tragen, wie sie hier üblich sind, dann ... du verstehst ...«
Das genügte! Das rüttelte mich wieder auf! Denn sofort mußte ich an Amy denken, da draußen am Strand. Und mir wurde verteufelt unbehaglich zumute.
Und was tat ich da? Ich sagte mir die ganze Zeit, ich täte es nicht um Amys willen, aber ich ging ins Freie und spazierte auf dem Weg, der am Strand vorüberführt. Amy fand ich nicht. Dagegen Skipper. Er saß auf einer Bank und hatte den Feldstecher vor den Augen und

schaute aufs Meer hinaus, wo ein paar Motorboote und Segelboote hin- und herglitten. Woher er wußte, daß ich da war, das kann ich nicht sagen, aber ohne das Glas von den Augen zu nehmen, begann er: »Amy läßt sich's gut gehn da draußen, Pop. Willst du's sehen?«

»Nein, danke«, sagte ich. »Wo ›da draußen‹?«

»Auf dem kleinen Motorboot, dort drüben; mit Nick.«

»Nein, danke«, sagte ich.

»Wie sie sich küssen!«

»Dazu habe ich dir den Feldstecher nicht gekauft, Skipper.«

»Ach was! Das ist doch spannender als ein Film! Nur – ich finde nicht, daß Amy im Bikini hübsch ist. An den komischsten Stellen ist sie ganz weiß. Jetzt küssen sie sich nicht mehr. Ich glaube, sie streiten sich. Amy sieht wütend drein.«

»Skipper, nimm jetzt den verdammten Feldstecher und schau, daß du ins Hotel kommst! Und rasch!«

»Sie hat ihm eins gegeben! Paff! Jetzt hat sie ihm eins gegeben!«

Ich griff nach dem Glas, aber Skipper hielt es fest. »Du hast nicht sehen wollen, wie sie sich küssen. Ich will sehen, wie sie sich raufen!«

Ich riß ihm das Glas aus der Hand.

Es dauerte ziemlich lang, bis ich es richtig eingestellt hatte, aber endlich entdeckte ich das Boot, und als es so weit war, sah ich, wie Amy aufstand, das weiße Strandkleid abwarf und ins Wasser springen wollte, während Nick die Hand nach ihr ausstreckte und bettelte und flehte. Es sah aus wie ein Stummfilm. Nur schlimmer. Amy drehte sich einmal zu Nick um und sagte etwas, das ich natürlich nicht hören konnte, und dann machte sie ihren Kopfsprung. Sie sprang ins Wasser, kam wieder heraus und schwamm auf das Land zu. Nick stand mit gespreizten Beinen im Boot, hielt die beiden Hände hohl vor den Mund, als ob er ihr etwas nachrufen würde, aber Amy schwamm ruhig weiter. Ich konnte nichts tun als zuschauen. Ich war nicht einmal überrascht. Jetzt konnte mich überhaupt nichts mehr überraschen, glaubte ich. Ich sah, wie Nick an das Steuer ging, sich mit dem Motor zu schaffen machte, dann drehte er das Boot und fuhr neben Amy her. Aber sie achtete gar nicht auf ihn. Nick stellte den Motor ab, beugte sich über den Rand des Bootes, streckte die Arme aus, bat sie, doch wieder ins Boot zu steigen, und hin und wieder wischte er sich den Schweiß vom Gesicht. Aber das alles nützte nichts. Amy schwamm von ihm weg, als wäre er nicht auf der Welt, und nun mußte er sich wieder mit dem Motor beschäftigen und ihr von neuem nachfahren. Nur mußte er jedesmal, wenn er ihr in die Nähe kam, den Motor abstellen, und wenn sie weiterschwamm, mußte er ihn wieder in Gang setzen. Amys Gesicht konnte ich anfangs nicht gut sehen, doch als sie näherkam, merkte ich, daß sie ziemlich blaß war, aber den entschlossenen Ausdruck hatte, den ich so gut an ihr kannte, und da wußte ich auch, daß Nick keine Chance hatte. Nun, bald merkten auch andere Leute am Strand, was sich da abspielte, sie stießen einander an und schwatzten in den verschiedensten Sprachen. Und dann kamen natürlich auch Leute von der Straße herüber, und auf den Veranden der Hotels sah man, daß etwas los war, und die Leute kamen gelaufen, bis sich eine ganze Menge Menschen angesammelt hatte, die da standen und zusahen, wie Amy schwamm und Nick sie ins Boot zurücklocken wollte.

»Das muß ich Amy lassen«, sagte Skipper. »Sonst taugt sie nicht viel, aber schwimmen kann sie; was? Pop, jetzt hast du's lang genug gehabt.«

Ich reichte ihm den Feldstecher und machte mich auf, um durch das Gedränge zu der Stelle zu gehn, wo Amy an Land kommen mußte. Über die Köpfe der Leute hinweg sah ich, wie sie jetzt im seichten Wasser war und aufstand und an den Strand ging; ihre Brust hob und senkte sich, doch den Kopf trug sie hoch. Nick aber machte mit dem Boot einen großen Bogen draußen im Wasser, und dann lenkte er es mit voller Kraft an den Strand. Alle Leute schrien und streckten die Hände aus und stellten sich auf die Fußspitzen, um besser zu sehn. Das kleine Boot kam wie eine Fledermaus aus der Hölle geschossen, durch das Wasser, aus dem Wasser und auf den Strand hinauf – es tönte, als ob der ganze Boden aufgerissen wäre. Amy konnte ich nicht sehen, aber ich sah Nick, wie er durch die Luft flog und mit großem Schwung auf den Sand fiel, das Gesicht abwärts gekehrt. Dann kam Amy auf das Trottoir des Wegs, der zum Hotel führte, noch immer trug sie den Kopf hoch, und die Leute traten zur Seite, starrten sie an, kratzten sich die Köpfe und bei den weißen Flecken zwischen den sonnverbrannten Stellen hatte man ja auch wirklich etwas zu starren und sich zu kratzen. Ich zog die Jacke aus, legte sie ihr um die Schultern, und wir gingen miteinander ins Hotel zurück. So schnell, daß Skipper kaum mit uns Schritt halten konnte.

Im Wohnzimmer schüttelte sie meine Jacke ab, sie ging auf das

Schlafzimmer zu, aber jetzt blieb sie stehn und drehte sich um. »Pop«, sagte sie, »in meinem ganzen Leben habe ich mich nicht so geschämt!« Ihre Augen waren rot, und ihre Zähne klapperten. »Fahren wir doch heim, Pop! Wann können wir heimfahren?«
»Morgen fahren wir«, sagte ich. »Noch heute abend, wenn du willst, Amy.«
Sie blinzelte ein wenig und schenkte mir ein blasses halbes Lächeln, als wollte sie mir danken, und dann ging sie ins Schlafzimmer. Über die Schulter sagte sie noch: »Morgen wär's mir recht, Pop.«
Gerade da erschien Katie, beladen mit Paketen von jeder Form und jeder Größe, und sie sah richtig aufgeregt drein, und da wußte ich, daß Rudolph hinter ihr her war, und das war er auch. Nur war ich gerade in dieser Stunde nicht in der Stimmung, Rudolph zu empfangen, und so sagte ich: »Rudolph, möchten Sie nicht, bitte, auf der Stelle zum Teufel gehn?!« Und Rudolph lächelte, wie er das immer tut, und sagte wohlgelaunt, ja, natürlich würde er gehn, natürlich, und er hoffe, uns morgen wiederzusehen, er habe so einen reizenden Nachmittag mit Katie verbracht und *au revoir*.
»Warum hat er nicht die Pakete getragen?« fragte ich.
»Das hätte ich ihm nie erlaubt«, erwiderte Katie, nahm den Hut ab und warf sich längelang auf das Sofa. »Ich bin froh, daß du den Kerl hinausgeworfen hast, Harry. Hoffentlich war hier wenigstens alles heute nachmittag friedlich.«
»Katie«, sagte ich und setzte mich neben sie. »Uns passiert doch nie etwas. Das solltest du mit der Zeit schon wissen.«
Sie warf mir einen Blick zu. »Ich habe das Gedränge auf dem Trottoir drüben gesehen. Und da habe ich mich eben gefragt... sonst nichts.«
Ich hätte etwas Vernünftigeres tun sollen, als Katie an diesem Abend ins Casino in Monte Carlo zu führen. Aber es war unser letzter Abend, und sie hatte es sich so fest vorgenommen; mich interessierte es ja auch, jetzt, da ich das Geld von der Bank geholt hatte. Und trotzdem – ich hätte es besser wissen sollen. Es gibt eben Tage, wo man kein zu großes Risiko eingehn darf.
Nun, wir stürzten uns in unsere allererste Gala, was bei mir meinen zehn Jahre alten doppelreihigen Smoking bedeutete, und bei Katie das Kleid, das sie in Paris gekauft hatte, und wir gingen. Nick war dort; allein. Wir sahen ihn erst, als wir an den Roulettetisch traten. Da stand er, setzte und setzte, verlor und verlor. Minutenlang waren wir bloße Zuschauer, gewöhnten uns an den Lärm, die

Eleganz und alles, beobachteten, wie die kleine Kugel über die Nummern hüpfte und schließlich Ruhe fand. Nick hatte getrunken, das konnte man bemerken, und doch meinte ich, daß er mich dann und wann so eigentümlich ansah, beinahe als würde er eine Beleidigung ersinnen, die er mir sagen könnte, doch niemals sagte. Er machte mich einfach nervös. Katie gewann einmal und geriet in Erregung, und jetzt grüßte uns Nick aus der Entfernung, aber das war auch alles. Jedesmal, wenn ich ihn ansah, packte es mich, und ich fragte mich, was denn eigentlich in dem Boot zwischen ihm und Amy geschehen war, doch an diesem Abend hatte ich gar keine Lust, diese oder irgendeine andere Frage zu diskutieren. Und was begab sich dann? Rudolph tauchte auf. Katie, die sich unterdessen an den Tisch gesetzt hatte und wie eine Sachverständige spielte, warf mir über die Schulter einen Blick zu, darin genausoviel Widerwille zu spüren war, wie ich selbst empfand, als Rudolph auf uns zukam und sich uns sofort anschloß. Er schob mich nicht gerade beiseite, um hinter Katie zu stehn, doch in der Art, wie er mir zulächelte und sich zu Katie beugte und ihr ins Ohr flüsterte, kam es auf dasselbe heraus. Und er hörte nicht auf zu lächeln und in bester Stimmung zu sein. Dann – ein erstes Knistern im Stroh – will er Katie zeigen, wie sie setzen soll, schiebt einige von Katies Chips auf dem Tisch hin und her, und – ihr würdet's nicht glauben, sie gewinnt. Er gewann auch, gleich von Anfang an. So mußte es natürlich an diesem Abend kommen.

Nur bemerkte ich bald, daß Rudolph mit seinen Gedanken nicht ausschließlich beim Spiel war. Er tat wohl so, als wäre er es; er paßte gut auf, was vorging. Doch zufällig sah ich, wie er seine Hand, als er gesetzt hatte, sinken ließ, so daß sie Katies bloße Schulter streifte. Katie drehte sich um und warf ihm einen Blick zu, aber er mußte in diesem Blick zu lesen geglaubt haben, daß sie es gefühlt, daß sie dabei etwas empfunden hatte. Auf mich wirkte es so, daß ich mich innerlich ganz hohl fühlte. Doch ich beschloß, es nicht zur Kenntnis zu nehmen. Dann wiederum hatte er seine Hand auf ihre Schulter gelegt; ganz leichthin und unbefangen. Katie schob seine Hand weg, wie man eine Fliege verjagt, und Rudolph lächelte zu ihr hinunter, als wäre just das für ihn das größte Vergnügen, und natürlich mußte Katie sein Lächeln erwidern, damit die Sache vor den andern Leuten recht harmlos aussah, ich aber nahm den gequälten Ausdruck um ihre Augen wahr. Nun, und es dauerte gar nicht lange, da fing der gute Rudolph abermals mit seinen Tricks an. Es war, als könnte er nicht anders, als müsse er Katie jedesmal berühren, wenn er seine Chips auf den Tisch legte; und endlich stand Katie auf, schob den Stuhl so energisch zurück, daß sie Rudolph damit ans Schienbein traf, und dann ging sie gemächlich zu einem andern Tisch hinüber, wo Bakkarat gespielt wurde.

Nun, Rudolph schlenderte sofort neben ihr her. Unterdessen wurde es in meinem Innern immer hohler und hohler, mein Kragen wurde enger und enger, und ich spürte, wie der Schweiß mir den Rücken hinunterrieselte. Doch, um die Wahrheit zu sagen, ich wußte nicht, was ich tun sollte, oder was ich tun konnte; mitten in dieser Menge feiner Leute, die herumstanden und einen beobachteten. Nick erschien auch am Tisch, uns gegenüber, und tat, als sähe er nichts. Rudolph drängte sich rechts neben Katie. Er war wirklich neben ihr; näher neben ihr hätte er unmöglich sein können. Und er erklärte ihr das Spiel. In Flüstertönen natürlich. Ich sagte mir da: dieser Rudolph, einer der seltsamsten Vögel, die mir je über den Weg geflattert waren, konnte einfach nicht glauben, daß es Katie ernst war, wenn sie ihn merken ließ, wie wenig er sie interessierte. Sein Spiel war, alles, was sie tat, um ihn abzuschütteln und zu kränken, als einen Hinweis darauf zu betrachten, daß er doch irgendwie auf sie wirkte, und so lächelte er heiter und selbstzufrieden. Und ich selber fühlte mich die ganze Zeit über hilflos und unnütz und überflüssig, wie ich in meinem altmodischen Smoking dastand und die Hände baumeln ließ. Es war just die Situation, mit der ich nichts anzufangen wußte. Wäre ich einer von Katies Freunden gewesen – ich meine damit die Leute, die ich bei dem Abschiedsfest auf dem Schiff kennengelernt hatte, oder ihre Familie – wäre ich wie sie gewesen, so hätte ich wahrscheinlich gewußt, was ich zu tun oder zu sagen hatte – wie die Lage auf elegante Art zu meistern sei. So aber konnte ich nichts tun, als dastehn und Rudolph bei seinen Streichen zusehen. Sein linker Arm war jetzt beständig um Katie geschlungen, und seine Hand lag wieder auf ihrer bloßen Schulter. Und dann begann diese Hand sich zu bewegen, und zwar bewegte sie sich abwärts. Sein Blick begegnete gerade da meinem Blick, und der Teufel soll mich holen, wenn der Kerl nicht lächelte! Ja, er lächelte! Mir ins Gesicht! Als wären wir alte Freunde oder so etwas. Und das war entscheidend. Irgendwas in mir schnappte ein. Diesen Ausdruck hatte ich schon gehört, aber ich hatte nie geglaubt, daß sich das auf diese Art abspielt, doch das tut es – irgendwas schnappte ein. Unterdessen war seine Hand schon bei ihrer Taille angelangt, lag dort just oberhalb der Hüfte, und den Arm hatte er die ganze Zeit um sie geschlungen.

Nun, da drehte sich Katie um, ihre Augen brannten, sie sah mir in die Augen, und ich weiß nicht, was dieser Blick bedeuten sollte, aber ich hatte den Eindruck, daß sie mich anflehte, irgend etwas zu tun. So jedenfalls faßte ich es auf, und unterdessen war ich auch in die rechte Stimmung geraten, um irgend etwas zu tun, aber ihr könnt mir glauben, ich wußte gar nicht, daß ich mich gerührt hatte, bis ich Rudolph auf dem Boden liegen sah, und zwischen seinen Lippen tropfte das Blut heraus. Da lächelte er nicht; da blinzelte er nur und sah ziemlich verdutzt drein. Er war keineswegs verdutzter als ich selber. Ich hätte nicht einmal geglaubt, was sich abgespielt hatte, wenn ich nicht wieder begonnen hätte zu atmen – jetzt merkte ich nur, daß ich die längste Zeit überhaupt nicht mehr geatmet hatte – und wenn nicht der Schmerz gewesen wäre, der sich jetzt in meiner rechten Hand spürbar machte und auf den Arm übergriff. Aber es war der schönste Schmerz, den ich je gespürt habe.

Und doch, selbst jetzt, da alles nach der komischen Stille zu gleicher Zeit abzurollen begann, da wußte ich, verdammt nochmal, daß ich das Falsche getan hatte, just das, was Katie verabscheute. Inmitten all des Getöses, als die Leute von allen Tischen herbeieilten und in siebzig verschiedenen Sprachen schrien und brüllten, erinnerte ich mich daran, was Katie mir im Hotelzimmer gesagt hatte, als ich sie fragte, ob ich Rudolph seine schöne Nase plattschlagen solle. ›Wenn du das tust, Harry, werde ich es dir nie verzeihen!‹ Ich hatte nicht viel Zeit dazustehn und nachzudenken, denn jetzt kam alles auf einmal über mich. Das nächste, was ich wußte, war, daß ich irgendwie hinausgezogen oder hinausgeschoben wurde, die Leute von den anderen Tischen sahen zu, zwei Kerle in dunklen Anzügen hatten mich unter den Arm gefaßt, führten mich durch ein paar goldverzierte Räume hinaus, und draußen bemächtigten sich meiner zwei andere Männer. Diese zwei, die jetzt an der Reihe waren, trugen prächtige Uniformen, waren Polizisten und redeten hastig auf mich ein, italienisch oder französisch, das wußte ich nicht, und dann gingen sie, und ich zwischen ihnen, aber sie rührten mich nicht an.

Natürlich meinte ich, nun würde ich ins Loch gesperrt werden, und ich dachte daran, was das für einen Stunk geben würde, wenn die Zeitungen in Terre Haute es erführen, und dann fragte ich mich, wie ich je wieder aus dem Loch herauskommen sollte, da ich doch nicht einmal die Sprache kannte. Doch vor allem dachte ich an Katie, die allein zurückgeblieben war, und wie ihr jetzt zumute sein mußte. Die Polizisten marschierten in raschem, gleichmäßigem Schritt, ein paar Stufen hinunter, dann in dunkle Gassen, während hinter uns das Kasino lustig und hell schimmerte. Und doch hatte es sich gelohnt. Auch das dachte ich beständig. Und wenn ich im Zuchthaus in Monako enden sollte, sagte ich mir, so hatte es sich doch gelohnt. Ob sie einen wohl in diesem verdammten zoologischen Garten arbeiten ließen?!

Doch wohin sie mich brachten, war gar kein Kerker. Es war eine Art Kaffeehaus, darin aber kaum jemand saß, obgleich ich nicht viel zu sehen bekam, denn sie führten mich sehr schnell durch den Raum. Und dann war ich in der Küche – was ich überhaupt nicht begriff, das kann ich euch sagen – und dann war ich aus der Küche draußen und in einer schmalen, dunklen Gasse. Dort standen zwei französische Gendarmen und rauchten, und sie sahen mich an, als ich da aus der Küche kam, und dann gab es ein Palaver zwischen den monegassischen Polizisten und den Gendarmen, und alle vier warfen mir von Zeit zu Zeit einen Blick zu, als wünschten sie, ich würde mich verkrümeln oder sonstwas. Aber ich tat nichts, ich zündete mir eine Zigarette an und sah auf meine Hände, die noch immer zitterten. Und die rechte Hand schmerzte noch immer, und das war ein prachtvolles Gefühl.

Zwei Scheinwerfer beleuchteten da die Gasse; ein Wagen hielt, und ich stand richtig zwischen den beiden Lichtkegeln. Und eine Wagentür schloß sich. Dann hörte ich eine vertraute Stimme, aber ich war so geblendet, daß ich nicht sah, wer da redete. Die Stimme sprach französisch. Schließlich wandten alle vier Polizisten sich zu mir und sahen mich an, als versuchten sie, eine Entscheidung zu treffen, und dann, weiß Gott, trat Nick ins Licht und kam auf mich zu.

»Es ist alles in Ordnung, Mr. Willard«, sagte er. »Kommen Sie nur.«

Und ich widersprach nicht. Ich ging. Ich stieg in den Wagen, der mir auch bekannt vorkam, und Nick stieg hinter mir ein, streckte die Hand aus, die voll von Francsscheinen war und keinen zu niedrigen, und der Polizist nahm sie und salutierte, und dann wandte er sich seinen Kameraden zu, und sie verteilten sie untereinander, während Nick den Wagen rückwärts aus der Gasse fuhr und wir in die Straße nach Cannes einbogen.

»In Monako macht man sich nichts aus Skandalen«, erklärte Nick.

»Und so werden unerwünschte Gäste auf diese Art der französischen Polizei übergeben. Das Café liegt gerade auf der Grenze, der Eingang ist in Monako, die Hintertür in Frankreich. So macht man es immer. Hätte man Sie ins Gefängnis geworfen, so wäre das kostspieliger gewesen; das ist alles.«
»Wo haben Sie meinen Wagen her?« fragte ich.
»Ich habe Ihre Frau mit einem Taxi ins Hotel zurückbringen lassen«, sagte Nick, »und ich möchte noch verschiedene Fragen an Sie richten.«
»Ja, Nick«, erwiderte ich. »Es gibt auch ein paar Fragen, die ich an Sie richten möchte, wenn Sie's gerade wissen wollen.«
»Warum haben Sie ihn eigentlich verprügelt?«
»Ihn verprügelt? Weil das schon lange fällig gewesen war.«
»Sie haben es getan, weil Sie Ihre Frau lieben, nicht wahr?«
Ich beobachtete Nicks Profil. Er schaute gerade vor sich auf die Straße, und er verzog keine Miene, und dennoch war ein grimmiger Ausdruck in seinen Zügen.
»Wie lange sind Sie jetzt schon verheiratet?« fragte er dann.
»Zweiundzwanzig Jahre.« Ich drückte meine Zigarette aus.
»Wirklich? Zweiundzwanzig Jahre? Und immer mit derselben Frau! Und Sie lieben sie! Ich meine nicht, daß Sie sie einfach liebhaben; nein, Sie sind verliebt in sie.«
»Da haben Sie verdammt recht; das bin ich«, sagte ich. »Und ich würde es gleich wieder tun. Wenn Sie sich zu mir drehen wollen, will ich's Ihnen zeigen.«
Nick lachte. Ich glaube nicht, daß ich ihn bisher schon je lachen gehört hatte; aber es klang wirklich gut.
»Und wie wär's, wenn Sie mir jetzt erzählen würden, was sich heute in diesem Boot abgespielt hat«, sagte ich. »Wenn Sie glauben, daß Sie sich damit drücken können, daß Sie ein paar Polizisten bestechen, so irren Sie sich.«
»Ich will mich nicht drücken, Mr. Willard. Ich kann's nicht.«
»Versuchen Sie nur!«
»Nun, es führt ziemlich weit zurück. Ich muß mir selber darüber erst klarwerden. Sie müssen wissen – Menschen wie Sie hatte ich noch nie kennengelernt. Und auch nicht wie Amy. Und während Sie von Paris unterwegs hierher waren, hatte ich den Eindruck, nun wäre es für immer aus, und da fing ich an zu glauben, daß ich tatsächlich verliebt war, Mr. Willard. Richtig verliebt, meine ich. Wie Sie. Nur... ich wußte, daß das nichts als Einbildung und

Schwindel war. Das glaubte ich damals wenigstens. Und dann entdeckte ich, weswegen meine Mutter mit mir hierhergekommen war. Nicht um meinetwillen. Nur um diesen Kerl, diesen Ferdy zu treffen. Sie haben ihn gesehen. Seinetwegen läßt sie sich von Rodney scheiden. So verliebt sie sich immer – sie nennt es wenigstens Liebe. Und das entschuldigt dann alles. Jetzt lebt sie mit Ferdy; haben Sie das gewußt?«

»Ich habe es vermutet.«

»Nun, und da sah ich Amy, und alles hat wieder angefangen. Für mich. In mir. Und ich war wie in einer Schlinge. Ich wußte nicht, wie ich damit fertig werden sollte. Mr. Willard, wußten Sie, daß Ihre Tochter sich nicht von mir küssen lassen wollte, als wir in Paris waren?«

»Sie haben mir das erzählt, glaube ich.«

»Hier unten aber war sie nicht so. Sie ... sie küßte mich. Und ich küßte sie. Und ich konnte Mutter den Gedanken nicht ausreden, daß Amy und ich verlobt waren, Mr. Willard. Ich will nicht verlobt sein. Noch immer will ich's nicht. Es erschreckt mich. Ich kriege eine Gänsehaut bei der Vorstellung. Und mit einem Mädchen wie Amy ...«

»Seid ihr denn verlobt?« fragte ich.

»Nein. Aber ich werde das Gefühl nicht los, daß es das ist, was Amy will oder erwartet; oder vielleicht auch nicht. Jetzt tut sie's nicht, das weiß ich; aber ich meine, in den Tagen, als Sie alle herkamen. Heute um Mittag, als ich mich gegen meine Mutter wehrte, da ist Amy davongelaufen, weil sie will, daß ich sie bitte, sie heiraten zu dürfen, Mr. Willard. Sie wollte es. Jetzt will sie's nicht.«

»Um dessentwillen, was sich auf dem Boot abgespielt hat?«

»Ja-a. Das ist's, und auch andere Dinge spielen mit. Verstehen Sie – Amy kennt mich. Ich meine, sie weiß, was ich für ein Taugenichts bin. Sie hat es immer vermutet. Wissen Sie, was sie mir einmal gesagt hat? Sie sagte, es wäre vielleicht besser, wenn ich meine Mutter lieben würde, oder wenn ich sie verstehn könnte; es wäre besser, als sie zu hassen, wie ich es tu. Nun, damals wußte ich nicht einmal, daß ich meine Mutter hasse. Doch je mehr ich darüber nachdachte, desto klarer wurde es mir, daß Amy recht hatte. Und dann sah ich, wie Sie und Mrs. Willard miteinander auskommen – ich meine, wirklich miteinander auskommen – und da fing ich an zu erkennen, was Mutter alles gefehlt hatte, und sehr bald haßte ich sie nicht mehr. Sie tat mir leid. Das alles kam viel zu schnell, Mr.

Willard, ich konnte es nicht verarbeiten. Ich kann's noch jetzt nicht. Der Kopf drehte sich mir, und ich würde wahrscheinlich auch jetzt nicht so zu Ihnen reden, wenn ich nicht getrunken hätte; seit ich heute nachmittag das Boot auf den Strand gefahren habe.« Er schüttelte den Kopf. »Wissen Sie, ich bin es nicht gewöhnt, zu irgendwem so zu reden. Ich meine, ich hatte nie einen Menschen, zu dem ich so reden konnte. Es tut mir leid ...«
Er fuhr langsamer, jetzt blieben wir vor dem Hotel stehn, und er reichte mir die Schlüssel. Der Strand war heiß und fahl und still im Mondlicht. Nick saß über das Lenkrad gebeugt.
»Nur heraus damit, Nick« sagte ich. »Es eilt mir gar nicht, die Musik zu hören, die mich da oben erwartet.«
Nick wandte sich zu mir, der Hauch eines Lächelns spielte um seine Lippen. »Sie haben ein Recht, zu wissen, was sich im Boot abgespielt hat. Nun, als ich Amy heute nachmittag über den Weg lief, da war sie in einer merkwürdigen Stimmung. Das mögen Sie gleich wissen. Ich glaube, sie kam in diesem verrückten Bikini an den Strand, um mich zu treffen. Sie müssen's nicht glauben, wenn Sie nicht wollen, aber ich habe den Eindruck, daß sie zu dem Entschluß kam, weil Sie ja doch morgen nach Paris zurückfahren, könnten wir ... sie und ich ... ja ... könnten wir beide etwas miteinander haben ... auch wenn's nur ...« Er brach ab und schüttelte wieder den Kopf. »Verdammt, ich wußte, daß es das war, was sie im Kopf hatte. Und ich war ein wenig angetrunken und mit der ganzen Welt verfeindet, und alles war ohnehin schon gleichgültig, und da sagte ich mir, na ja, warum nicht?«
Er brach wieder ab und tastete nach einer Zigarette.
»Sie brauchen schrecklich lange, um sich eine Zigarette anzuzünden«, sagte ich.
Er zog den Rauch ein und atmete ihn aus. »Als sie dann bereit war, mit mir im Boot auszufahren, da habe ich mich verdammt lächerlich gemacht. Und sie ... sie mußte sich zwingen, es zu versuchen ... aber während ich sie küßte, hatte sie sich's wieder überlegt. Ja, sie hatte sich's überlegt; das war alles. Wir waren beide ziemlich aufgeregt, und als ich mich mit ihr in einen Streit einlassen wollte und sie fragte, warum sie eigentlich in diesem Aufzug auf die Suche nach mir gegangen war, wenn sie nicht vorhatte ...« Er schluckte. »Ja, dann gab sie mir eine Ohrfeige und sprang ins Wasser, und das brachte mich wieder ein wenig zur Besinnung, aber es war zu spät. Jetzt war sie im Wasser und wollte nicht herauskommen. Ich hätte

geschworen, daß sie nicht bis an den Strand schwimmen könnte, aber sie hat's geschafft. Ich war so verrückt, weil ich glaubte, sie werde ertrinken, oder gegen das Boot schlagen und sich wehtun; ich bin beinahe gestorben. Und nachdem sie's geschafft hatte, ja, dann verlor ich wohl den Verstand. Ich habe Ferdys Boot zerschlagen; glauben Sie nicht?«

»Das haben Sie bestimmt getan, Nick. Ganz bestimmt!«

Er drehte sich um und sah mich an. »Ich bin die schlimmste Niete auf dieser Welt, Mr. Willard. Sie haben das schon auf der ›Queen Mary‹ gemerkt, nicht wahr?«

»Warum kommen Sie nicht herauf und reden mit Amy, Nick?«

Lange sah er mich an, kein Muskel regte sich, und dann wandte er das Gesicht ab. Seine Stimme klang fremd, als er fragte: »Nach zweiundzwanzig Jahren sind Sie noch verliebt in sie; nicht wahr? Ich hätte das nicht für möglich gehalten, Mr. Willard, und ich kann's auch jetzt noch nicht recht glauben.« Dann wurde seine Stimme hart und bitter. »Warum, zum Teufel, konnte ich nicht einen alten Herrn haben, wie Sie einer sind, verdammt nochmal?!«

Ja, was soll man auf so etwas antworten? Als er mich wieder ansah, da mochte es in seinen Augen feucht gewesen sein, aber er blickte noch immer drein als erwartete er, ich würde ihm eins über den Mund geben.

»Was wollen Sie jetzt tun, Nick?« fragte ich.

»Ich nehme morgen das Flugzeug nach Paris. Dann fahre ich wohl nach New York. Man hat mir zwei oder drei Stellen angeboten. Ich will sehen, ob eine von ihnen noch frei ist. Viel ist damit ohnehin nicht los. Eine Art Mädchen für alles und Aushilfe für einige Zeit.«

Er öffnete die Tür des Wagens und stieg aus. Da stand er nun und sah mich an. »Geben Sie acht auf Amy, Mr. Willard. Sehen Sie zu, daß sie einen Burschen heiratet, der ... der ... Sie wissen schon. Aber geben Sie acht auf sie.«

Und er ging die Straße hinunter, die Schultern vorgebeugt, die Hände tief in den Taschen.

So stieg ich denn in unsere Zimmer hinauf, und ich kann nicht leugnen, daß ich mich nicht sehr beeilte. Und richtig, da saß die ganze Familie versammelt wie zu einem Kriegsrat. Dem gelassenen Ausdruck von Katies Zügen konnte ich entnehmen, wie völlig sie aus der Fassung war. Doch gerade in diesem Augenblick konnte ich nur an Amy denken.

»Amy«, begann ich, »habe ich dir je gesagt, was du tun sollst? Nun, jetzt sage ich's dir. Zieh einen Mantel über den Pyjama und sieh zu, daß du weiterkommst. Nick nimmt morgen das Flugzeug nach Paris.«

Amy stand auf. Sie hob die Brauen. »Was du nicht sagst?! Ich bin schläfrig.« Sie gähnte und schlenderte auf das Schlafzimmer zu. »Ich bin lange geschwommen. Das hat mich müde gemacht.« Und sie schloß die Tür hinter sich.

»Hat man dich eingesperrt, Pop?« fragte Skipper.

»Warum bist du nicht im Bett?« sagte ich.

Elliott ließ sich vernehmen. »Du hast ihn aber gut erwischt, Pop. Ich hätte nicht gedacht, daß das in dir steckt.«

Ich drehte mich zu Katie um; die Augen rollten mir beinahe aus den Höhlen, glaube ich. »Du hast es ihnen erzählt!«

»Was haben sie dich Strafe zahlen lassen, Pop?« fragte Skipper.

»Katie«, sagte ich, »du hast's den Kindern erzählt?«

Katie stand auf und kam auf mich zu; langsam, sehr langsam. Sie nahm meinen Arm. Ihre Stimme klang gedämpft. »Natürlich habe ich's ihnen gesagt, Liebster. Ich wußte ja auch nicht, daß das in dir steckt.«

»Aber ... Katie ...« Wieder drehte sich mir der Kopf. »Vor all den Leuten. Und die Art, wie ich ...«

Katie lächelte, als hätte sie ein Geheimnis im Kopf. »Es mag andere Arten geben, Harry; aber das war nun einmal deine Art.«

»Kinder!« brüllte ich. »Ins Bett mit euch, zum Teufel!«

Und als sie fort waren, starrte ich noch immer Katie an. Sie lächelte und hatte jenen spitzbübischen Blick, den ich in ihren Augen gesehen hatte, als sie auf der Straße tanzte. Noch immer konnte ich's nicht glauben.

Schließlich sagte sie. »Das war nun einmal deine Art, Harry, und darauf allein kommt's an. Verstehst du denn nicht, Liebster, daß es das ist, was ich dir seit mehr als zwanzig Jahren beizubringen versucht habe? Wenn es deine Art ist, so bin ich entzückt davon. Ich habe nie etwas anderes von dir verlangt, als daß du ein vierzehnkarätiger Provinzler sein sollst, Liebster.« Sie preßte meinen Arm. »Stell dir nur vor – morgen sind wir auf dem Heimweg! Wird's nicht herrlich sein, wenn wir nach Terre Haute zurückkommen?!«

12

Die exotische Riviera sieht am frühen Morgen, bevor die Leute auf sind und aus dem Bett, erheblich netter aus als tagsüber. Ein paar Männer wuschen die Straßen – das überraschte mich ein wenig, denn ich hatte nirgends in Frankreich gesehen, daß die Straßen gewaschen wurden – und die Caféterrassen wurden geputzt, doch das war ungefähr alles, was sich an jenem Morgen ereignete, als wir vom Strand abbogen, ins Gebirge hinein und nach Paris fuhren. Die Stadt sah eigentlich ganz gewöhnlich und ganz lustig aus, und es tat mir leid, daß ich an den anderen Tagen nicht früher aufgestanden war.

»Ja, ja, Pop«, sagte Skipper, »du hast's ihnen gezeigt!«

»Ich will kein Wort mehr hören, junger Herr. Und wenn wir daheim sind – der erste, der auch nur eine Silbe davon pfeift, daß ich in ein Handgemenge geraten bin, der erlebt was! Verstanden?«

»Jawohl«, sagte Skipper, und da waren wir überrascht, denn man merkte ihm an, daß er es ernstmeinte.

Die große Überraschung des Morgens aber war, daß Elliott etwas mit sich selber angestellt hatte, was keiner von uns zunächst wahrnahm. Es mochte eine volle Minute gedauert haben, bis wir alle beim Frühstück begriffen, daß er sich den verdammten Schnurrbart abrasiert hatte. Er musterte uns von oben bis unten, ob einer etwa wagen werde, ein Wort darüber zu äußern, was wir denn auch nicht taten; bis auf Skipper, der nur sagte: »Willkommen daheim, Fremder!«

Wir waren noch nicht aus der Stadt, als wir über uns ein Flugzeug dröhnen hörten. Katie nahm meine Hand, und ich warf im Rückspiegel einen Blick auf Amy. Sie hatte es natürlich auch gehört, und ob es nun das Flugzeug nach Paris war oder nicht – es hätte es jedenfalls sein können.

Um diesen Teil des Landes kennenzulernen, den wir noch nicht gesehen hatten, fuhren wir die Rhone entlang nach Norden.

Bei Lyon bogen wir in die Hügellandschaft nach Vichy ein. Fast einen ganzen Tag rollten wir durch gewelltes Land, wo die Mimosen so dicht und üppig wachsen, daß man glaubt, mit einem Boot durch gelbe Wellen zu fahren. Amy war wieder gesprächig, doch ich erinnerte mich beständig daran, was sie mir von den Mimosen auf den Hügeln erzählt hatte, als sie mit Nick und seiner Mutter gefahren war, um die merkwürdigste Kirche von diesem Architekten zu besichtigen – Corbusier heißt er. Und so klang mir Amys Gesprächigkeit, zumal in diesem Mimosengebiet, hohl, und, ja, in gewissem Sinn tat es mir weh; es war, als litte sie an einem Schmerz, den sie nicht eingestehen wollte, und gleichzeitig wagte ich es nicht, ein Wort darüber zu verlieren.

Es war sehr seltsam, aber sobald wir einmal in Paris einfuhren, hatten wir alle das gleiche Gefühl: Paris war uns nicht mehr fremd. Es war, als kämen wir an einen Ort zurück, den wir lange gekannt hatten, und ich habe gehört, daß es fast jedem so ergeht, der einmal einen Tag und eine Nacht in Paris verbracht hat. Wir mußten einige der Sehenswürdigkeiten wiedersehen, die wir schon besichtigt hatten, wie Notre Dame und den Eiffelturm natürlich und Sacré Coeur hoch oben auf dem Montmartre – obgleich Amy dorthin nicht mitging – und wir gingen auch wieder über die Champs-Elysées, alle miteinander, unter den Kastanienbäumen, und die ganze Zeit war es uns bewußt, daß wir morgen wegfahren würden, und daß dies der Abschied sei. Es war, als hätte etwas sein Ende erreicht, und wir alle wußten es, wollten aber nicht davon reden. Und merkwürdig – es war, als erwartete ich, hinter der nächsten Biegung den kleinen roten Sportwagen zu erblicken.

Am nächsten Tag fuhren wir wieder in die Normandie, in das Dorf, wo die Familie Sarignac lebte, mit demselben Zug wie zuvor, und auch das war ein Abschied. Und gleichzeitig war es auch, auf sonderbare Art, als wären wir heimgekommen, denn die Familie Sarignac empfing uns, obgleich sie alle mit den Vorbereitungen zu der Hochzeit beschäftigt waren, mit offenen Armen, und am Abend vor der Hochzeit mußte ich wieder auf meiner Harmonika spielen. Elise sah um fünfzehn Jahre jünger aus – fast wie ein Kind. Und Jacques war nervös. Ja, das muß man wohl sagen – nervös war er!

An jenem Abend mußten wir Skipper und den kleinen Jungen, diesen Claude, der ihn auf das gefährliche Pferd gesetzt und nachher in den Fluß geworfen hatte, voneinander trennen, weil sie wieder etwas anstellten. Während wir uns in dem großen Wohnraum ausgezeichnet unterhielten, lieferten die beiden einander in der Scheune eine richtige Schlacht. Ja, man mußte sie voneinander trennen, denn sie machten einen Heidenlärm, und nachher kam Skipper mit einem blauen Auge und Claude mit einer blutigen Nase zum Vorschein. Doch bevor wir zu Bett gingen, spielten die beiden wieder friedlich im Obstgarten, brüllten wie Hyänen, und nun konnte man sie ruhig beisammen lassen; sie hatten sich so angefreundet, daß Claude beinahe weinte, als wir am nächsten Nachmittag Abschied nahmen.

Nun, es verhielt sich so, daß Elise und Jacques bereits geheiratet hatten, wie Katie mir spät am Abend in unserem großen kahlen Zimmer erklärte. »Sie waren schon auf dem Standesamt gewesen, aber morgen findet die kirchliche Trauung statt. In der Zwischenzeit darf man sie noch nicht miteinander allein lassen. Stell dir das vor – meine Schwester als Gefangene hier!«

»Schadet ihr wahrscheinlich nichts«, meinte ich. »Sie sieht deswegen gar nicht schlechter aus.«

»Jetzt hast du sie gern, nicht wahr, Harry? Ich bin froh darüber, weil du dreinschauen mußt, als ob du sie wirklich gern hättest, wenn du sie morgen zum Altar führst.«

»Wenn ich was . . .?«

»Ach, Harry, du brauchst es nicht einmal zu probieren. Tu morgen nur, was Jacques dir sagt. Du mußt ein paar kurze Sätze lernen, sonst nichts. Ich habe sie mir hier, in meinem Notizbuch, aufgeschrieben.«

»Wie komm gerade ich dazu?«

»Elise erklärt, daß du etwas mit ihrer Heirat zu tun gehabt hast, Harry. Irgendwas mit einem Rat, den du Jacques in Paris gegeben hast; am Tag ihrer Party – erinnerst du dich? Und da Vater nicht vor Herbst herüberkommen könnte . . .«

Nun, Katie hatte anscheinend so viel Freude daran, daß ich sehr rasch merkte, es hätte keinen Zweck, sich zu wehren, und was tat ich da? Ich blieb fast die ganze Nacht wach und studierte beim Licht einer Kerze in unserem Schlafzimmer diese Sätze. Und am nächsten Tag, verdammt nochmal, marschierte ich durch die Kirche zum Altar und benahm mich, als wäre ich Elises Vater, und alle Leute fanden, ich hätte mich ausgezeichnet gehalten. Und es lohnte auch die Mühe, als ich sah, wie Jacques und Elise einander nachher küßten. Diese Franzosen, selbst in einer Kirche, bei Kerzen und Meßgewändern und Weihrauch und allem, durch nichts lassen sie sich abhalten, wenn sie einander einen Kuß geben.

Das Flugzeug nach New York machte zum Abendessen in Shannon halt, und man setzte uns dort eine gute, umfangreiche Mahlzeit vor, deren Höhepunkt ein sogenannter irischer Kaffee war. Katie schwur, das sei eine echte, alte irische Sitte, während ich eher der

Ansicht bin, daß es eine Erfindung der Luftfahrtgesellschaften ist. Nun, wie dem auch sei, es ist ein hohes Glas mit irischem Whisky, darüber wird starker schwarzer Kaffee gegossen, und oben darauf kommt Schlagsahne. Man vermengt es nicht, rührt es auch nicht um, sondern man schlürft es durch die Schlagsahne hindurch, damit der volle Geschmack des Whiskys durch den Kaffee heraufdringt; oder umgekehrt. Nun, es ist eine praktische Art, den Kaffee zu verderben, und dem irischen Whisky tut es auch nichts Gutes, wenn ihr mich fragt, aber ich sagte, es sei köstlich, denn es war anscheinend Katies Meinung, daß sie noch nie etwas Besseres getrunken hatte. Eine Wirkung hatte es immerhin, es versetzte einen in Gebelaune, was Absicht sein mag oder nicht, denn das muß ich euch doch sagen – der Flugplatz ist nicht der richtige Ort, um in Gebelaune zu sein. Wir warteten, bis das Flugzeug mit frischem Treibstoff versehen war, und schlenderten unterdessen umher, und Katie sagte, die Preise seien unglaublich. Nun, schon Mr. Klostermeier, unser Reiseagent, hatte mir gesagt, die Preise seien in ganz Europa unglaublich, und genau das stellte ich fest, sie waren unglaublich. In den Prospekten steht, der Wechselkurs sei für uns günstig, doch ich habe nie entdecken können, was das eigentlich heißen sollte, denn ob ich nun sieben englische Pfund ausgebe, die ungefähr zwanzig Dollar sind, oder siebentausend französische Francs, die genau zwanzig Dollar sind, so scheint es mir doch, daß ich mich eben von zwanzig Dollar getrennt habe. Im Flughafen ist natürlich jeder in Ferienstimmung, denn jetzt ist ja das Ende der Ferien da, und ich glaube, daß kein Mensch, der nur ein wenig Selbstachtung besitzt, je von den Ferien mit Geld in der Tasche heimgekommen ist. Katie verliebte sich in irisches Leinen, und Amy geriet ganz außer sich vor einigen Armbändern aus dem Marmor von Connemara – das hielt ich für ein gutes Zeichen, doch das war es nicht. Elliott entdeckte eine Sportjacke, ohne die er nicht zum Mann werden konnte. Und da alle in ihrer letzten Stunde auf europäischem Boden verrückt wurden, wollte ich doch auch etwas mitnehmen, und so kaufte ich eine Flasche von dem irischen Whisky, den ich nach Terre Haute mitbringen und dort versuchen wollte, ohne ihn mir mit Kaffee verderben zu lassen. Der einzig wirklich Tüchtige war Elliott. Er sagte: »Wenn's dir gleich ist, Pop, so nehme ich lieber das Geld.«

Es dämmerte, als wir Paris verlassen hatten, und es dämmerte auch, als wir Shannon verließen, und so dämmerte es auch auf der ganzen

Fahrt nach New York, nur daß es dort Abenddämmerung hieß. So rasch flog das Flugzeug. Das wäre weiter nicht schlimm gewesen und lohnte gar nicht der Erwähnung, aber ich hatte Skipper versprochen, er müsse erst schlafen gehn, wenn es dunkel würde. Und so saß Skipper die ganze Nacht wach neben mir. Wir nahmen nur drei Betten – und gerade bevor Katie sich schlafen legte, flüsterte sie mir zu: »Wir sind alle beisammen, Harry. Wenn etwas geschehen sollte, so geschieht es uns allen, und keiner bleibt zurück.« Ich saß da, dachte darüber nach, und anfangs schien mir das nicht gerade ein tröstlicher Gedanke zu sein, hier über den Wolken zu hängen, und zwar an nichts als an einem Paar recht zerbrechlich aussehender Aluminiumflügel und an vier Motoren, die dauernd in Brand zu stehen schienen. Doch je länger ich darüber nachdachte, desto tröstlicher war es auf seine Art, denn nach einiger Zeit ist es just die richtige Form, wie man anfängt, an seine Familie zu denken. Skipper allerdings war mächtig aufgekratzt, schnatterte die ganze Zeit, fragte nach allem, bis ich ihn schließlich die Treppe hinunterbringen mußte, damit er nicht alle Passagiere wachhielt. In der Nacht fragte die Stewardeß Skipper, ob er Lust hätte, für eine Weile in die Pilotenkabine zu gehn, und da versuchte ich, ein wenig zu dösen, doch plötzlich begann das Flugzeug zu hopsen und zu schleudern, was aber anscheinend keinen Menschen störte, und dann kam Skipper zurück und richtete es sich zum Schlafen ein; doch vorher sagte er mir noch: »Der Kapitän hat mir erlaubt, zu steuern, Pop.«

»Das habe ich bemerkt«, erwiderte ich, und bald darauf war ich eingeschlafen.

Eigentlich sollten wir ohne Aufenthalt bis New York fliegen, aber wir landeten noch einmal, in Island, um die Tanks nachzufüllen. Ich drückte mich, weil ich im Flughafen einen Kaffee trinken wollte, und Elliott schloß sich mir an. Draußen wehte ein Winterwind, aber es war noch immer hell. »Das machen sie immer«, sagte Elliott und bestellte sich auch einen Kaffee. »Wegen des Gegenwinds. Man nennt es einen Non-Stop-Flug, aber es gibt immer Gegenwind, und so ist es kaum je ein Non-Stop-Flug.«

Ich fragte ihn, woher er das denn wisse, und da sagte er, er habe nicht schlafen können, und so habe er sich mit der Stewardeß in eine Unterhaltung eingelassen. »Ein reizendes Ding. Aus Poughkeepsie.« Und dann mochte Elliott meinen Blick bemerkt haben, denn er fuhr fort: »Was kann schon in einem Flugzeug geschehen? Mit all den Leuten? Und wenn sie sich von mir auch nur küssen ließe, würde sie ihre Stelle verlieren. Wenn das nicht nur ein Vorwand war. Wer weiß?«

»Wer weiß?« meinte auch ich.

»Pop, was würdest du sagen, wenn ich dir erkläre, daß ich mich schließlich jetzt nicht zum Militärdienst melden will? Man muß doch manches bedenken. Wenn ich jetzt diene, werde ich vielleicht nach zwei Jahren keine Lust haben, aufs College zu gehn. Einer ganzen Menge Burschen geht es so. Und es gibt doch etwas, das ich studieren möchte. Bisher hatte mich eigentlich nichts besonders interessiert. Oder es haben mich zu viele Dinge interessiert, aber alle nicht genug. Nun, jetzt weiß ich's. Ich möchte alles lernen, was man über die Geschichte lernen kann – nicht die gewöhnliche Geschichte mit Kriegen und Jahreszahlen und all dem Kram. Nein, die Geschichte vorher. Aus der Zeit, von der wir nicht sehr viel wissen. Praktisch gesprochen könnte ich damit ja kaum etwas anderes anfangen als lehren oder später vielleicht reisen und mitarbeiten, wenn alte Städte ausgegraben werden. Sobald wir zurück sind, will ich mich erkundigen, welches die beste Universität im Land für archäologische Studien ist, und dann möchte ich versuchen, dort anzukommen. Klingt dir das ganz verrückt, Pop?«

»Nicht, wie du es schilderst«, sagte ich. »Nein. Wenn's das ist, was du wirklich tun willst, so bin ich unbedingt dafür.«

»Dann ist's ja in Ordnung.« Er stand auf und schlug den Kragen hoch. »Weißt du, wie ich darauf gekommen bin? In den Höhlen von Lascaux. Die kann ich gar nicht mehr vergessen.« Wir wanderten im kalten Wind zu unserem Flugzeug zurück. »Hast du je in deinem Leben etwas Schöneres gesehen, Pop?« Und dann, gerade als wir die Stufen hinaufgehen wollten, stieß er mich mit der Faust in die Rippen. Aber nicht sehr fest. »Du hättest mich ein paarmal verprügeln sollen, Pop, als wir drüben waren. Ich wollte dir nur noch danke sagen. Und das wird wohl alles sein.«

Dann stieg er rasch die Stufen hinauf, und von hinten sah er wie ein Mann aus, nicht mehr wie ein Knabe. Und das war ein komisches Gefühl für mich. Und dann fiel mir ein, daß wir eben jetzt zum ersten Mal miteinander gesprochen hatten. Ohne uns dessen bewußt zu werden. Wir hatten wie Freunde beisammen gesessen und gesprochen.

Das erste, was uns in New York einfiel, war, daß jeder all das essen wollte, was ihm in Europa gefehlt hatte, und so fanden wir neben dem Hotel ein Lokal, wo es Eiscreme und Sandwichs gab, und machten uns einen vergnügten Abend: Hamburger aßen wir und heiße Würste und was es sonst noch gab. Und wir redeten von all den Dingen, die Katie uns in der ersten Woche daheim kochen müßte – das sollte durchaus keine Unterschätzung des großartigen Essens sein, das man uns in Europa vorgesetzt hatte, aber mir scheint doch, daß es nur natürlich ist.

An jenem Abend wollte Horace, Katies Vater, mich unbedingt in seinen Klub mitnehmen, eine hochelegante Angelegenheit in der Fifth Avenue, und dort lernte ich ein paar wirklich nette Leute kennen, die ein ehrliches Interesse daran zu haben schienen, daß ich Ihnen von unserer Reise erzählte. Entweder waren sie netter, als ich mir die Mitglieder so eines Klubs vorgestellt hatte, oder aber ich war anders geworden. Jedenfalls tranken Horace und ich an diesem Abend ein oder zwei Gläser mehr, und als wir ins Hotel zurückkehrten, sah man Katie an, daß sie sich freute, und auch ihre Mutter schaute sehr erleichtert drein, und als sie Abschied nahm, weiß Gott, da gab die alte Dame mir doch einen Kuß!

Im Flugzeug über Pennsylvanien und Ohio und Indiana waren alle so aufgeregt wie an dem Tag, im Flugzeug zwischen London und Paris, als man wußte, daß man jetzt den Eiffelturm sehen würde – und das ist auch ganz richtig und natürlich, denn ich möchte keinen Nickel für einen Menschen geben, der nicht einen Ruck verspürt, wenn er sein Heim wiedersieht.

Und dann, einige Wochen später, als die Filmrollen entwickelt waren, luden wir meine Schwester Hilda ein und auch diese kleine Ruth, die sich übrigens die Ponyfransen gestutzt hatte, weil sie sagte, Ell möge sie nicht, und Elliott ließ die Filme abrollen. Während die Bilder wechselten, konnte ich nicht umhin, mich im Zimmer umzusehen und an alles zurückzudenken, was sich begeben hatte, nicht nur an das, was die Filme zeigten, sondern was wirklich geschehen war. Das ist auch der Grund, weshalb ich dies hier zu schreiben anfing, weil die Bilder doch nicht die ganze Geschichte erzählen, und es mich verlangte, eine Erinnerung an alles zu haben, was wir erlebt hatten. Und so, als alle pfiffen und brüllten und lachten und ich mit ihnen lachte, da stieg plötzlich in mir dasselbe Gefühl für die Zeit auf, das ich vorher empfunden hatte, nur noch stärker. In ein, zwei Monaten würde Elliott auf die Universität gehn und nachher Militärdienst machen. Skipper war auch beinahe mit der Volksschule fertig, und dann – wie lange würde es dauern, bis er seinen eigenen Weg geht? Und Amy, nun, Amy hatte sich in gewissem Sinn schon von uns entfernt. Sie war eine Frau, die hier bei uns saß. Ich erinnerte mich daran, wie Katie am Vorabend des 14. Juli auf der Straße getanzt hatte, auch das zeigten die Filme natürlich nicht, und mit einemmal war es, als ob eine Kugel mich durchbohren würde; ich wollte nicht, daß dieser Abend je enden sollte. Es war, als wüßte ich, daß ich nach einer Weile anfangen würde, alles wieder als selbstverständlich zu betrachten, wie das eben alle Leute tun; doch gerade jetzt war dieses Bewußtsein stark in mir. Gerade jetzt konnte ich zurückblicken, ich konnte die Gegenwart fühlen, und auch die Zukunft konnte ich sehen. Ich wollte einfach nicht, daß dieser Abend je enden sollte, das ist alles.

Doch natürlich endete er trotzdem. Die letzten Bilder flimmerten, und dann war die Leinwand weiß und hell an der Wand des Wohnzimmers, und Elliott schaltete das Gerät aus. Im Dunkeln waren alle sogleich in Bewegung, eine Lampe wurde angeknipst, und dann schaltete jemand das Licht ein, und die kleine Ruth ging zur Tür, die Schultern gestrafft und die Wangen heiß vor Eifersucht, und Elliott lief hinter ihr her und schlug die Tür hinter sich zu. »Ruth geht, sich einen Bikini kaufen«, meinte Skipper. Dann stand Hilda mitten im Zimmer und sagte, gewiß, sie sei überzeugt, daß wir uns gut unterhalten hätten, sie finde aber, es sei eine wahre Schande, daß Menschen sechs Wochen in Europa verbringen konnten und so unberührt, so absolut unverändert heimkamen, weil sie im Grunde nichts erlebt hatten. »Mir macht es den Eindruck«, sagte sie, »daß ihr eben nichts getan habt als die typischen Dinge, die jeder typische Tourist tut.« Und, verdammt nochmal, in ihrem Mund klang das Wort ›Tourist‹ als ob es ein unanständiges Wort wäre. Sie verbreitete sich noch längere Zeit über diese Frage, aber irgendwie ließ es mich kalt. Ich biß nicht einmal die Zähne zusammen.

Katie sagte: »*Pardonnez-moi,* aber ich will etwas Limonade zurechtmachen, Hilda.« Und damit verschwand sie in die Küche.

Der Grund, weswegen ich die Zähne nicht zusammenbiß, während Hilda uns die Hölle heiß machte, mag gewesen sein, daß ich zufällig noch ein anderes Geräusch hörte. Von draußen her. Und es war auch ein vertrautes Geräusch. Das Surren eines Motors. Doch er surrte nicht wie die Wagen in unserer Nachbarschaft. Dann sah ich Amys

Gesicht und wußte, daß sie es auch gehört hatte, und jetzt wußte ich auch, warum das Surren so vertraut geklungen hatte. Amy sah aus, als könnte sie sich nicht rühren; daß sie nicht atmen konnte, das war einmal sicher.
Katie kam aus der Küchentür. »Harry, hat nicht jemand vor unserem Haus gehalten?«
»Ja«, meinte ich. »Das hat er.«
Ein Klopfen an der Tür. Doch Amy war wie gelähmt und rührte sich nicht; aber Skipper sprang in die Höhe, riß die Tür auf, und da war Nick und trat auf Amy zu, und ich warf einen Blick aus dem Fenster, nur einen einzigen Blick, und richtig, da stand der kleine rote Wagen, genau wie ich ihn in der Erinnerung hatte. Als ich mich wieder umdrehte, da hatten Amy und Nick gerade aufgehört, sich zu küssen, und Katie stellte Nick Tante Hilda vor, und Tante Hilda sagte: »Na ja ...« in der mißbilligenden Art, die ihr nun einmal eigen war, und dann schickte Katie Skipper, er solle doch rasch um die Ecke laufen und Eiscreme holen; und sie bat Hilda, ihr in der Küche behilflich zu sein, aber Hilda sagte, sie müsse jetzt gehen, nichtsdestoweniger sei sie sehr dankbar, nur sei der Abend für sie viel zu aufregend gewesen. Und so, nachdem Skipper auf und davon gestürmt war, trat ich auf Nick zu, schüttelte ihm die Hand und sagte ihm, wir alle freuten uns aufrichtig, ihn zu sehen, und wie lange er bleiben wolle, und da sagte er, Montag früh müsse er wieder in New York im Büro sein, und da sah ich zu Amy hinüber, und es war wie ein Abschied, aber nicht so schlimm, wie ich es mir ausgemalt hatte.
Dann ging ich in die Küche hinaus, wo Katie die Zitronen auspreßte, und ich sagte, sie solle die Limonade sein lassen und lieber Kaffee kochen, und ich würde den irischen Whisky auffahren lassen, und sie solle die dazugehörige Sahne schlagen. Just da fiel mein Blick zufällig auf die Tafel an der Wand, und da las ich in großen weißen Buchstaben ER Dollar 759,62. Und ich sagte: »Katie, was bedeutet dieses ER?« Und Katie erwiderte: »Erinnerst du dich nicht an das Programm in der Television, das wir vorgestern abend gesehen haben? Die Berge? Du hast doch immer gesagt, insgeheim verlocke es dich seit jeher, auf einen dieser Berge zu klettern.«
»Auf einen kleinen, habe ich gesagt, Katie.«
»Nun«, meinte Katie, »im Himalaja gibt's Berge in jeder Größe. Wenn wir bis zu dem Tag, da wir genug Geld beisammen haben, nicht schon zu alt sind.«

Ich schlürfte ein Gläschen irischen Whisky ohne Kaffee und ohne Schlagsahne. »Der Himalaja«, sagte ich »Hm... das ist doch irgendwo in Indien, nicht? Ich habe mir auch immer gewünscht, Bombay zu sehen.«

»Wirklich, Liebster? Und ich auch. Ich habe schon ein paar Landkarten hier in der Schublade, und Mr. Klostermeier sagt...«

Roger Borniche

Roger Borniche, geboren 1919, trat 1944 in den Polizeidienst ein. In seinen zwanzig Dienstjahren hat der erfolgreichste Kriminalinspektor Frankreichs den Rekord von 567 Festnahmen gesuchter Gangster zu verbuchen. In seinen spannenden Romanen fesselt der schreibgewandte Autor mit Fällen aus der eigenen Praxis.

»Realität von der ersten bis zur letzten Seite. Das Aufregendste, was ich seit langem gelesen habe.«
Jürgen Roland

Duell in sechs Runden
Kriminalroman. Band 1883

Schach und Matt
Kriminalroman. Band 1985

Pierrot le Fou ist nicht zu fassen
Kriminalroman. Band 2601

Tatort Côte d'Azur
Kriminalroman. Band 2619

Der Spitzel
Kriminalroman. Band 8061

Fischer Taschenbuch Verlag

Mary Higgins Clark

»Wenn Mary Higgins Clark einen neuen Thriller geschrieben hat, mögen die Zutaten zwar vertraut sein, aber das Ergebnis ist allemal neu und aufregend.«
Hamburger Anzeigen und Nachrichten

Wintersturm
Roman. Band 2401
Eigentlich könnte dieser beklemmende Psycho-Thriller ein ganz friedlicher Unterhaltungsroman sein über eine kleine Familie in einer romantischen Siedlung an der amerikanischen Ostküste, wenn da nicht ein geheimnisvoller, neurotischer Mörder wäre, der die Kinder des jungen Ehepaars entführt. Eine grauenvolle Vergangenheit wird aufgedeckt und droht sich zu wiederholen. Die Suche nach den Kindern, die Jagd nach dem Mörder endet in einem unheimlichen Haus hoch über den Klippen des Meeres...

Die Gnadenfrist
Roman. Band 2615
»Wer ein paar Stunden Nervenkitzel will, sollte zu dem neuen Roman ›Die Gnadenfrist‹ der Amerikanerin Mary Higgins Clark greifen. Ein Thriller par excellence, ein brilliant konstruierter Alptraum.« Welt am Sonntag
Wie schon »Wintersturm« beruht auch dieser Roman auf einer wahren Begebenheit.

Wo waren Sie, Dr. Highley?
Roman. Band 8057
Der Frauenarzt Dr. Highley unterhält eine renommierte Privatklinik in New Jersey. Er hat sich als Spezialist für komplizierte Schwangerschaften einen Namen gemacht, so daß auch Frauen in seine Klinik kommen, die bisher kein Kind austragen konnten. Dr. Highley ist jedoch ein pathologisch geltungssüchtiger Mensch, der Frauen ohne ihr Wissen und Einverständnis als Forschungsobjekte seiner ehrgeizigen, aber wissenschaftlich noch nicht fundierten Versuche benutzt.

Fischer Taschenbuch Verlag

Joseph Hayes

An einem Tag wie jeder andere
Roman. 320 Seiten. Ln.

bongo bongo bongo
Roman. 347 Seiten. Ln.
(auch als Fischer Taschenbuch Band 8010 lieferbar)

Der dritte Tag
Roman. 368 Seiten. Ln.
(auch als Fischer Taschenbuch Band 1071 lieferbar)

Der Schatten des Anderen
Roman. 336 Seiten. Ln.
(auch als Fischer Taschenbuch Band 2015 lieferbar)

Die Stunden nach Mitternacht
Roman. 160 Seiten. Ln.
(auch als Fischer Taschenbuch Band 1715 lieferbar)

Eine lange dunkle Nacht
Roman. 385 Seiten. Ln.
(auch als Fischer Taschenbuch Band 1730 lieferbar)

Insel auf dem Vulkan
Roman. 318 Seiten. Geb.
(auch als Fischer Taschenbuch Band 5138 lieferbar)

Zwei auf der Flucht
Roman. 376 Seiten. Ln.
(auch als Fischer Taschenbuch Band 1426 lieferbar)

S. Fischer Verlag
Fischer Taschenbuch Verlag